ETHNOGRAPHIE DES ALLTAGS,
BAND 9

Für das Institut für Europäische Ethnologie der Universität Wien
herausgegeben von Brigitta Schmidt-Lauber und Alexa Färber

DIE SEESTADT ASPERN

EIN STADTTEIL IM WERDEN

Cornelia Dlabaja

BÖHLAU

Veröffentlicht mit der freundlichen Unterstützung durch:
Stadt Wien Kultur
Historisch-Kulturwissenschaftliche Fakultät der Universität Wien

Bibliografische Information der Deutschen Nationalbibliothek:
Die Deutsche Nationalbibliothek verzeichnet diese Publikation in der
Deutschen Nationalbibliografie; detaillierte bibliografische Daten sind
im Internet über https://portal.dnb.de abrufbar.

Umschlagabbildung: © Cornelia Dlabaja

© 2024 Böhlau, Zeltgasse 1, A-1080 Wien, ein Imprint der Brill-Gruppe
(Koninklijke Brill NV, Leiden, Niederlande; Brill USA Inc., Boston MA, USA;
Brill Asia Pte Ltd, Singapore; Brill Deutschland GmbH, Paderborn, Deutschland;
Brill Österreich GmbH, Wien, Österreich)
Koninklijke Brill NV umfasst die Imprints Brill, Brill Nijhoff, Brill Schöningh, Brill
Fink, Brill mentis, Brill Wageningen Academic, Vandenhoeck & Ruprecht, Böhlau und
V&R unipress.

Einbandgestaltung: Michael Haderer, Wien
Satz: le-tex publishing services, Leipzig
Druck und Bindung: Hubert & Co., Göttingen
Gedruckt auf chlor- und säurefreiem Papier
Printed in the EU

ISBN 978-3-205-21927-9

Inhalt

Prolog

Zu Beginn meiner ersten Feldforschungen 2014 war die Seestadt Aspern für mich wie eine Kristallkugel, schillernd, faszinierend, mit unklarem Blick in die Zukunft, verknüpft mit der Frage, was aus diesem Stadtentwicklungsgebiet zukünftig werden würde. Meine ersten Beobachtungen führten mich auf das ehemalige Rollfeld des Flugfelds in der Seestadt zu einem Gemeinschaftspicknick mit zukünftigen Bewohner:innen. Dass ich selbst drei Jahre später temporär für meine Forschungsarbeit in den Stadtteil ziehen würde, war für mich damals nicht vorstellbar. Ebenso wenig wie, dass diese grüne „Gstetten", zu Deutsch das Brachland am Rande der Stadt, mit U-Bahn-Anbindung in so kurzer Zeit so dicht bebaut werden würde. Greifbar hingegen waren für mich und andere Kolleg:innen aus dem Bereich der Stadtforschung die medialen Repräsentationen des Stadtteils in Form von Imagevideos und großangelegten Inszenierungen, wie dem Kranensee, bei dem 2014 40 Kräne eine musikalisch unterlegte Choreographie vorführten[1], welche im Auftrag der Entwicklungsgesellschaft Wien 3420 aspern development AG generiert wurden. Man hatte damals den Eindruck, dass hier unglaublich viel Energie in die Image-produktion des neuen Stadtteils investiert wurde. Auch 2015, zum Zeitpunkt der ersten Besiedelung, wirkte die Seestadt unwirklich, auch weil die ersten bezogenen Wohnbauten sich inmitten einer der größten Baustellen Mitteleuropas befanden. Acht Jahre später, 2023, hat sich dieser Eindruck gewandelt. Zum einen sind die öffentlichen Räume mit der fortschreitenden Besiedelung immer stärker belebt, insbesondere in den Sommermonaten. Das von den Bewohner:innen dem Stadt-teil zugeschriebene „Urlaubsgefühl" wird mit steigenden Temperaturen sichtbar, wenn so manche:r Seestädter:in nachmittags in der Badehose mit Luftmatratze und Badetuch durch den Stadtteil zum See wandert. Zum anderen kann ich mich der Wirkung des Stadtteils nicht mehr ganz entziehen. Mein Sohn hat in der Seestadt im Sommer 2017 gehen gelernt. Ich fühle mich auf die eine oder andere Weise mit dem Stadtteil verbunden. Gleichzeitig nahm ich während meiner Feldforschung Spaltungslinien und Prozesse der sozialen Schließung wahr, die ein ambivalentes Gefühl hinterlassen. Dennoch, jedes Mal, wenn ich mit der U-Bahn in die Seestadt fahre, stellt sich ein Hochgefühl ein, in Erwartung dessen, was sich im Stadtteil in der Zwischenzeit getan hat.

---

1 https://www.aspern-seestadt.at/city-news/kranensee_ein_ballett_der_kraene_in_der_seestadt, Zu-griff am 12.12.2020.

1. Einleitung

Städte sind von jeher Orte, deren Räume und Ressourcen umkämpft sind, an denen sich Akteurskonstellationen formieren und die Stadträume ausverhandeln. Der Kampf um Deutungshoheit findet in städtischen (Teil)Öffentlichkeiten mittels Imaginationen wie Architekturrenderings[1] und städtischen Infrastrukturen statt. Bedingt durch die fortschreitende Digitalisierung passiert dies abseits der Entscheidungsgremien von Planer:innen und Politiker:innen gegenwärtig auf mikrosozialer Ebene nicht mehr nur in Form von Streitgesprächen in Kaffeehäusern oder Gaststätten oder im Feuilleton und anderen Rubriken lokaler Tageszeitungen, sondern eben auch in themenspezifischen Facebook-Gruppen.

Im vorliegenden Buch wird die Entstehung[2] eines neuen Stadtteils in der urbanen Peripherie[3] (vgl. Roost et al. 2014) untersucht, der Seestadt Aspern. Es wird der Blick auf jene Ränder und Umbrüche gerichtet, die bislang nicht im Licht der Aufmerksamkeit stehen, wie die Transformation des Umlands und der Verlust der landwirtschaftlichen Betriebe. Ich gehe der Frage nach, welche Politiken und Vorstellungen von Stadt und Gesellschaft bei ihrer Errichtung zwischen den beteiligten Akteur:innen ausverhandelt werden. Ich untersuche, wer in die Entscheidungsprozesse im Zuge der Genese eines neuen Stadtteils in welcher Weise involviert ist, und welche Vorstellungen sich in diesem Prozess in Infrastrukturen, Praktiken und Imaginationen durchsetzen. Ich interessiere mich dafür, wer in visuellen Repräsentationen in Form von Renderings und Masterplänen imaginiert wird, sowie, welche Rolle die Bewohner:innen bei der Gestaltung und Planung spielen.

Imaginationen werden hierbei als diskursive visuelle Praktiken verstanden, die in das Imaginäre der Stadt und damit in ihre „städtische Tiefengrammatik" (Lindner 2008: 87) eingespeist werden. Diese visuellen Narrative vermitteln Stadtkonzepte wie die europäische Stadt (Siebel 2004, 2005) oder planerische Leitbilder wie die Smart City (vgl. Dlabaja 2021a: 254; Exner et al. 2018). Sie sind aber auch

---

1 Renderings werden im Bereich der Architektur und Planung als dreidimensionale Darstellungen zur Visualisierung von geplanten Bauvorhaben generiert. Sie werden als Planungsdarstellungen für Architektur-wettbewerbe und im Falle der Seestadt auch im Prozess der Wohnungsvergabe als Architekturdarstellungen verwendet.

2 Der Prozess der Genese des Stadtteils wird in der Dissertation im Zeitraum von 2015 bis 2021 untersucht, daher bis zur Fertigstellung des Seeparkquartiers. Adaptionen des Seeparkquartiers wurden bis Sommer 2022 miteinbezogen.

3 Unter urbane Peripetie werden die Ränder der Stadt verstanden, die sich in unterschiedlichen räumlichen Figurationen zeigen, wie Einfamilien- oder Reihenhäusern in Grünlage, landwirtschaftlicher Produktion oder der Entstehung neuer Stadtentwicklungsgebiete, wie im Fallbeispiel.

symptomatisch für den Produktionsmodus der Stadtentwicklung und das Planungsverständnis der eingebundenen Planer:innen und deren Menschenbild. Das Akteurssetting der Stadtteilproduktion setzt sich im Falle der Seestadt aus Subeinheiten der Stadtverwaltung, Planungsbüros, Bauträger, politischen Entscheidungsträger:innen, Unternehmer:innen und Bewohner:innen zusammen. Diese werden als Mitglieder von Baugruppen und Bewohnerinitiativen selbst zu Stadtteilproduzent:innen.

In Zeiten des rasanten Städtewachstums, der zunehmenden Digitalisierung und der Transformation des urbanen Raums hin zur postpolitischen (vgl. Swyngedouw 2014) und neoliberalen Stadt (vgl. Heindl 2020) rücken neue Formen und Akteur:innen der Stadtproduktion ins Interesse wissenschaftlicher Forschung. Damit verknüpft ist die Frage, wie diese die Stadt verändern und welche gesellschaftlichen Entwicklungen sich dadurch ablesen lassen. Daher gilt es, empirisch fundiert herauszuarbeiten, ob und wie sich diese Vorstellungen in der Wiener Planungspraxis einschreiben.

Neu sind auch die Ansätze der Stadt(teil)produktion nach dem Modell der Public-Private-Partnership, die seitens der Wiener Stadtverwaltung und -planung im Falle der Seestadt angewendet werden. Bei dieser Art der Stadtteilproduktion kommen Formen der Gouvernementalität und Planung zum Tragen, in denen Dissens und Konflikt zunehmend verschwinden, wie in der Debatte um die postpolitische Stadt diskutiert wird (vgl. Michel & Roskamm 2013).

Der Aufbau der Publikation gestaltet sich wie folgt. Im einleitenden Kapitel 1 werden Forschungsinteresse, Fragestellung, Methodik und Stand der Dinge erläutert. In Kapitel 2 wird in den Gegenstand des Stadtteils im Werden eingeführt, sowie in politische Rahmenbedingungen, Leitbilder und Entscheidungsprozesse im Prozess der Herstellung des Stadtteils. In Kapitel 3 werden die Akteur:innen der Stadtteilproduktion und ihre Rolle nachgezeichnet. Im 4. Kapitel werden die Konzeption und in Kapitel 5. die Imagination untersucht, unter anderem mittels der Bildsegmentanalyse eines Renderings, das im Prozess der Wohnungsvergabe gezeigt wurde. Daran anknüpfend wird im 6. Kapitel die Ausverhandlung der Seestadt in Narrationen und Infrastrukturen nachgezeichnet. Das 7. Kapitel nimmt die Transformation des Umlandes und den damit verknüpften Verlust der landwirtschaftlichen Betriebe in den Blick.

Darauf folgt in Kapitel 8 die Aufarbeitung der Wohnbauproduktion in der Seestadt. Im darauffolgenden 9. Kapitel wird die Ausverhandlung von Stadtvorstellungen in städtischen Teilöffentlichkeiten digital und analog entlang zweier Stadtkonflikte zu Mobilität und Stadthitze untersucht. Im 10. Kapitel werden Prozesse sozialer Schließung und Distinktion sowie lebensweltliche und milieuspezifische Konfliktfelder im Stadtteil näher beleuchtet. Das 11. Kapitel bündelt stadtethnographische Perspektiven auf den Stadtteil entlang spezifischer Momente der Stadtteilwerdung. Dabei werden die erste Besiedelung ab 2014 und die Entstehung der Nachbarschaft untersucht.

In Kapitel 12 werden die Produktionsmodi städtischer Öffentlichkeit und Stadtteilproduktion sowie die im Stadtteil ausverhandelten Stadtkonzepte noch einmal synthetisierend analysiert und mit aktuellen Diskursen der Stadtforschung verknüpft. Abschließend resümiere ich über die umkämpften Raum- und Bedeutungsproduktionen in der Seestadt.

Lesehilfen und Orientierungspunkte

Ein visuelles Element im Buch bilden Texte, in blauen Boxen und Erläuterungen zentraler Konzepte wie Smart City oder Partizipation umfassen. Um diese leichter auffindbar zu machen sind sie auf der folgenden Seite als **Begriffsglossar** aufgeführt. Darüber hinaus gibt es an einigen Stellen **Fotos**, die an ausgewählten Stellen einen Einblick in die **Feldforschung** vermitteln sollen. Einige von diesen fotografischen Auszügen sind mit dem Text verknüpft und andere sind als **visuelle Erzählebene** gedacht, die atmosphärische Eindrücke vermitteln.

Begriffsglossar
Raumproduktion (S. 18)
Dispositiv (S. 25)
Die europäische Stadt (S. 91)
Das Smart City Konzept (S. 94)
Finanzialisierung des Wohnens (S. 153)
Die Stadt als Panoptikum (S. 227)
Stadtkonzepte (S. 230)
Die neoliberale Stadt (S. 231)
Die gerechte Stadt (S. 232)
Der Stadtkonflikt (S. 233)
Das planerische Leitbild (S. 234)

Stand der Forschung

In Wien sind Stadtentwicklungsgebiete häufig Gegenstand lokalen Widerstands, wie etwa das Naherholungsgebiet Steinhofgründe (Dlabaja 2020; Foltin 2011) oder die Verbauung des Donaufelds (Kumnig 2017). In jüngerer Vergangenheit involvieren sich Interessensgemeinschaften in Entscheidungs- und Planungsprozesse etwa im

Nordbahnhofviertel[4] und es formieren sich Bürger:inneninitiativen, beispielsweise zur Erhaltung des Areals des Otto-Wagner-Spitals (Bernhardt, Huberty, Tischler 2020).

In der Seestadt waren es lange Zeit einzelne Akteur:innen, die punktuelle Kritik an der Planung üben. Mit der Errichtung des Seeparkquartiers und dem geplanten Lobautunnel holt das Thema Stadthitze und Klimawandel die Seestadt mittels kollektiver Formen von Protest und Kritik 2021 ein[5]. Zum Zeitpunkt der Finalisierung der Forschungsarbeit 2021 formieren sich nun diverse Bürger:inneninitiativen und bündeln ihren Protest rund um die strittige Errichtung des Lobautunnels.

In der Stadtforschung gibt es eine lange Tradition, die sich auf theoretischer Ebene mit den Akteur:innen und gesellschaftlichen Rahmenbedingungen der Stadtentwicklung befasst. Ich beziehe mich in meiner Arbeit dabei auf zwei Stränge. Zum einen rekurriere ich auf den französischen Philosophen Henri Lefèbvre, der in seinem Werk „*La production de l'espace*" (1991, im Original 1974) Überlegungen über die Produktion des gesellschaftlichen Raums in der kapitalistischen Gesellschaft anregte, zum anderen beziehe ich mich auf Martina Löw und ihre raumtheoretisch fundierte Gesellschaftsanalyse der Re-Figurationen des Raums (2020), die durch Ordnungslogiken des Politischen (Adam & Vonderau 2014) und der Digitalisierung reorganisiert werden. Anknüpfend an Lefèbvres Raumtriade, die den konzipierten, imaginierten und in der Alltagspraxis realisierten Raum in den Blick rückt, untersuche ich Dispositive des konzeptionellen und gebauten, imaginierten und wahrgenommen Raums sowie Praktiken des Wohnens und der Stadtwerdung. An Lefèbvres Werk knüpfen die Arbeiten der sogenannten „Kritischen Stadtforschung" der neo-marxistischen Tradition an, wie zuletzt jene des Geografen David Harvey (2013), der sich mit dem Recht auf Stadt und damit verknüpften Fragen von Demokratie und Teilhabe im Kontext von Bürger:innenprotesten, Stadtentwicklung und Planung befasst. In der Planungstheorie und -praxis werden diese Entwicklungen aktuell unter den Stichworten Demokratisierung und Partizipation divers diskutiert. Die kritische Analyse von Planungsprozessen hat in der Architekturkritik eine lange Tradition. Kritisch meint hier, dass sie die Rahmenbedingungen und die Akteur:innen der Planung in den Blick nimmt und vor dem Hintergrund der normativen Vorstellung der gerechten Stadt, der sogenannten „Just City" (vgl. Fainstein 2010), ihre Handlungslogiken hinterfragt. Ihr prominentester Vertreter ist Lucius Burckhardt, der schon in den 1950er Jahren ein Umdenken hinsichtlich Planung und Planungsprozessen einforderte und darauf pochte, die Nutzer:innen in Vorhaben miteinzubeziehen (vgl. Burckhardt 2014). In der Planungstheorie lässt sich eine

---

4 https://nordbahnhof.wordpress.com/, Zugriff am 10.10.2019.
5 Zu einem Zeitpunkt, an dem meine Erhebungen weitgehend abgeschlossen waren und ich mich mitten im Schreibprozess befand.

Entwicklung ablesen, die von der Tradition der kommunikativen Planung (Selle 2013), welche um Konsens bemüht ist, immer mehr abkommt und sich hin zu einer Planungspraxis wendet, welche auf die Ausverhandlung von Konflikten fokussiert (Mouffe 2000; Miessen 2011), wie die sogenannte agonistische Planungstheorie sie einfordert und ihre Weiterentwicklung im Umgang mit „Konflikten und Machtungleichgewichten" (Hamedinger 2020: 9). Dem Ansatz der kommunikativen Planung gegenüber steht die kritische Planungstheorie, die Partizipation als technokratische Regierungs- und Planungspraxis betrachtet, die immer mehr zur Aushöhlung der politischen Sphäre führt. Der englische Geograf Eric Swyngedouw formuliert 2007 die Kritik an der Entpolitisierung mit seinem Konzept der postpolitischen Stadt:

> *„Die Polis ist tot, es lebe die kreative Stadt! Während die Stadt, zumindest in Teilen des städtischen Raums, blüht und gedeiht, scheint die Polis im idealisierten griechischen Sinn dem Untergang geweiht; in diesem Verständnis ist sie der Ort der öffentlichen politischen Auseinandersetzung und demokratischen Unterhandlung und somit eine Stätte (oft radikaler) Abweichung und Unstimmigkeit, an der die politische Subjektivierung buchstäblich ihren Platz hat"* (Swyngedouw 2013: 141).

An diese Debatte anknüpfend wird in der vorliegenden Arbeit unter Teilhabe verstanden das *„Recht auf Stadt (…) grundsätzlich und radikal die Macht einzufordern, Urbanisierungsprozesse zu gestalten und mitzuentscheiden, wenn es darum geht, auf welche Art und Weise unsere Städte erschaffen und erneuert werden sollen."* (Harvey 2013: 29)

Die Entstehung, Rahmenbedingungen und Akteur:innen städtebaulicher Großprojekte Wiens der letzten dreißig Jahre analysierte der Architekturkritiker Reinhard Seiß (vgl. 2007). Er kommt dabei zum Schluss, dass die privatisierten Stadtteile geprägt von wirtschaftlichen Interessen und einer Verwertungslogik folgend geplant wurden und dabei oftmals die städtebauliche Qualität und Nutzbarkeit von Stadträumen ins Hintertreffen geriet. Seiß prangert an, dass monofunktionale Büro- und Wohnareale in dieser Ära ohne öffentliche Räume, die zum Verweilen genutzt werden können, errichtet wurden und sich diese privaten städtebaulichen Projekte nach außen hin abschotteten. Seine Analyse und Kritik wurden seitens der Stadtplanung aufgenommen und flossen in die Planung aktueller Stadtentwicklungsgebiete ein. Gegenwärtig entwickelt sich auf diskursiver Ebene eine rege Debatte um Planung als politische Praxis (Lange & Müller 2016), die ein neues Verständnis von Planung mit sich bringt (vgl. Gribat et al. 2017). Diese zeichnet sich aus durch

> *„ein grundlegendes Verständnis von Planungspraxis als kontingentes soziales Aushandlungsfeld. Je nach theoretischer Perspektive werden Planungsprozesse dabei im Kontext der sie prägenden Arrangements aus Akteursallianzen, administrativen und materiellen Rahmen-*

bedingungen, alltagsweltlichen und epistemologischen Orientierungen gesehen, die durch Problemwahrnehmungen, angewandte Technologien und sich entwickelnde Rationalitäten formiert und strukturiert werden. Das politische Moment der Planung beschränkt sich dabei nicht allein auf die Privilegierung einer spezifischen raumbezogenen Lösung und auf einen bestimmten Prozessausschnitt. Vielmehr sind jeder Planungsphase politische Momente eingeschrieben, von der Identifizierung eines ,Problems' über Konflikt- und Konsensbildungsprozesse, die Zielfestlegung des Planentwurfs bis zur Umsetzung und Evaluierung" (Gribat et al. 2017: 9).

Vor dem Hintergrund des rasanten Wandels der Stadt ist es daher notwendig, zu erforschen, unter welchen Rahmenbedingungen gegenwärtige Stadtentwicklungsgebiete entstehen und welche Akteurslogiken und Politiken sich dabei in diese neuen Stadtteile einschreiben. Anknüpfend an die oben beschriebene theoretische Debatte von Planung als politischer Praxis (vgl. Lange & Müller 2016) fokussiere ich in meiner Arbeit auf die Entscheidungsprozesse und die Akteur:innen der Stadtteilproduktion. Die Arbeit ordnet sich damit in die Anthropologie politischer Felder ein, wie sie Jens Adam und Asta Vonderau vorschlagen. Diese verfolgt das Ziel, *„Dynamiken und Relationen zwischen dem im Sichtbaren und dem Unsichtbaren in gegenwärtigen Machtkonstellationen und somit das Zusammenfließen heterogener Elemente zu komplexen Formationen des Politischen"* (Adam & Vonderau 2014: 10) zu untersuchen.

Forschungsinteresse und Fragestellung

In meinem Vorhaben gehe ich der Frage nach, welche Politiken der Planung bei der Entstehung des Stadtteils ausverhandelt werden und welchen Logiken die Akteur:innen der Planung dabei folgen. Sichtbar werden diese Logiken der Planung in Form von Stadtkonzepten, die sich in den gebauten, gelebten und wahrgenommenen relationalen Stadtraum in Form von Praktiken, Infrastrukturen und Images mittels (An)Ordnungen einschreiben. Die theoretische Auseinandersetzung mit Planungsleitbildern (Jessen 2018) und Stadtkonzepten hat im interdisziplinären Feld der Stadtforschung eine lange Geschichte (Häußermann 2008; Löw et al. 2008; Rink 2018; Dlabaja 2021b). Es wird zwischen Stadtkonzepten unterschieden, die sich im Bereich der interdisziplinären Stadtforschung verorten und als analytische Linsen dienen, um spezifische gesellschaftliche Entwicklungen zu untersuchen, sowie den sogenannten planerischen Leitbildern, die aus dem Bereich der Planungswissenschaften stammen und als Grundlage und normatives Set für die Planung dienen (vgl. Jessen 2018).

Im Rahmen der Studie werden empirisch fundiert Vorstellungen von Stadt aufgearbeitet. Sie geht damit verknüpften gesellschaftlichen Entwicklungen und theoretischen Debatten nach, wie etwa Konzeptionen einer nachhaltigen Stadt (Engels et al. 2017) oder der Smart City (Kaltenbrunner & Jakubowski 2019: 282). Sie fragt danach, wie diese in dem Stadtteil übersetzt werden sowie welche Konflikte dabei entstehen (wie die Transformation des Umlands durch Wohnbauprojekte und damit verknüpft der Verlust der landwirtschaftlichen Kulturlandschaft), Ausverhandlungen auf Alltagsebene zwischen der offenen Stadt (Sennet 2018) versus der geschlossenen Stadt, auf Ebene städtischer Infrastrukturen der Just City (Fainstein 2010) vs. der neoliberalen Stadt (Mattissek 2008) und der postpolitischen Stadt (Michel, Roskamm 2013). Diese Konzeptionen realisieren sich in der Seestadt eingebettet in lokale politische, administrative Akteursfelder, städtische Infrastrukturen und Bedeutungsproduktionen.

Die übergeordnete Fragestellung lautet: „Welche Stadtkonflikte, Stadtvorstellungen und Logiken der Planung werden von den involvierten Akteur:innen ausverhandelt? Wie schreiben sich diese in den Prozess der Produktion des Stadtraums ein und für welche Vorstellungen stehen diese unterschiedlichen Ordnungslogiken?"

In einem ersten Schritt wird dabei der Frage nachgegangen, welche Akteur:innen in dem Prozess der Planung und Besiedelung des Stadtteils beteiligt sind sowie unter welchen Rahmenbedingungen der Stadtteil entsteht. Besonderes Interesse gilt den Planungsansprüchen und Visionen der Bewohner:innen und der Art und Weise, wie sie in Entscheidungsprozesse eingebunden werden. Wie finden die Ideen und Visionen Eingang in die Planung und welche Visionen für den Stadtteil setzen sich in Planungs- und Entscheidungsprozessen durch? Welche Strategien verfolgen sie, um ihre Vorstellungen und Visionen durchzusetzen?

Es wird erforscht, wie diese Vorstellungen sich in den materiellen-symbolischen Stadtraum einschreiben, in dem Handlungspraxis generiert und auf diskursiver Ebene (re)produziert wird. Mit dem Begriff der Imaginationen sind Vorstellungen von Stadt (vom richtigen und guten Leben in der Stadt sowie Konzeptionen von Stadt) gemeint, die auf visueller Ebene (in Form von Renderings, im Stadtraum selbst sowie Selbstrepräsentationen in sozialen Medien) vermittelt werden.

Die Studie verortet sich an der Schnittstelle zwischen kulturwissenschaftlich ethnographischer und sozialwissenschaftlicher Stadtforschung. Innovativ ist an der Forschung, dass ich sowohl auf die Innenperspektiven aus dem Prozess der Entstehung (als Teil eines Forscher:innenteams über mehrere Jahre hinweg begleitend) und später als temporäre Bewohnerin des Stadtteils zu unterschiedlichen Zeitpunkten fokussiere, wodurch die lebensweltliche Perspektive mit jener der Planung und Evaluierung verknüpft wird. Darüber hinaus möchte die Arbeit einen Beitrag zur Weiterentwicklung des Planungsdiskurses leisten. Es werden raumtheoretisch fundiert die hierarchisch ungleich verteilten Möglichkeiten der Raumproduktion, Aushandlung und Entscheidungsfindung untersucht (vgl. Dlabaja 2016).

Raumtheoretische akteurszentrierte Analyse der Stadtteilproduktion

Der Begriff Produktion im Titel der Dissertation „Die Seestadt Aspern ein Stadtteil im Werden. Umkämpfte Raum- und Bedeutungsproduktionen in Imaginationen, Praktiken und (An)Ordnungen" nimmt Bezug auf das Werk des französischen Philosophen Henri Lefèbvre und seiner Arbeit zur Stadt und Urbanisierung der Gesellschaft. Lefèbvre arbeitet in „The production of space" (Lefèbvre 1991, Original 1974) heraus, dass jede Gesellschaft ihre Räume produziert, daher eingebettet in konkrete gesellschaftliche Zusammenhänge und Wirtschaftssysteme ist (Lefèbvre 1991: 53).

Raumproduktion

Die Auseinandersetzung mit dem Produktionsmodus urbaner Räume bildet einen Ausgangspunkt der Analyse, und der damit verknüpften Frage, wie Räume und räumliche Strukturen unter den jeweiligen gesellschaftlichen Rahmenbedingungen (re)produziert werden. Es wird eine akteurszentrierte Untersuchung durchgeführt (vgl. Dlabaja 2016), welche die Ebenen des Prozesses der Raumproduktion mit Blick auf sozial ungleiche Möglichkeiten zur Raumproduktion und die Reichweite ebendieser in den Blick nimmt (Dlabaja 2023: 132). Ein Begriff, auf den ich in meiner Analyse rekurriere, ist jener der relationalen (An)Ordnung (Löw 2001: 212), womit ich mich auf die Raumtheorie von Martina Löw beziehe. Ich gehe in meiner Analyse der Entstehung der Seestadt davon aus, dass Räume in Imaginationen, Praktiken und relationalen (An)Ordnungen auf digitaler und analoger Ebene konzipiert, konstituiert und ausgehandelt werden. Die analytische Brille bei meiner Analyse der Raumproduktion bildet Lefèbvres Raumtriade. Er beschäftigt sich darin eingehend mit dem in der sozialen Praxis produzierten Raum, dazu entwirft Lefèbvre eine dialektische Triade. Diese bezeichnet er als Momente des Raums: die räumliche Praxis (Raum der *Wahrnehmung*), die Repräsentationen des Raums (der *konzipierte Raum*) und die Räume der Repräsentation (der *gelebte Raum*). Diese wirken gleichzeitig und sind ineinander verwoben, sie können keineswegs als starre Konstrukte gedacht werden. Lefèbvre beschreibt die materielle Produktion des Raumes, diesen Moment des Raums bezeichnet er als *„räumliche Praxis"*. Die Produktion des Wissens und damit den gedachten oder konzipierten Raum benennt er als die *„Repräsentation des Raumes"*. Unter diesem Begriff versteht Lefèbvre den Diskursraum, welcher von Wissenschaftler:innen, Städteplaner:innen und Künstler:innen durch Sprache und in der Form von Plänen als konzeptueller Raum durch unterschiedliche Praktiken konstituiert wird (Lefèbvre 1991: 38). Für Lefèbvre ist das der Raum der Eliten, welche die gesellschaftlichen Räume durch ihre Ideen und Planungen bestimmen. Er ist das Resultat von akkumulierten wissenschaftlichen Kenntnissen, die den Arbeitsprozess durchdringen und damit materiell wirksam sind. Auf der Ebene der *„Räume der Repräsentation"* wird der gelebte und erlebte Raum des Alltags generiert. Hier werden komplexe Symbole produziert, welche zum Teil codiert sind und verknüpft mit den verborgenen oder unausgesprochenen Seiten des Sozialen sowie im Bereich der Kunst. Dieser Moment des Raumes überlagert den physischen Raum mit seinen Symboliken. Er bildet ein in sich geschlossenes System von nonverbalen Zeichen im Raum (vgl. Lefèbvre 1991: 39). Lefèbvre spricht in diesem Zusammenhang von Zeichen und Kodierungen, die sich in den Raum einschreiben und dessen Ästhetik beeinflussen.

Ich wähle mit Bezug zu Lefèbvres Raumtriade (1991) und in Anlehnung an die Dispositivanalyse (Bührmann & Schneider 2008) drei Ausgangspunkte für meine Analyse: visuelle Repräsentationen, Praktiken und den konzeptionellen und gebauten Raum. Es handelt sich aber nicht um eine diskursanalytische Untersuchung im engeren Sinne, sondern um eine raumtheoretisch fundierte Analyse, die Dispositive zum Gegenstand im Prozess der Entstehung des Stadtteils macht. Am Ende der Publikation werden die Überlegungen zu dem Dispositiv mit der Empirie verknüpft ausgeführt. Konkret gehe ich der Frage nach, welche Vorstellungen von Stadt bei der Genese der Seestadt von Akteur:innen mittels Imaginationen, diskursiver Praktiken und materiellen Ausformungen ausverhandelt werden (siehe Abbildung 1). Im Zentrum der Analyse stehen dabei die Raumproduzent:innen. Mich interessieren die Momente der Raumproduktion und die Ausverhandlung von Raum. Im Zuge der Arbeit werden im weiteren Sinne an Lefèbvres Überlegungen anknüpfend drei Aspekte der Ausverhandlung des Raumes – in Foren der *Städtischen Öffentlichkeit – entlang von Stadtvorstellungen* analysiert:

Die Analyse des *konzipierten Raums*: Dabei rücken die Akteur:innen der Raumproduktion, Entscheidungsprozesse und ihre Vorstellungen von Stadt in den Vordergrund.

Die *Analyse des gelebten Raums* im Kontext der Ausverhandlung von Stadtvorstellungen: Dies umfasst die Analyse der Alltagspraxis im Stadtraum sowie auf digitaler Ebene städtische Teilöffentlichkeiten über soziale Medien.

Die *Analyse des imaginierten Raums*: Dabei werden visuelle Repräsentationen der Seestadt in Form von Renderings, Masterplänen und Social Media Postings analysiert.

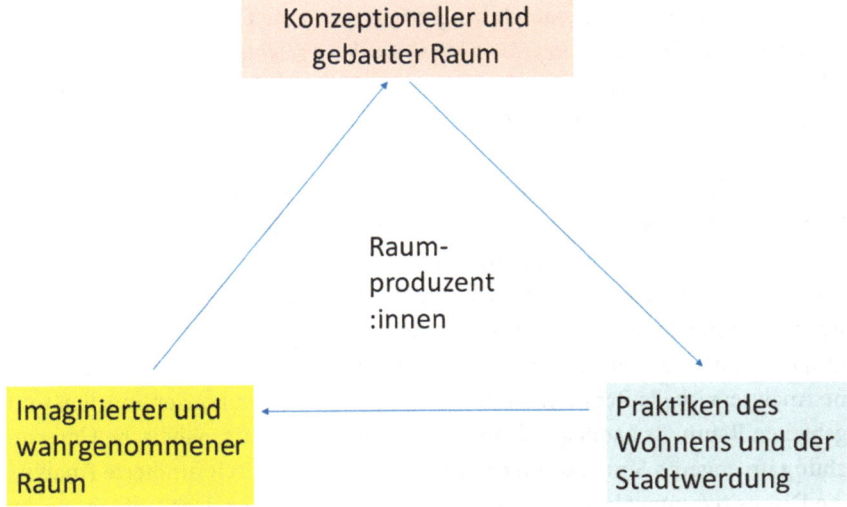

Abb. 1 Analyse des Prozesses der Raumproduktion und Ausverhandlung, © C. Dlabaja

Mittels des von mir für die Forschungsarbeit weiterentwickelten raumtheoretisch fundierten Analyserasters (Dlabaja 2016: 146) wird eine akteurszentrierte Analyse der Produktion der Seestadt auf Ebene des imaginierten, gebauten und gelebten Raums vorgenommen[6]. Eine Einführung und diskursive Einbettung der raumtheoretischen Grundlagen erfolgen im zweiten Kapitel. Das Analyseraster bezieht sich bei der Untersuchung des Prozesses der Raumkonstitution auf die Raumsoziologie von Martina Löw (2001). Für die Ebene und Reichweite der Raumproduktion auf Läpple (1991) und die damit verbundenen Dimensionen auf Lefèbvres Raumtriade (1991). Erweitert werden diese Aspekte von mir um den Begriff der Akteur:innen der Raumproduktion. Ich gehe davon aus, dass Stadt zwischen Akteur:innen ausverhandelt wird, die mit unterschiedlichen Kapitalsorten (vgl. Bourdieu 1983), wie sozialem, kulturellem, symbolischem und ökonomischem Kapital, ausgestattet sind und Stadt in unterschiedlichen Formationen des Politischen (Adam & Vonderau 2014: 10) aushandeln, diese Formationen werden in Infrastrukturen des gebauten Raums sichtbar Adam und Vonderau beschreiben diese als netzartig:

„Solche netzartigen, sich über verschiedene soziale Kontexte und gesellschaftliche Ebenen (scales) erstreckenden Formationen des Politischen lassen sich zugleich als Infrastrukturen

---

6 Das Analyseraster urbane Raumproduktionen wurde im Rahmen der Masterarbeit 2013 entwickelt und im Zuge der Dissertation ausdifferenziert und erweitert.

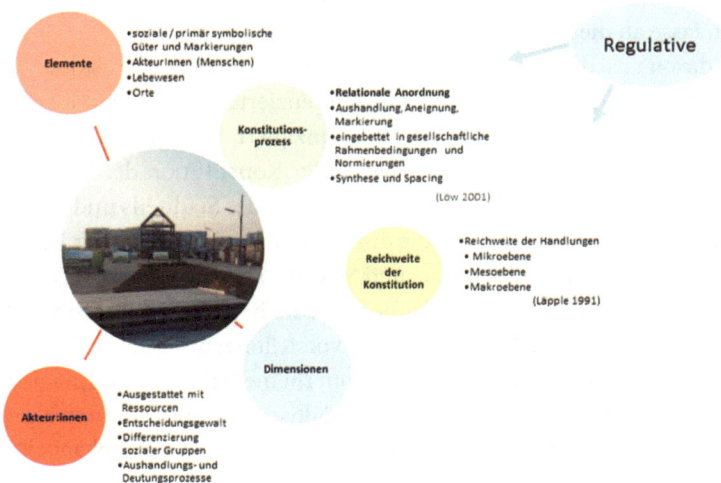

Abb. 2 Raumtheoretisch fundierte akteurszentrierte Analyse der Stadtteilproduktion, © C. Dlabaja

der Macht untersuchen als relationale Gebilde, welche die sichtbare, materielle und empirisch beobachtbare Seite politischer Formationen darstellen und mit ihren diskursiven Elementen unmittelbar verbunden sind. Infrastrukturen der Macht bilden nicht nur eine für die ethnographische Forschungspraxis günstige Objektivation von Machtmechanismen und Regierungslogiken, sondern sie sind diesen Mechanismen und Logiken inhärent." (Adam & Vonderau 2011: 23)

Stadtteilproduktionen können nicht losgelöst von Ort und Zeitpunkt betrachtet werden, da sie abhängig von den konkreten Rahmenbedingungen des Städtebaus und Akteursrelationen sind. Einfluss nehmen lokale politische Konstellationen, gesetzliche Rahmenbedingungen und das Beziehungsgeflecht zwischen den planenden administrativen Einheiten der Stadt. Um diese Vorstellungen von Stadt in ein PPP-Projekt zu gießen, bedarf es bestimmter Rahmenbedingungen und Regierungstechniken, die zur Durchsetzung der Herstellung von Infrastrukturen angewandt werden. Dazu braucht es Entscheidungsträger:innen, die mit Entscheidungsgewalt ausgestattet sind. Diese Akteur:innen trachten danach, sich bei der Konzeption und Planung des Raums sowie auf diskursiver Ebene beim Ringen um Deutungshoheit durchzusetzen. Um die Prozesse der Entscheidungsfindung im zeitlichen Verlauf und ihre Einbettung in politische und gesellschaftliche Rahmenbedingungen geht es im Kapitel 3. Die Akteur:innen der Raumproduktion werden in Kapitel 4 ins Zentrum der Analyse gestellt.

Ich fasse an dieser Stelle mein akteurszentriertes Analyseraster zusammen. Ich gehe davon aus, dass die Stadtteilproduktion der Seestadt als relationale (An)Ordnungen durch Akteur:innen, die mit differenziertem Zugriff auf Ressourcen und Entscheidungsgewalt ausgestattet sind, konzipiert, imaginiert und in der Alltagspraxis realisiert werden. Die Reichweite der Konstitution der Räume divergiert zwischen der Ebene des mikrosozialen Raums, des Stadtteils und Relationen, die darüber hinaus reichen, wie auf die diskursive Ebene. Prozesse der Raumproduktion vollziehen sich in der Synthese und Spacing-Leistungen. Die darin involvierten Personen agieren basierend auf unterschiedlichen Vorstellungen von Stadt und mittels diverser Produktionsmodi. Stadtvorstellungen werden in Plänen und Verordnungen, dem Öffentlich-Machen von Themenfeldern und Imaginationen in Form von Renderings sowie realisierten städtischen Infrastrukturen ausverhandelt. Dieser Prozess bildet den Gegenstand der Analyse in den Folgekapiteln.

Forschungsansatz und Methodik

Die Arbeit wurde als stadtethnographische Forschung (vgl. Lindner 1990; Welz 1991; Schmidt-Lauber 2018; Wolfmayr 2019) mittels Feldforschung realisiert. Diese umfasst teilnehmende Beobachtungen, qualitative Interviews, Alltagsgespräche und Spaziergänge. Ich verorte mich im Feld der ethnographischen Forschung und folge dem Ansatz des ,study from the inside' (vgl. Hammersley & Atkinson 2007). Ergänzt um die qualitative Bildsegmentanalyse, Social-Media-Analysen und Sekundärdatenanalysen aus der quantitativen Bewohner:innenbefragung.

Dieser Ansatz wird im Zuge der Arbeit in verschiedenen Zusammenhängen verfolgt, im Rahmen des Besiedelungsmonitorings, dessen Teil ich seit 2015 bin, sowie mittels der Methode der Feldforschung (vgl. Schmidt-Lauber 2007), wobei ich als temporäre Bewohnerin in der Seestadt im Zeitraum von 2017 bis 2021 punktuell jeweils für ein paar Wochen bis zu einem Monat lebte. Meinen Forschungsinteressen folgend nehme ich im Forschungsfeld spezifische Rollen ein, zum einen jene einer beratenden Forscherin, die im Auftrag der Stadt forscht und somit in eine Reihe von internen „Prozessen" Einblick bekommt, andererseits als temporäre Bewohnerin des Stadtteils, die in die Alltagspraxis des Quartiers eintaucht und Rolf Lindners Ansatz des *Serendipity* (vgl. Linder 2012) folgend unterschiedliche Spuren in der Forschung aufnimmt (vgl. Elsner 2021).

Im Zeitraum von 2015 bis 2021 analysierte ich punktuell entlang dominierender Themenfelder des Stadtteils die Kommunikation in den internen Bewohner:innenforen (wie das Lebensgefühl im Stadtteil, die Nachbarschaft und der See, lokale Infrastrukturen, wie sich Zukunft in den Stadtteil einschreibt, kritische Außenwahrnehmungen des Stadtteils) und Konfliktthemen (wie Mobilität, der See als Ort der Aushandlung, soziale Kontrolle, Stadthitze, die Gestaltung des Seeparkquartiers). Im Zuge dessen werden digitale und visuelle Praktiken des Ausverhandelns eines Stadtteils (vgl. Dlabaja 2021a, 2021b) mittels der digitalen Ethnographie (Pink et al. 2016) untersucht (siehe ausführlich Abschnitt 0. und Konfliktbehaftete städtische Öffentlichkeit in der Seestadt). Gegenstand der Analyse waren drei interne Bewohner:innen-Facebook-Foren, die Gruppe Seestadt Aspern die im Jahr 2022 3.537 Mitglieder zählt, die Gruppe Seestadt Allerlei mit 5.238 Mitgliedern und Seestadt unkut mit 1.255 Abonnent:innen. In diesen internen Bewohner:innenforen realisierten sich Praktiken der digitalen Nachbarschaft wie Praktiken des Teilens und Tauschens, der Vernetzung und schließlich der Aushandlung von Konflikten, die dazu führten, dass aus einer Gruppe drei Facebook-Gruppen hervorgingen. Die visuellen Praktiken der Imageproduktion mittels Renderings werden mit der qualitativen Bildsegmentanalyse nach Breckner (2008, 2010) analysiert. Für die Analyse des Renderings wurde die Methode erweitert (vlg. Dlabaja 2021a, 2021b) und mit der Auswertung qualitativer Interviews mit der Bewohner:innenschaft verknüpft. Eine ausführlichere Beschreibung der Methode ist in Kapitel Qualitative Bildsegmentanalyse eines *Renderings* nachzulesen.

Ein weiterer methodischer Zugang zur Erforschung des Stadtteils im Werden ist das „Gehen in der Stadt" (vgl. Rolshoven et al. 2017), dem unterschiedliche Funktionen zukommen, wie das Eintauchen in den Stadtteil, das Sich-Verlieren und das Erkunden und Begreifen der Seestadt. Zum einen wird die Seestadt mittels teilnehmender Beobachtungen und Sozialraumanalysen (vgl. Riege et al. 2002) untersucht. Zum anderen wird der Stadtraum mittels sogenannter dialogischer Stadtspaziergänge und Go-Alongs (vgl. Kusenbach 2003) mit Bewohner:innen begangen, bei welchen die Alltagspraxis als (sozial)räumliche und diskursive Praxis in den Blick genommen wird.

Die sozialraumanalytischen Untersuchungen und teilnehmenden Beobachtungen waren Teil der Analyse der Soziosphäre des Stadtteils sowie von Konfliktfeldern und Alltagsnutzungen. Die Go-Alongs wurden mit Bewohner:innen durchgeführt, um ihre Alltagswege mit ihnen zu begehen und ihre Identifikation mit dem Stadtteil zu erforschen, ergänzt wurden diese mittels qualitativer Interviews. Darüber hinaus führte ich dialogische Stadtspaziergänge durch – wie ich sie nenne – als intersubjektive Deutungsgruppe, in der im Gehen über die Entwicklungen des Stadtteils reflektiert wird. Diese Form des gemeinsamen Gehens ermöglichte ein Nachdenken über die Seestadt in Relation zu anderen Stadtentwicklungsgebieten. Ich führte diese Spaziergänge gemeinsam mit meinen Forschungspartner:innen aus der Planung und Stadtforschung ab 2017 punktuell in der Seestadt durch, u. a. mit dem Stadtforscher Christoph Stoik mit dem ich u. a. über Grenzen und Regulative reflektierte. Auch mit dem Stadtplaner Uruci Edib beging ich den Stadtteil. Er wohnte einige Zeit lang in der Seestadt. Andere Stadtentwicklungsgebiete, wie etwa Monte Laa, erkundete ich mit dem Stadtanthropologen Daniele Karasz. Er erforschte über viele Jahre das Quartier mit Bewohner:innen. Das Nordbahnhofviertel beging ich mit Andreas Lindinger, dem Begründer von Janes Walk Vienna und Bewohner des Viertels. In den Spaziergängen setzten wir Themenfelder der jeweils anderen Stadtteile in Relation zueinander und arbeiteten gemeinsam Differenzen und Ähnlichkeiten heraus. Ergänzt wurden die Spaziergänge zum Teil wie bei den Go-Alongs um qualitative Interviews. Im Sommer 2020 führte ich einen solchen Spaziergang mit Ewald Reinthaler durch, einem der Projektleiter des Stadtteils Solar City in Linz. Das Stadtentwicklungsgebiet war das erste in Österreich, das explizit einen Fokus auf klimaresiliente und nachhaltige Stadtplanung legte. Es ist mit technischen Infrastrukturen wie Fotovoltaik ausgestattet und Teil des Konzepts ist die intensive Begrünung des Stadtteils. Die Solar City ist in Relation zur Seestadt deshalb relevant, weil sie 1992 geplant und bis 2006 realisiert wurde (vgl. Treberspurg 2008). Daher ist sie in der Fortschreibung etwa zehn Jahre der Seestadt voraus, was die Besiedelung und den Ausbau des Stadtteiles betrifft. Die Solar City sowie eine Reihe anderer Stadtentwicklungsgebiete im deutschsprachigen Raum wurden in der Phase der Konzeption vom Planungsteam der Seestadt als Referenzprojekte besucht.

Darüber hinaus flossen Ergebnisse aus der quantitativen Online-Befragung des Besiedelungsmonitorings ein (vgl. Reinprecht et al. 2016, 2019). Es wurden dabei vor allem Analysen zur Imageproduktion und Wahrnehmung des Stadtteils aus der Studie als Sekundärdatenmaterial herangezogen.

Die Methode der ethnographischen Feldforschung wurde gewählt, um Innenperspektiven der Entstehung des Stadtteils zu generieren, sowohl auf Ebene des Alltags als auch als Teil des Feldes von Expert:innen, die in Planungs- und Steuerungsprozesse involviert sind. Alle empirischen Ebenen wurden in der Analyse zusammengeführt, um so mittels eines Mixed-Method-Ansatzes ein umfassendes Bild zu generieren.

Der Forschungsprozess und die Analyse erfolgen nach den Prinzipien der Grounded Theory nach Glaser und Strauss (1998). Es wurden Kategorien und Kodes herausgearbeitet. Diese fundieren auf der Auswertung der Feldforschungstagebücher, Beobachtungsprotokolle, Memos, qualitativer Interview-Transkripte und Medienanalysen. Basierend auf diesen Kategorien und Kodes wurden die Kapitel und damit verknüpfte Themenfelder mittels der raumtheoretisch fundierten Dispositivanalyse herausgearbeitet. Jedes Thema wurde in der Trias aus Imaginationen und diskursiven Praktiken, Infrastrukturen und Alltagspraktiken herausgearbeitet (siehe insbesondere Kapitel 4., 5. und 8., 9., 10.).

Zentrale Kategorien, die im Zuge der Auswertung generiert wurden, fundierten auf den Innenperspektiven des Alltags im Stadtteil und zum anderen dem öffentlichen Diskurs. Es handelt sich um Infrastrukturen, das Wohnen, der Freiraum, die Arbeit, der Alltag, Mobilität, das soziale Gefüge und Spaltungslinien und Vorstellungen von Stadt.

Dispositiv

Ich beziehe mich an dieser Stelle auf Foucaults Überlegungen in der Vortrags- und Gesprächsreihe „Dispositive der Macht":

„Was ich unter diesem Titel (nämlich unter Dispositiv) festzumachen versuche, ist erstens ein entschieden heterogenes Ensemble, das Diskurse, Institutionen, architekturale Einrichtungen, reglementierende Entscheidungen, Gesetze, administrative Maßnahmen, wissenschaftliche Aussagen, philosophische, moralische oder philanthropische Lehrsätze, kurz: Gesagtes ebenso wohl wie Ungesagtes umfasst. Soweit die Elemente des Dispositivs. Das Dispositiv selbst ist das Netz, das zwischen diesen Elementen geknüpft werden kann." (Foucault 1978: 119)

Wie oben erläutert verknüpfe ich meine Raumanalyse im weiteren Sinne mit dem Ansatz der Dispositivanalyse (vgl. Bührmann & Schneider 2008) und untersuche Konzepte, die in Plänen und Planungsgrundlagen und später in Form gebauter Infrastrukturen sichtbar werden, sowie Praktiken und Imaginationen. Dispositivanalysen im Kontext der Stadtforschung wurden im deutschsprachigen Kontext schon von Margarete und Siegfried Jäger am Beispiel von Gelsenkirchen-Bismarck/Schalke-Nord umgesetzt (vgl. Jäger 2007). In der vorliegenden Arbeit werden spezifische Dispositive untersucht, und zwar Stadtkonzepte, die für Vorstellungen von Stadt stehen, wie die gerechte Stadt (Fainstein 2010) oder die offene Stadt (Sennet 2018; Rolshoven 2021), aber auch Planungsleitbilder wie das Konzept der Smart City (Exner et al. 2018). In den nachfolgenden Kapiteln arbeite ich entlang dreier Analyseebenen die damit verknüpften Konstitutions- und Aushandlungsprozesse der Raum- und Bedeutungsproduktion von Stadt auf. Die nachfolgende Abbildung zeigt, dass hier eine Vielfalt an Quellen miteinander verknüpft analysiert werden, um die einzelnen Ebenen aufzuarbeiten. Ich benenne an dieser Stelle exemplarisch ein Beispiel, entlang dessen ich mittels der Dispositivanalyse vorgehe. Ich untersuche in Kapitel 9 das Dispositiv der Stadthitze entlang von Praktiken – also dem Umgang mit Stadthitze in der Alltagspraxis, der medialen Repräsentationen zu dem Thema und dem konzeptionellen Raum, also der Planungskonzepte, die sich im Spannungsfeld der Smart City und dem Umgang mit Stadthitze einordnen (siehe Kapitel 9).

Auf der Folgeseite befindet sich nun eine Abbildung, auf der die Analyseebenen und die methodischen Ansätze dargestellt sind, die zur Untersuchung dieser angewendet werden.

Abb. 3 Analyseebenen und empirische Quellen, © C. Dlabaja

Analyse des konzipierten Raums: Akteur:innen der Produktion und Herstellung von Stadt	Leitfadengestützte qualitative Interviews mit den Akteur:innen der Herstellung und Produktion der Seestadt Feldnotizen, Beobachtungsprotokolle (Sitzungsprotokolle, informelle Gespräche, Planungstreffen, Telefonate) Qualitative Interviews mit Bewohner:innen und lokalen Akteur:innen Interviews mit Architekt:innen & Developer:innen Planungsgrundlagen (Masterpläne, Publikationen der Entwicklungsgesellschaft und Werkstattberichte der Stadt Wien) Fokusgruppeninterviews
Analyse des gelebten Raums	Feldforschung: Aufenthalt in der Seestadt als Bewohnerin auf Zeit Stadtteilbegehungen und Go-Alongs Die Analyse von Facebook-Foren und Instagram Stadtteilbegehungen Bewohner:innenbefragungen
Analyse des imaginierten Raums	Analyse von Medienberichten, Imagebroschüren, Social Media, Auswertung der Akteur:innen-Interviews, Bildsegmentanalyse

Phasen der Feldforschung

In diesem Abschnitt erläutere ich die Phasen der Feldforschungen und damit verknüpfte Konzeptionen und Überarbeitungen der Erhebungen im Verlauf der Forschung. Da die Forschung auf Erhebungen, die im Zeitraum von 2015 bis 2021 stattfanden, basieren, handelt es sich um jeweils zeitlich begrenzte Phasen der Forschung, die punktuell zu verschiedenen Zeitpunkten der Errichtung der Seestadt stattfanden.

Phase 1

Den **Startpunkt für die ersten Konzeptionen der Forschungsarbeit** bildete das Besiedelungsmonitoring 2015, das in Verknüpfung mit der Dissertation geplant wurde. Ab Anfang 2015 übernahm ich die operative Leitung des Besiedelungsmonitorings zur Seestadt Aspern und wurde für die Magistratsabteilung 50 und die Entwicklungsgesellschaft 3420 zur Auftragnehmerin als Teil eines Forschungsteams, das für den weiteren Besiedelungsprozess wissenschaftliche Befunde liefert. Das Monitoring wurde vom Forscher:innenteam als Analyse des Prozesses der Besiedelung und der darin involvierten Akteur:innen konzipiert. Vom Fördergeber wurde dann vorrangig die Untersuchung und Begleitung der Besiedelung und der Wohnzufriedenheit gefördert. In der Forschung stand von Beginn an die Untersuchung der Akteur:innen der Raumproduktion im Fokus. In der ersten Phase von 2015 bis 2016 analysierte ich Planungsdokumente und führte qualitative Interviews mit Planer:innen und Entscheidungsträger:innen und in weiterer Folge der Bewohner:innenschaft durch, sowie eine Analyse der digitalen Entstehung von Nachbarschaft und der Ausverhandlung von Konflikten in den internen Bewohner:innenforen. Damit verbunden war auch die erste quantitative Erhebung und Konzeption der Befragung zur Wohnzufriedenheit und dem Wohnerleben des Stadtteils (vgl. Reinprecht et al. 2016). Diese erste Befragung war eng an mein Forschungsinteresse an der Wahrnehmung der Stadt und Imageproduktion geknüpft und Konfliktfelder, die während der ersten Besiedelungswelle auftraten. Aus dieser ersten Phase geht die Analyse der konzeptionellen Aspekte der Raumproduktion und der Bedeutung der Imaginationen für diese hervor. Die relationale Analyse der Imageproduktion basiert auf qualitativen Interviews, Bildsegmentanalysen, die bis in das Jahr 2021 fortgeführt wurden, und den quantitativen Erhebungen dieser Aspekte.

Phase 2

Die Umsetzung als ethnographische Stadtforschung: Um die Alltagspraktiken und Ebenen der Raumproduktion untersuchen zu können, zog ich während der ersten Karenz 2017 für mehrere Monate mit meiner Familie in den Stadtteil ein. Die Feldforschung gab mir Einblicke in die praxeologischen Aspekte des Wohnens und Lebens in der Seestadt. Sie zeigte die Stadt-Umland-Relationen auf und die Herausforderungen der Organisation des Alltags in einem Stadtteil in peripherer Lage. Der ethnographische Blick eröffnete Perspektiven auf die Ausverhandlung von Dispositiven (vgl. Jäger 2007; Bührmann & Schneider 2008) in der Alltagspraxis, das betrifft die Themen Stadthitze, Mobilität und Nahrungsmittelproduktion.

Phase 3

Feldeinstiege, Ausstiege und Reflexionen: Den Prinzipien der Grounded Theory (vgl. Glaser und Strauss 1998) folgend wurde das Material an Feldforschungstagebüchern und Interviews nach deren Erhebung analysiert und weitere Feldforschungsaufenthalte an sich aus dem Material ergebende Fragen anknüpfend konzipiert. Das Thema der Stadt-Umland-Relationen, das in der Forschung 2017 aufkam, vertiefte ich bei weiteren Forschungsaufenthalten in den Jahren 2019, 2020 und 2021. Die intensive Auseinandersetzung mit dem Thema mündete beispielsweise in der Aufarbeitung der Transformation der Nahrungsmittelproduzent:innen im Umfeld des Stadtentwicklungsgebiets (siehe Kapitel 7.). Auch das Thema der Stadthitze und Mobilität geht aus den Erhebungen 2017 hervor und wurde mittels weiterführender Fokusgruppeninterviews, Go-Alongs und der Analyse der Medienberichte vertieft.

Feldforschung mit Familie und alleine

Das Lebensgefühl als temporäre Bewohnerin der Seestadt ist bei meinen Feldforschungsphasen 2017 in der ersten Phase vom Wohnen als Jungfamilie im Stadtteil geprägt. Da ich zu dieser Zeit gemeinsam mit meinem Partner und unserem damals einjährigen Sohn Constantin in den Stadtteil einziehe. Forschungspraktisch bedeutete dies damals, dass ich meine Memos nach den Erhebungen in der Nacht am Mobiltelefon festhielt und am folgenden Tag auf den Laptop transferierte. Ich halte das an dieser Stelle fest, weil Feldforschung mit Kind und Familie spezifische Perspektiven auf den Stadtraum eröffnet und ich in andere Soziosphären eintauche als in meiner Rolle als Forscherin ohne Familie zuvor. Damit ergeben sich für mich neue Perspektiven. In den Feldforschungen 2017 fokussierte sich der Blick sehr stark auf die Seestadt als Ort der Familien, die gerade neu in den Stadtteil einziehen oder gerade Kinder in der Seestadt bekommen. Durch das Wohnen mit Familie wird für mich die enge sozialräumliche Bindung von Bewohner:innen, die sich in Elternkarenz mit ihren kleinen Kindern befinden, sichtbar. Daher rückten diesbezügliche Praktiken der Nutzung des öffentlichen Raums als auch Konsumpraktiken in den Vordergrund. Die Feldforschung macht es möglich, das Lebensgefühl einer spezifischen Gruppe von Bewohner:innen zu diesem Zeitpunkt einzufangen. Im Verlauf der Feldforschung legte ich andere Perspektiven auf den Stadtteil, in dem ich verschiedenen Spuren im Feld folge, welche sich unter anderem beim Erkunden des Umfeldes eröffnen, aber auch durch eine Reihe von Interviews und Gesprächen mit Bewohner:innen und Planer:innen sowie in weiterer Folge einer Serie von dialogischen Stadtteilspaziergängen mit anderen Stadtforscher:innen. 2017 bewohnen wir verschiedene Wohnungen im Baufeld D13. Zum einen in der Baugruppe Pegasus, verschiedene Wohnungen der FeelGood Apartments und später zum anderen in der Baugruppe Jaspern eine Wohnung von Bekannten, die uns diese für die Feldforschung überließen.

Bei den Feldforschungen 2019, 2020 bis 2021 eröffnen sich mir andere Perspektiven und Blickwinkel, da ich meist ohne Kinder meinen Forschungen nachgehe. In der Zeit von 2020 bis 2021 begab ich mich alleine in Feldforschungs- und Schreibklausuren während der Covid-19-Pandemie. In dieser letzten Phase der Feldforschung erfuhr ich als Bewohnerin der FeelGood Apartments eher die Perspektive der anonymen separierten temporären Bewohnerin (das damit verknüpfte Gefühl in einem Panoptikum zu wohnen, zeigt, wobei meine Feldforschungskontakte zu dieser abgesonderten Form des Wohnens einen Kontrapunkt bildeten, die sich in engen sozialen Kontakten zu den Baugruppen und Planer:innen gestaltete. Die Schreibklausuren alleine ermöglichten es mir, Teile der Forschung zu verschriftlichen, zu einer Zeit, in der das Schreiben mit kleinen Kindern aufgrund der Lockdowns oftmals schwer war.

Abb. 4a–b Perspektiven aus der Feldforschung auf das Wohnen in der Seestadt 2017 (oben) und 2021 (unten), © C. Dlabaja

Forschungsbiografische Einordnung in Wissenskollektive

Für die fachliche Verortung meiner Arbeit möchte ich gerne zwei Schritte weiter zurückgehen und die Frage aufgreifen, in welche Wissenskollektive ich mich einbette. Damit verknüpft ist die Frage „Woher ich komme", in welchen Wissenskollektiven ich sozialisiert wurde, da dies darauf Einfluss nimmt, für welche Fragestellungen ich mich in meiner Forschung interessiere. Diese beiden Aspekte sind wie ein Januskopf miteinander verknüpft und prägen meine Herangehensweise. Sie sind untrennbar mit den Fragen „Was will ich wissen?" und „Warum will ich es wissen?" verbunden. Anselm Eder formulierte diese als grundlegende Fragen, die jede:r Wissenschaftler:in sich im Forschungsprozess stellen muss.[7] Ich werde daher in diesem Abschnitt eine disziplinäre Reise durch die Stationen meiner Forschungsbiografie unternehmen, weil diese kennzeichnend sind für jene Debatten in der Stadtforschung, die meinen wissenschaftlichen Blick formierten. Es handelt sich hierbei um eine forschungsbiografische Perspektivierung, die das Ziel hat, Bezüge und Einflüsse offenzulegen, die für die Genese meines Forschungsinteresses relevant sind. Wissensproduktion findet eingebettet in Forschungs- und Lehrzusammenhängen statt. Sie ist damit eng an Institutionen und Wissenskollektive gebunden, die zu bestimmten Zeitpunkten Diskurse und Debatten folgen oder auch vorantreiben, im Sinne thematischer Konjunkturen, denen die Wissenschaft unterliegt. Ich möchte hier also Stationen meiner Forschungstätigkeit offenlegen, die mich maßgeblich beeinflusst haben und relevant für die Genese der Publikation sind. Mein Interesse für Stadtforschung entwickelte ich 2006 im Seminar zu Raum und Geschlecht bei Irmgard Voglmayr am Institut für Soziologie der Universität Wien.[8]

Im Zuge der Lehrveranstaltung haben wir die Raumtheorie von Martina Löw (2001) gelesen. Die Lektüre weckte mein Interesse an Stadtforschung. Das Seminar führte dazu, dass ich an der TU Wien Raumplanung inskribierte und von 2008 bis 2012 zuerst als Tutorin und später als wissenschaftliche Mitarbeiterin im Fachbereich für Soziologie bei Jens Dangschat arbeitete. Dangschat beeinflusste Anfang

---

7 Anselm Eder lehrte als außerordentlicher Professor bis 2012 am Wiener Institut für Soziologie. Er hielt unter anderem die Lehrveranstaltung Einführung in die Empirische Sozialforschung ab, so wie eine Reihe von Einführungsseminaren im Bachelorstudium, in dem uns vermittelt wurde, welchen Fragen wir uns im Verlauf des Forschungsprozess stellen müssen. In seiner Publikation „Was ist Soziologie? Bekenntnisse von einem, der es auch nicht weiß" (2008) widmete er sich nochmals dieser Frage. In der Lehre vermittelte er uns Studierenden, dass wir uns wie Aristoteles am Marktplatz die Frage stellen müssen „Was will ich wissen?" und „Warum will ich es wissen"? In den zweisemestrigen Forschungsseminaren mussten wir uns mehrmals im Semester auf den „heißen Stuhl" in die Mitte des Seminarraums setzen und diese Frage beantworten. Dieser Ansatz hat mich in meiner Vorgehensweise für meine weitere Forschungstätigkeit nachhaltig geprägt.

8 Das Seminar bildete den Ausgangspunkt für meine Forschung über das Wiener Brunnenviertel (Dlabaja 2016).

der 90er Jahre gemeinsam mit Friedrichs die Debatte über soziale Ungleichheit und Gentrifizierung im deutschsprachigen Raum, u. a. fundierenden auf ihrer quantitativen Studie „Gentrification in der inneren Stadt von Hamburg" (Dangschat & Friedrichs 1988). Im Zuge meiner Tätigkeit bei Jens Dangschat beschäftigte ich mich intensiv mit Stadt und sozialer Ungleichheit und Gentrifizierung u. a. im Wiener Brunnenviertel (Dlabaja 2016). Die Zusammenarbeit in der universitären Lehre an der TU Wien mit dem Stadtsoziologen Oliver Frey und dem Architekten Ian Banerjee bildete für mich den Ausgangspunkt für die theoretische Beschäftigung mit Stadtkonzepten und planerischen Leitbildern. Im Seminar Stadtkonzepte beschäftigten wir uns mit der europäischen Stadt, dem Konzept der Urbanität, der nachhaltigen Stadt, der Zwischenstadt, der sozialen Stadt, der gespaltenen Stadt und einer Reihe weiterer Stadtkonzepte. Oliver Frey veröffentlichte 2008 seine Dissertation „Die amalgame Stadt" (Frey 2008), in der er das gleichnamige Stadtkonzept formulierte und entlang der Analyse von Wiener Stadtquartieren und kreativem Unternehmertum empirisch untermauerte. Einen zentralen Bezugspunkt für meine Auseinandersetzung mit Stadt und Raum bildet die Arbeit von Martina Löw. Mich interessierte, wie sie an weiterführenden Überlegungen zur Raumsoziologie (2001), an theoretischen und methodischen Überlegungen weiterarbeitete. Deshalb absolvierte ich für ein Semester als Gastforscherin den damals in Darmstadt situierten LOWE Schwerpunkt. Am LOWE Schwerpunkt wurde am Programm der „Eigenlogik der Städte" (2008) gearbeitet. Wichtige Publikationen, die aus diesem Zusammenhang hervorgingen, sind die Einführung in die Stadt- und Raumtheorie (Löw et al. 2008) und die Eigenlogik der Städte (Berkling & Löw 2008). In der Kontroverse zwischen dem Ansatz, die Stadt als Labor gesellschaftlicher Entwicklungen (vgl. Häußermann & Siebel 2008) zu betrachten oder als eigenständigen Untersuchungsgegenstand (vgl. Lindner 1991, 2009; Berkling & Löw 2008), lag mir das Verständnis von Lindner und Löw sehr nahe. Allerdings ordne ich es theoretisch so ein, dass Städte Gradmesser gesellschaftlicher Entwicklungen sind, aber eben in lokale politische Akteurskonstellationen, Verwaltungstraditionen und gesellschaftliche Produktionsmodi eingebettet realisiert werden. Ein weiterer Aspekt, der mir beim Ansatz der Eigenlogik zu dieser Zeit fehlte, war der Bezug zur langen Tradition der Stadtkonzepte in der Stadtforschung und der daraus hervorgehenden Gesellschaftsanalyse.

Ab 2013 war ich als Mitarbeiterin von Christoph Reinprecht am Institut für Soziologie tätig. Reinprecht befasst sich in seiner Arbeit sowohl mit den Themenfeldern der Migrationsforschung, der Nachbarschafts- und Sozialraumforschung als auch mit dem Themenkomplex der Wohnbauforschung (Reinprecht & Dlabaja 2014; Reinprecht et al. 2016). Sein Ansatz, sich methodisch verschränkt, also sowohl qualitativ als auch quantitativ, mit Fragestellungen zu befassen, hat mich nachhaltig geprägt. Im Falle unserer gemeinsamen Seestadtforschung speiste sich die Forschung wechselseitig aus Aspekten, die wir in der Konzeption und Realisierung einbrachten. Der Fragebogen zum Wohnen in der Seestadt fundierte auf einer Serie qualitativer Interviews sowie einer Reihe von Sozialraumanalysen und einer Social-Media-Analyse der internen Bewohner:innen-Foren auf Facebook. Er speiste sich aus Fragebogenkonstruktionen aus vorangegangen Studien. Im Zuge der Neuausrichtung der Dissertation am Institut für Europäische Ethnologie, die als stadtethnographische, auf das Alltagsleben ausgerichtete Forschung (vgl. Schmidt-Lauber 2007, 2010) konzipiert wurde, entwickelten sich neue Themenfelder und Fragestellungen.

Prägend war auch die Praxis des Spazierengehens im Umfeld u. a. gemeinsam mit der Familie. Die Feldforschung mit einem Kleinkind eröffnete neue Perspektiven auf den Stadtraum und seine Soziosphären und verengte gleichzeitig die Perspektive auf den Stadtraum für einige Zeit. Die Themenfelder und Fragestellungen, die in der Dissertation aufgearbeitet werden, gehen einerseits auf weit zurückliegende inhaltliche Auseinandersetzungen in Wissenskollektiven zurück, wie jenes der Stadtkonzepte. Sie speisen sich aber auch aus meinem genuinen Interesse an der Frage, wie gesellschaftliche Räume eingebettet in gegenwärtige Gesellschaftsordnungen produziert werden. Diese Frage beschäftigte mich über mehrere Jahre im Wiener Brunnenviertel (vgl. Dlabaja 2016). In dieser Arbeit generierte ich ein Analyseraster zur Untersuchung urbaner Raumproduktionen, das auf die relationale Raumsoziologie von Martina Löw (2001), den Matrixraum von Dieter Läpple (1991) und meine Erweiterung des Fokus auf die Akteur:innen der Raumproduktion (2016), die mit unterschiedlicher Entscheidungsgewalt ausgestattet sind, fokussiert (siehe Abbildung 2). Am Ende der Dissertation wird dieses basierend auf den Analysen der Ergebnisse aus der Empirie erweitert.

Das Forschungsfeld – Die Seestadt

Wien war lange Zeit eine schrumpfende Stadt. Mit dem EU-Beitritt Österreichs hat sich die Stadt zu einer der wachsenden Metropolen im europäischen Raum gewandelt. Bis 2034 wird Wien die zwei Millionenmarke überspringen, so die Prognose der MA 23. Dieses voraussichtliche Wachstum und den damit einhergehenden erhöhten Bedarf an Wohnraum versucht die Wiener Stadtplanung mit der Errichtung von gefördertem Wohnbau abzudecken. Nachdem zwischen Wohnraumbedarf und errichtetem geförderten Wohnbau lange Zeit eine große Differenz herrschte, wurde der frei finanzierte Wohnbau zu einem zunehmend wichtigen Faktor, der die Miet- und Eigentumspreise in die Höhe schwellen ließ. Städtebaulich betrachtet erlebt Wien eine Ära der Genese von Stadtteilen, die als neue Gründerzeit bezeichnet wird und dem Wachstumsnarrativ folgt (vgl. Dlabaja 2017), die das Stadtbild nachhaltig transformieren. Wien ist eine von vielen europäischen Metropolen, die auf neue Stadtentwicklungsgebiete setzen. Hartmut Häußermann beschreibt die Hoffnung in städtebauliche Großprojekte schon vor 20 Jahren, die unter ähnlichen Vorzeichen wie heute errichtet werden.

„Große städtebauliche Entwicklungsvorhaben sind europaweit zu neuen Hoffnungsträgern der Stadtpolitik geworden." Ehemalige Industrie-, Transport- oder Verkehrsflächen werden als neue Stadtteile geplant. *„Vor dem Hintergrund eines tiefgreifenden sozioökonomischen Strukturwandels, öffentlicher Finanzknappheit und eines vielfach beklagten Verlustes politischer Handlungsfähigkeit verkörpern Großprojekte Dynamik und Wandel. Sie symbolisieren Versprechen, neue Arbeitsplätze und Wohnungen sowie innovative Unternehmen in die Stadt zu bringen"* (Häußermann 2000: 1).

Die Seestadt Aspern ist ein neues Stadtentwicklungsgebiet im 22. Wiener Gemeindebezirk, welches mittels eines Public-Private-Partnership-Modells realisiert wird. Bis 2028 sollen 20.000 Menschen in ihr leben und ebenso viele Arbeitsplätze geschaffen werden. Der Stadtteil wird mit dem Slogan „Die Stadt fürs ganze Leben" umworben und möchte Wohnen und Arbeiten für die Bewohner:innen verbinden. Bei der Konzeption des Masterplans wurde der Fokus auf den öffentlichen Raum sowie auf Nutzungsmischung gelegt. Die gewerbliche Nutzung von Erdgeschoßzonen und die erste gemanagte Einkaufsstraße Österreichs sollen die Ansiedlung von Gewerbe und Einzelhandel im Stadtteil fördern. Der Stadtteil, welcher seit 2012 am ehemaligen Flugfeld im Osten der Stadt entsteht, wird dem Narrativ der Stadtverwaltung folgend errichtet, um in der wachsenden Metropole dem von der Stadt Wien prognostizierten (vgl. MA23 2014, 2017) erhöhten Wohnbedarf nachzukommen. Dafür wird bislang zum Teil landwirtschaftlich genutztes und brachliegendes Land verbaut. Gleichzeitig werden verfügbare Leerstände und Baulandressourcen nicht ihrem Potential entsprechend genutzt (vgl. Kumnig, Rosol, Exner 2017: 137). Sie wird seitens der Stadtverwaltung als „Stadt der kurzen Wege" im Diskurs der „Smart City" (Dlabaja et al. 2016: 32) positioniert.

Die Seestadt ist in der Smart City Rahmenstrategie (MA18 2014) als Vorzeigestadtteil repräsentiert. Sie wird in diversen Forschungsprojekten als Smart City Demo Stadtteil oder Living Lab der Smart City dargestellt. Einen Ankerpunkt bildet in diesem Kontext das Energieforschungsprojekt ASCR, bei dem Unternehmen wie Siemens, Wien Energie, die Wiener Netze und ein Forschungsinstitut Niedrigenergiekonzepte, den sogenannten Smart Meter, in der Seestadt erproben. Diesen Konzepten geschuldet bilden der öffentliche Verkehr und der Radverkehr den Fokus des Mobilitätskonzepts des Stadtteils, welcher vor seiner Besiedelung an das U-Bahnnetz angebunden wurde und mittels öffentlicher Busse erreichbar ist. Darüber hinaus gibt es ein Leihfahrradsystem, welches von der Entwicklungsgesellschaft finanziert wurde. Die Herstellung und Entwicklung des Stadtteils wird von der Entwicklungsgesellschaft Wien 3420 Seestadt AG koordiniert, welche zur Inwertsetzung des Stadtteils gegründet wurde. Das städtebauliche Großprojekt wird mittels eines Masterplans in vier Etappen bis 2028 im 22. Wiener Gemeindebezirk realisiert.

Die Seestadt wird von verschiedenen Institutionen als Labor genutzt, in dem neue technologische und soziale Lösungen erprobt werden. Das betrifft sowohl Mobilitätslösungen wie autonome Fahrzeuge im öffentlichen Verkehr, neue Formen des Teilens von Infrastrukturen wie Lastenräder oder den Mobilitätsfonds, bei dem Bewohner:innen Konzepte einreichen, die dann – so sie von der Jury ausgewählt werden – realisiert werden können. Ein weiterer Bereich, in dem die Seestadt ein Labor darstellt, ist die Energieforschung des Aspern Smart City Research[9]. Die Entstehung des sozialen Gefüges Stadt wird von mehreren Institutionen begleitet: Zum einen vom Stadtteilmanagement Seestadt Aspern, welches von der Entwicklungsgesellschaft für die Begleitung der Besiedelung und der Gemeinschaftsbildung beauftragt wurde, zum anderen gibt es eine Reihe von Forschungsprojekten wie das Besiedelungsmonitoring Seestadt Aspern[10], welches die Besiedelung und das Wohnen im Stadtteil sowie die Perspektiven und Einordnungen der Bewohner:innen wissenschaftlich begleitet und untersucht.

---

9 Eine Forschungskooperation von Siemens, Wien Energie und der Stadt Wien.
10 https://www.caritas-stadtteilarbeit.at/projekte/alle-projekte/besiedelungsmonitoring-seestadt-aspern, Zugriff am 22.1.2022.

2. Die Seestadt – Ein Stadtteil im Werden

„Jede Stadt ist das Ergebnis einer endlosen Zahl von Entscheidungen, die im Verlauf der Zeit getroffen wurden; Entscheidungen, die an jeder Gabelung ihrer Geschichte in eine andere Richtung hätten weisen können. Aus diesem Grund sind in jeder Stadt noch weitere enthalten: Städte, die sie einmal gewesen sind und die mehr oder weniger deutliche Spuren hinterlassen haben, aber auch die potenziellen Städte, jene, die sie hätten sein können, aber nicht waren, und die man zuweilen aufgrund von Ähnlichkeit oder Affinität in anderen Städten verkörpert sieht." (Settis 2015: 11)

Diese Prozesse der Entscheidungsfindung und damit verknüpft die Ausverhandlung von Stadt untersuche ich entlang der Entstehung des Stadtentwicklungsgebiets Seestadt Aspern, die in vier Ausbauphasen realisiert wird. Die erste Etappe, wurde bis 2020 realisiert. Teil der ersten Etappe der Besiedelung ist auch das erste Wohnquartier, das sogenannte Pionierquartier, das bis 2017 errichtet wurde und in dem zahlreiche Wohnbauten von gemeinnützigen Bauträgern angesiedelt sind. Die ersten Bewohner:innen zogen 2014 in die fünf Baugruppen auf dem Baufeld D13 ein. Damals war der Stadtteil noch in weiten Teilen eine Baustelle. Mit der Realisierung des Seeparkquartiers, dem letzten Teil des ersten Abschnitts, werden nun eine Reihe vorrangig freifinanzierter Wohnbauten sowie Bauten, die eine Mischung aus Büro, Gewerbe und Hotel umfassen, errichtet. Im ersten Wohnquartier wurde der Fokus auf Nachhaltigkeit, Leistbarkeit und Familienfreundlichkeit gelegt. Das Seeparkquartier steht für großteils freifinanzierte architektonische Leuchtturmprojekte, wie das Holzhochhaus HoHo (von cetus Baudevelopment GmbH). Mit diesem Abschnitt wird die vertikale Verdichtung des Stadtteils vorangetrieben. In diesem Kapitel werden Momente der Stadtwerdung in Narrationen, Planungsgrundlagen, Infrastrukturen und des Prozesses der Besiedelung nachgezeichnet.

Das sind zum einen die ersten Bestrebungen der Bebauung des ehemaligen Flugfelds Aspern. Diese wurden zu einem spezifischen Zeitpunkt der Wiener Planungsgeschichte 1992 angestellt und erst mit dem EU-Beitritt und der damit verknüpften Erzählung der wachsenden Stadt realisiert. Weitere Themenfelder, sind der Prozess der Besiedelung des Stadtteils und mediale Repräsentationen. Auf der unteren Zeitlinie wird die Transformation des Umfelds und der damit verknüpfte Verlust der landwirtschaftlichen Betriebe thematisiert. Ein Thema, das in der Öffentlichkeit weitgehend unsichtbar ist. In den nächsten Abschnitten werde ich Entscheidungsprozesse im Verlauf der Herstellung der Seestadt sowie den Prozess der Entstehung, die Planungsgeschichte der Stadt und damit verknüpfte Konjunktu-

Abb. 5 Pionierquartier, Quelle: Luiza Puiu 2021

ren von Planungsleitbildern sowie der politischen Rahmenbedingungen skizzieren, um die Prozesse der Stadtteilproduktion später darin eingebettet analysieren zu können. Ich werde daran anknüpfend den Wohnbau im Stadtteil differenziert nach Förderform und standardisiertem Massenwohnbau, Baugruppen und temporären Wohnprojekten erläutern, in Kapitel 7 wird die Wohnbauproduktion eingehend analysiert.

Politische Rahmenbedingungen und Planungsleitbilder im Wandel

Das Zitat von Settis zu Beginn dieses Kapitels zeigt auf, dass der Entstehung eines Stadtteils eine Reihe von Entscheidungen zugrunde liegt. Diese Entscheidungen werden von Akteur:innen, eingebettet in spezifische Rahmenbedingungen und Planungsleitbilder, getroffen, wie ich nun im folgenden Abschnitt erläutere. Ich möchte mich an dieser Stelle auf die Analyse des Stadtplaners Johannes Suitner beziehen, der zwischen vier Charakteristika der Wiener Planungsgeschichte unterscheidet, die sich in vier zeitlichen Phasen verorten: Jener vor 1918, einer *liberalen kapitalistischen Ära*, in die *Zwischenkriegszeit, in der sich das Rote Wien* verortet und die damit verknüpften kommunalen Visionen des Wohnbaus, die *fordistische Ära der Modernisierung* und die *post-fordistische Zeit* in der es zu einer Erosion des Wohlstandstaats und einer flexibilisierten Form der Governments kommt (Suitner 2021: 887). Diese Phasen betten sich in unterschiedliche politische und wirtschaftliche Systeme ein. Er skizziert vier mit diesen Phasen verwobene dominante Planungsdiskurse und Vorstellungen: die *imperiale und industrielle Vision* des 19. Jahrhunderts (ebenda), die aus meiner Sicht die epistemologische Grundlage der paternalistischen Planungsstrukturen der Wiener Stadtverwaltung legen und bis heute die Institutionen der Stadtverwaltung und Planung prägen. Die *Visionen des Reformgeistes des Roten Wien,* in dem die Grundwerte des kommunalen Wohnbaus und die Ideale der sozialdemokratischen Stadt gelegt werden, die auch noch bis heute wirken, wenn auch unter anderen Rahmenbedingungen als damals. Die Ära der Nachkriegszeit, die von einem *technokratischen Planungs- und Modernisierungsdiskurs* geprägt ist, in der monofunktionales und polyzentrisches Planen an Bedeutung gewinnt, und schließlich der aktuelle Planungsdiskurs der *flexibilisierten Managementstrukturen,* die eingebettet in die erodierten sozialstaatlichen Strukturen und einer gewinnorientierten Baubranche agieren müssen (ebenda 889). Ich werde mich in diesem Abschnitt auf die beiden letzten Phasen beschränken, da diese im Kontext der Entstehung, Konzeption und Planung der Seestadt von Relevanz sind.

In den 1950er bis 1980er Jahren war auch in Wien das dominierende Planungsleitbild jenes der **autozentrierten** Stadt. Das spiegelt sich sowohl im **funktionalen** Stadtbau und damit verknüpften Wohnbauprojekten aus dieser Ära wider. Es ist in den damit verknüpften Verkehrskonzepten ablesbar, die auf den Individualverkehr fokussiert waren. In der Ära der Nachkriegszeit wurde *Heinrich Brunner-Lehenstein* als externer Berater zum Leiter der Wiener Stadtplaner ernannt und war somit für städtebauliche Planungen und die Verkehrsentwicklung zuständig. Seine Arbeit war geprägt von der Zeit, als er in Südamerika als Planer fungierte: *„Es ist offenbar eine Folge der langen Erfahrung in Amerika, dass Brunner der Planung für den Individualverkehr besonders viel Platz einräumt. Dabei lehnte er die Idee, das Auto aus der Kärntnerstraße zu verbannen, entschieden ab. (...) Weniger Beiträge lieferte Brunner für den öffentlichen Verkehr. Markant lediglich der Vorschlag, die Stadtbahn zu verlängern – von Heiligenstadt nach Floridsdorf und von der Gumpendorfer Straße zur Philadelphiabrücke. Den Bau eines U-Bahn-Netzes bezeichnete Brunner als notwendig, sah die Möglichkeit dafür aber erst in der ferneren Zukunft"* (Pirhofer & Stimmer 2007: 40). Retrospektiv wurde seine Ära als Leiter der Stadtplanung, die von 1948 bis 1958 andauerte, als eine vom „Leitbild der „aufgelockerten" und „autogerechten Stadt" geprägten Zeit eingeordnet (ebenda 44).

Wichtige öffentliche Verkehrsprojekte der Ära *Arnold Rainer* von 1958 bis 1961 waren der Bau der Untergrundstraßenbahn U-Strab entlang der sogenannten Ringstraße des Proletariats und der Ausbau des Straßenbahnnetzes sowie der Bau des

Matzleinsdorfer Hochhauses. „*Wien wird Weltstadt*" heißt es in der sozialistischen Arbeiterzeitung (1954: Ausgabe Nr. 235) über den Bau des Matzleinsdorfer Hochhauses, das erste Hochhaus der Stadt Wien. Im Zeichen des Wirtschaftswunders und des Modernitätsgeists der 1950er Jahre wurde das 20 Stockwerke und 68 Meter hohe Gebäude von 1954 bis 1957, angrenzend an den neu gestalteten Matzleinsdorfer Platz, errichtet. Autozentrierte städtebauliche Strukturen dominieren die Ränder der Stadt, an denen es genug Fläche für Großprojekte gab. Man folgte der Logik des funktionalen Städtebaus, in der Annahme, dass das Zentrum durch Großobjekte in Randlage entlastet wird. Man ging davon aus, dass es notwendig sei, am Rand die Stadterweiterungen voranzutreiben. Mit dem Ende der Phase von Arnold Rainer als Leiter der Stadtplanung übernahm erstmals ein Politiker, nämlich der *Stadtrat Felix Slavik*, die Leitung der Stadtplanung. In der Studie von Pirhofer und Stimmer ist zu lesen:

> „*Verhalten und Beschlüsse des Gemeinderates ließen wenig Zustimmung für den Stadtplaner erkennen. Rainer versuchte noch einige Monate, seine Arbeit erfolgreich fortzusetzen, erkannte aber bald, dass ihm die Möglichkeit dazu nicht mehr im notwendigen Ausmaß geboten wurde. Er hatte offensichtlich nicht mehr die Unterstützung durch Bürgermeister Jonas und Baustadtrat Heller, die ihm anfangs geholfen hatten, und vor allem nicht die Unterstützung durch den neuen ‚starken Mann' im Rathaus, den Finanzstadtrat Felix Slavik*" (ebenda).

Ab dem Jahr 1969 wurde die MA18 zur eigenständigen Geschäftsgruppe Planung, die nicht mehr einem externen Leiter der Stadtplanung unterstellt war, sondern einem Politiker (in der Funktion eines Stadtrats), der für den Bereich verantwortlich war. Damit beginnt die Zeit der politisch weisungsgebundenen Planung. Aus dieser Zeit geht die Transformation Wiens von einer autozentrierten hin zur am öffentlichen Verkehr orientierten Stadt hervor:

> „*Zwei der Großprojekte, deren Realisierung in den sechziger Jahren des vorigen Jahrhunderts begann, sind heute als prägende Faktoren des urbanen Lebens im allgemeinen Bewusstsein: U-Bahn-Bau und Hochwasserschutz. Dem U-Bahn-Bau gingen intensive Diskussionen voraus, wobei die SPÖ mehrheitlich die U-Bahn wegen der hohen Kosten und der langen Baudauer ablehnte und nach anderen Lösungen für den öffentlichen Verkehr suchte, während ÖVP und KPÖ für die U-Bahn eintraten. Über den Hochwasserschutz kam es hingegen zu einem Konflikt zwischen den Parteien SPÖ und ÖVP, die im Rathaus seit 1945 gemeinsam regierten – einem Konflikt, an dem die fast dreißig Jahre funktionierende Koalition schließlich zerbrach. Die SPÖ trat mit Unterstützung der KPÖ für die optimale Lösung mit einem Entlastungsgerinne ein, während die ÖVP die Minimallösung mit Vertiefung des Donaubettes und Erhöhung der Uferkanten verfocht*" (ebenda 52).

Das Zitat aus der Studie von Pirhofer und Stimmer zeigt sehr gut die Entscheidungsgewalt politischer Akteur:innen auf und wie diese unterschiedlichen Vorstellungen
von Stadt folgen. Die Entscheidungen, die in den 1970ern bzgl. des Hochwasser-
schutzes getroffen wurden und die Errichtung der Donauinsel nach sich zogen,
haben bis heute eine nachhaltige Wirkung für den effektiven Hochwasserschutz der
Stadt. Entscheidungen wie diese verdeutlichen die von mir als „lange Linien der
Planung" bezeichneten Entscheidungsprozesse, die oft Jahrzehnte lange Vorlauf-
und Planungsprozesse mit sich bringen. Die Weichenstellung für den Ausbau des
öffentlichen Verkehrs mit der Errichtung der U1, U2 und U4 Ende der 1970er
bis Anfang der 1980er Jahre wurde beispielsweise von den Planer:innen wie im
obigen Zitat erwähnt schon lange vorher getroffen. Diese langen Linien der Planung
spiegeln sich auch im Kontext der Seestadt wider, wie aus dem Interview mit dem
Zielgebietsleiter der Donaustadt hervorgeht:

„Also vor 30 Jahren haben Ereignisse wie der Fall des Eisernen Vorhangs dazu geführt,
dass Wien aufgrund der geopolitischen Situation eine andere Bedeutung bekommen hat.
Da hat man dann begonnen, darauf zu reagieren und hat Anfang der Neunzigerjahre
Entwicklungskonzepte für den Nordosten erarbeitet. Schritt eins war dabei das Thema
Donaucity, das dann relativ rasch umgesetzt worden ist, und Schritt zwei war dann eine
perspektivische Planung für den sogenannten Marchegger Ast. Die Bahnlinie, die von Wien
über Marchegg nach Bratislava führt und dort entlang das heutige Gebiet der Seestadt Aspern.
Im Zuge dessen ist dann auch die Entscheidung getroffen worden das die Wirtschaftsagentur
Wien einen Teil des ehemaligen Flugfelds Flächen dort ankauft, eben in Hinblick auf das zu
erwartende Stadtwachstum" (Interview Stadtplanung 1 2019: 12–22).

Die zentrale strategische Planungsgrundlage der Wiener Stadtplanung bildet der
sogenannte *Stadtentwicklungsplan STEP*. In diesem werden strategische Planungen
und Entwicklungspotentiale der nächsten Jahrzehnte abgebildet. Der Ausbau des
öffentlichen Verkehrssystems wurde ab dem STEP 1994 vehement vorangetrieben[1].
Mit der Errichtung der ersten U-Bahnlinie zeigt sich auch im Verkehrsressort der
Wandel weg vom Individualverkehr hin zum öffentlichen Verkehr, dessen Ausbau
in den folgenden Jahrzehnten massiv gesteigert wird. Die Verkehrspolitik jener
Jahrzehnte wird im Modalsplit sichtbar, der sich in einem größer werdenden Anteil
an öffentlichem Verkehr zeigt (vgl. MA23 2019). Ein Leitbild, das die Stadtplanung
wie auch den Wohnbau der nächsten Jahrzehnte maßgeblich prägen wird, ist jenes
der Nachhaltigkeit, die bei der Konferenz in Rio 1992 zu einem zentralen Planungsleitbild erhoben wird. Ein Effekt für Wien ist die Entstehung der Agenda21, die

---

1 https://www.wien.gv.at/spezial/festschrift-stadtentwicklung/chapter_01/wir-brauchen-wieder-
  visionen-und-unverwechselbare-identitatsbilder/, Zugriff am 20.10.2021.

partizipative Planungsprozesse und Nachhaltigkeit als oberstes Ziel hat. Das zeigt sich auch entlang städtebaulicher Leitbilder, die sich ab den 1990er Jahren in zahlreichen Themenwohnprojekten widerspiegeln, wie interkulturellen Wohnprojekten, der autofreien Siedlung oder später auch der ersten Frauenwerkstatt. Der geförderte Wohnbau der folgenden Jahrzehnte macht gesellschaftliche Themenfelder und Transformationen sichtbar. Im Kontext der Errichtung der Seestadt ist vor allem der STEP 2005 von Relevanz[2], da das Entwicklungsgebiet „Flugfeld Aspern" darin als eines der 13 Zielgebiete des STEP festgelegt wurde.

Mit dem Einzug der Grünen in die Stadtregierung 2010 erweitern sich in der Verkehrspolitik die Themenfelder um jenes des Fahrradverkehrs und später jenes der Fußgänger:innen. Das zeigt sich an der Implementierung eines Fahrradbeauftragten und einer Fußgängerbeauftragten der Stadt Wien. Das Planungsressort geht an die Grünen über. Wichtige städtebauliche Projekte aus der Ära Maria Vassilakou sind eine Reihe von Stadtentwicklungsgebieten, die auf dem STEP 2005 fundieren. Diese wurden in der Rot-Grünen Stadtregierung weiterentwickelt und realisiert, so auch die Seestadt Aspern. Ab den 2010er Jahren rückt das Thema Klimawandel mehr in den Fokus der Stadtentwicklung, zunächst unter dem Label „Smart City Rahmen Strategie"[3]. In dieser sind Aspekte der Digitalisierung, der Energieeffizienz, aber auch der Klima-Resilienz festgeschrieben.

Mit der Regierung Hebein wird das Thema Stadthitze proaktiv aufgegriffen und als Grundlage für weitere Maßnahmen eine Karte zur Stadthitze beauftragt, die Hitzespots in der Stadt sichtbar machte. Eine Maßnahme, die in dieser Zeit umgesetzt wurde, ist das Projekt *Coole Straßen*, bei dem mittels temporären Begrünungsmaßnahmen und Bewässerungssystemen sowie zusätzlichen Aufenthaltsbereichen im Stadtraum Zonen geschaffen wurden, die gegen die Hitze Abhilfe schaffen sollen. Ich erwähne diese stadtpolitischen Maßnahmen, da es im Sommer 2021 zu kontroversen Debatten in den (sozialen) Medien zum Thema Stadthitze kommt, die in Kapitel 9 eingehend analysiert werden. In dem eben genannten Abschnitt werden die baulichen Infrastrukturen zur Kühlung des Stadtklimas in der Seestadt erläutert, wie Vertikal- und Dachbegrünung. Die Maßnahmen, die von der Wien 3420 und der PSA als Ansätze gegen Stadthitze entwickelt wurden, sind neben der flächendeckenden intensiven Dachbegrünung im Süd-Teil der Seestadt eine extensive Dachbegrünung im Nordteil und punktuelle Vertikalbegrünungen ausgewählter Wohnbauten. Hinzu kommt die Ausstattung des Stadtteils mit zahlreichen Parkanlagen und Baumpflanzungen, so wie dem See und der Anwendung des Schwammstadtprinzips im Nordteil zur Verbesserung des Mikroklimas. Darüber

---

2 https://www.wien.gv.at/stadtentwicklung/studien/b007575.html, Zugriff am 05.11.2021.
3 https://smartcity.wien.gv.at/der-wiener-weg/rahmenstrategie/, Zugriff am 16.10.2021.

hinaus umfasst die Gebäudetechnik eine Reihe von Wohnbauten im Stadtteil, Wärmepumpen und spezifische technische Infrastrukturen, die zur Kühlung beitragen. Allerdings gibt es diese Infrastrukturen nicht in allen Wohnbauten. Von einem Teil der Bewohner:innenschaft wird die Hitze als Belastung wahrgenommen, wie aus den Ergebnissen des Besiedelungsmonitorings 2019 hervorgeht, bei der 56 % die Hitzentwicklung in der eigenen Wohnung als Belastung wahrnehmen (vgl. Reinprecht et al. 2020: 43).

Städtebauliche Entscheidungen im zeitlichen Verlauf

Am Anfang einer langen Reihe von Entscheidungen steht 1992 jene der MA21, über ein Stadtentwicklungsgebiet am Flugfeld nachzudenken, nach dem Ankauf des Grundstücks durch die Stadt Wien. Erste Bestrebungen zur Planung wie der erste Masterplan vom Architekten Rüdiger Lainer werden nach der Ausschreibung für einen Städtebaulichen Wettbewerb gestoppt, weil Wien zu dieser Zeit einem Schrumpfungsprozess unterlegen war. Erst nach dem EU-Beitritt im Jahr 2003 wird von der Stadtpolitik, dem damaligen Stadtrat Rudolf Schicker von der SPÖ, der Startschuss für eine Projektentwicklung in der Seestadt geben. Innerhalb der Wiener Stadtplanung werden von Anbeginn die ersten Weichen gestellt und das Projekt konzeptioniert. Kurt Hofstetter wird damals als Mitarbeiter der MA21 ab 2003 damit betraut, ein Planungsteam aufzubauen, das die Rahmenbedingungen für die Entwicklung des Gebiets erarbeitet. Wichtige Entscheidungen, die in weiterer Folge getroffen werden, sind der Beschluss für eine Ausschreibung des Masterplans sowie die Festlegung der Parameter, die in diesem Masterplan enthalten sein sollten. Darauf folgen die Auswahl des Masterplans 2005, die Ausarbeitung 2007 und später die Realisierung und Adaption (vgl. Reinprecht et al. 2016). Die Stadt Wien entschließt sich dazu, eine Entwicklungsgesellschaft für die Errichtung der Seestadt zu schaffen. Diese wird Wien 3420 aspern development AG benannt und setzt sich aus einem Verbund von privaten und öffentlichen Eigentümern zusammen. 2011 bekommt sie ein organisatorisches Pendant der Stadt Wien zur Seite gestellt, die Projektleitung Seestadt Aspern PSA, die alle involvierten Magistratsabteilungen koordiniert. Die wirkmächtigsten Akteur:innen sind jene, die auf der Steuerungsebene agieren. An dieser Stelle ist festzuhalten, dass es sich hier zum einen um sehr heterogene Entscheidungsträger:innen aus dem Bereich der Planung, Verwaltung, Investor:innen, wirtschaftliche Akteur:innen und Politik handelt, die eng verwoben sind. Diese Verwobenheit begründet sich zum einen auf der Weisungsgebundenheit der ausführenden Planungsabteilungen der Stadt Wien (MA18, MA19, MA21), an die jeweilige Stadträtin. Sie begründet sich aber auch in den sozialen Beziehungen zwischen den Akteursgruppen und hängt auch damit zusammen, dass es Überschneidungen zwischen verschiedenen Akteursrollen gibt. Also Planer:innen, die gleichzeitig in der Seestadt wohnen, oder Baugruppenmitglieder, die Unternehmer:innen sind.

Bauträger, Architektur- und Planungsbüros sind erst später mittels Wettbewerbsausschreibungen für die Bauplätze in den Prozess der Stadtteilproduktion involviert. Im Fall der ersten Wohnbauetappe sind das ein Bauträgerwettbewerb und ein Wettbewerb, der im Zuge der Wohnbauinitiative stattfindet. Damit kommen die Architekturbüros ins Spiel, die sich in der Seestadt zum Teil in Teams gemeinsam um Bauplätze beworben haben.

Gleichzeitig mit den Architekturbüros treten die Baugruppen in den Planungsprozess ein. Viele Baugruppen haben sich schon ein paar Jahre zuvor formiert oder als Verein gegründet. Sie sind längere Zeit auf der Suche nach einem passenden Grundstück. Die Baugruppen involvieren sich in die Stadtteilproduktion als Akteure des gemeinschaftlichen Bauens. Mit der Entscheidung für die Siegerprojekte der ersten Wohnbauetappe treten auch die Bauträger in den Prozess der Realisierung des Stadtteils ein. Ab dem Zeitpunkt der Errichtung der öffentlichen Infrastrukturen, wie die von Wegen, Parks und Zufahrten zu den Bauplätzen im Jahr 2012 kommt die Firma BLUM[4] ins Spiel, die für die Baustellenkoordination zuständig ist. Im selben Jahr können sich auch Wohnungsinteressierte bei den Bauträgern und über das Wohnservice für die Wohnungen der ersten Etappe vormerken. Zu diesem Zeitpunkt sind sie noch als Planungsprojekte über das Wohnservice abrufbar. Im selben Jahr wird auch die SES Spar European Shopping-Centers von der Stadt Wien damit beauftragt, das Einkaufsstraßenmanagement als Joint Venture mit der Wien 3420 aspern development AG für die Seestadt zu übernehmen. Dieses soll die Steuerung der Zusammensetzung zentraler Bereiche für Geschäftsflächen im Quartier übernehmen, um einen ausgewogenen Branchenmix von Beginn an zu ermöglichen. Ein Hintergrund dafür ist, dass es sich in der Vergangenheit als schwer erwiesen hat, für neubesiedelte Stadtentwicklungsgebiete am Stadtrand, von Beginn der Besiedelung an Nahversorger und Geschäftsbetreiber zu finden, die sich längerfristig im Quartier etablieren. In der Phase ab 2013 bis 2015 vor der Besiedelung war eine der wichtigen Aufgaben der Wien 3420 und später dem STM die Öffentlichkeitsarbeit. Die Wien 3420 kommunizierte das Vorhaben einem breiten, interessierten Publikum, an die Fachöffentlichkeit, Bauträger, potentielle Investor:innen. Das STM gibt Informationen an potentielle Bewohner:innen weiter, an einem Informationsstand vor Ort am ehemaligen Rollfeld. Das STM versteht sich als Akteur, der zwischen den verschiedenen „Welten" agiert und kommuniziert, nämlich zwischen Planungs-, Verwaltungslogik und auf der anderen Seite die Bewohner:innenanliegen.

---

4 https://www.blum-aspern.at/, Zugriff am 19.04.2021.

In der Phase der Besiedelung der ersten Wohnbauetappe ab 2014 bis 2015 übernimmt das Stadtteilmanagement eine zusätzliche Funktion, es unterstützte die Bewohner:innen beim Ankommen und der Orientierung im Stadtquartier. Es reagiert damit auf eine zum Teil fehlende Kommunikation bzw. Informationsarbeit der Bauträger mit den Anwohner:innen. Gerade in der ersten Besiedelungswelle funktioniert die Abstimmung zwischen den Akteur:innen der Besiedelung nur unzureichend. Das betrifft sowohl die Bauträger, das Wohnservice der Stadt Wien als auch Magistratsabteilungen. Das STM übernimmt in dieser Zeit diese Schnittstellenfunktion. Diese erste Phase wird von Teilen des STM als „chaotisch" eingeordnet, wobei das weder als positiv noch negativ konnotiert wird, da dies ein Teil eines solchen Besiedelungsprozesses in neuen Stadtentwicklungsgebieten ist. Die handelnden Personen müssen sich zu diesem Zeitpunkt erst einspielen und ihre Rollen untereinander aushandeln. Das zeigen gerade zu Beginn des Besiedelungsmonitorings die unterschiedlichen Erwartungshaltungen. Die Wien 3420 betrachtet das STM als Auftragnehmer, der vor allem die Kommunikations- und Öffentlichkeitsarbeit übernehmen soll. Das STM etabliert in dieser Phase seine eigenen Handlungsoptionen und -modi, in denen es etwa Konflikte aufgreift und mittels selbstentwickelter Formate zur Disposition stellt. Der konfliktbehaftete Prozess der Aushandlung von Positionen zwischen STM, PSA und Wien 3420 wird auch dahingehend sichtbar, dass die Leitung des STM innerhalb von fünf Jahren viermal wechselt. Aus diversen Hintergrundgesprächen geht hervor, dass der Druck als Akteur zwischen den Institutionen enorm ist, auch was die divergierenden Logiken und Ansprüche betrifft. Das STM emanzipiert sich trotz dieses Drucks als intermediärer Akteur. Das Stadtteilmanagement wandelt sich in seiner Rolle mit dem Voranschreiten der Herstellung des Stadtquartiers zu einer Institution, die vor allem im Stadtteil mit den Bewohner:innen Handlungsperspektiven erarbeitet.

Die PSA koordinierte ab dem Zeitpunkt der Errichtung über 3.000 Personen aus den involvierten Magistratsabteilungen, das umfasste sowohl Abteilungen wie Straßenbau, Abwasser, aber auch magistratsübergreifende Agenden wie öffentlichen Raum oder die Gestaltung der Parkanlagen. Die PSA stimmt den Prozess der Errichtung aller Infrastrukturen in der Seestadt, die in öffentlicher Hand sind, ab, daher die Errichtung aller Wege, Straßen, Plätze und Parks, sowie Leitungen, wie Strom, Ab-/Wasser, aber auch Themenfelder wie mediale Berichterstattung werden von der PSA gemeinsam mit der 3420 begleitet. Die PSA bearbeitet die Errichtung der Seestadt in verschiedenen Etappen (Etappe Nord und Süd) und hat für die verschiedenen Aufgabenfelder sogenannte Programmkoordinator:innen eingerichtet, die wiederum Magistratseinheiten übergreifend arbeiten).

Mit der Besiedelung werden auch die Bewohner:innen zu Akteur:innen der Stadtteilproduktion. Vor allem die Mitglieder der Baugruppen bringen sich vielfach in Entscheidungsprozesse ein und sind somit sehr privilegiert, was die Möglichkeit der Mitgestaltung des Stadtteils betrifft. Im Vergleich zu den Bewohner:innen der geförderten Wohnungen, die sich dahingehend involvieren, ihre Meinung über die internen Facebook-Bewohner:innenforen kundzutun. Dabei werden oft konfliktbehaftete Themen wie die Parkraumbewirtschaftung, die gemanagte Einkaufsstraße, die Einhaltung von Geboten und Verboten sowie die Frage nach der Nutzung des Sees durch Menschen, die nicht in der Seestadt wohnen, diskutiert. Diese Konflikte werden sowohl von der 3420 als auch vom Stadtteilmanagement immer wieder aufgegriffen, unter anderem im Rahmen von Seestadtforen, einer vom Stadtteilmanagement initiierten Veranstaltungsreihe (siehe nächster Abschnitt).

Im Verlauf der Herstellung des Stadtteils wandeln sich die Positionen und Rollen zwischen den Akteur:innen dahingehend, dass sowohl Teile der Medien, öffentliche Meinungsmacher als auch Bewohner:innen im Prozess der Imageproduktion eine zunehmend wichtigere Rolle spielen. Das betrifft insbesondere die Einordnung von bereits realisierten Planungen im Kontext des Themas Stadthitze und Klimawandel in Facebook-Foren und Medienberichten. Aber auch die Dynamik innerhalb des Stadtquartiers verlagert sich. Zu Beginn der Besiedelung sind es neben Nachbarschaftsgartenprojekten vor allem Unternehmer:innen, die Initiativen für die Nachbarschaft setzen, wie die Buchhandlung Seeseiten oder das bis 2017 kommerziell betriebene Eltern-Kind-Zentrum Königskinder. Aber auch einzelne Personen nehmen eine wichtige Funktion ein, indem sie Initiativen für den Stadtteil setzen und sich in öffentliche Debatten involvieren. Ab 2018 entstehen immer mehr Nachbarschaftsinitiativen, die im Raum für Nachbarschaft einen Ort finden, wie etwa die Seestadtpiraten oder die Initiative SeeStadtgrün[5], die aus dem Forschungsprojekt die essbare Seestadt hervorging.

Städtebauliche Parameter und Masterplan

Für die Errichtung der Seestadt bildete der Masterplan die planerische Grundlage, welche den Ausgangspunkt für die Ausarbeitung des Stadtteils bildet. Es werden darin Qualitätskriterien für den öffentlichen Raum wie Barrierefreiheit und Multifunktionalität der Räume, städtebauliche Aspekte sowie der Wohnraum und die Nutzungen festgelegt. Darin festgeschrieben ist auch die sogenannte Nutzungsmischung und der See als zentrales Element in der Mitte des Stadtteils. Als Grundsatz für den Stadtraum gilt, dass sich *das Stadtgebiet in Teile gliedern soll, die auch für den zu Fuß gehenden Menschen überschaubar und erreichbar sind*"[6]. Ins Zentrum rückt dabei der öffentliche Raum, der so gestaltet werden sein soll, dass er den

---

5 https://seestadtgruen.at/, Zugriff am 20.10.2021.

6 https://www.wien.gv.at/stadtentwicklung/projekte/aspern-seestadt/planungsprozess/masterplan. html, Zugriff am 05.11.2021.

alltäglichen Mobilitätsbedürfnissen der Bewohner:innen entspricht und neben der transitorischen Funktion auch als Aufenthaltsort und nachbarschaftliche Kommunikation genutzt werden kann. Der untenstehende Plan zeigt die Zonierung des Masterplans in diverse Nutzungen und Freiflächenbereiche, im Wechselspiel von Privatheit und Öffentlichkeit.

Die zentralen Strukturelemente des Masterplans bilden der See und der Seepark, die als zentrales Naherholungsgebiet und Park mit Spielplätzen gestaltet wurden, die Ringstraße, die in der Seestadt Sonnenallee heißt und als Wechselspiel von transitorischen und Aufenthaltsbereichen gestaltet wird, sowie verschiedene Quartiere, die innerhalb der vier Phasen der Realisierung bis 2028 errichtet werden sollen. Darüber hinaus wurde für alltags- und gendergerechte Planung eine Studie in Auftrag gegeben, die als Vertiefung und Schärfung der Planungsgrundlagen in Bezug auf Gender Mainstreaming dienen sollte.[7]

Im Masterplan wird in der Einleitung darauf Bezug genommen, dass es sich hier um ein Projekt handelt, das über Jahrzehnte entwickelt wird und daher auch die Planungsgrundlagen nach einiger Zeit der Adaption bedürfen: *„Angesichts des Lebenszeitraums des Projekts und des daraus resultierenden Anspruchs, dass es Jahrzehnte mit unvorhersehbaren Veränderungen in den wirtschaftlichen, sozialen und politischen Rahmenbedingungen überdauern muss, sollte der Plan als Ausgangspunkt gesehen werden, von dem aus Verbesserungen in Angriff genommen werden können"* (Tovatt 2007: 1).

In der Seestadt wird eine Reihe von Konzepten der sogenannten „Smart City" (vgl. Dlabaja 2021: 256) verwirklicht. Auch die Namen in der Seestadt sind programmatisch angelegt: Janis Joplin, Hannah Arendt und Agnes Primocic sind nur einige der Straßennamen, die nach weiblichen Pionierinnen benannt sind. 2012 wurde im Bezirksrat beschlossen, dass die Straßennamen in der **Seestadt weiblich** sind. Ursprünglich betrug der Anteil an weiblichen Straßenamen in Wien 5 %, durch die weibliche Namensgebung der Straßen in der Seestadt sind es nun 7 %. 2015 erschien die Begleitbroschüre der Wien 3420 „Die Seestadt ist weiblich".

Die Namensgebung ist Teil der Gender-Mainstreaming-Strategie der Stadt Wien.

„Der Begriff Gender Mainstreaming geht zurück auf die Weltfrauenkonferenz in Nairobi im Jahr 1985, auf der diese Strategie zum ersten Mal diskutiert wurde. Bei der vierten UN-Weltfrauenkonferenz in Beijing im Jahr 1995 wurden die Grundlagen gelegt und 1997 im Zuge des Amsterdamer Vertrags die Verpflichtung zum Gender Mainstreaming für alle Staaten der Europäischen Union zur Richtlinie gemacht. Gender Mainstreaming beinhaltet nichts anderes als dass die Politik, dass aber auch Organisationen und Institutionen jegliche

---

7 https://www.wien.gv.at/stadtentwicklung/projekte/aspern-seestadt/planungsprozess/gender-mainstreaming.html, Zugriff am 05.11.2021.

Maßnahmen, die sie ergreifen möchten, hinsichtlich ihrer Auswirkungen auf die Gleich-
stellung von Frauen und von Männern untersuchen und bewerten sowie gegebenenfalls
Maßnahmen zur Gleichstellung ergreifen. Das heißt, in allen Phasen der Planung, Durch-
führung und Auswertung von Maßnahmen müssen die unterschiedlichen Lebenslagen von
Frauen und Männern und die Auswirkungen auf beide Geschlechter berücksichtigt werden.
Gender Mainstreaming betrifft so auch Stadtplanung und Stadtentwicklung" (Doderer 2017:
10).

In Wien wurde der Ansatz des **Gender Mainstreaming** ab 2002 schrittweise von
Eva Kail in der Wiener Stadtplanung implementiert und gilt seit mehr als einem
Jahrzehnt als Planungsprinzip für alle neuen Planungen.

„Eine Stadt definiert sich über ihre öffentlichen Räume, deren Qualität wiederum maßge-
bend von einer ausbalancierten Hierarchie der Räume und Plätze abhängt. Die Aussagen
des Masterplans Flugfeld Aspern beziehen sich daher auf die großen städtebaulichen Zei-
chen ebenso, wie sie den Rahmen für die kleinen informellen und spontanen räumlichen
Gesten bilden. Die daraus resultierenden Hierarchien und internen Beziehungen erzeugen
eine Differenzierung und Spannung zwischen privaten, halböffentlichen und öffentlichen
Räumen. Die sorgfältige Gestaltung dieser Räume ist für die Qualität der Stadt von ent-
scheidender Bedeutung. Die Vorgärten in ihrem Bezug zur Straße, die öffentlichen Plätze,
die Parkanlagen – alle öffentlichen Räume mit ihren stadträumlichen Beziehungen müssen
zum Gefühl der Sicherheit und Vertrautheit beitragen" (Tovatt 2007: 34),

heißt es im Masterplan weiter.

Ein weiterer Aspekt in der Gestaltung des öffentlichen Raums ist dessen Sequen-
zierung, die unterschiedliche Gestaltungselemente und Funktionen im Wechselspiel
verknüpft, wie Aufenthaltsbereiche mit Sitzgelegenheiten an Plätzen, Bereiche, die
ausschließlich als Fußgänger:innen- und Fahrradzonen gestaltet sind und zentrale Wegachsen bilden. Ein Beispiel dafür ist die Platzgestaltung des Hermine
Dasovsky-Platzs und der Susanne Schmida-Gasse. Diese Freiraumsequenz wurde
als Spielstraße von Büro DnD Landschaftsplanung ZT KG von den Landschafts-
architektinnen Anna Detzlhofer und Sabine Dessovic realisiert. Die Seestadt ist
aufgrund ihrer Ausstattung mit Spielstraßen, Plätzen und Parks für Kinder im
Unterschied zur Kernstadt ein Ort, an dem sich diese großteils frei vom Auto-
verkehr bewegen können. Das wird sowohl von den Eltern, die in der Seestadt

wohnen, während meiner Feldforschungen als Spezifikum benannt, wie auch von den Kindern, die in der Seestadt aufwachsen[8].

Mit Blick auf die Planungstradition der Stadt ist auch relevant, dass bei allen Freiräumen eine den Bauplatz übergreifende Gestaltung realisiert wurde. Diese Praxis der Bauträger übergreifenden Gestaltung von Freiräumen ist seit der Realisierung der Seestadt, des Nordbahnhofviertels als auch Sonnwendviertels State of the Art. Lange Zeit wurden Freiräume nach Bauträger separiert gestaltet, was sich auf die Gestalt des Freiraums in Form von Einzäunungen auswirkt und damit massiv auf die städtebauliche Qualität (Licka et al. 2012). In der Seestadt werden Spielplätze integriert in Parks und Wege gestaltet und nicht separat und eingezäunt wie in den zentralen Lagen der Stadt.

Aus der Feldforschung geht hervor, dass die Seestadt innerhalb des Stadtteils eine Stadt der kurzen Wege ist. Alltägliche Wege wie jener zum Supermarkt, zum Wochenmarkt, dem Eltern-Kind Zentrum oder dem Frühstückslokal können innerhalb weniger Minuten zurückgelegt werden. Wer sich aus der Seestadt ins Stadtzentrum bewegt bzw. begeben muss, ist hingegen mit einer Stadt der langen Wege konfrontiert. Das betrifft den Weg von der Wohnung zur U-Bahn, das Warten auf den Bus, die lange Fahrt mit der U-Bahn. Das im Masterplan festgelegte Konzept der Stadt der kurzen Wege ist nur innerhalb der Seestadt realisiert, außerhalb sind die langen Wege Teil einer Praktik des Hinaus-Pendelns.

Die Intensität der Freiraumnutzung variiert zum einen nach Jahreszeit sowie nach Tages- und Uhrzeit. Wochentags vormittags dominieren Eltern mit Kindern sowie eine kleinere Gruppe von Großeltern mit Kindern, Senior:innen und Studierende das Stadtleben. Wochentags nachmittags ist das Stadtleben von diversen Bewohner:innen- und Nutzer:innengruppen geprägt, vor allem am späten Nachmittag. In den warmen Monaten sind abends sowohl Familien mit Kindern am Hannah-Arendt-Park sowie am See zu beobachten als auch Jugendliche, die Treffpunkte (Skatepark, diverse temporäre Möblierungen) im Bereich der U-Bahn stark nutzen. Im Sommer ist der See ein Anziehungspunkt für Besucher:innen (besonders für Jugendliche und Familien), die mit der U-Bahn aus verschiedenen Stadtteilen anreisen. Samstags und sonntags werden die Freiräume von allen Gruppen am stärksten genutzt. Wobei Naherholungsfunktionen und Freizeitnutzungen eine größere Rolle als unter der Woche spielen. Generell ist die Gruppe der Hundebesitzer:innen eine, die sehr sichtbar im Freiraum ist. Die Rückzugsorte für Jugendliche erfüllen in der Seestadt eine wichtige Funktion, da diese Gruppe Orte benötigt, an denen sie nicht unter ständiger Beobachtung stehen.

---

8 https://www.caritas-stadtteilarbeit.at/fileadmin/storage/wien/Stadtteilarbeit/Projekte/P_Besiedlungs-monitoring_Seestadt_Aspern/Endbericht_Besiedelungsmonitoring_Seestadt_Aspern_2017.pdf, Zugriff am 20.03.2022.

Wohnbau in der Seestadt

Die Seestadt wird in mehreren Etappen realisiert. Die ersten Wohnbauten wurden im Zeitraum von 2014 bis 2017 im Pionierquartier errichtet. Sie setzen sich aus gefördertem und freifinanziertem gefördertem Wohnbau zusammen und wurden größtenteils von gemeinnützigen Bauträgern realisiert. Der Wohnbau im Seeparkquartier, der ab 2018 bis 2021 großteils freifinanziert errichtet wurde, umfasst Hotellerie, Serviceapartments und Eigentumswohnungen. Eine Wohnform, die die Seestadt prägt, sind die Baugruppen. Die Baugruppen als Stadtteilproduzent:innen). Baugruppen sind Wohnprojekte, bei denen zukünftige Bewohner:innen mit Architekt:innen ihr Wohnprojekt gemeinschaftlich planen, diese Form des Wohnbaus hat in Wien eine längere Tradition (vlg. Rogojanu 2017; Temel 2012). Von diesen gemeinschaftlichen Wohnprojekten wurden in der ersten Etappe sechs Projekte realisiert. Der nächste sich in Realisierung befindliche Abschnitt ist das Quartier am Seebogen im Jahr 2021. Es ist Teil der internationalen Bauausstellung IBA 2022 in Wien und umfasst sowohl geförderten als auch freifinanzierten Wohnbau sowie weitere Baugruppenprojekte. Darüber hinaus wird ein **Gemeindebau Neu** in diesem Abschnitt realisiert. In Kapitel 7 ist der Wohnbau in der Seestadt Gegenstand der empirisch fundierten Analyse. In diesem Abschnitt werden Eckpunkte des Wohnbaus in der Seestadt beschrieben, so auch diverse Fördervarianten des Wohnbaus, die in der Seestadt zur Anwendung kommen.

Die **Wiener Wohnbauinitiative** ist eine besondere Variante des Wohnbaus, die durch günstige Darlehen der Stadt Wien ähnlich vorteilhafte Konditionen wie der geförderte Wohnbau bietet. Die Stadt verknüpft die Vergabe der Darlehen sowohl an verpflichtende Eigenmittel- und Mietzinsobergrenzen als auch an Qualitätskriterien. Die Einhaltung letzterer überprüft ein Fachbeirat. Im Rahmen der Wiener Wohnbauinitiative wurden bis 2016 insgesamt etwa 7.400 neue Wohnungen in ganz Wien errichtet. Bei der Vergabe der Wohnungen gibt es keine Einkommensgrenzen, dafür aber einen Nachweis über ein Mindesteinkommen zur Deckung der Wohnkosten. Es gibt eine Mietzinsobergrenze, die bis zehn Jahre nach Fertigstellung gültig ist. Bei Projekten der Wohnbauinitiative gibt es keine Eigentumsbegründung für Mieter:innen. Die Bauträger können zwei Kostenvarianten für Mieter:innen anbieten. In der ersten Variante beträgt die Nettomiete max. 6,10 € pro m^2 (brutto derzeit rund 9,20 €) und die Eigenmittel haben eine Höhe von 150 € pro m^2. Bei der zweiten Variante beträgt die Nettomiete maximal 4,75 € pro m^2 (brutto sind das derzeit rund 7,70 €) sowie die Eigenmittel 500 € pro m^2.

Der **Bauträgerwettbewerb** für die erste Etappe in der Seestadt wurde in der Seestadt vom Wohnfonds Wien, Fonds für Wohnbau und Stadterneuerung in Kooperation mit der GELUP GmbH und der Wien 3420 aspern development AG als einstufiges Verfahren ausgelobt. Das Verfahren umfasst sechs Bauplätze: D5B (Studierendenheim), D9, D10, D12, D16 und D17 im Bereich im Südwesten. Die

Bauplätze wurden vom Grundbesitzer GELUP GmbH, der Mehrheitseigentümer der Wien 3420 aspern development AG ist, vergeben. Für ausgewählte Baufelder gab es zusätzliche Wettbewerbskriterien, wie auf den Bauplätzen D9 und D12, wo zwingend Wettbewerbergemeinschaften von zumindest einem oder zwei Bauträgern und zwei Architekt:innen vorgegeben wurden. Auf Bauplatz D13, welcher nicht Bestandteil dieses Bauträgerwettbewerbs war, wurde zeitgleich mit diesem Verfahren ein zweistufiges Auswahlverfahren für Baugruppen realisiert[9].

Die Qualitätskriterien für den Wettbewerb umfassen neben dem 4-Säulen-Modell (Ökonomie, Soziale Nachhaltigkeit, Architektur und Ökologie) weitere Schwerpunkte, wie 1) *Leistbarkeit und soziale Nachhaltigkeit, 2) funktionale Durchmischung und „urbane Identität",* das auch das Prinzip der Stadt der kurzen Wege umfasst, und 3) *klimaneutrale Stadt.* Während das erste Kriterium der Leistbarkeit an die Tradition des geförderten und kommunalen Wohnbaus anknüpft, stellt das zweite Kriterium der funktionalen Durchmischung ein Learning aus früheren Stadtentwicklungsgebieten, wie der Wienerberg City oder der Donauplatte, dar, bei denen die Erdgeschoßzonen nicht durch Gewerbenutzungen belebt wurden und es erst später zu Adaptionen kam (vgl. Seiß 2007). Das Ziel dieser Konzeption ist es, Arbeiten und Wohnen miteinander zu verknüpfen, so, dass keine Schlafstadt entsteht, in der der Stadtteil nur zum Wohnen genutzt wird. Das dritte Kriterium der klimaneutralen Stadt soll gewährleisten, dass Wohnprojekte mit Konzepten wie des Niedrigstenergiestandards und Energieeffizienz realisiert werden[10].

Haushalts-, Wohn- und Bebauungsformen in der Seestadt

Basierend auf den Daten der Besiedelungsmonitorings von 2015 bis 2022 lässt sich sagen, dass die Seestadt ein Wohnort für diverse Mittelschichten ist (vgl. Reinprecht et al. 2016: 22). Vorrangig zieht es Personen in der Familiengründungsphase und Jungfamilien in den Stadtteil, was wiederum typisch für ein Neubaugebiet ist. Abseits dieser Personengruppe zieht es aber auch Singles und jüngere Senior:innen in den Stadtteil. Besonders attraktiv ist der Stadtteil auch für Personen, die auf Barrierefreiheit angewiesen sind, seien es Menschen, die in der Pension auf der Suche nach einer Wohnung sind, oder Menschen mit körperlichen Beeinträchtigungen. Die Barrierefreiheit ist darüber hinaus auch ein Aspekt, der den Prinzipien der Gender-Mainstreaming-Planung folgt, da sie die Alltagswege für Familien mit Kindern erleichtert.

---

9 https://www.wohnfonds.wien.at/media/Website%20PDF-INFO%20Downloads/Publikationen/ Neubau/2018_SeesatdtAspern_e02_web.pdf, Zugriff am 17.10.2021.
10 Ebenda.

In der Seestadt realisieren sich neben der dominanten Form des Wohnens in der Kleinfamilie, aber auch Paarhaushalten sowie Singlewohnungen auch Wohngemeinschaften und das Wohnen im Studierendenwohnheim. Hinzu kommen differenzierte Formen des temporären Wohnens. Dieses temporäre Wohnen umfasst sowohl Facharbeiter:innen und Bauarbeiter:innen, die an der Herstellung der Seestadt mitarbeiten, als auch Familienangehörige, die ihre Familie im Stadtteil besuchen. Abseits davon werden die dafür realisierten Infrastrukturen auch von Expats und Studierenden genutzt. Temporäres Wohnen in der Seestadt realisiert sich sowohl in den Studierendenwohnheimen als auch im Seeparkquartier in den FeelGood Apartments und dem Gästehaus des ÖAW, die für internationale Forscher:innen konzipiert wurden.

Die dominante Bebauungsform im Wohnbau in der Seestadt ist der sogenannte gestapelte Wohnbau, der vor allem im Pionierquartier, aber auch im Quartier am Seebogen Platz findet. Im Seeparkquartier dominieren Wohnhochhäuser den Abschnitt. Ein Aspekt bei der Errichtung von **Wohnhochhäusern** im Vergleich zum gestapelten Wohnbau sind die hohen Errichtungs- und Erhaltungskosten aufgrund der Beschaffenheit dieser Art des Gebäudetypus sowie der vulnerablen technischen Infrastruktur (vgl. Reinprecht & Dlabaja 2014: 83). In der Wienerberg City wurden daher einige hochpreisige Projekte realisiert, die wiederum spezielle Services und Infrastrukturen für sehr mobile, gut ausgebildete Wohnmilieus anbieten. Der Monte Verde Tower bietet beispielsweise ein eigenes Concierge Service an, hat einen Swimming Pool am Dach und einen hochwertigen Wellness-Bereich. Das Wohngefühl des Monte Verde Towers wird von der Bewohner:innenschaft als „Wohnen im Kreuzfahrtschiff" und „Wohnen mit Ausblick" beschrieben (ebenda 89). Das ist im Kontext der Seestadt relevant, weil bei der Bildsegmentanalyse eines Renderings der Seestadt ebenfalls das Lebensgefühl des Wohnens am Kreuzschiff (vgl. Qualitative Bildsegmentanalyse eines Renderings) von den Mitgliedern der Deutungsgruppe wahrgenommen wurde. Die Hochhäuser in der Seestadt verorten sich im sogenannten Seeparkquartier und wurden von Anfang an als freifinanzierte Projekte errichtet, die möblierte Serviceapartments, Eigentumswohnungen als auch temporäres Wohnen bzw. Hotellerie umfassen. Das gesamte Seeparkquartier wurde im Vergleich zur ersten Wohnbauetappe als freifinanzierter hochpreisiger Abschnitt konzipiert. Er stärkt das Konzept des temporären Wohnens in der Seestadt, das schon in der ersten Etappe in Form der Studierendenheime repräsentiert war. Im Seeparkquartier wurde das Gästehaus des ÖAW realisiert sowie die FeelGood Apartments als Teil eines freifinanzierten Wohnbaus. Das Herzstück des Städtebaus bildet das sogenannte HoHo, das Holzhochhaus, welches sowohl Raum für Büros, Wellness, ein Fitnesscenter als auch Hotellerie und Serviceapartments bietet. Darüber hinaus verorten sich Wohntürme der BUWOG und der SIGNA im Seeparkquartier und die Baugruppe Leuchtturm.

Abb. 6 HoHo und Seeparkquartier, Quelle: Luiza Puiu 2021

3. Akteur:innen der Stadtteilproduktion

Das Kapitel widmet sich der Frage, welche Akteurskonstellationen und Akteur:innen Stadt aushandeln, imaginieren, bespielen und errichten und mit welchen Vorstellungen von Stadt sie dabei agieren. In der obenstehenden Grafik werden diese Akteur:innen als Raumproduzent:innen bezeichnet. Diese produzieren Raum als konzeptionellen und gebauten, imaginierten und wahrgenommenen Raum mittels der Praktiken des Wohnens und der Stadtwerdung. Es werden Formationen des Politischen in Form von Policies (Adam & Vonderau 2014: 19) in den Blick genommen. Diese Formen der Stadtteilproduktion können nicht losgelöst von Ort und Zeitpunkt betrachtet werden, da sie abhängig von den konkreten Rahmenbedingungen des Städtebaus und Akteursrelationen sind, wie lokalen politischen Konstellationen, gesetzlichen Rahmenbedingungen und dem Beziehungsgeflecht zwischen den planenden administrativen Einheiten der Stadt Wien. Um diese Vorstellungen von Stadt in ein PPP-Projekt zu gießen, bedarf es bestimmter Rahmenbedingungen, Regierungstechniken und Infrastrukturen. Adam und Vonderau beschreiben diese wie folgt:

> *„Solche netzartigen, sich über verschiedene soziale Kontexte und gesellschaftliche Ebenen (scales) erstreckenden Formationen des Politischen lassen sich zugleich als Infrastrukturen der Macht untersuchen als relationale Gebilde, welche die sichtbare, materielle und empirisch beobachtbare Seite politischer Formationen darstellen und mit ihren diskursiven Elementen unmittelbar verbunden sind. Infrastrukturen der Macht bilden nicht nur eine für die ethnografische Forschungspraxis günstige Objektivation von Machtmechanismen und Regierungslogiken, sondern sie sind diesen Mechanismen und Logiken inhärent."* (Adam & Vonderau 2011: 23)

Die Art und Weise, wie gebaut wird, ist eng verknüpft mit der Stadtvorstellung, der in die Planung involvierten Akteur:innen vom „guten und richtigen" Bauen und Zusammenleben, auch im Sinne einer urbanen Ethik (Ege & Moser 2018). Sie ist verbunden mit jeweils spezifischen Wertehaltungen und einem damit einhergehenden Verständnis von Stadt. Ich beziehe mich auf Jens Adam und Asta Vonderau und ihre Überlegungen zu Formationen des Politischen, welche u. a. auf theoretischen Überlegungen von Chris Shore und Susan Wright fundieren:

> *„Policies können bestimmte Handlungsweisen unterstützen und andere unterbinden; sie ordnen Räume und begründen neue institutionelle Strukturen; sie rufen öffentliche Diskurse hervor und etablieren deren Schlüsselbegriffe; sie privilegieren bestimmte Zukunftsvorstel-*

lungen oder Visionen vom guten Leben. Aufgrund der Verflechtung der Policies mit allen Bereichen des sozialen Lebens führt ihre Untersuchung zu Kernthemen der Kultur- und Sozialanthropologie: Normen und Institutionen; Ideologie und Bewusstsein; Wissen und Macht; Rhetorik und Diskurs; Bedeutung und Interpretation; das Globale und das Lokale – um nur einige zu erwähnen." (Shore & Wright 1997: 4, Übersetzung der Autor:innen in Adam & Vonderau 2014: 19)

Stadt wird zwischen Akteur:innen ausverhandelt, die mit unterschiedlichen Kapitalsorten (vgl. Bourdieu 1983), wie sozialem, kulturellem, symbolischen und ökonomischen Kapital ausgestattet sind und Stadt in unterschiedlichen Formationen des Politischen (Adam & Vonderau 2014: 10) ausverhandeln. Stadt wird von jenen gemacht, die die Möglichkeit haben, Räume zu gestalten und über die dafür nötige Entscheidungsgewalt verfügen (vgl. Dlabaja 2016), wie auch das nachstehende Zitat verdeutlicht:

„Stadt macht immer der, der seinen Worten auch Taten folgen lassen kann. Stadt macht, wer baut, wer eine Fabrik oder einen Laden eröffnet. Stadt macht auch, wer ein Theater betreibt oder Widerstand gegen ein Bauwerk, eine neue Fabrik oder den überbordenden Verkehr organisiert. Stadtmachen ist insofern auf das Engste mit Macht und Raffinesse derjenigen verbunden, die Stadt nicht nur als Kulisse ihres Alltags verstehen, sondern sich im urbanen Umfeld wirtschaftlich und gesellschaftlich verwirklichen" (Kaltenbrunner & Jakubowski 2018: 253).

Das Setting an Entscheidungsträger:innen ist in den letzten 30 Jahren vielfältiger geworden, weil sich Bewohner:innen auf unterschiedliche Weise immer stärker in Prozesse der Stadtplanung involvieren. Neben Planer:innen, politischen Entscheidungsträger:innen, Architekt:innen, administrativen Einheiten der Stadtverwaltung, sind es mittlerweile auch Bürger:innen, die Teil von Bürger:inneninitiativen, Baugruppen oder der lokalen Agenda (Dlabaja 2020; Foltin 2011; Diebäcker 2004) sind und so zu Akteur:innen der Stadtteilproduktion werden. Wolfgang Kaschuba spricht in diesem Zusammenhang von Citizen Science, die von Mitgliedern des „Wissensmilieus" (Kaschuba 2015: 19), wie er es nennt, getragen wird. Er geht davon aus, dass diese *„unterschiedlichen sozialen und räumlichen Konfigurationen, in denen dieses urbane Wissen kommuniziert, zirkuliert und praktiziert wird"* (ebenda) sind. Aus meiner Perspektive handelt es sich dabei nicht nur um Wissen, sondern um Positionierungen und Wertehaltungen, die in diesen Foren zum Ausdruck gebracht werden und damit neue Formen städtischer Teilöffentlichkeiten generieren, wie ich in einem der folgenden Abschnitte eingehend erläutern werde. In der Seestadt formieren sich diese innerhalb von internen Facebook-Foren, sowohl in Bewohner:innenforen als auch außerhalb der Seestadt in Facebook-Gruppen, die das

Thema Stadtentwicklung zum Inhalt haben, in dem unterschiedliche Akteur:innen ihre Meinungen und Vorstellungen von Stadtentwicklung zum Ausdruck bringen und um die Bedeutungshoheit über im Stadtteil ausgehandelte Themenfelder ringen. Diese Ausverhandlung von Stadt findet auf Ebene des konzipierten, imaginierten, gebauten und diskursiven Raums statt. Letzterer wird u. a. in digitalen Foren städtischer Teilöffentlichkeit, via Social Media auf Facebook und Twitter sowie in Tageszeitungen generiert.

Die Grundlage für dieses Kapitel bilden vier leitfadengestützte Interviews mit Mitgliedern der Steuerungsgruppe (PSA und 3420) aus dem Jahr 2015 sowie ein Fokusgruppeninterview mit fünf Mitgliedern des STM. Darüber hinaus wurden von 2015 bis 2016 Hintergrundgespräche mit leitenden Beamt:innen der Steuerungsgruppe und involvierter Magistratsabteilungen (MA 18, MA 21) durchgeführt. Weitere empirische Grundlagen bilden Protokolle aus Steuerungsgremien, an denen ich als operative Leiterin des Besiedelungsmonitorings Seestadt Aspern teilnahm, sowie Sitzungen von unterschiedlichen Foren und Gruppentreffen und Feldforschungstagebücher von 2015 bis 2020. Ergänzt wurden diese durch dialogische Stadtspaziergänge mit Mitarbeiter:innen der 3420 und der MA 18 im Jahr 2017. Im Juni 2020 nahm ich an einer Sitzung der Steuerungsgruppe teil und bekam so Einblick in die Arbeitsweise dieser[1]. Als Sekundärdaten dienen Ergebnisse der Bewohner:innenbefragung 2015 und 2019 im Zuge des Monitorings sowie Rechnungshofberichte und Planungsdokumente der Stadt Wien. Weitere empirische Grundlagen bildet die Analyse von Facebook-Foren.

Das Akteurssetting der Raumproduzent:innen Seestadt umfasst Planer:innen, Baugruppenmitglieder, Investor:innen und Developer:innen, Pionier:innen, Bauarbeiter:innen, Bewohner:innen und Medien. Erweitert wird diese Konstellation durch Forscher:innen, Bewohner:innen der Nachbarschaft, Bürger:inneninitiativen (außerhalb der Seestadt) sowie intermediäre Akteur:innen und Grundstücksbesitzer:innen sowie Gärtnereibetriebe und Agraproduzent:innen. In den nachfolgenden Abschnitten werden die Akteur:innen und ihre sich zum Teil wandelnden und überschneidenden Rollen im Prozess der Herstellung beleuchtet. Jede der involvierten Akteursgruppen verfügt über ungleich verteilte Möglichkeiten bei der Entscheidungsfindung und Stadtteilproduktion. Die beteiligten Personen kommen an unterschiedlichen Zeitpunkten der Umsetzung hinzu, daher sind sie auch mit differenziertem Wissen über den Entstehungsprozess ausgestattet. Die Realisierung des Stadtteils als Top-down Planungsprojekt bringt mit sich, dass auf der Steuerungsebene ein großer Teil der Entscheidungen schon im Verlauf der Planung

---

1 Wobei ich mit den Mitgliedern der Steuerungsgruppe vereinbarte, dass ich keine tagesaktuellen Inhalte aus der Sitzung trage, bevor Informationen für nächste Planungsschritte öffentlich verlautbart wurden.

und Konzeption getroffen wurde, manche davon liegen Jahrzehnte zurück. Die Akteursgruppen treten zu verschiedenen Zeitpunkten in den Planungsprozess ein.

Die Akteur:innen der Planung sind in ihrer Rolle als Expert:innen eingebunden, die Lösungen für komplexe Aufgabenstellungen und Probleme entwickeln sowie Visionen für den Stadtteil. Sie generieren mit Lefèbvre gedacht die Ebene des konzipierten Raums mittels Entwürfen, Masterplänen und Prozessplänen. Bei der Entwicklung der Stellschrauben für das Stadtentwicklungsgebiet (in Vorbereitung der Ausschreibung des Masterplans) wurde eine Reihe von Konzepten für den Stadtteil festgelegt,sei es, dass die Seestadt als multifunktionaler Stadtteil realisiert wird, oder das Konzept des gemeinschaftlichen Bauens als auch der Stellenwert des öffentlichen Raums. Ein weiterer Modus der Genese des Raums ist die Ausschreibung von Wettbewerben, bei denen einzelne Baufelder ausgeschrieben und vergeben werden. Jene Architekt:innen und Planer:innen, die den Wettbewerb für sich gewinnen, gestalten eines dieser Baufelder mit und entwickeln während des Wettbewerbs Visionen und Leitbilder für ihr Bauprojekt.

Ein Aspekt, der sich bei der Teilnahme an Gremien, Treffen von Steuerungsgruppen und informellen Hintergrundgesprächen abzeichnet, waren die Akteurslogiken, mit denen die Planung und Verwaltung die Seestadt entwickelt. Ein übergeordnetes Prinzip, das sich quer durch alle Institutionen, die in die Planung der Seestadt involviert sind, zeigt, sei es die PSA, die Wien 3420 oder das Stadtteilmanagement, ist das Prinzip, temporäre Freistellen zu erhalten. Es werden kleinere Bereiche in der Gestaltung freigehalten, um später noch Spielräume in der Gestaltung zu haben. Dazu wandern eine Reihe von temporären Infrastrukturen durch den Stadtteil, sei es im Bereich des Wohnbaus, der Kultur oder der Versorgungsinfrastruktur. Das bedeutet, dass in der Seestadt bewusst bestimmte Felder längere Zeit leer gelassen bzw. temporär genutzt wurden, um sich noch entwickelnden Dynamiken bzw. Bedarfen nachkommen zu können. Ein Beispiel dafür ist das *temporäre Studentenheim* der Österreichischen Studentenförderungsstiftung „home4students" entlang der Sonnenallee, welches nun in den ersten Abschnitt im Norden, das Quartier am Seebogen, gewandert ist. Ein anderes Beispiel ist das *Flederhaus*, welches vor der Besiedelung am ehemaligen Rollfeld der Seestadt angesiedelt war und nun seinen Standort im Seepark hat. Es handelt sich dabei um ein offenes Holzhaus, das als Raum für Ausstellungen und bei Führungen als Aussichtspunkt genutzt wird. Das Prinzip Flächen in der Seestadt freizulassen, zeigt sich entlang der Maria-Tuschstraße, wo noch immer Flächen am Gehsteig freigelassen wurden, um Raum für nicht-/kommerzielle Nutzungen zu lassen. Das gleiche Prinzip gilt für die Ausgestaltung des öffentlichen Raums, bei der jeweils nach der Realisierung nachjustiert wurde und Aspekte, die von Bewohner:innen eingebracht wurden, zum Teil aufgegriffen wurden. Was auch daher kommt, dass die Planung in sogenannten langen Linien plant. Daher ist die Vorlaufzeit für Planungsvorhaben lange. Bei den Akteur:innen der Planung werden aber auch Stadtkonzepte sichtbar, die als Akteurslogik bei der Konzeption und Planung von städtischen Infrastrukturen sichtbar werden. Allen gemein ist sicherlich das Thema Smart City, das sich auf allen Ebenen des Stadtteils einschreibt, sei es in der Energieplanung mit der Realisierung des Smart Meters im Stadtquartier, der in der UVP festgelegten intensiven Dachbegrünung oder der Perspektive der Seestadt als Experimentierort bzw. Labor für neue Lösungsansätze in der Stadtplanung.

Diese Ansätze werden allerdings durch gesetzliche Rahmenbedingungen in ihrer Realisierung zum Teil eingeschränkt. Etwa durch Richtlinien, die als Minimalanforderungen festgelegt wurden. Das hat sich in weiterer Folge bei Infrastrukturen, die Stadthitze vermindern, als problematisch erwiesen, wie etwa Außenjalousien, die in der ersten Etappe nicht verpflichtend für die Bauträger waren. Im geförderten Wohnbau wurden diese im ersten Abschnitt nicht realisiert, sondern vor allem bei den Baugruppen und im freifinanzierten Wohnbau. Ein weiterer Aspekt, der in diesem Zusammenhang wichtig ist, ist der Umgang mit Fehlern, die in der Planung dazu gehören. Es gibt unter den Planer:innen das Verständnis des lernenden Quartiers. In der Etappe im Norden wird beispielsweise reduziert exzessive Dachbegrünung realisiert. Das Konzept der Energiegemeinschaften wird dort umgesetzt, das heißt, dass auf den meisten Dächern Fotovoltaik-Anlagen realisiert wurden, weil die Anlagen nun nicht nur Strom produzieren, der ins Netz fließt, sondern den die Bewohner:innen auch beziehen können und somit Stromkosten sparen.

Das Prinzip des lernenden Quartiers, bei dem die Planung aus Fehlern lernt, steht jedoch quer zur politischen Kommunikation und der sehr schnelllebigen Logik der Medien, die über die Seestadt berichten und jeden Fehler medial vermessen. Die Politik wiederum agiert nach der Logik den Wähler:innen, Erfolge verkaufen zu müssen. Daher ist die harte Währung für die Politik die Zustimmung der Wähler:innen bei der Wahl und die Messung der Zufriedenheit der Bewohner:innen mit dem Stadtquartier. Nachdem Teile der handelnden Akteur:innen der Planung weisungsgebunden sind an Stadträte und den Bürgermeister, liegt diesem Akteursfeld ein Spannungsverhältnis zugrunde. Das eine ist die langfristige Planung der Stadtplaner:innen und das andere ist der Vier- bis Fünf-Jahreszyklus, bei dem politische Entscheidungsträger:innen gewählt werden. Der Planungshorizont in der Seestadt liegt von der ersten Idee 1992 bis zum Beschluss des Masterplans 2007 bei 15 Jahren und vom Beschluss bis zur geplanten Fertigstellung 2028 nochmals bei mehr als 20 Jahren. Daher ändern sich in dieser Zeit das politische Akteursgeflecht, aber auch politische und ökologische Rahmenbedingungen, wie der EU-Beitritt. 2021 dominiert der Klimawandel die öffentliche Debatte und damit verknüpfte Bürger:innenproteste. Fridays for Future fordert 2021 den Baustopp des Lobautunnels und es formieren sich Proteste gegen den Bau der Stadtstraße. Weitere Aspekte, welche bei der Konzeption und Realisierung relevant sind, sind Akteurslogiken, die auf Stadtvorstellungen und Planungsleitbildern fundierten. Dabei vertritt die PSA als Akteurin der Stadtverwaltung die Vorstellung einer gerechten Stadt für alle. Das zeigt sich in Form realisierter Infrastrukturen wie dem geförderten und kommunalen Wohnbau (siehe Kapitel 8). Die Wien 3420 verfolgt als Entwicklungsgesellschaft wiederum das Konzept der unternehmerischen Stadt, da sie einerseits die einzelnen Bauflächen an potentielle Entwickler:innen und Investor:innen verkauft und andererseits gemeinsam mit der PSA auf die im Masterplan festgelegte Mischung aus Nutzungen achtet, die u. a. auch Gewerbe und Produktion umfassen. Bei der Konzeption und der Vermarktung der Seestadt zeigt sich von Anfang an, dass das Unternehmertum eine wichtige Rolle spielt für die Realisierung. Sowohl für die PSA als auch die Wien 3420 nehmen Konzepte wie Smart City und Nachhaltigkeit eine wichtige Rolle ein.

Die Entscheidungsträger:innen auf Steuerungsebene

Die Seestadt wird wie eingangs erwähnt in Form eines Public-Private-Partnership-Projektes, also in Zusammenarbeit von öffentlichen und privaten Institutionen, realisiert. Es handelt sich dabei um ein sogenanntes Top-down Planungsverfahren, bei dem zuerst die Wiener Stadtverwaltung die Rahmenbedingungen für den Masterplan festgelegt und dann in einem zweiten Schritt eine Ausschreibung ausgelobt hat. Nach dieser wurde ein Plan ausgewählt und 2007 im Wiener Gemeinderat beschlossen. Mit Blick auf den zeitlichen Horizont war die Stadt Wien (maßgeblich die MA21) und später die Wien 3420 als zweite institutionelle Akteurin auf der Steuerungsebene, die für den Prozess der Herstellung zuständig war. Sie wurde 2004 gegründet und 2010 teilprivatisiert[2]. 2011 wurde die PSA mit der Projektleitung seitens der Stadt Wien betraut. Das Stadtteilmanagement kam 2012 als Auftragnehmerin der MA 25 und der 3420 hinzu. Für die Inwertsetzung, Vermarktung und Besiedelung ist die *Wien 3420 aspern development AG* (Wien 3420) zuständig, sie ist eine Tochtergesellschaft der GELUP GmbH (die sich aus der Wirtschaftsagentur Wien, der Vienna Insurance Group und der Erste Bausparkasse zusammensetzt) sowie der Bundesimmobiliengesellschaft (BIG). Seitens der Stadt Wien ist die *Projektleitung Seestadt Aspern* PSA mit der Steuerung der Herstellungsprozesse betraut, sie leitet, bündelt und vernetzt alle Aktivitäten der eingebundenen Magistratsabteilungen.

Anders als in der Ära des kommunalen Wohnbaus, oder auch der Ära des Massenwohnungsbaus der 1980er Jahre wie etwa Alt-Erlaa, sind in der Seestadt privatwirtschaftlich orientierte Akteur:innen maßgeblich in die Produktion des Stadtteils involviert. Das ist dem Selbstverständnis der Entwicklungsgesellschaft Wien 3420

---

2 https://www.rechnungshof.gv.at/rh/home/home/Erschliessung_Seestadt_Aspern.pdf, Zugriff am 13.04.2021.

als wirtschaftlich agierendes Unternehmen geschuldet und folgt damit dem Prinzip der unternehmerischen Stadt. Interessant ist in diesem Zusammenhang, dass die Akteur:innen auf Steuerungsebene unterschiedlichen Logiken folgen, da die PSA als Magistratseinheit den Prinzipien der Wiener Stadtpolitik und magistratsinternen Stadtplanung verpflichtet ist und als interne Einheit auch dieser Verwaltungslogik folgt. Daher ist sie einerseits politisch weisungsgebunden und andererseits folgt sie den Planungsprinzipien die u. a. im STEP 2005 und 2025 sowie der Smart City Rahmenstrategie festgelegt wurden.

Darüber hinaus ist das *Stadtteilmanagement Seestadt Aspern (STM)* in verschiedene Prozesse der Steuerungsebene eingebunden und ist eine Anlaufstelle für Bewohner:innen seit 2014. Das STM wurde von der Magistratsabteilung 25 der Stadt Wien und der Wien 3420 aspern development AG beauftragt.

Das Organigramm zeigt, dass die Mitglieder des Kernteams organisatorisch der Stadtbaudirektorin Brigitte Jilka unterstellt sind, seitens der PSA ist Christine Spiess die Programmleiterin. Es macht aber auch sichtbar, dass alle weisungsgebunden an den Bürgermeister sind, der die Entscheidungsgewalt hat. Der Masterplan der Seestadt wurde vom Gemeinderat 2007 beschlossen, der Bürgermeister beauftragte damals die Stadtbaudirektorin mit den notwendigen Schritten zur Realisierung des Projekts. Die Wien 3420 wurde 2010 teilprivatisiert und ging zu ca 70 % in den Besitz der GELUP GmbH über.[3] Daher handelt es sich im Falle der Seestadt um ein Planungsfeld, in dem politische Entscheidungsträger:innen von zentraler Bedeutung sind im Prozess der Herstellung des Stadtteils, da die Planer:innen der Stadtverwaltung weisungsgebunden an die Entscheidungen der Stadtregierung arbeiten.

Die Baugruppen als Stadtteilproduzent:innen

In diesem Abschnitt wird die Bedeutung der Baugruppen des Pionierquartiers auf dem Baufeld D13 sowie die Baugruppe Que[e]rbau als Akteurin der Stadtteilproduktion näher beleuchtet.[4] Den Baugruppen der Seestadt kommen mehrere Rollen im Prozess der Stadtteilproduktion zu. Zum einen werden sie von der Entwicklungsgesellschaft Wien 3420 als innovativer, aktiver Teil der Bewohner:innenschaft,

---

3 Siehe Rechnungshofbericht 2015, https://www.rechnungshof.gv.at/rh/home/home/Erschliessung_Seestadt_Aspern.pdf, Zugriff am 24.03.2021.

4 Die empirische Grundlage bilden dafür Feldforschungstagebücher aus der Zeit, in der ich temporär mit meiner Familie in zwei Baugruppen auf D13 gewohnt habe. Es ist keine Analyse des Prozesses des gemeinschaftlichen Bauens, sondern gibt exemplarische Perspektiven aus der Feldforschung auf die unterschiedlichen gemeinschaftlichen Infrastrukturen und Organisationsformen wieder.

der Gemeinschaftsbildungsprozesse vorantreiben und Initiativen im Stadtteil setzen soll, imaginiert. Die Baugruppen in der Seestadt haben aber noch eine viel weitreichendere Bedeutung. Sie sind Teil einer neuen Genossenschaftsbewegung, die mit dem Vorantreiben von Baugruppenprojekten zu kollektiven Akteuren der Stadtteilproduktion werden. In der Seestadt wurden in der ersten Etappe sechs Baugruppen realisiert, weitere folgen im Seeparkquartier und dem Quartier am Seebogen. Schon bei der Konzepterstellung der Seestadt waren die Baugruppen ein wichtiges Element des Wohnbaukonzepts der Seestadt (vgl. Temel 2012: 19). Anders als in anderen Stadtteilen, wo nur punktuell Baugruppen realisiert wurden. Es gab einen städtebaulichen Wettbewerb für Baugruppen, für den sich diverse Baugruppen formierten und um einen der Baufelder bewarben. Jene ersten fünf Baugruppen sind Pegasus, Seesterne, B.R.O.T, LISA und JAspern. Einige dieser fünf ersten Baugruppen gehen zurück auf Baugruppen in anderen Stadtteilen, nämlich im dichtverbauten Stadtkern. Sie stehen damit in der Tradition der Pioniere der Wiener Baugruppen, die untereinander stark differenzieren, was ihre Organisation und Prinzipien betrifft. Sie alle sind Teil der Bewegung des gemeinschaftlichen Bauens und Wohnens und ein Grundprinzip aller Baugruppen in der Seestadt ist, Ressourcen und Räume zu teilen. Die *Baugruppe B.R.O.T.* in der Seestadt geht zurück auf eine der ersten Baugruppen Wiens nämlich B.R.O.T. Hernals, die 1990 realisiert wurde. Ana Rogojanu befasst sich in ihrer Dissertation eingehend mit diesem und weiteren Wiener Baugruppenprojekten (Rogojanu 2017). Das B. im Anfangsbuchstaben ist mehrdeutig und steht für Beten und Begegnung (Kerbler 2017: 17), die weiteren Buchstaben stehen für Reden, Offensein, Teilen. Wie eingangs erwähnt hat jede Baugruppe in der Seestadt ihre Spezifika, jenes von B.R.O.T. ist neben der interkonfessionellen Ausrichtung, dass die Baugruppe hier auch als Bauträger agiert, wodurch Baukosten eingespart und mehr Wohneinheiten errichtet werden konnten. Insgesamt beherbergt das Haus 40 Wohneinheiten und etwas mehr als 100 Bewohner:innen, davon sind einige Wohneinheiten für das Projekt Housing First reserviert, die im Wohnprojekt migrantischen Familien Wohnraum bieten.

Die *Baugruppe LISA* hat ihren Wohnbau mit 44 Wohneinheiten gemeinsam mit dem Bauträger Schwarzwald realisiert. Eine Besonderheit der Baugruppe sind zum einen die modularen Grundrisse der Wohnungen, die adaptiert werden können, je nach Lebenslage entweder erweitert oder verkleinert, und die wohnungsbezogenen Freiräume wurden als Laubengänge umgesetzt. Zwei der Gründungsmitglieder, Robert Korab und Ute Fragner, von LISA sind auch Gründungsmittlied der bekanntesten Baugruppe Wiens – der Sargfabrik, die 1994 in Penzing realisiert wurde (Kerbler 2017: 55).

Die Baugruppe *Seestern* hat ihr gemeinschaftliches Wohnprojekt gemeinsam mit dem gemeinnützigen Bauträger Migra realisiert. Die Seesterne haben zwei Besonderheiten, die als typisch für die Baugruppen der Seestadt bezeichnet werden können. Zum einen haben sie wie LISA Gemeinschaftsbüros. Sie haben einen großen Gemeinschaftsraum im Erdgeschoß so wie B.R.O.T., welcher sowohl eine Gemeinschaftsküche als auch einen Spielraum umfasst. Darüber hinaus haben sie einen Veranstaltungsraum im Keller, der für Fitnesskurse und Spielgruppen genutzt wird. Damit verfügen sie über einen Raum, der von der Nachbarschaft des Stadtteils genutzt wird. Diese Form der Gemeinschaftsräume wird von den Mitgliedern der Baugruppen intensiv genutzt. Die Ausstattung mit Gemeinschaftsbüros steht für das Konzept der unternehmerischen Stadt. Ein Ziel der Planer:innen war es, Baugruppen im Stadtteil anzusiedeln, die nicht nur gemeinschaftliches Wohnen ermöglichen, sondern auch Konzepte für Selbstständige umsetzen und somit auch zu einem Faktor der lokalen Ökonomie im Stadtteil werden.

Einigen der Baugruppen ist der Grundsatz gemein, dass sie alle Planungsprozesse mittels des Prinzips der Soziokratie gestaltet haben. Diesem folgend mussten die Mitglieder der Baugruppen bei der Umsetzung des Vorhabens einstimmig alle Schritte beschließen. Dieser Ansatz der Entscheidungsfindung hat eine lange Tradition im Bereich des gemeinschaftlichen Wohnens. Er wurde in den Interviews mit diversen Baugruppenmitgliedern als praktikabler Entscheidungsmodus beschrieben, der retrospektiv allerdings sehr zeitintensiv wahrgenommen wird.

Die Baugruppe *Pegasus* wurde von Wohnbund:consult im Prozess des gemeinschaftlichen Bauens und Planens begleitet und als geförderter Wohnbau errichtet. Ein Spezifikum dieser Baugruppe ist, dass ein Teil der Wohnungen von Pegasus als Eigentumswohnungen errichtet wurde, die Karl-Heinz Salbschi gehörten, da er auch als Unternehmer Mitbegründer der Baugruppe war. Er ist einer der ersten Bewohner des Stadtteils, der auch gleichzeitig als Unternehmer in der Seestadt aktiv wurde. Das von ihm gegründete Unternehmen FeelGood Apartments bietet temporär Wohnungen an, die von Expats gemietet werden, aber auch von Familienmitgliedern, die Verwandte in der Seestadt haben und nicht in Wien wohnhaft sind. Im Seeparkquartier wurden weitere FeelGood Apartments umgesetzt. Im Frühjahr 2021 zog Karl-Heinz Salbschi sich aus gesundheitlichen Gründen aus allen Geschäften zurück.

JAspern bildet die kleinste Baugruppe auf D13. Als einzige Baugruppe des Baufeldes wurden alle 18 Wohneinheiten als Eigentumswohnungen gänzlich ohne Bauträger realisiert. Das Konzept der Gemeinschaftsräume Baugruppe beschreibt diese so: „*Gemeinsam nutzen, teilen und in Kontakt sein: Herz des Hauses ist die Dachterrasse mit Meeting Lounge, einem Waschsalon und Flächen für urbane Gartenarbeiten. Gärtnern, Grillen, Sitzen und Feiern gehen täglich Hand in Hand.*"[5] Ein weiteres Spezifikum ist die natürliche Besonnung des Stiegenhauses, ähnlich wie

---

5 http://www.ig-architektur.at/projekt-detail/COlivingjaspern.html, Zugriff am 25.02.2021.

bei der Baugruppe Seestern und ein ausgeklügeltes Kühl- und Wärmesystem. Die Gestaltung des Innenhofes auf D13 wurde Baugruppen übergreifend realisiert.

Der Wohnbau der Baugruppe *Que[e]rbau* wird erst zwei Jahre später, 2017, auf einem der benachbarten Baufelder umgesetzt. Gemeinsam mit dem Bauträger WBV-GPA realisiert Que[e]rbau das Projekt als geförderten Wohnbau. Daher wurde ein Drittel der Wohnungen über das Wohnservice vergeben. 2021 entsteht im Projekt Wildgarten ein weiteres Projekt von Quer[e]bau und in der Lobau formiert sich gerade eine weitere Que[e]rbau Baugruppe. Ein zentraler Aspekt der Gruppe Que[e]rbau ist, dass sich diese mit ihrem Gemeinschaftsraum im Erdgeschoß zum Stadtteil hin öffnen möchte. Daher gibt es im Yella Yella, einer Anspielung auf das Nachbarschaftskaffee, donnerstags Kaffeehausbetrieb sowie Spieleabende und alle zwei Wochen Frühstück am Sonntag. Den Initiatoren Andreas Konecny und Roland Hampel war das von Anfang an wichtig. Andreas Konecny treibt diese Öffnung zur Nachbarschaft voran. Für den Architekten Roland Hampel war die Motivation von Anfang an, gemeinsam mit den Bewohner:innen an den Wohnungstypologien zu planen. Ihn hat interessiert, welche Bedürfnisse diese haben und wie sehr sich diese mit den Standardtypologien im Wohnbau überschneiden. Im Kontext der Frage, wie sich die unterschiedlichen Akteursgruppen in den Prozess der Raumproduktion und Ausverhandlung der Seestadt einbringen, nehmen die Baugruppen wie oben erwähnt eine Sonderstellung ein. Sie sind Teil der Akteur:innen der Wohnbauproduktion, da sie gemeinsam mit den Planer:innen ihre Baugruppenprojekte planen. In weiterer Folge werden einige von ihnen zu Akteur:innen des gemeinschaftlichen Wohnbaus, da aus den Baugruppen weitere damit verknüpfte hervorgehen. Es kann also von einer neuen Genossenschaftsbewegung gesprochen werden. Einige Bewohner:innen der Baugruppen treiben auf individueller Ebene eine Reihe von Initiativen im Stadtteil voran. Sie sind damit Teil der sogenannten Seestadtpionier:innen, egal ob als Unternehmer:innen, etwa als Betreiber:innen der FeelGood Apartments, oder als neue Selbstständige, die Projekte wie den Seestadt Bot vorantreiben oder die Entstehung des Stadtteils fotografisch begleiten.

In den Formen und Sozietäten der Ausverhandlung des Raums sowie in der Frage nach Teilhabe, Partizipation und Recht auf Stadt unterscheidet sich die Seestadt von anderen Stadtentwicklungsgebieten wie dem Nordbahnhofviertel, wo in Kollektiven wie der IG Nordbahnhof Bewohner:inneninteressen vorangetrieben werden. In der Seestadt findet dieser Aushandlungsprozess sehr lange auf individueller Ebene statt. Einzelne gut ausgebildete, in den Medien gut vernetzte Baugruppen-Anwohner:innen setzen ihre Anliegen durch und involvieren sich in Prozesse der Gestaltung und Planung. Wolfgang Kaschuba spricht in diesem Zusammenhang von „Citizen Science" (2015: 20), also Personen, die sich Spezialwissen aneignen und so Expert:innenstatus erlangen. Dem gegenüber steht der Protest der Bewohner:innen der geförderten Wohnbauten, der sich vorrangig auf Ebene der sozialen Medien in den internen Bewohner:innenforen entlädt. Den Anliegen der Baugruppen-Mitglieder wird meist auf Augenhöhe begegnet, auch weil sie über das notwenige soziale und kulturelle Kapital verfügen, um ihre Interessen medienwirksam einzufordern. Den Anwohner:innen der geförderten Wohnungen hingegen möchte man die Planungskonzepte vermitteln, wobei Stadtplanung als „Erziehungsmaßnahme" der Vermittlung der richtigen Werte im Bereich Nachhaltigkeit und Mobilität fungiert. Die Bewohner:innen der Baugruppen sind aber auch Initiator:innen einer Reihe von gemeinschaftlicher Initiativen wie dem offenen Kühlschrank, einem karitativen Foodsharing-Projekt, und verschiedenen Projekten zur Begrünung des Stadtteils.

Akteur:innen der unternehmerischen Stadt

Die Seestadt wird seitens der Wien 3420 mit Begriffen wie der Pionierstimmung und den Seestadt Pionier:innen vermarktet. Sowohl in den Unterlagen der Öffentlichkeitsarbeit als auch in den Plakaten, die die Baustelle entlang des Seeparkquartiers bis 2020 zierten. Als Pionier:innen werden von der Entwicklungsgesellschaft sowohl die Bewohner:innen bezeichnet (vor allem die Mitglieder der Baugruppen) als auch die Geschäftsleute, wie der Betreiber der Buchhandlung Seeseiten oder Karl-Heinz Slabschi, der Begründer der FeelGood Apartments. Beide Unternehmer sind Pioniere der ersten Stunde und bei beiden wurde anfangs angezweifelt, ob ihr Konzept in der Seestadt aufgehen könnte. Mittlerweile sind die Seeseiten regelmäßig im Frühstücksfernsehen des ORF zu sehen und sie organisieren auch während der Pandemie Lesungen für Autor:innen aktueller Bestseller. Während der Covid-19-Pandemie fanden diese online statt. Interessant ist, wie sich die Rolle mancher Bewohner:innen mit der Zeit gewandelt hat und welche Doppelrollen ihnen zukommen bei der Entstehung des Stadtteils. Karl-Heinz Slabschi ist zum einen Mitbegründer der Baugruppe Pegasus, hat als Unternehmensberater zuerst die Moderation und Begleitung des Projekts ehrenamtlich übernommen und in weiterer Folge mehrere daran anknüpfende Pegasus-Baugruppen-Projekte initiiert und mit seiner Beraterfirma begleitet. Er ist nicht nur Bewohner, sondern Akteur der Stadtteilproduktion. Aus den zahlreichen Gesprächen in der Feldforschung mit ihm ging hervor, dass er regelmäßig Kontakt zur Entwicklungsgesellschaft 3420 gepflegt hat und sich mit einzelnen Vorstandsmitgliedern regelmäßig zum „Netzwerken" und Ideen austauschen getroffen hat. Er hat sie einerseits beratend unterstützt und andererseits so seine Ideen und Visionen in den Prozess der Fortschreibung des Stadtteils eingebracht. Dieser Aspekt hat mich längere Zeit beschäftigt, da es in der Seestadt eine Vielzahl an unabhängigen Entscheidungsgremien gibt, gleichzeitig sind die Netzwerke der „Stadtmacher:innen", wie ich sie nenne, sehr engmaschig.

Teil des Konzepts der Seestadt war seitens der Entwicklungsgesellschaft von Anbeginn die unternehmerische Stadt. Unternehmertum nimmt sowohl eine zentrale

Abb. 7 Seestadt-Pionier:innen, Plakate entlang der Baustelle im Seeparkquartier, © C. Dlabaja

Rolle bei der Konzeption der Erdgeschoßzonen ein als auch in Form von Investor:innen und Developer:innen. Jene Unternehmer:innen, die sich wie die Seeseiten in der Seestadt angesiedelt haben, identifizieren sich stark mit dem Stadtteil und entwickeln immer neue Konzepte dafür. Bei einem Unternehmer wird das besonders deutlich. Ab 2017 gibt es regelmäßig einen Markt am Hannah-Arendt-Platz, auf welchem unter anderem von einem Gemüsebauern wöchentlich ein Marktstand betrieben wird. Der Unternehmer plant schon 2017, ein Bio-Lebensmittelgeschäft zu eröffnen, was er später auch realisiert. Eine Reihe von Unternehmer:innen erweitert ihre Unternehmungen und gestaltet so den Stadtteil mit ihren Ideen mit. Jene, die sich um Anliegen für die Stadtgemeinschaft kümmern, sind nicht nur Bewohner:inneninitiativen oder Planer:innen, sondern auch Kleinunternehmer:innen, wie beispielsweise die Seeseiten. Diese veranstalten regelmäßig Lesungen im Seeparkquartier und sind Mitinitiator:innen der regelmäßigen Säuberungsaktionen im Seepark. Phillip Nader-Puiu, Selbstständiger und Baugruppenmitglied, entwickelte zuerst ehrenamtlich den Seestadt Bot, um der Nachbarschaft aktuelle Informationen über den Stadtteil zur Verfügung zu stellen.

Die Seestadt wird mit der Vergabe der Baufelder des Seeparkquartiers zwischenzeitlich zum Eldorado für Investor:innen. Unter Eldorado versteht man allgemein einen Ort, an dem es ideale Voraussetzungen für bestimmte Tätigkeiten gibt, wie etwa in der Zeit der Kolonialisierung Amerikas für Goldgräber. Der Begriff geht auf eine kolumbianische Legende zurück, die in der Zeit der Konquistadoren Goldgräber auf den Plan rief und zu einer Flut an Expeditionen nach Südamerika führte, um Gold zu finden. Umgemünzt auf die Seestadt heißt das, dass es in der Seestadt Raum und vor allem Baugrund für Investor:innen und Projektentwickler:innen gibt, um dort ihre Ideen umzusetzen.

Im Interview mit Romana Hofmann, der Pressesprecherin des HoHo[6], wird diese Aufbruchsstimmung und die Möglichkeit, die Seestadt als Developerin mitzugestalten, beschrieben. Im Interview beschreibt sie die Lust am Gestalten und den Mut, neue Dinge auszuprobieren: *„Wir haben uns eigentlich auf unser Gespür und unseren Hausverstand verlassen"* (Interview R. H. #20:59). Es wird eine Art von Pionierstimmung der Stadtmacherinnen beschrieben und die Seestadt als Ort, wo Visionen und Ideen umgesetzt werden können:

> *„Unser Projekt zeigt, was man mit Querdenken erreichen kann. Es gibt kein Wochenende. Wir arbeiten im Urlaub, wir lesen zumindest die E-Mails. Man sieht halt, das ist alles von uns und nicht aufgeblasen ist und es uns nicht nur ums Geld verdienen geht. Natürlich wollen wir auch Geld verdienen, aber das ist es nicht primär. Wir werden auch gute Rendite machen, aber nicht schnell, dass brauchen wir nicht."* (Interview R. H. 31:01.06).

Eines der Konzepte der Entwickler:innen ist es, das HoHo als Ort für Wellness und Fitness und Freizeit für die Seestadt zu etablieren, um die Seestädter:innen an den Stadtteil stärker zu binden. Damit sie nicht in die angrenzenden Einkaufszentren, wie das Stadion-Center oder die Donau City, ausweichen, um ihren Freizeitaktivitäten nachzugehen.

Die Seestadt entsteht wie in der Einleitung schon beschrieben in vier Etappen. In der ersten Etappe wurden vorrangig geförderte Wohnbauten errichtet. Mit dem Seeparkquartier hat sich das Gefüge der Akteur:innen im Bereich des Wohnbaus stark transformiert. Es kommen nun immer mehr private Investor:innen hinzu. Aufgrund des von der Stadt Wien gewählten PPP-Modells wurden die im Besitz der Stadt Wien befindlichen Grundstücke temporär an die Entwicklungsgesellschaft überschrieben. Diese verkauft die einzelnen Bauflächen an gemeinnützige Bauträger und private Developer:innen. Dieses Verfahren hat im Bereich des Seeparkquartiers dazu geführt, dass die Eigentümer:innen des Holzhochhaus HoHo Kerbler vier Baufelder gekauft und drei davon an andere Developer:innen gewinnbringend weiterverkauft hat. Dadurch entsteht eine Inwertsetzung von Grund und Boden, der zuvor im Eigentum der Stadt Wien war. Damit zeigt sich ein Aspekt des

---

6 Sie steht gemeinsam mit Caroline Palfy hinter dem Konzept des Projekts, welches von Günter Kerbler finanziert wurde.

neoliberalen Städtebaus – nämlich der Inwertsetzung innerhalb des Handlungsfelds der Kommune.

Bewohner:innen als Produzent:innen städtischer Teilöffentlichkeiten

Ab dem Zeitpunkt der Besiedelung 2014 werden die Bewohner:innen zu Akteur:innen der Stadtteilproduktion. Sie involvieren und vernetzen sich zu diesem Zeitpunkt vor allem mittels interner Bewohner:innenforen via Facebook. Das erste große interne Bewohner:innenforum „Wir wohnen in der Seestadt" wird 2014 gegründet und wird später in Seestadt Aspern umbenannt, 2022 umfasst es 3.357 Abonennt:innen. Zum Zeitpunkt des Einzugs wird das Forum vor allem für die Vernetzung zwischen den Bewohner:innen genutzt, auch um sich gegenseitig beim Einzug zu unterstützen. Es bildet den Ausgangspunkt für eine Reihe weiterer interner Foren. Es ist einer jener Räume, in denen unterschiedliche Vorstellungen von Stadt und Gesellschaft diskutiert werden. Die Meinungen gehen in dieser Hinsicht so stark auseinander, dass es aufgrund von Meinungsverschiedenheiten in den Themenfeldern Individualverkehr, Rassismus und Sexismus zum Ausschluss von Mitgliedern kommt. Diese gründen wiederum neue Bewohner:innenforen. Auch in diesen kommt es aufgrund diversifizierter gesellschaftspolitischer Vorstellungen zu Spaltungen und damit verknüpften Neugründungen wie der Gruppe Seestadt Allerlei, die 2022 5.288 Mitglieder zählt und Seestadt unkut mit 1.255 Abonnent:innen. Diese Form der Sozietät, in der die Bewohner:innen unterschiedliche Meinungen über das *richtige und gute Zusammenleben in der Seestadt* austragen, wird bis dato fortgeführt. Die internen Bewohner:innenforen werden zu einer Form der städtischen Teilöffentlichkeit, in welchen Konflikte und unterschiedliche Meinungen ausdiskutiert werden (siehe Kapitel 9).

Die Rolle der Bewohner:innen im Prozess der Stadtteilproduktion ist vielfältig. Zum einen sind sie jene Gruppe, die vor der Besiedelung als potentielle Bewohner:innen adressiert wurde von den Bauträgern und der Wien 3420 sowie von den Baugruppen. Der Weg der Bewohner:innen zur Wohnung wird im Abschnitt Die Wohnungsvergabe als Wettbewerbspraxis behandelt. Mit Einzug in das Standquartier werden sie zu Akteur:innen der Raumproduktion. Indem sie den Stadtraum als Alltagsraum aneignen und prägen, sei es in Form von Gemeinschaftsgärten oder der Gründung von Bewohner:inneninitiativen. Zum anderen involvieren sich Teile der Bewohner:innenschaft in den Prozess der Aushandlung der Seestadt auf digitaler Ebene in den Online-Bewohner:innenforen. Die Rolle der Bewohner:innen wandelt sich im Verlauf der Besiedelung dahingehend, dass beherrschende Themenfelder für sie in der Anfangsphase 2015 der Einzug in die Wohnung, sich einrichten und im Stadtteil ankommen waren. Das geht sowohl aus der Analyse der internen Bewohner:innenforen hervor als auch aus Gesprächen und Interviews.

Das Ankommen im neuen Stadtteil ist ein zentraler Moment der Stadtteilwerdung, wie in anderen Stadtentwicklungsgebieten, die neu errichtet wurden auch. Einer der Entwickler der SolarCity reflektierte den Prozess der Stadtwerdung so:

> *„Im ersten Jahr ziehen die Leute ein. Sie richten sich ein und lernen die ersten Nachbarn im Haus kennen. Im zweiten Jahr erkunden sie ihren Stadtteil und lernen weitere Bewohner:innen kennen. Erst im dritten Jahr beginnen sie damit, die Nachbarschaft des Stadtentwicklungsgebiets für sich zu erkunden."* (Ewald Reinthaler 2020).

Der Blick auf die Seestadt zeigt, dass Teile der Bewohner:innen sich zwar von Anbeginn über Facebook-Foren zu konfliktbehafteten Themen im Stadtteil geäußert haben, wie dem Thema Parken und Ausstattung mit Supermärkten. Erst wesentlich später gründen sie eigene Initiativen, da es einige Zeit braucht, bis man sich im Stadtteil orientiert und ankommt. Die Arbeit des Stadtteilmanagements spiegelt dies wider.

Die Seestädter:innen vernetzen und organisieren sich auf digitaler Ebene mittels interner Bewohner:innenforen auf Facebook. Im Frühsommer 2015 wohnten ca. 3.500 Menschen in der Seestadt. Teil von internen Bewohner:innenforen waren zu diesem Zeitpunkt ca. 2.500 von ihnen. Sechs Monate später leben über 6.000 Menschen in der Seestadt und ca. die Hälfte von ihnen nutzte diese Form der Vernetzung. Für jedes Baufeld gibt es ein eigenes Facebook Forum. Auch mit der Realisierung des ersten Abschnitts im Norden 2021, dem Quartier am Seebogen, wird diese Tradition der baufeldbezogenen Facebook-Gruppen fortgesetzt. Die wichtigsten und ältesten Foren sind bauplatzübergreifend. Jede Anfrage wird von einem bzw. einer Moderator:in einzeln bearbeitet. Die Mitglieder unterstützten einander bei Problemen und Fragen der Organisation des Alltags im Stadtteil. Es werden Werkzeuge, Umzugskartons und andere Gegenstände geteilt, aber auch Fertigkeiten oder gegenseitige Unterstützung angeboten. Darüber hinaus werden aktuelle Themenfelder wie die Parkplatzsituation, die Möglichkeit zur Mitbestimmung oder die Ausstattung mit Ärzt:innen und Schulen im Stadtteil diskutiert. Es finden regelmäßige Treffen der Bewohner:innenschaft statt, bei denen es sowohl um die Gründung von Bürger:inneninitiativen als auch um „geselliges" Beisammensein geht. So werden etwa Karaoke-Abende oder gemeinsames Frühstück organisiert.

Sichtbar werden in den Foren auch **soziale Spaltungslinien und Vorstellungen von Stadt**. Ein Teil der Bewohner:innen vertritt die Ansicht, dass „die Seestadt für die Seestädter:innen" gemacht wurde und die Nutzung des Sees und der Freiräume der Bewohner:innenschaft vorbehalten bleiben sollte. In diesem Kontext nimmt das Thema **soziale Kontrolle** und Einhaltung von Geboten viel Raum ein. Eine gängige Praxis ist es beispielsweise, dass die Bewohner:innen Fotos von Gebotsübertritten fotografieren und im Forum online stellen und in einigen Fällen die Polizei einschalten. Diese sozialen Praktiken finden bei anderen Teilen des Forums wenig Gefallen, sie plädieren für eine Stadt für alle und für Offenheit anderen gegenüber. Der Ordnungsdrang einiger Bewohner:innen geht so weit, dass es schon die Idee für eine Art Nachbarschaftswache gab.

Ein weiteres konfliktbehaftetes Themenfeld sind soziale Einrichtungen in der Seestadt. Es wurde an einer Stelle in der Seestadt eine ganze Reihe gemeinnütziger Betriebe der Stadt Wien zur Wiedereingliederung von Menschen in den Arbeitsplatz angesiedelt. Dies ruft bei einigen Seestädter:innen zu Beginn der Besiedelung 2015 Unverständnis hervor, da es ein Einkaufsstraßenmanagement gibt und aus ihrer Perspektive nicht genug Geschäfte für die Abdeckung des Alltagsbedarfs angesiedelt wurden. In diesem Kontext gibt es auch Beschwerden über Bastel- und Töpfergeschäfte, die eröffnet wurden.

Eine andere Konfliktlinie in der Bewohner:innenschaft verläuft über die Einstellung Fremden gegenüber im Kontext von Migration, dabei geht es um parteipolitische Einstellungen. Diese Konfliktlinie wurde durch die Ergebnisse der Wiener Gemeinderatswahlen 2015 hervorgerufen, bei der 37,5 % in einem der beiden Wahlsprengel die FPÖ wählten. Bei bekennenden Grünwähler:innen rief dies Unverständnis hervor. Diese politischen Disparitäten führten zum Ausschluss von Mitgliedern in verschiedenen Foren und zur Neugründung von weiteren Foren.

Die Rolle der Forschung, Medien und politischen Kommunikation

Die Seestadt war von Anbeginn an Gegenstand diverser Forschungsprojekte, die zum Teil von der Wien 3420 mitinitiiert wurden. Ein Beispiel dafür ist das ASCR Aspern Smart City Research, ein Konsortium der Wien 3420, der Wien Energie, Wiener Netze, Siemens und der Wirtschaftsagentur. Ziel des Projektes ist es, die Implementierung des Smart Meters in der Seestadt wissenschaftlich zu begleiten. Das Besiedelungsmonitoring Seestadt Aspern, das ich selbst mitkonzipiert habe und das seit 2015 punktuell den Besiedlungsprozess wissenschaftlich begleitet, wurde beispielsweise auch von der MA50 Wohnbauforschung und zu Beginn der Wien 3420 gefördert. Darüber hinaus gibt es eine Reihe von Forschungsprojekten u. a. von Robert Temel (2012), die den Prozess der Etablierung der Baugruppen in der Seestadt seit vielen Jahren wissenschaftlich begleiten. Neben dem Besiedelungsmonitoring erforscht das Aspern. Mobil, eine Art Mobilitätlabor in der Seestadt, neue Formen der Mobilität, wie E-Mobilität und Fahrradangebote. Ähnlich wie in anderen Stadtentwicklungsgebieten gibt es Forschungsprojekte, die eng mit der Nachbarschaft verknüpft sind. Sie setzen in weiterer Folge Initiativen für den Stadtteil, wie etwa das Projekt die essbare Seestadt, aus dem die Initiative SeeStadtgrün 2020 hervorging. Eine Reihe von Abschlussarbeiten befassen sich mit der Seestadt in unterschiedlichen Zusammenhängen (Suitner 2015; Maierhofer 2020; Jobst 2020).

Interessant ist, wie die Forschungsprojekte von den in die Stadtteilproduktion involvierten Akteur:innen benutzt werden. Im Falle des Besiedelungsmonitorings war das Ziel der Forschungskooperation, den Prozess der Stadtteilproduktion wissenschaftlich zu begleiten und im Zuge dessen auch die darin beteiligten Akteur:innen aus Planung, Politik und Wirtschaft. Wir warben Forschungsgelder ein, um unserem Forschungsinteresse nachgehen zu können. Die Auftraggeber des Monitorings 2015, insbesondere das Ressort des Wohnbaustadtrats, wollten allerdings ausschließlich den Prozess der Besiedelung und die Wohnzufriedenheit als Projekt beauftragen. Dennoch konnten im Rahmen des Projekts Interviews mit der Entwicklungsgesellschaft und der PSA geführt werden. Das Interesse der Wien 3420 lag vor allem darin, die Befunde in weitere Planungen einzubeziehen. Die Ergebnisse flossen 2015 und 2019 in die weiteren Planungen ein. Im Ressort des Wohnbaustadtrats wurden die Ergebnisse nicht nur zur Messung der Wohnzufriedenheit genutzt und etwaiger notwendiger Adaptionen des Besiedelungsprozesses, sondern als Mittel der politischen Öffentlichkeitsarbeit. Die veröffentlichten Monitorings aus den Jahren 2015 und 2019 wurden jeweils im Wahljahr gefördert. 2015 kam es daher zur Verzögerung der Veröffentlichung um ein Jahr. Die Ergebnisse aus dem Jahr 2015 wurden vom damaligen Wohnbaustadtrat Ludwig im Frühjahr 2016 in der Seestadt gemeinsam mit dem Bezirksvorsteher präsentiert. Dazu wurden vom Wohnbau-Ressort Grafiken mit dem Logo der Stadt Wien angefertigt. Die Forscher:innen durften der Präsentation beiwohnen. Das Bild, das bei der Präsentation vermittelt wurde, war, dass es sich hier um eine Auftragsforschung handelte. Auf ähnliche Weise wurden die Ergebnisse zur Wohnzufriedenheit in den sozialen Medien via Facebook vermittelt, so entstand der fälschliche Eindruck, dass es sich um eine „bezahlte" Studie handelte. Fälschlich deshalb, weil wir nicht mit einer Befragung beauftragt wurden im ersten Schritt, sondern mit einem Konzept um Fördergelder warben. Damit schadet sich die Stadtpolitik selbst, indem sie ein Bild von gekaufter einseitiger Forschung vermittelt. Anstatt den Forscher:innen den Raum zu geben, ihre Ergebnisse öffentlich zu präsentieren.

Die **Medien** sind schon seit dem Beschluss des Masterplans im Gemeinderat 2007 Akteur:innen der Imageproduktion des Stadtteils. Eine Analyse der Imageproduktion bis 2013 wurde von Johannes Suitner (2015) in seiner Dissertation vorgenommen. Zu diesem Zeitpunkt dominieren Politiker:innen, Journalist:innen, Wissenschaftler:innen und Planer:innen den öffentlichen Diskurs über die Seestadt. Interessant ist, wie sich das Akteursgeflecht und die Rolle der Medien seit der Erstbesiedelung der Seestadt im Jahr 2015 gewandelt haben. Auch im Rahmen des Monitorings haben wir die Imageproduktion untersucht (Reinprecht et al. 2016). Im Zuge der Dissertation wurde eine themenzentrierte Medienanalyse entlang konfliktbehafteter Themen vorgenommen, die in Kapitel 8 eingehend erläutert wird. Diese zeigt, dass es zu einer diskursiven Verschiebung kommt, in der die kritische Öffentlichkeit eine größere Rolle einnimmt als Expert:innen in der Zeit vor der Besiedelung. Images, die medial zu Beginn immer wieder aus einer Außenwahrnehmung aufgegriffen wurden, waren „die Geisterstadt", Stadt der „Mieter:innen" oder auch dass die Seestadt noch wenig belebt sei. Darauf folgte eine Phase, in der realisierte Bauprojekte oder innovative Aspekte der Seestadt diskutiert wurden. Seit 2017 wird die Seestadt vermehrt zur medialen Projektionsfläche für Themenfelder, die unter dem Begriff „Clickbait" einzuordnen sind, und vor allem hohe Zugriffszahlen garantieren. Unter Clickbait versteht man Beiträge, die aufgrund der reißerischen Schlagzeile für Neugierde sorgen und wenig Informationsgehalt beinhalten. Ich werde das exemplarisch an zwei Beispielen erläutern. Das erste Thema, das in diesem Kontext aufgegriffen wurde, war jenes der Jugendbanden und später jenes der Stadthitze und der versiegelten Flächen in der Seestadt (siehe Kapitel Momente der Aushandlung). Dabei wurde die Seestadt vermehrt zur medialen Projektionsfläche für Themenfelder, die gegenwärtigen gesellschaftlichen Herausforderungen darzustellen. Im Jahr 2021 dominiert das Thema Klimawandel die mediale Berichterstattung im Kontext des Baustopps des Lobautunnels und der Stadtstraße. Im Zentrum der Berichterstattung stehen dabei sowohl Bürger:innenproteste in Form von Demonstrationen als auch die Besetzung der Baustellen.

Politische Kommunikation in der Stadtplanung am Beispiel der Seestadt

Ein zentraler Aspekt der Imageproduktion in der Seestadt ist die sogenannte politische Kommunikation. Diese ist bei medial inszenierten Ereignissen wie Spatenstichen, Eröffnungen oder Ergebnispräsentationen besonders relevant. Dabei sind es von Anbeginn an vor allem männliche Akteure in politischen und planerischen Führungspositionen, die sich ins Bild setzen. Exemplarisch werden hier einige Beispiele gezeigt. Die Bildproduktion über die Seestadt reiht sich damit in eine lange, männlich dominierte Form der Selbstinszenierung im politischen Feld ein (Bernhardt & Liebhart 2020; Doderer 2017). Das Framing, auf das in dieser Form von Bildproduktion zurückgegriffen wird, ist jenes des aktiven Mannes, der mit anpackt und die Dinge selbst in die Hand nimmt. Stadtplanung wird also hier auf visueller Ebene als Geschlechterkampf (vgl. Frank 2003) fortgeführt, wie auch der folgende Abschnitt verdeutlicht. Der Spatenstich in der Seestadt Aspern ist für den Hookipa-Produktionsstandort 2021 eine typische Form der Inszenierung männlicher Öffentlichkeit. Im Bild zu sehen ist ein männlicher Vorstand der Wien 3420, der Bezirksvorsteher als Stellvertreter der Stadtpolitik sowie männliche Vorstände der jeweiligen Developer.

Abb. 8 Spatenstich für Hookipa-Produktionsstandort in der Seestadt Aspern 2021, © APA Fotoservice: Ludwig Schedl

Paternalismuskritik und genderspezifische Aspekte der Imageproduktion

Für die Imagebildung des Stadtteils wurde medial wirksam das Konzept „die See-stadt ist weiblich" positioniert, welches Teil der Öffentlichkeitsarbeit für die weiblichen Straßennamen im Stadtteil ist (Wien 3420 2015, 2019). Im Alltag sind es vor allem die weiblichen Straßenamen, die von den Bewohner:innen wahrgenommen werden. Die Aufschrift „Niemand hat das Recht zu gehorchen" von Hannah Arendt am Hannah-Arendt-Platz wird ebenfalls als relevant benannt, wie aus der Masterarbeit von Marlene Maierhofer (2020) hervorgeht. Für die Seestadt wurde ein Gender-Mainstreaming-Masterplan entwickelt, um Aspekte der gendergerechten Planung miteinzubeziehen. Welche Planerinnen und Architektinnen in der Seestadt den Stadtraum gestaltet haben, wird in der Outdoor-Ausstellung Frauen bauen Stadt thematisiert. Dabei werden Gestaltungen des öffentlichen Raums und von Parks in der Seestadt, aber auch entlang internationaler Beispiele präsentiert. Relevant in diesem Kontext ist auch die Baugruppe Que[e]rbau, welche sich an eine LGBQ-freundliche Community richtet und im Pionierquartier beheimatet ist. Sie kann als gebaute gesellschaftliche Utopie eingeordnet werden und zählt zu einem der innovativen Projekte der Seestadt, was die Realisierung von alternativen Wohn- und Lebenskonzepten im Wohnbau mit betrifft.

Abb. 9 Präsentation Besiedelungsmonitoring: v.l.n.r.: Ernst Nevrivy, Bezirksvorsteher von Wien Donaustadt, Wohnbaustadtrat Michael Ludwig, Heinrich Kugler, Vorstand wien 3420 aspern development AG, © PID – Christian Jobst

In den ersten Jahren der Genese des Stadtteils hat sich diese weibliche Öffentlichkeit wiederum nicht in der medialen Repräsentation der Entscheidungsgremien gespiegelt. Es waren vor allem Männer, die ins Bild gesetzt wurden. Sei es der Vorstand der 3420, der männlich dominiert ist, der damalige Wohnbaustadtrat Ludwig als auch der Bezirksvorsteher des 22. Bezirks.

Wenngleich die Seestadt von Anfang an von weiblichen Entscheidungsträgerinnen maßgeblich gestaltet wurde. Sowohl von Brigitte Jilka, die als Stadtbaudirektorin für das Stadtentwicklungsgebiet Seestadt seit 2009 zuständig ist, als auch mit der Leiterin der PSA Christine Spiess und Claudia Nutz als Teil des Vorstandes der Wien 3420. Mit der Übernahme des Wohnbauressorts durch Katrin Gaal ändert sich das männlich dominierte Bild der Stadtproduzent:innen ab 2019. Sie fördert auch das Projekt Frauen bauen Stadt, welches sich aus einem Symposium und einer Outdoorausstellung im Seeparkquartier zusammensetzt. Seit geraumer Zeit werden vermehrt Entscheidungsträgerinnen und Pionierinnen der Seestadt ins Bild gesetzt. Relevant sind in diesem Kontext Planer:innen, die in der Seestadt Wohnprojekte realisiert haben und die Gestaltung von Teilen des öffentlichen Raums über haben, als Projektentwicklerinnen wie jene des Holzhochhauses HoHo, Caroline Palfy und Romana Hoffmann. Romana Hoffmann erzählt, dass es ein langer Kampf um

Anerkennung war in Wien, die Vision umzusetzen: *„Ich verstehe nicht, warum wir hier immer wieder was sagen müssen. International haben wir viel früher Aufmerksamkeit bekommen als hier in Wien am Standort. Es war Caroline sehr mutig, die gemeint hat, wir machen das jetzt. Dass wir das höchste Holzhochhaus sind, das wussten wir nicht. Caroline meinte ,Das sagen wir aber nicht, das ist ja ur peinlich'."* (Interview Romana Hofmann 24:42.01). Die männlich produzierte Öffentlichkeit bei Ereignissen wie Spatenstichen, Eröffnungen oder eben der Präsentation von Befragungsergebnissen 2016 scheint im Gegensatz dazu selbstverständlich zu sein. Die Repräsentation männlicher Entscheidungsträger, welche die Ergebnisse unseres Besiedelungsmonitorings so präsentieren, als wären es ihre Ergebnisse, zeigt, in welcher Logik politische Akteure agieren. Nämlich der paternalistischen Vorstellung, die der Logik folgt, man achtet auf die Wähler:innen und stellt ihnen qualitativ hochwertigen Wohnbau zur Verfügung, dafür wird Dank erwartet, der sich in Wähler:innenstimmen ausdrückt[7].

Mit dem Terminus Paternalismus (lateinisch paternalis ,väterlich'; pater: „Vater") *„wird eine Herrschaftsordnung bzw. ein Politikstil beschrieben, die ihre Autorität und Legitimation auf eine vormundschaftliche Beziehung zwischen Herrschenden bzw. Regierenden einerseits und den von ihnen beherrschten bzw. regierten Menschen andererseits begründen."*[8] Die Paternalismuskritik (Heindl 2020: 79) im Kontext der Tradition der stadtplanerischen und baulichen Modi bezieht sich auf den Ansatz der Repräsentationspolitik, bei dem politische Akteur:innen so ins Bild gesetzt werden, als müsse man ihnen persönlich dankbar sein, obwohl die Ressourcen für Wohnbauprojekte mit Steuergeldern finanziert werden, also von den Bewohner:innen u. a. mittels der Wohnbauförderung finanziert werden. Die Kritik möchte aber keinesfalls der neoliberalen Denkweise in die Hände spielen, denn der kommunale und geförderte Wohnbau ist eine wichtige Ressource für den Anteil an leistbarem Wohnbau in der Stadt. Die Frage, die mit der Analyse der Repräsentationsmodi angestoßen wird, ist, wer hier wie repräsentiert wird und ob diese Form der Selbstdarstellung nicht überdacht werden muss, weil sie nicht mehr zeitgemäß ist. Bernadette Krejs, Christina Lenart und Michael Obrist kommen in ihrem mit dem Bruno-Kreisky-Preis ausgezeichnetem Buch *Wien: das Ende des Wohnbaus* zu dem Schluss, dass *„der Paternalismus (.) zweifelsfrei Wien auch in seine heute günstige Lage gebracht [hat]: großer kommunaler Wohnungsbestand, städtischer Bodenbesitz und eine Reihe von wohnungspolitischen Instrumenten, die auf den freien Wohnungsmarkt wirken. Auf der anderen Seite führte diese Politik in der Geschichte immer*

---

7 Diese Aussage wurde von Akteur:innen aus dem politiknahem Umfeld im Kontext der Errichtung der Seestadt immer wieder getätigt und die Erwartungshaltung als solche von unterschiedlichen Personen benannt.

8 https://www.wikiwand.com/de/Bevormundung, Zugriff am 28.01.2022.

wieder dazu, dass Bewegungen und Initiativen aus der Bevölkerung vereinnahmt wurden." (2021: 4).

Analysiert man das Bild in einer Tradition der Selbstrepräsentation von Stadtplanungsprojekten und politischen Entscheidungsträgern, passt das Foto des Bezirksvorstehers, mit dem damaligen Wohnbaustadtrat Ludwig gemeinsam mit einem Mitglied der Wien 3420 in diese Tradition der Fotos, auf denen Männer den Spatenstich für einen Neubau setzen. Bilder wie diese vermitteln, wir haben alles unter Kontrolle und alles verläuft in geregelten Bahnen nach Plan. Es ordnet sich damit in die klassischen Mittel der visuellen politischen Kommunikation und Selbstrepräsentation von Politikern ein (vgl. Bernhardt & Liebhart 2020: 29). Die mediale visuelle Repräsentation von Kommunalpolitikern hat sich in letzter Zeit dahingehend transformiert, dass man gegenwärtig versucht, auch Frauen auf Bildern beim Spatenstich miteinzubeziehen, wobei es dann meist eine Frau ist, die mit vielen Männern im Bild zu sehen ist. Ein anderes stilistisches Mittel ist es, Aktivitäten visuell zu inszenieren, wie das Beispiel der Eröffnung der 100. Parkanlage in der Donaustadt zeigt, bei der Bezirksvorsteher Ernst Nevrivy und der Klimastadtrat Czernohorszky auf der Boulderwand für Kinder und Jugendliche klettern. In der Bildunterschrift steht zum Anlass des Ereignisses *„Der Motorik-Parkour lädt zum spielerischen Training mit vielfältigen Kletter-, Hangel- und Balancierangeboten ein."* Das Foto wirkt schon fast selbstironisch und etwas deplatziert, weil die beiden offensichtlich zu groß für die Kinderboulderwand sind. Es stellt sich die Frage, ob es nicht andere Formen des Öffentlich-Machens sozialdemokratischer Stadtpolitik gibt, in der sichtbar gemacht wird, dass hier Infrastrukturen für die Bewohner:innenschaft bereitgesellt werden.[9]

Interessant im Vergleich dazu ist das Bild im Seepark, in dem die aktuelle Wohnbaustadträtin Katrin Gaal gemeinsam mit einer der Entwicklerinnen des Projekts HoHo Caroline Palfy, Seestadt-Unternehmerin Sylvia Schlagintweit und „Science Buster" und aspern-Beirat-Mitglied Elisabeth Oberzaucher das Straßenschild für die Barbara-Prammer-Allee hochhält. Dieses ist Teil einer OTS-Aussendung des Wohnbauressorts, mit dem Ziel, weibliche Pionierinnen sichtbar zu machen, wie Katrin Gaal in dem beigefügten Statement benennt: *„Wir wollen Frauen sichtbar machen. Die Straßennamen in der Seestadt erinnern an starke Frauen und ihre herausragenden Leistungen. Damit holen wir Frauen vor den Vorhang".* Anlass für die OTS war die Neuauflage der Imageproschüre „Die Seestadt ist weiblich", für die 54 Pionierinnen portraitiert wurden[10]. Ins Bild gerückt werden dafür eine weibliche Projektentwicklerin, eine Unternehmerin sowie ein Mitglied des Aspern Beirats

---

9 https://www.meinbezirk.at/donaustadt/c-lokales/die-100-parkanlage-der-donaustadt-hat-eroeffnet_a4980454, Zugriff am 28.01.2022.

10 https://www.ots.at/presseaussendung/OTS_20190710_OTS0054/frauen-und-wohnbaustadtraetin-kathrin-gaal-starke-frauen-zeigen-die-seestadt-ist-weiblich, Zugriff am 20.09.2021.

Abb. 10 Klimastadtrat Jürgen Czernohorszky und Bezirksvorsteher Ernst Nevrivy, © PID – VOTAVA
von Miriam Al Kafur

und vor allem der weibliche Straßenname, dieser trägt mit den anderen weiblichen Straßennamen in der Seestadt zu einer Erhöhung des Anteils von 5 % in der Gesamtstadt auf 7 % bei. Katrin Gaal macht mit ihrer OTS-Aussendung Frauen sichtbar, die als Teil der sogenannten Pionierinnen der Seestadt den Stadtteil gestalten und mit den weiblichen Straßennamen jene, die die Gesellschaft in der Vergangenheit gestaltet haben.

Bürger:inneninitiativen und Formationen digitaler Gegenöffentlichkeiten

Die Entstehung der Seestadt und der damit verknüpften geplanten Stadtstraße rief eine Reihe von lokalen Protesten hervor, wie die Initiative „Hirschstetten retten". Diese stand allerdings lange nicht im Fokus der medialen Berichterstattung, abseits von ein paar Artikeln in der Bezirkszeitung. Bürger:inneninitiativen, die aus der Seestadt hervorgingen, waren bis zur Debatte um den Lobautunnel und die Stadtstraße 2021 nur temporär und eher für eine kürzere Zeit sichtbar. 2015 formierte sich eine Initiative, die an der Parkplatzsituation in der Seestadt Kritik übte. Lange Zeit mischten sich nur vereinzelt Bewohner:innen in strittige Themenfelder in der Öffentlichkeit auf individueller und nicht kollektiver Ebene ein. Unter der

Abb. 11 Die Seestadt ist weiblich. Im Bild zu sehen sind Katrin Gaal, Caroline Palfy, Sylvia Schlagintweit und Elisabeth Oberzaucher, © PID – Martin Votava

Bewohner:innenschaft wurden Debatten innerhalb der Facebook-Bewohner:in-
nenforen geführt. Die Themen Parken, lokale Infrastrukturen oder die Frage, ob
der See öffentlich für alle zugänglich oder den Seestädter:innen vorbehalten sein
sollte, wurden und werden hier diskutiert. Erst nach einiger Zeit formierten sich
lokale Initiativen wie die Gruppe SeeStadtgrün, die aus dem oben beschriebenen
Forschungsprojekt essbare Seestadt hervorging. Diese forderten mehr Begrünungsmaßnahmen für den öffentlichen Raum der Seestadt ein und reichten dazu auch bei
Wettbewerben Konzepte ein. Seit einiger Zeit hat sich allerdings eine weitere Form
der Öffentlichkeit gebildet, die sich in das Themenfeld der Wiener Stadtplanung
einbringt, nämlich die Facebook-Gruppe „Die Zukunft der Städte". Seit diesem
Zeitpunkt werden dort vermehrt Aspekte der Planung in der Seestadt kritisch
betrachtet und diskutiert.

Dabei wird eine spezifische Perspektive auf die gute und richtige Stadtplanung
eingenommen, die meist aus der Perspektive einer Planung der sogenannten europäischen Stadt in der Tradition von Haußmann und der Gründerzeit argumentiert
und somit eine Art der nostalgischen Perspektive einbringt in die Debatte. Mit der
Seestadt verknüpft wird in diesem Forum die Sorge des Verlusts des „einzigartigen"
Stadtbilds der historischen Stadt, das von einer „gesichtslosen" Gegenwartsarchitektur abgelöst wird, die als austauschbar und ideenlos wahrgenommen wird, geäußert.

Im Sommer 2021 bestimmt dann das Thema Stadthitze die mediale Berichterstattung, soziale Medien sowie Debatten im oben genannten Forum in Zusammenhang mit dem Versiegelungsgrad und der Gestaltung. Im Jahr 2021 wird die Seestadt aber auch zum Gegenstand der Kritik im Kontext des Baustopps des Lobautunnels und der Stadtstraße, zuerst in dem oben genannten Forum. Es findet eine Reihe von Demonstrationen in diesem Zusammenhang statt, die schließlich in einer Besetzung der vier Baustellen der geplanten Stadtstraße münden. Für zwei Monate besetzten vor allem junge Klimaaktivist:innen die Baustellen und forderten ein Umdenken der Verkehrs- und Klimapolitik. Bis die Debatte um die Lobau sich in die Bundespolitik verlagert und die Umweltministerin Gewessler am 01.12.2021 den Stop der Lobauautobahn auf Grundlage eines Evaluierungsgutachtens[11] verhängt. Kurz darauf wurde das Protestcamp in Brand gesetzt und schließlich wieder errichtet. Am 01.02.2022 wurde die Besetzung polizeilich aufgelöst. Die Aktivist:innen errichteten zwischenzeitlich am 10.02.2022 eine Büste des Wiener Bürgermeisters, die sie temporär im Rathauspark aufstellten und setzten somit an einem symbolisch wichtigen Ort ein Zeichen des Protests.[12]

Akteursrollen und Konstellationen

In diesem Kapitel wurden die in den Prozess der Stadtteilproduktion beteiligten Akteur:innen vorgestellt und ihre Rolle als Raumproduzent:innen skizziert. Abschließend fasse ich die darin aufgegriffenen Fragen synthetisierend zusammen:

Im Kontext der Forschung wird aufgearbeitet, welche Akteur:innen in den Prozess der Stadtteilproduktion involviert sind und wie? Es wird der Frage nachgegangen, wer Sorge für den Stadtteil trägt. Wer produziert Öffentlichkeit? Wer handelt Öffentlichkeit aus? Wer ist nicht sichtbar im Prozess der Stadtteilproduktion? Welche Kämpfe um Deutungshoheit werden entlang der Seestadt ausgehandelt?

Zu Beginn des Planungsprozesses sind es politische Entscheidungsträger:innen und magistratsinterne Planer:innen, die Entscheidungs- und Gestaltungsprozesse mittels der Konzeption und Planung des gebauten Raums bestimmen. Nachdem rechtliche und planerische Grundlagen für den Stadtteil in Form eines Masterplans und der Erfüllung der Umweltverträglichkeitsprüfung (UVP) geschaffen wurden,

---

11 https://kurier.at/politik/inland/jetzt-amtlich-gewessler-stoppt-tunnelbau-durch-die-lobau/
401824597, Zugriff am 20.01.2022.

12 https://www.meinbezirk.at/innere-stadt/c-politik/ludwig-bueste-aus-beton-im-rathauspark_
a5151118, Zugriff am 20.01.2022.

war der nächste Schritt die Ausschreibung von Wettbewerben. Diese ersten Formen der Raumproduktion im Sinne eines konzipierten Raums, wie ihn Lefèbvre beschreibt (1991), werden von magistratsinternen Planer:innen und politischen Entscheidungsträger:innen sowie der Entwicklungsgesellschaft vorgenommen. Auf die Wettbewerbe folgen weitere zahlreiche gestalterische Entscheidungen der Planer:innen auf Baufeldebene. Später sind es vor allem Aspekte der Imageproduktion, die eine Rolle für die Genese des Stadtteils spielen, wie sie mittels Renderings und Plänen vermittelt werden (siehe Kapitel Imageproduktion). Diese sind der baulichen Herstellung vorangestellt.

Der Prozess der Raumproduktion wird in der Zeit bis zur Besiedelung des Stadtteils von Akteur:innen, die auf der Steuerungsebene fungieren, dominiert. Dieses komplexe Feld setzt sich aus Politiker:innen, Planer:innen und der Stadtverwaltung zusammen. Es fungiert auf der Ebene von Konzeptionen, Masterplänen und Planungsgrundlagen, die mit Verordnungen und gesetzlichen Grundlagen rechtlich fixiert werden.

Der Prozess der baulichen Herstellung wird auf Grundlage der planerischen Ideen durch Bautechnik und Bauarbeiter:innen daran anknüpfend realisiert. In der Phase von 2014 bis 2015 arbeiten über 3.000 Arbeiter:innen auf der Baustelle. Mit Bezug des Pionierquartiers verlagern sich die Prozesse auf die Ebene des Alltagsraums, also die Aneignung des Raums durch das Bewohnen desselben und die Entstehung der Nachbarschaft. Dabei hat die digitale diskursive Ebene des Raums zu Beginn eine zentrale Funktion, ganz konkret sind es interne Bewohner:innenforen auf Facebook, die zur Vernetzung genutzt werden. Zum Zeitpunkt des Erstbezugs werden darüber hinaus Baufelder bezogene Facebook-Gruppen gegründet, um sich gegenseitig zu unterstützen und zu vernetzen. Schon vor Bezug gibt es eine Nachbarschaftsgarteninitiative und eine Reihe weiterer folgen mit der Besiedelung. Es entwickeln sich Initiativen wie Foodsharing-Gruppen, die Seestadtpiraten (das ist ein gemeinnütziger Elternverein), aber auch der Seestadt Bot, das Seestadtradio. Darüber hinaus formiert sich eine Bewohner:innengruppe, die den Film „Die Seestadt" als Antwort auf kritische Außenperspektiven auf die Seestadt produziert. All diese Praktiken und Initiativen können als eine Form des Sorgetragens für den Stadtteil und seine Nachbarschaft eingeordnet werden (vgl. Tronto 2013; Dlabaja 2021c). Es involvieren sich einzelne Bewohner:innen, die mit dem nötigen kulturellen und symbolischen Kapital ausgestattet sind, in Prozesse der Entscheidungsfindung. Sie finden auch Gehör bei kritischen Anmerkungen zu Aspekten der Planung seitens der Entwicklungsgesellschaft. Anders als in anderen Stadtentwicklungsgebieten bilden sich innerhalb der Bewohner:innenschaft aber keine Kollektive, die Bewohner:innenrechte einfordern.

Durch diese Dynamiken im Stadtquartier gibt es nicht mehr eine Institution, die alle Prozesse steuern kann, weil sich Prozesse und Initiativen mit der Besiedelung des Quartiers sukzessive verselbstständigen. Die Entwicklungsgesellschaft reflektiert über diese Dynamiken und ordnet es so für sich ein, dass man diesen Entwicklungen auch Raum geben muss. Da es eben viele verschiedene Akteur:innen sind, die den Stadtteil gestalten. Daher transformiert sich der Prozess, der zu Beginn als Top-down PPP-Projekt begann, hin zu mannigfaltigen Akteurskonstellationen. Das spiegelt sich auch auf der Planungsebene dahingehend wieder, als dass Bewohner:innen mittels Beteiligungsprozessen in die Gestaltung von Parks und öffentlichen Räumen miteinbezogen werden, anders als zu Beginn des Projekts. Neben den Anwohner:innen und Initiativen sind es vor allem die Baugruppen, die sich in die Stadtteilproduktion und Gestaltung einbringen und die den Ausgangspunkt für weitere Baugruppenprojekte in anderen Stadtentwicklungsgebieten bilden. Es kommt bei den Baugruppen zu einer Professionalisierung und sie werden zunehmend zu Akteur:innen des gemeinschaftlichen und genossenschaftlichen Wohnbaus.

Mit der fortschreitenden Realisierung des Stadtteils nehmen die Kämpfe um Deutungshoheit zu. Das zeigt sich vor allem am Thema Stadthitze, aber auch dem Gegenstand des Stadtbilds. Insbesondere Akteur:innen mit größerer Reichweite in den sozialen Medien wie die der Facebook-Gruppe „Die Zukunft der Städte", die eine spezifische Vorstellung von Stadtplanung und Architektur propagiert – vorrangig eine verklärende Perspektive der Gründerzeit. Das Verb propagiert ist in diesem Zusammenhang bewusst gewählt, weil der Inhaber der Facebook-Gruppe eine bestimmte Meinung vertritt und diese auch stark macht. Es scheint so, als würde er eine gewisse Agency verfolgen, in der er spezifische Vorstellungen von Stadt mit den Gruppenmitgliedern teilt. Der Großteil dieser Gruppenmitglieder vertritt eine ähnliche Meinung wie er. Daher findet in dieser Facebook-Gruppe auch ein Kampf um die Deutungshoheit über die „richtige und gute" Stadt(planung) (vgl. Ege & Moser 2018) statt. Ein weiteres Thema, über das die Seestadt 2021 ausverhandelt wird, ist das Thema Klimawandel. Dabei spielen im Sommer 2021 vorrangig Boulevard-Medien eine Rolle, die mittels Clickbait-Journalismus versuchen, möglichst viele Zugriffe zu erhalten (siehe Kapitel 8). Im Frühherbst werden der Ausbau der Stadtstraße und der Baustopp des Lobautunnels in diesem Kontext ein stark dominierendes Thema, das vor allem durch soziale Bewegungen in die öffentliche Debatte getragen wird. Diese fordern den sofortigen Stopp des Ausbaus der Stadtstraße und des Lobautunnels und besetzten ab September 2021 vier Baustellen. Die Umweltministerin Leonore Gewessler leitet ein Verfahren ein zur Prüfung des Baus des Lobautunnels und danach einen Baustopp[13].

In dieser Phase der Stadtteilproduktion sind planerische und verkehrspolitische Entscheidungen aus vergangen Jahrzehnten wirkmächtig. Das betrifft sowohl die

---

13 https://www.wienerzeitung.at/nachrichten/politik/oesterreich/2129723-Gewessler-entscheidet-ueber-Lobautunnel.html, Zugriff am 01.02.2022.

Verkehrsplanung des 22. Bezirks die jahrzehntelang der Logik der Autogerechten Stadt folgte und abseits der Planung der U2 nicht flächendeckende Anbindungen für die Anwohner:innen schuf, als auch die Bebauungsstruktur des 22. Bezirks die bis in die 1980er und 1990er Jahre vor allem Ein- und Zweifamilienhäuser aufweist. Die Mobilitätsinfrastrukturen der Seestadt sind zwar auf den öffentlichen Verkehr und dem Fahrradverkehr ausgerichtet, aber eingebettet in die auf Individualverkehr ausgerichteten Verkehrsinfrastrukturen des 22. Bezirks. Das bringt die aktuellen Entscheidungsträger:innen der Planung in eine missliche Lage, die durch divergierende Mobilitätsvorstellungen politischer Entscheidungsträger auf Ebene der Stadtpolitik noch verschärft wird.

4.   Die Konzeption von Stadt

Dieses Kapitel widmet sich der Konzeption und Imagination der Seestadt und arbeitet empirisch fundiert städtebauliche Narrationen auf visueller, erzählter und medial vermittelter Ebene auf. Es werden Visualisierungen in Form von Renderings und Masterplänen aufgearbeitet. Es werden die Konzeption der Seestadt und darin ausgehandelte Stadtkonzepte, Visionen und Versprechen des zukünftigen Stadtteils ins Zentrum der Analyse gerückt. Die Basis dafür bilden visuelle und textliche Erzählungen im Masterplan, in Planungsdokumenten, Gründungsnarrationen sowie Erzählungen aus den Interviews mit Stadtplaner:innen, Baugruppenmitgliedern und Bewohner:innen. Die verhandelten Stadtkonzepte und Planungsleitbilder stehen für den Zeitgeist bestimmter gesellschaftlicher Produktionsmodi und Rahmenbedingungen. Die im Kapitel thematisierten Stadtkonzepte und planerischen Leitbilder wurden mittels Empirie geleiteter Theoriebildung aus dem Material herausgearbeitet und werden den jeweiligen räumlichen Konstitutionsprozessen zugeordnet dargestellt – etwa jene, die im Masterplan oder den Renderings aufgegriffen werden. Das Kapitel arbeitet auf, welche visuellen, textbasierten, erzählten Narrationen und Narrative und Gründungsgeschichten im Prozess der Planung und Konzeption von den Akteur:innen auf der Steuerungsebene vermittelt werden. Es ordnet akteurszentriert ein, wer welche Narrationen erzählt und welche Vorstellungen von Stadt im Prozess der Konzeption und Planung des Stadtteils zwischen den involvierten Akteur:innen ausgehandelt werden. Es wird entlang eines Renderings zum einen der Frage nachgegangen, wer in diesen städtebaulichen Erzählungen und visuellen Repräsentationen, als Nutzer:in oder potentielle Bewohner:in adressiert wird und zum anderen, wie die Rezipient:innen diese Erzählungen wahrnehmen und welche Bedeutung sie ihnen beimessen. Es folgt analytisch Dispositiven, die (visuelle und sprachliche) Narrationen, Praktiken und Infrastrukturen in die Stadtteilproduktion einschreiben.

Das Kapitel gliedert sich wie folgt: Eingangs nimmt es die Aufarbeitung und Einordnung der visuellen Narrationen von Stadt im Masterplan zum Ausgangspunkt und untersucht die unterschiedlichen Bedeutungshorizonte. Es folgt eine theoretische Einordnung der Stadt in der Darstellung im Bild und des Panoramablicks auf die Stadt sowie Renderings als Gegenstand der Stadtforschung. Daran anknüpfend wird eines der Renderings über den Stadtteil mittels der qualitativen Bildsegmentanalyse nach Breckner (2008; Dlabaja 2021b) analysiert, das im Prozess der Wohnungsvergabe potentiellen Bewohner:innen gezeigt wurde. Bei der Analyse wird auf die im Bild repräsentierten Stadtvorstellungen, die Bewohner:innenperspektive darauf sowie damit verknüpfte Zukunftsversprechen Bezug genommen.

Masterpläne spannen wie im Falle der Seestadt Aspern große städtebauliche Erzählungen auf und transportieren das Versprechen auf eine erstrebenswerte Zukunft. Damit evozieren sie auch Wünsche und Sehnsüchte nach einem bestimmten räumlichen Gefüge, einer spezifischen Form der Nachbarschaft und des Wohnens. Oftmals ist diese Sehnsucht mit der Vorstellung eines Stadtteils verknüpft, der für einen Neuanfang steht, an dem alles anders ist als im Rest der Stadt, wie aus meinen Feldforschungstagebüchern und qualitativen Interviews mit den Bewohner:innen hervorgeht. Diese Erzählungen stehen für spezifische Sozietäten und Wohnformen wie gemeinschaftliches Wohnen in Grünlage mit städtischer Infrastruktur. Sie thematisieren allerdings nicht die damit verknüpften Organisationen des Alltags. Das Wohnen in einem Stadtteil in peripherer Lage bringt eine spezifische Rhythmisierung von Arbeit und Freizeit, Wegeketten und Mobilitätsstrukturen, die mit dem Ein- und Auspendeln verbunden sind, hervor. Städtebauliche Projekte dieser Art adressieren bewusst bestimmte Zielgruppen, mit denen die Projektentwickler:innen spezifische Menschenbilder verknüpfen. Städtebauliche Narrative werden in diesem Zusammenhang von mir als Ortungssysteme analysiert, die medial via Social Media und in Tageszeitungen vermittelt werden. Auf konzeptioneller Ebene werden dabei sowohl planerische Leitbilder wie die europäische Stadt, Nutzungsmischung und Nachhaltigkeit von mir in den Blick genommen – da diese Bezugspunkte für die städtebauliche Konzeption bilden. Es werden Stadtkonzepte aus den Sozialwissenschaften diskutiert, wie die „Just City" (Fainstein 2010), die neoliberale Stadt (Mattissek 2008), die unternehmerische Stadt (Schipper 2013), die Stadt im Wettbewerb (McCann 2010), sowie damit verknüpft die Global City, welche den Topos des Städtewettbewerbs und des Städterankings thematisiert (Sassen 1999).

Einige der in diesem Abschnitt diskutierten Überlegungen knüpfen an einen Beitrag von mir an, der im Zuge der Bonner Tagung 2018 Planen. Hoffen. Fürchten. Zur Gegenwart der Zukunft im Alltag (Hänel et al. 2021) präsentiert wurde. Das Thema der Tagung waren Praktiken und Konzeptionen des Zukünftigen. Aus der Tagung ging ein Tagungsband hervor, in dem auch der Beitrag „Imaginationen urbaner Zukünfte und Ausverhandlungen von Stadtvorstellungen" (Dlabaja 2021a: 43–58) erschienen ist, in dem ich erste Überlegungen über Imaginationen urbaner Zukünfte in Form von Renderings angestellt habe. Darin interessiert mich sowohl, welche Vorstellungen von Stadt bei den Bewohner:innen evoziert wurden, als auch die Wirkmächtigkeit von Renderings, in denen zukünftige Teile der Seestadt visualisiert werden. Es wird herausgearbeitet, dass diese eine Entscheidungsgrundlage für zukünftige Bewohner:innen sind, in den Stadtteil zu ziehen. Alle Renderings über die Seestadt tragen für diese Bewohner:innen ein Versprechen in sich, das mit der Vorstellung von einer Stadt und damit verknüpft dem für sie erstrebenswerten „guten Leben" ist (vgl. Ege & Moser 2018). Diese Form der Imaginationen repräsentieren einen Sehnsuchtsort, der in der Zukunft liegt. Diese Sehnsuchtsorte ähneln in ihrer Wirkung der Imagination von Reisezielen, die als Glücksorte imaginiert werden. Ich beziehe mich hier auf die Arbeiten von Karlheinz Wöhler und seine Analyse glücklicher Räume im Kontext des Reisens, die auch für die Analyse imaginierter zukünftiger Stadträume nutzbar gemacht werden kann: *„(S)ich dort hinzubewegen, heißt fortzugehen von dem gegenwärtigen Jetzt, um ein zukünftiges, besseres Hier (da) zu leben. Sich fortzubewegen und andernorts das absolute Hier zu erleben, scheint der Erlösungsweg der Postmoderne zu sein"* (Wöhler 2011: 13).

Sehnsuchtsorte sind wie ein unbeschriebenes Blatt, in dem ein Neuanfang imaginiert wird. Dieser Wunsch eines Neuanfangs in der Seestadt wird auch in Interviews mit Bewohner:innen kurz nach dem Einzug sehr klar benannt (siehe Abschnitt Momente der Stadtwerdung). Karlheinz Wöhler setzt an dieser Stelle einen Bezug zu zukünftigen Räumen *„Diese Räume dienen nicht der Herstellung verloren gegangener heiler Welten, sondern sie sind auf eine Zukunftserschließung ausgelegt (.). Die den gegenwärtigen Alltag ablösende Zeit des ‚glücklichen Raumes' wird die Befreiung bzw. einen Neuanfang des Menschen ermöglichen"* (ebenda). Die Organisation des Alltags und damit verknüpfte Probleme werden dabei ausgeblendet und erst mit dem Einzug in den Stadtteil wirkmächtig. Ich begreife anknüpfend an die wissenssoziologische Diskursanalyse „‚Narrative' und ‚Erzählungen' als sprachliche Sequenzen (.), die der Repräsentation oder Darstellung von Ereignissen, Beziehungen, Prozessen und unterschiedlichen Phänomenen dienen" (Keller 2013: 125).

Ich erweitere dieses Verständnis allerdings um sprachliche und visuelle Sequenzen. Ich arbeite bei der Analyse der visuellen Repräsentationen von Stadt in Renderings sowie der Darstellung des Masterplans mit einer von mir für den Analysegenstand adaptierten Form der qualitativen Bildsegmentanalyse nach Roswitha Breckner (2008, 2010; Dlabaja 2021b).

Mittels der qualitativen Bildsegmentanalyse (Breckner 2008, 2010) können visuelle Repräsentationen wie die kartographische Darstellung des Masterplans oder von Renderings Segment für Segment in einer Deutungsgruppe analysiert werden. Ihrem Ansatz folgend wird zuerst der Wahrnehmungsprozess analysiert, auf dem basierend einzelne Segmente gebildet werden, die in der Deutungsgruppe ähnlich wie in der qualitativen Feinstrukturanalyse als einzelne Sinneinheiten analysiert werden. Darauf folgt die Verknüpfung mehrer Segmente und schließlich die Analyse des gesamten Bildes, wie im Abschnitt zur Bildsegmentanalyse noch eingehender erläutert wird.

Die **visuellen Narrationen im Masterplan** der Seestadt bergen vielfältige Versprechen in sich, wie jene eines Ortes für *das gute richtige Leben (vgl. Muri 2016; Schadauer 2021: 242)*. Der Masterplan verknüpft verschiedene rote Linien und formt diese zu einer großen planerischen Erzählung, die an die europäische und mittelalterliche Stadt anknüpft, wie in weiterer Folge noch mittels der Bildsegmentanalyse des Covers des Masterplans erläutert wird. Gründungsnarrationen können die Kulturgeschichte über Jahrtausende bestimmen, wie etwa die Gründungsgeschichte von Rom oder Babylon. Gründungsgeschichten von Stadtentwicklungsgebieten entfalten selten die epische Kraft, die Kultur einer ganzen Stadt zu transformieren, aber sie spannen neue Relationen, knüpfen an historische an und bilden Grundlagen für neue Bedeutungszuschreibungen. Im Falle der Seestadt ist es die Narration des neuen Zentrums im Osten Wiens, das Wien und Bratislava in der Centrope Region näher zusammenrücken lässt. Vor allem nach dem EU-Beitritts Österreichs war diese transnationale Konzeption einer Region von Bedeutung, die das Versprechen barg, u. a. Wien gemeinsam mit Bratislava als Twin-City zu einem wirtschaftlichen Knotenpunkt in der EU zu positionieren. In der Präsentation der Stadt Wien wird als Ziel der Centrope-Region retrospektiv die *„Etablierung einer hochqualifizierten europäischen Wohlstandsregion, in der wirtschaftliche, soziale und politische Kräfte in gleicher Weise wie die Diversität der Sprachen und Kulturen ihren Beitrag zu einer dynamischen und dennoch nachhaltigen Entwicklung leisten"*[1] eingeordnet. Das Konzept von Centrope hat nach der Konzeption des Masterplans im Jahr 2007 für die Entwicklung der Seestadt an Bedeutung verloren. Centrope wird als transnationale Kooperation zwischen Österreich, der Slowakei und Ungarn weiter vorangetrieben. Ein Projekt, das aus der Partnerschaft hervorgegangen ist, beispielsweise der Twin-City Liner zwischen Bratislava und Wien. In einem Interview des Journalisten Wojciech Czaja mit dem ehemaligen Planungsstadtrat Hannes Swoboda anlässlich von 100 Jahre Stadtplanung 2020 spricht er das Konzept der Twin-City an und befragt den ehemaligen Stadtplanungsstadtrat zu seiner Perspektive darauf. Swoboda antwortet: *„Das ist Marketing. Das Zusammenwachsen von Wien und Bratislava zu einer Twin-City war damals eine Option. Diese Option wurde leider – und zwar von beiden Seiten – nicht wahrgenommen. Der Zug ist abgefahren."*[2] Die Beispiele Centrope und Twin-City zeigen, dass nicht alle Erzählungen und Konzepte dieselbe Wirkmächtigkeit über längere Zeiträume entfalten und oftmals nur in bestimmten Momenten der Stadtwerdung eine Funktion einnehmen.

Visuelle Narrationen: Der Masterplan

Das Cover des Masterplans Seestadt bildet eine visuelle Gründungsnarration, die den Ausgangspunkt für weitere textliche und bildliche Erzählungen über die See-

---

1 https://www.wien.gv.at/wirtschaft/eu-strategie/pdf/centrope.pdf, Zugriff am 20.07.2021.
2 https://www.wien.gv.at/spezial/festschrift-stadtentwicklung/chapter_01/wir-brauchen-wieder-visionen-und-unverwechselbare-identitatsbilder/, Zugriff am 21.07.2021.

stadt bildet. Das erste Mal kam ich mit dem Stadtentwicklungsgebiet, das damals noch Flugfeld Aspern hieß, 2008 während eines bezahlten Praktikums bei der MA18 für Stadtplanung in Berührung. Es bildet somit den Ausgangspunkt zu dem Forschungsthema. Damals stellte sich für mich die Frage, wie dieser Stadtteil aussehen würde, wenn er in Zukunft bewohnt wird. Welche Wirkkraft und Bedeutung der Masterplan und die darin enthaltenen planerischen Visionen und Erzählungen in fünf bis zehn Jahren haben würden. Um diese Frage zu beantworten, analysiere ich meinem Analyseraster folgend in diesem Kapitel die Imaginationen des konzipierten Raums der Planer:innen. Ich folge dabei den Logiken und Leitbildern der Planer:innen. Ich möchte an dieser Stelle an Beate Binders Überlegungen, Pläne und Karten anknüpfen, die diese als visuelle Narration betrachtet, die den Raum in der Ordnungslogik der Planung repräsentieren. In ihrer Monografie Streitfall Stadtmitte schreibt sie darüber:

> *„Das Anliegen der Stadtplanung, Stadtraum in eine (gewünschte) Ordnung zu überführen, wird insbesondere in den visuellen Repräsentationen von Stadt sichtbar, mit denen Stadtplanung kommuniziert (wird)"* (Binder 2009: 132).

Diese Form von Ordnung kann auch mit Martina Löw „als relationale (An)Ordnung" (Löw 2001: 224) bezeichnet werden, die als bewusste Setzung durch Akteur:innen vorgenommen wird, die damit Teil einer spezifischen Wissensformation werden. „*Stadtplanung ist eine Wissensformation, die ihren Gegenstand Stadt in spezifischer Weise betrachtet, und eine Praxis, die eigene rhetorische und visuelle Formen hervorgebracht hat, um über Stadt zu kommunizieren, Veränderungen der Stadtgestalt zu verhandeln, städtebauliche und architektonische Eingriffe plausibel erscheinen zu lassen und zu realisieren*" (Binder 2009: 128). Binders Überlegungen lassen sich an dieser Stelle auch mit dem Terminus Formationen des Politischen (Adam & Vonderau 2014) verknüpfen, Pläne und visuelle Repräsentationen können als eine solche Wissensformation betrachtet werden, die Räume in einer spezifischen Weise repräsentieren und anordnen. Die Plandarstellung stellt eine Reduktion „*Durch die Reduktion des städtischen Raums auf ein Kartenbild oder ein gebautes Modell wird eine eingeschränkte, daher aber kohärente und optisch konsistente Repräsentation einer Situation geschaffen, die das Gefühl der Handhabbarkeit vermittelt und damit die Planung ermöglicht*" (Binder 2009: 133) dar.

Der **Masterplan** der Seestadt als Medium richtet sich an eine spezifische fachliche Öffentlichkeit der Stadtplaner:innen, Projektentwickler:innen, Architekt:innen und die Stadtverwaltung. Im Masterplan werden bestimmte städtebauliche Parameter und Qualitäten festgelegt und erläutert, er enthält maßstäbliche Darstellungen zur funktionalen Zonierung, der Gestaltung des öffentlichen Raums, dem Mobilitäts- und Durchwegungsnetz, der Bebauungsdichte, Struktur und Höhe, der

Nutzungsmischung und der angestrebten Durchmischung sowie eine prozessuale Beschreibung der Bebauungsphasen und Ausbaustufen. Meine erste Assoziation zu der Plandarstellung war damals 2008: hier entsteht eine moderne Lesart einer Mischung aus gründerzeitlicher und mittelalterlicher Stadt, was den Grundriss und Aufbau des Stadtteils sowie seine geschlossene Form betrifft, auch da mich die kreisförmige Umschließung im Bild an kartographische Darstellungen einer Stadtmauer erinnerte. Einen Referenzpunkt dieser Deutung bildete hierbei der dtv-Atlas Stadt von Jürgen Hotzan (1997), der in die Prinzipien der baulichen Typologien von der Antike bis zum modernen Städtebau einführt. Eine markante Differenz zu der kartographischen Darstellung der mittelalterlichen Stadt[3] bildet bei der Seestadt die die Stadt-Umland-Relation. Die mittelalterliche Stadt ist durch die Stadtmauer von den umliegenden Agrarlandschaften klar abgegrenzt. Eine weitere Differenz bilden die in der Plandarstellung angedeuteten Elemente der mittelalterlichen Stadt, wie die Kirche, ein Marktplatz oder ein Zeughaus. Bezugspunkte für die gründerzeitliche Stadt bilden die Ringstraße und die Blockrandbebauung. Nicht nur visuell schreiben sich diese Bezugspunkte zur gründerzeitlichen Stadt ein, sondern auch in den Planungsgrundlagen der Seestadt werden diese explizit formuliert:

> „Am Ende des 20. Jahrhunderts kam es zu einer Neuentdeckung des Prinzips „Stadt" – und zwar nach dem Bild der gründerzeitlichen Großstadt, jener spezifischen Konstellation aus dichter Bebauung, repräsentativen öffentlichen Räumen, Vielfalt der Nutzung und hoher sozialer Komplexität" (Wien 3420 2011: 9).

Bei der kartographischen Darstellung der Seestadt gibt es einen fließenden Übergang vom Planungsgebiet in das Umfeld. Die kartographische Darstellung aus dem Jahr 1730 der Stadt Wien ist mit der Stadtmauer auch relational zu den Agrarflächen und Grünräumen (in diesem Fall Vorstädten) abgebildet. Daher spielt die relationale Bezugnahme und Einbettung der Residenzstadt eine Rolle.

Auf dem *Cover des Masterplans der Seestadt* ist eine Darstellung einer kreisförmig angelegten Ringstraße zu sehen, die das Zentrum der Seestadt umschließt, ähnlich der Wiener Ringstraße ist sie als Boulevard angelegt und bildet einen stadtplanerischen Referenzpunkt dazu. Im Masterplan wird diese als formgebendes Element bezeichnet „Angesichts der Größe und Komplexität des Plans müssen große Gesten eine wichtige Aufgabe erfüllen. Die formellen Elemente des Plans – wie Ringstraße, Boulevards und andere Achsen – sind bestimmend für die Lesbarkeit und Identität des Raumes" (Masterplan 2007: 28).

---

3 https://www.zvab.com/kunst-grafik-poster/mittelalterliche-Stadt-originale-Lithographie - ca. 57x85cm-DarstellungImage/16734478513/bd#&gid=1&pid=1, Zugriff am 24.04.2021.

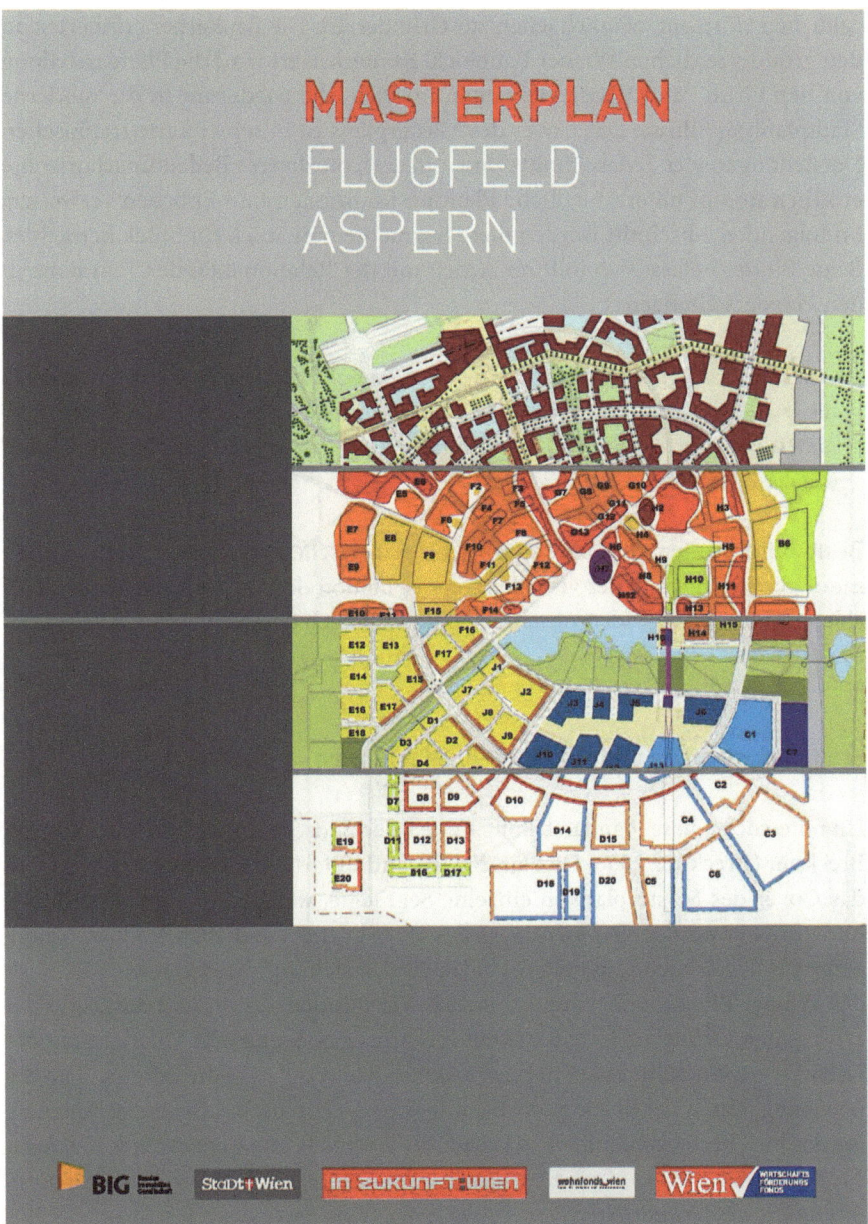

Abb. 12 Masterplan Seestadt Aspern, Projektteam Flugfeld Aspern, Quelle: MA 21 2007

Die konzentrischen Kreise, die Art und Weise, wie gebaute Strukturen in der Darstellung zueinander in Relation gesetzt wurden, eröffneten einen weiteren zeitlichen Horizont, nämlich jenen zur Gründerzeit. Die Baukörper erinnerten an den gründerzeitlichen Wiener Baublock. Konterkariert wird die Plandarstellung von den Grün- und Wasserelementen im Plan, die wiederum in die moderne Stadtplanung führen. Das Cover des Masterplans ist in seiner kartographischen Darstellung in vier Teilabschnitte untergliedert, die diverse Bedeutungshorizonte eröffnen und in unterschiedliche Planungstraditionen und Epochen verweisen, im folgenden Abschnitt werden diese Segmente nun Stück für Stück betrachtet. Beate Binder befasst sich in ihrer Arbeit mit der Relationalität der Teilräume in den Plandarstellungen:

> *„Die einander ergänzenden Perspektiven auf Raumstruktur und Nutzung konstituieren die grundlegende stadtplanerische Wahrnehmungsmatrix von städtischen Räumen: Im Mittelpunkt steht die Struktur städtischer Räume im Sinne ihrer Beziehungen zueinander"* (Binder 2009: 130).

Beate Binder konstatiert eine spezifische planerische Perspektive auf den Stadtraum, die sich auch in der visuellen Repräsentation des Masterplans der Seestadt ablesen lässt. Im folgenden Abschnitt widme ich mich der detaillierten Analyse des Masterplans.

Stadtvorstellungen und Leitbilder im Masterplan

Ich untersuche diese Plandarstellung mittels der Bildsegmentanalyse nach Roswita Breckner (Breckner 2008; Dlabaja 2021b) und unterteile diesem Ansatz folgend das Cover des Masterplans in einzelne Segmente, welche in Folge beschrieben und gedeutet werden. **Segment 1** wird mit der gründerzeitlichen Stadt assoziiert, aufgrund der Bebauungstypologie, die in der Darstellung abgebildet wird, nämlich der Wiener Blockrandbebauung, ebenso wie mit der Gartenstadt aufgrund der zahlreichen Grünelemente. Blockrandbebauung bedeutet eine Ausrichtung der Gebäude auf einen Innenhof in geschlossener Bauweise[4]. Auf die Bezugnahme der Bebauung mittels der Blockrandbebauung wird auch in der kritischen Stellungnahme der Jury Bezug genommen. *„Die auf die Juryentscheidung einsetzende Kritik der Fachkreise rieb sich vor allem am grafischen Erscheinungsbild, an der historisierenden Anmutung des Grundrisses.[5]"*

---

4 https://www.wien.gv.at/stadtentwicklung/studien/pdf/b008197c.pdf, Zugriff am 08.01.2022.
5 https://www.aspern-seestadt.at/jart/prj3/aspern/data/downloads/2011-citylab-report-2-2-die-instrumente-des-staedtebaus_2017-07-10_1607746.pdf, Zugriff am 08.01.2022.

Das **Segment 2** führt die Betrachterin in die Gegenwart und ist ein visueller Referenzpunkt eines Masterplans, dessen bauliche Abschnitte in Baufelder untergliedert ist, wie B6 bis G12 in diesem Ausschnitt. Damit verknüpft werden in der Wahrnehmung unterschiedliche Gebäudeklassen und erlaubte Gebäudehöhen, die im Plan dargestellt werden. **Bildsegment 3** zeigt Ausschnitte des Sees, der später zum prägenden Landmark des Stadtteils wird, sowie verschiedene Bauabschnitte, Funktionen und Förderkategorien des Wohnbaus. Das **vierte Bildsegment** stellt die Form der Bebauung der einzelnen Baufelder ins Zentrum der Darstellung, die hier so wirken, als wären es ausschließlich geschlossene Bebauungen, ähnlich den Baublöcken aus der Gründerzeit. **Segment Nummer 5** bringt die Ebene der Schrift ins Bild und kontextualisiert mit dem Titel „Masterplan Flugfeld Aspern" das Vorhaben, das ins Bild gesetzt wird. Das letzte **Einzelsegment Nummer 6** signalisiert mit den diversen Logos, dass es sich hier um ein Konsortium von Errichter:innen bzw. Bauherr:innen und involvierten Akteur:innen handelt. Zu sehen sind die Logos der BIG, der Bundes Immobilien Gesellschaft, der Stadt Wien, der Wiener Stadtplanung (MA18 und MA21) sowie des Wohnfonds Wien und der Wirtschaftsförderungsagentur. Mit diesen Logos am Cover wird sichtbar, dass es sich hier nicht um ein ausschließlich kommunales Projekt handelt, sondern auch privatwirtschaftliche Akteur:innen bzw. staatliche und dem Staat nahe Institutionen eingebunden sind. Dieser Aspekt hat damals im Zuge des Praktikums bei der MA18 erste Fragen bei mir aufgeworfen, nämlich, wer die Akteur:innen der Stadtteilproduktion sind und welche Interessen sie vertreten und welche Form von Stadt und Imagebildung hier generiert wird.

Bildsegment Nummer 7 umfasst mehrere Segmente, die an das Konzept der Planstadt erinnern, die Top-down von „oben" errichtet wird, also von einem oder einer Planer:in oder Planer:innenteam, welches den Raum als Ganzes in einem Stück gestaltet. Diese Form der Darstellung erinnert mich an Darstellungen der Idealstadt im dtv-Atlas Stadt (Hotzan 1997). Dieses Bild der von einer in einem Stück generierten Stadt assoziiere ich mit einer planerischen Meistererzählung aus der Ära des Stadtplaners Le Corbusier, die großflächige Projekte in einem Guss gezeichnet und geplant hat. Es erinnert auch an Plan- und Idealstädte aus der Ära der Renaissance, die bekannteste davon ist Padova. Für mich ist diese visuelle Narration eine Provokation, die mich als Betrachterin herausfordert. Sie führt dazu, diese Plandarstellung eines Grundrisses einer zukünftigen Stadt in Frage zu stellen. Anzuzweifeln ist, ob dieser Plan jemals realisiert wird und falls ja, wie diese Struktur als Stadtteil ins Leben kommt, ob so eine künstlich angelegte, nicht gewachsene Stadt „lebensfähig" ist. Dieser Zweifel und dieses Unbehagen ist nicht nur meine individuelle Wahrnehmung, sondern in der Zeit um 2007 wird Kritik von verschiedenen Stadtplaner:innen und Architekt:innen geäußert, wie aus Gesprächen mit Planer:innen hervorgeht. Einige von ihnen üben Kritik an dem radialkonzentrischen Konzept, das sich ähnlich einer Insel nach außen hin abschließt und so nicht in Bezug zum Umland steht. Andere Planer:innen stören sich wiederum an dem Masterplan, der sie an eine mittelalterliche Stadt und die Ringstraße erinnert (Wien 3420 2011: 20). Dieses Unbehagen an einem geplanten Großprojekt in der Größenordnung der Seestadt fundiert zum Teil auf der Planungsgeschichte der jüngeren Vergangenheit, in der eine Reihe von städtebaulichen Großprojekten im Masterplan große Versprechen in sich trugen, die sie in der Realisierung nicht hielten (Seiß 2007). Im Zuge eines Gastvortrags von Johannes Tovatt in der Vorlesung des Moduls Territoriale Transformation des Städtebauinstituts an der TU Wien im Sommersemester 2022 wurde aber auch deutlich, dass Kritik auch von Planer[6] geübt wurde, die damals gegen Torvatt im Wettbewerbsverfahren verloren. Ein Kritikpunkt dieser Planer war und ist, dass der Masterplan nicht in Relation zum Umfeld der Seestadt Bezug nimmt und wie eine Insel realisiert wurde. Abseits der inhaltlichen Kritik dürfte das Faktum, dass sie den Wettbewerb nicht gewannen, eine Rolle bei eben dieser spielen.

Städtebauliche Kritik am sogenannten privaten Investorenstädtebau wird wie oben beschrieben in der Publikation „*Wer baut Wien*" von Reinhard Seiß geübt (ebenda),der sowohl die Akteurskonstellationen, die Privatisierung von Gemeingut, die Form des Bauens, die undurchsichtigen Strukturen der Investor:innen und die übertretenen Bauhöhen und Dichte sowie das Maß an Versiegelung kritisierte. Ein Beispiel dafür ist etwa die Donauplatte, die im ursprünglichen Plan eine multifunktionale Bespielung der EG-Zonen umfasste, dann bei der Realisierung aber nicht berücksichtigt wurde. Ein Hauptkritikpunkt an diesem Projekt war neben baulichen Aspekten wie den starken Winden, die durch die Stellung der Baukörper hervorgerufen werden, die mangelnde Bespielung mit Lokalen und Geschäften im Bereich der Erdgeschoßzonen. Weitere Symbolisierungen bilden darüber hinaus diverse bauliche Traditionen als eine Mischung aus der gewachsenen europäischen Stadt (vgl. Siebel 2004) und einer Form von Planstadt dargestellt werden. Das Cover rückt vor allem die Stadtstruktur und Gestalt in den Vordergrund und vermittelt ein technokratisches Verständnis von Stadtplanung. Bewohner:innen oder konkrete Alltagskontexte im urbanen Raum sind hier nicht repräsentiert. Einen wichtigen Bezugspunkt für den Masterplan und die darin enthaltenen kartographischen und textlichen Darstellungen spielt das Konzept der europäischen Stadt, das sowohl in Planungsdiskursen rezipiert als auch in den Sozialwissenschaften diskutiert wird. Explizit wird die Seestadt als funktional durchmischte Stadt im Masterplan konzipiert. Es handelt sich dabei um eine bewusste Distanzierung von

---

6 Es handelt sich hier tatsächlich um zwei Architekten die Kritik übten, daher wird hier Planer geschrieben. Der Vortrag von Johannes Torvatt fand am 04.04.2022 statt. Ich nahm als Zuhörerin teil und verfolgte die Diskussion im Anschluss, da ich im SoSe 2022 selbst eine der Vortragenden im Rahmen der Vorlesung über die Transformation des städtebaulichen Umfelds und den Wandel der Gärtnereibetriebe war.

der monofunktionalen Stadtteilplanung, die etwa ausschließlich für die Funktion des Wohnens genutzt wird.

Stadtkonzepte: Die europäische Stadt

Das Modell der **europäischen Stadt** und mit ihr das **Leitbild der Urbanität** mit den Kennzeichen von Kompaktheit, Dichte, Heterogenität und Durchmischung (vgl. Siebel 2004: 11–48) stellt ein bestimmendes Planungsprinzip für Stadtplaner:innen bei der Stadtentwicklung dar. Öffentliche Räume werden darin als zentrales Element betrachtet, welches charakteristisch für europäische Städte ist. Die europäische Stadt wird insbesondere über ihre öffentlichen Räume definiert, welche normativ hochgradig mit Funktionen aufgeladen werden, die so etwas wie Stadtgemeinschaft und Nachbarschaft fördern sollen. Der öffentliche Raum ist mit Plätzen, Straßen und Parks versehen. Ein weiteres Merkmal ist die Überlagerung und Verflechtung verschiedener Lebensbereiche wie Handel, Gewerbe und Wohnen. Ein Kennzeichen dieses Stadtkonzepts ist die Trennung der öffentlichen und privaten Sphäre in der Stadt sowie die Ausstattung mit öffentlichen Infrastrukturen, wie dem Rathaus, Spitälern, Schulen und Bibliotheken. Die europäische Stadt wird auch als Gegenmodell zur monofunktionalen Stadt der Moderne betrachtet, in der Wohnen, Arbeiten und Freizeit getrennt konzipiert wurden.

Die Lektüre des Masterplans zeigt, welche Bedeutung dem öffentlichen Raum bei der Konzeption des Stadtteils zukommt:

> *„Eine Stadt wird über ihre öffentlichen Räume wahrgenommen. Daher muß die Priorität auf die Gestaltung des Stadtraumes gelegt werden. Von der Eingangstüre bis zur Straße, zum Platz, dem Park und weiter, soll eine Hierarchie von öffentlichen Räumen geschaffen werden, die mit den Gebäuden und ihren Eingängen und Fenstern in Beziehung stehen. Der Masterplan für das Entwicklungsgebiet ist klar als urbanes Milieu angelegt. Gebäude bilden ein Gesamtsystem und sind gewissermaßen Teil einer städtischen Textur in der der öffentliche Raum aus Straßen, Plätzen und Parks das Gesamtbild formt."* (Masterplan 2007: 28)

Diese Orte sollen im Stadtgefüge als Orte der Identifikation und Integration für die Stadtbewohner:innenschaft dienen (vgl. Kazig et al. 2003). In der Publikation *Wie baut man eine Stadt* schreibt die Entwicklungsgesellschaft Wien 3420 dazu:

> *„Stadtgründung ist das bedeutendste Kulturprojekt der Menschheit seit dem Beginn der Sesshaftigkeit. Es zielt darauf, Menschen gut zusammenleben zu lassen. Und dabei alle Dimensionen so zu verschränken, dass sie gemeinsam Raum und Form finden: sozial,*

ökonomisch, technologisch, kulturell, ökologisch, medial und mobil. Eine Stadt ist ein Gemeinschaftshaus ohne Dach, doch überwölbt von der Idee, das Leben und das Arbeiten an einem festen Ort kultivieren zu wollen. Diese Idee hat tausende historische VorfahrInnen. Ihre Konkretisierung muss daher immer wieder neu aus dem Hier und Heute erdacht werden" (Wien 3420 2015: 1).

Im Masterplan wurde bei der Gestaltung auf unterschiedliche Funktionsräume wie öffentliche Straßen, Plätze, Parkanlagen und Quartiersräume im Wohnumfeld geachtet. An diesen Orten sollen sich städtische Öffentlichkeit und urbane Lebensweise entfalten. Urbanität – so die Thesen zur „Europäischen Stadt" – entwickelte sich in dem Spannungsverhältnis zwischen privater und öffentlicher Sphäre und hat eine Funktionsmischung sowie eine Überlagerung und Verflechtung verschiedener Lebensbereiche wie Handel, Gewerbe und Wohnen zur Voraussetzung (Sennett 1986: 31–42). Auch diesem Vorbild folgte man bei der Konzeption des Masterplans in der Seestadt und setzt auf Nutzungsmischung der oben genannten Bereiche sowie auf die gewerbliche Nutzung von Erdgeschoßzonen. Es wurde von der Entwicklungsgesellschaft ein sogenanntes Einkaufsstraßenmanagement initiiert, welches von ihr und dem Unternehmen SES Spar European Shopping Centers als Joint Venture betrieben wird. Man wollte damit ab der ersten Besiedelungswelle 2015 eine Grundversorgung für den alltäglichen Bedarf gewährleisten. Das Einkaufsstraßenmanagement hatte zur Folge, dass im ersten Bauabschnitt Spar ein Monopol als Nahversorger für Lebensmittel hat, was wiederum zu Protesten seitens der Bewohner:innenschaft führte (siehe Kapitel 9.).

Städtebauliche Erzählungen im Masterplan

Die wissenschaftliche Betrachtung der Konzeption und Imagination von Stadtteilen und städtebaulichen Großprojekten beschäftigt mich in unterschiedlichen Kontexten (Lička & Dlabaja et al. 2012; Reinprecht & Dlabaja 2014, 2016; Dlabaja 2016: 97). Auffällig ist für mich dabei, dass diese Konzeptionen meist Teil einer größeren städtebaulichen Erzählung sind und oftmals den Zeitgeist einer bestimmten Ära widerspiegeln. Ein Beispiel aus der Planungsgeschichte Wiens dafür ist der Matzleinsdorfer Platz, der in den 1950er Jahren in der Nachkriegszeit eine Ära des Aufbruchs und der Moderne symbolisieren sollte. Damit verknüpft war die Errichtung der U-Strada (Untergrundstraßenbahn), einer Stadtautobahn sowie ein Wohnhochhaus, das als Gemeindebau errichtet wurde. Die genannten Aspekte sind Landmarks des Großprojekts und stehen jeweils für prägende Aspekte dieser Zeit (vgl. Reinprecht & Dlabaja 2014). Ähnlich verhält es sich mit der Konzeption des Flugfelds Aspern ab dem Jahr 2003. Der zweite Anlauf zur Realisierung des

Großprojekts wurde kurz nach dem EU-Beitritt Wiens genommen. Die Seestadt wird in den ersten Konzeptionen als prominentes Bindeglied der sogenannten „Centrope Region" Wien-Bratislava erdacht. Sie soll für eine moderne transnationale Zusammenarbeit stehen, in dem Wien im Herzen Europas bahnbrechende Wege einschlägt, was Städtebau und wirtschaftlichen Fortschritt betrifft.

> „Aus der geopolitischen Randlage ist die Nachbarschaft zu neuen EU-Partnern mit einem großen wirtschaftlichen Wachstumspotential und neuem Kommunikationsbedarf geworden. CENTROPE ist zum Begriff und zum Ausdruck politischer Willenserklärung für eine partnerschaftliche Entwicklung dieses Raums geworden. Die Achse Wien-Bratislava kann eine zentrale Rolle in dieser Partnerschaft spielen" (Masterplan 2007: 20).

Das Zitat zeigt, welche Rolle die Positionierung in einem neuen geopolitischen Gefüge spielt, bei der es zum einen um Strategien der Kollaboration geht und zum anderen um Standortfaktoren und Städtewettbewerb. In der Publikation Die Instrumente des Städtebaus Vision + Wirklichkeit aus dem Jahr 2011 geht hervor, „(d)ass sich die Stadt Wien dazu entschloss, das große Entwicklungsvorhaben auf dem ehemaligen Flugfeld Aspern mit einem hohen Anspruch an Urbanität auszustatten, ist vor dem Hintergrund dieser neuen Werthaltung zu sehen. Getragen wurde diese Entscheidung zudem durch die rasch fortschreitende Internationalisierung des Großraumes Wien und durch die Formulierung der Europaregion „Centrope" um Wien, Bratislava und Brno." (Wien 3420 2011: 9) Mittlerweile ist dieser Aspekt der Konzeption immer mehr in den Hintergrund gerückt, da Centrope nicht mehr so viel Bedeutung zukommt wie noch vor 20 Jahren, kurz nach dem EU-Beitritt.

Dafür rückte ein anderes Stadtkonzept in den Vordergrund, für das die Seestadt der Vorzeigestadtteil und das Versuchslabor sein soll, nämlich die Smart City. Diese Form des City Brandings und Stadtmarketing ist eng mit der Entwicklung der Smart City Rahmenstrategie der Stadt Wien (Stadt Wien 2014) verknüpft und Teil einer Strategie, um im Städtewettbewerb so es um Standortentscheidungen für Firmenanasiedlungen und internationaler Investor:innen geht, zu bestehen. Die Seestadt steht aber auch für eine neue Ära des Wiener Städtebaus, die oft auch als neue Gründerzeit bezeichnet wird, in der nachhaltiges Bauen mit Blick auf Stadthitze und Energieeffizienz erprobt wird, ebenso wie neue temporäre Wohn- und Mobilitätsformen, wie es auch im Masterplan festgeschrieben wird und als Teil einer Vision repräsentiert wird:

> „Die städtebauliche Planung für das ehemalige Flugfeld Aspern stellt sich als einmalige Gelegenheit dar, sich mit fundamentalen Planungsaufgaben in Mitteleuropa auseinanderzusetzen. Von allen öffentlichen Transportsystemen erschlossen, zwischen zwei Hauptstädten gelegen und mit einem Nutzungsprogramm konfrontiert, das sowohl hinsichtlich Vielfalt als

auch Nutzungsintensitäten ein breites Angebot fordert, bietet das Entwicklungsvorhaben die Gelegenheit, Maßstäbe hinsichtlich neuer Stadtgebiete in Europa zu setzen."[7]

Das Smart City Konzept

Teil der Verwertungsstrategie der Seestadt seitens der Stadt Wien ist wie oben erwähnt das Branding der Seestadt mit dem Smart City Konzept. Diese Stadtvorstellung bestimmt die städtebaulichen Entwicklungen der letzten fünfzehn Jahre (Kaltenbrunner & Jakubowski 2018: 282) als sogenanntes Planungsleitbild (siehe Kapitel Einleitung). Es wird als technokratisches Konzept verfolgt, das auf Digitalisierung, Energieeffizienz und Konzepten der Nachhaltigkeit beruht. Das Konzept steht in Relation zum Planungsleitbild der sogenannten nachhaltigen Stadt (Jessen 2018: 1402). Der Nachhaltigkeitsdiskurs in der Stadtplanung geht zurück auf die Konferenz für Umwelt und Entwicklung der Vereinten Nationen (UNCED) in Rio Janeiro 1992, in der die Agenda 21 beschlossen wurde. Seitdem das Konzept in der Stadtforschung diskutiert wird, gibt es Kritik an seiner technokratischen und marktförmigen Ausrichtung (Greenfield 2013). Damit verbunden ist die Forderung, aus diversen disziplinären Kontexten soziale Aspekte und jene der Gerechtigkeit miteinzubeziehen in die Debatte um die Smart City[8]. Seitens der Ungleichheitsforschung wird die Frage aufgeworfen, wer die Möglichkeit hat, Teil der Smart City zu sein und wer ausgeschlossen wird von diesen neuen technologisch fundierten Formen des Städtebaus, Wohnens und Arbeitens. Die Errichtung städtischer Infrastrukturen, die dieser Logik folgen, sind nämlich in der Konzeption, Errichtung und Erhaltung immens kostenintensiv. Die Wiener Stadtplanung nimmt auf diese Technologie-Kritik in ihrer Smart City Rahmenstrategie für Wien (MA 18 2014) Bezug.

---

7 https://www.wien.gv.at/stadtentwicklung/projekte/aspern-seestadt/planungsprozess/masterplan. html, Zugriff am 05.11.2021.

8 https://world-information.net/urban-clouds/, Zugriff am 03.05.2021.

5.   Der imaginierte Blick auf die Stadt

„Der Wille die Stadt zu sehen, ist den Möglichkeiten seiner Erfüllung vorausgeeilt. Die Malerei des Mittelalters und der Renaissance zeigte die Stadt aus der Perspektive eines Auges, das es damals noch gar nicht gab. Die Maler erfanden gleichzeitig das Überfliegen der Stadt und den Panoramablick, der dadurch möglich wurde. Bereits diese Fiktion verwandelte den mittelalterlichen Betrachter in ein himmlisches Auge. Sie schuf Götter. Hat sich daran etwas geändert, seitdem technische Prozeduren eine ,alles sehende Macht' organisiert haben? Das alles überschauende Auge, das von den alten Meistern erdacht wurde, überlebt in unseren heutigen Errungenschaften. Die Benutzer der architektonischen Schöpfungen werden immer noch von demselben skopischen Trieb geleitet, indem sie heute die Utopie verwirklichen, die früher nur gemalt war. Der 420 m hohe Turm, der das Wahrzeichen von Manhattan bildet, erzeugt weiterhin die Fiktion, die Leser schafft, indem sie die Komplexität der Stadt lesbar macht und ihre undurchsichtige Mobilität zu einem transparenten Text gerinnen läßt" (De Certeau 1988: 181).

Der Wunsch, die Stadt zu überblicken, übt auf Bewohner:innen wie Reisende eine scheinbar magische Anziehungskraft aus. Wie Michel de Certeau in seinem Zitat eröffnet, hat der inszenierte Panoramablick auf die Stadt eine lange Tradition, sei es in gezeichneten historischen Panoramadarstellungen, Postkarten oder später auf Aussichtstürmen, auf denen man einen Blick über die Stadt werfen kann. Ähnlich Bergsteiger:innen, die den Gipfel erklimmen, um dann den Blick über die Landschaft zu erlangen. Der Blick über die Stadt wird spätestens mit der Entwicklung der Applikation Instagram 2010 zum begehrenswerten Konsumgut, das digital in den sozialen Medien verbreitet wird. Dieses Bedürfnis, die Welt zu überblicken, lässt sich bis in die antike Stadtplanung zurückverfolgen und ist Gegenstand zahlreicher Ausstellungen, wie zuletzt in der Ausstellung des Wien Museum 2017 „Wien von Oben. Die Stadt auf einen Blick"[1]. Er zeigt sich in der oben genannten Renaissancemalerei, der kartographischen Betrachtung räumlicher Anordnungen sowie Imaginationen von Stadträumen in Renderings.

Städte waren immer schon Repräsentationsräume als Kaiserstädte, Residenzstädte, die schon in der antiken Stadt als Kulisse des städtischen Lebens gestaltet wurden. Das zeigt sich in der griechischen als auch römischen Stadtplanung, in denen Theater, Amtshäuser, Tempel, Märkte, Plätze und Parks spezifisch angeordnet

---

1 https://www.wienmuseum.at/de/ausstellungen/archiv/wien-von-oben-die-stadt-auf-einen-blick, Zugriff am 21.07.2021.

wurden, ebenso wie in der mittelalterlichen Stadt und später den Renaissance-städten. Bekannte Kulissen sind bspw. die Schauseite von Venedig, welche ihren Machtanspruch den ankommenden Schiffen zur Schau stellte, das Ensemble der bürgerlichen Machtsymbole der Wiener Ringstraße oder die Freiheitsstatue in New York, oder aktuell das Holzhochhaus HoHo in der Seestadt. Sie vermitteln einerseits bestimmte Weltbilder und sind Teil eines Images von Städten. Der amerikanische Stadtgeograf Kevin Lynch beschäftigte sich in den 60er Jahren mit den Elementen und dem Bild der Stadt. Um die Stadt lesbar für die Betrachter:innen zu machen, sind bestimmte Elemente wie Merkpunkte, Grenzen, Wege, Bereiche und Markierungen unabdingbar (vgl. Lynch 1960). Mit seinem Werk „Das Bild der Stadt" hat der Stadtgeograf Kevin Lynch (Lynch orig. 1960, 2007) eine Grundlage für die Analyse von Stadträumen aus unterschiedlichen Perspektiven geschaffen, wie jene der Nutzer:innen, Planner:innen oder Forscher:innen. Lynch stellt sich dabei mit dem Thema unter die Prämisse der Gestaltung der Stadt:

> *„Was bedeutet die Form der Stadt tatsächlich für die Menschen, die in ihr leben. Was kann der Stadtplaner tun, um das Bild der Stadt lebendiger und einprägsamer zu gestalten?"* (Lynch 1960: 5).

Die Basis eines Wahrnehmungsprozesses, der zu ästhetischen Urteilen führt, bildet die ästhetische Botschaft, welche Teil der assoziativen Bedeutung von gebauter Umwelt ist (vgl. Schäfers 2006). Martina Löw konstatiert, dass *„die Aufladung räumlicher (An)Ordnung mit kulturellen Werten (.) der Kernaspekt der Ökonomie der Symbole (ist). Sie basiert auf der Produktion, Distribution und Konsumption von Symbolen mit dem Ziel der ökonomischen Wertsteigerung von Gütern und Dienstleistungen, aber auch von Orten und Städten"* (Löw 2008: 128).

Symbolische Markierungen im Stadtraum (vgl. Dlabaja 2011) in Form von Streetart, Werbeplakaten, Renderings, die an Baustellen in der Seestadt angebracht wurden, schaffen eine eigene, verschlüsselte Symbolsprache, die im Stadtraum wirkt (Dlabaja 2021: 257) und das Stadtbild prägt. Wie Hieroglyphen entfaltet sich auf diesen Elementen eine eigene Bildsprache und Semantik. Die in ihnen enthaltenen Codes können meist nur von einem kleinen Kreis gelesen und verstanden werden. Sie sind demnach Teil der Räume der Repräsentation (Lefèbvre 2008: 39). In der kulturwissenschaftlichen Stadtforschung wird die Textur der Stadt (vgl. Lindner 1991) als Gegenstand der Kulturanalyse in den Blick genommen. Die Stadt wird in dieser Tradition als Text verstanden, der sich wie ein Gewebe über den Raum spannt (vgl. Wietschorke 2013: 203). Um den Text zu verstehen, muss man die Codes entschlüsseln können, diese erschließen sich aus der Perspektive über die Stadt, wie im Eingangszitat von Michel de Certeau nachzulesen ist, in dem sich von einer gewissen Distanz und einem Blick über die Stadt gewisse Muster und

Strukturen erkennen lassen, wobei diese Perspektive sich anderen Lesarten und Mustern wiederum verschließt, wie sie etwa lesbar wären beim Flanieren durch urbane Nachbarschaften. Als Methode kommt dabei das Gehen in der Stadt zur Anwendung. Das systematische sich Verlieren in der Stadt mit Bezug zur situationistischen Internationalen und dem damit verknüpften *drivé* ermöglicht nochmals andere Blickwinkel und Relationsbildungen auf den Stadtraum. „*Die Stadt als Text – das ist mithin kein statisches, festgelegtes Zeichengebilde, sondern vielmehr eine Stadt, in der sich Akteure bewegen und in der eine permanente Bewegung des Codierens und Decodierens stattfindet*" (ebenda 204).

Eine Reihe aktueller Forschungsarbeiten befasst sich mit Bildpolitiken im Kontext aktueller Stadtentwicklungsgebiete (vgl. Schadauer 2017; Suitner 2015). Johannes Suitner kommt in seiner Dissertation über Imagebildung von Stadtentwicklungsgebieten zu dem Schluss, dass diese ein Tool sind, um Visionen von Stadt und Zukunft zu transportieren und somit zu Mitteln der Raumproduktion werden:

> „*It builds upon the notion that urban discourses are more than just the sphere where the marketable recreations of urban cultural environments are created. Instead, they are increasingly understood as the tool for constructing powerful visions of an urban future. […] Acknowledging the deep links between practice and discourse, between materiality and meaning in urban space and its development, Cultural Imagineering assumes that actors intervening in discourse have the ability to influence material planning outcomes by constructing reductionist cultural visions of urban development.*" (Suitner 2015: 8).

Aber auch historische Dimensionierungen städtischer Imagepolitik und die damit verknüpfte Ausverhandlung von Stadt sind Gegenstand kulturwissenschaftlicher Stadtforschung, wie beispielsweise in „München wird moderner: Stadt und Atmosphäre in den langen 1960er Jahren" (Egger 2014) oder „Streitfall Stadtmitte. Der Berliner Schlossplatz" (Binder 2009). Diesem kulturellen Imagineering kommt in der Seestadt jedenfalls bei der Wohnungswahl eine wichtige Rolle zu, wie in weiterer Folge erläutert wird.

Die imaginierte Seestadt in Renderings

> „*Die Narration nimmt in der städtebaulichen Praxis bereits heute breiten Raum ein: Narrative Präsentationsmedien wie Power Point, Websites oder filmische Animationen gehören mittlerweile zum festen Repertoire städtebaulicher Projektarbeit. Allerdings wird die inhärente Erzählstruktur nur selten zur treibenden Kraft eines Entwurfs. Meistens werden diese Medien im Geiste der gewohnten Repräsentationstechniken verwendet. Auch bei der Vermarktung städtebaulicher Projekte werden Narrationen immer häufiger eingesetzt, um*

das Neugebaute mit Bedeutungen aufzuladen. Und nicht zuletzt ist die Narration eine immer beliebtere Technik, wenn es darum geht, ein städtebauliches Projekt in Fachgremien, Beteiligungsverfahren und Medien zu kommunizieren. Die Narration ist oft Mittel zum Zweck, um Projektideen zu präsentieren und im besten Fall Konsens innerhalb komplexer und kontroverser Akteurskonstellationen herzustellen.“ (Kretz 2019: 104)

Diese visuellen Narrationen vom Architekten Simon Kretz evozieren die Vorstellung von Sozietäten auf Ebene des Stadtquartiers, wie belebten öffentlichen bzw. wohnungsnahen Freiräumen, intensiv genutzten Erdgeschoßzonen und der Ausstattung mit Geschäften und anderen Infrastrukturen. Dass diese Renderings den Blick auf den imaginierten „fertigen“ Stadtteil oder Wohnbau zeigen und die Bewohner:innen oftmals zu einem Zeitpunkt in das Quartier ziehen, an dem ebendieser sich noch mehrere Jahre lang in Bau befindet, wird dabei ausgeblendet. Ich analysiere ein Rendering mittels der qualitativen Bildsegmentanalyse nach Breckner (2008; Dlabaja 2021), welches zum einen im Prozess der Wohnungsvergabe Wohnungssuchenden auf dem Online-Portal der Wohnungssuche der Stadt Wien sowie der Bauträger gezeigt wurde und zum anderen medial in Online-Tageszeitungen veröffentlicht wurde. Die Wirkmächtigkeit des Renderings wird in den qualitativen Interviews mit Bewohner:innen und Zeitungsartikeln immer wieder thematisiert, die eben diese Renderings als Grund benennen (Dlabaja 2021: 262), warum sie in das Quartier gezogen sind. Im Falle der Seestadt gibt es eine Reihe von Renderings, in denen der oder die Betrachter:in die Seestadt quasi überfliegt. Mit der Fortschreibung der Bebauung des Stadtteils gibt es vermehrt Luftbildaufnahmen, die einen Panoramablick auf die Seestadt bieten.

Der Fokus der Analyse liegt auf der Frage, wer diese Bilder produziert und wie diese Bilder genutzt werden.

Der Panoramablick spielt in der Seestadt schon zu früheren Momenten der Stadtwerdung eine wichtige Rolle, beginnend mit der Fertigstellung der U-Bahn. Die Linie U2 umfährt in einer erhöhten Trasse die Seestadt und eröffnet somit ankommenden Reisenden einen filmischen 180-Grad-Blick auf die Seestadt. Der Panoramablick, der von Beginn an die Seestadt prägt, ist jener vom sogenannten Flederhaus aus auf die Seestadt. Das Flederhaus ist ein nach außen hin offenes Holzhaus, welches als temporäre Infrastruktur der Seestadt fungiert, die drei Stockwerke hoch und mit Hängematten ausgestattet ist. Seine erste Station machte es vor Jahren im Wiener Museumsquartier, bevor es in die Seestadt auf das damals noch bestehende Rollfeld vor Errichtung der ersten Etappe wanderte und als Aussichtsturm genutzt wurde. Bis das ehemalige Rollfeld zum Seeparkquartier wurde und das Flederhaus an die Uferpromenade des Stadtteils verlegt wurde. Panoramatürme wie dieser sind in Stadterweiterungsgebieten keine Seltenheit und wurden in Wien beispielsweise am Hauptbahnhof schon realisiert. Daniela Schadauer nimmt in

Abb. 13 Quartier im Seebogen und Flederhaus im November 2020, © C. Dlabaja

ihrer Dissertation das „Bahnorama" (Schadauer 2017, 2021) als Form städtebaulicher Inszenierung in den Blick. Yvonne Doderer analysiert in ihrer Publikation
„Glänzende Städte. Geschlechter- und andere Verhältnisse in Stadtentwürfen für
das 21. Jahrhundert" entlang internationaler Beispiele die Imageproduktion und
Vermarktungsstrategien in der Stadtplanung mittels Renderings und wie sich diese
im Stadtraum auf Baustellenplakaten einschreiben (Doderer 2017). Das Rendering kann als Praxis des Imagineering als Element einer „interessensgeleitete(n)
Sichtbarkeitspolitik" (Schadauer 2021: 242) und Repräsentationsarbeit bezeichnet
werden: „*In dieser Perspektivierung werden Architekturrenderings, die mit spezifischen Atmosphären zukünftige Raumstrukturen und Nutzungspraktiken inszenieren,
als narrative Bildräume verstanden*" analysiert Daniela Schadauer (2021: 242).

Qualitative Bildsegmentanalyse eines Renderings

In den Materialien der Öffentlichkeitsarbeit wird die Seestadt als neues Gesicht
der Stadt imaginiert (Dlabaja 2021b: 264). In den Renderings werden Begriffe wie
Pioniergeist und Aufbruchstimmung platziert. Eine der zentralen Mittel der visuellen Repräsentation der Seestadt sind Renderings über die Seestadt und einzelne
Bauplätze. Die Renderings wurden im Prozess der Planung und Herstellung in

österreichischen Tageszeitungen, wie dem Standard, der Presse, dem Kurier und anderen Medien vermittelt. Für die Analyse sind sie an dieser Stelle besonders relevant, da sie im Prozess der Wohnungsvergabe Wohnungsinteressierten als Teil der Projektbeschreibung gezeigt wurden. Diese Materialien der Architekturkommunikation und Öffentlichkeitsarbeit umfassten in den jeweiligen Wohnungsangeboten sowohl ein Bauprojekt spezifisches Rendering als auch ein Rendering auf dem „die Seestadt" imaginiert wird. Aus der Feldforschung und damit verknüpften Gesprächen mit Bewohner:innen ging hervor, dass die Renderings eine wichtige Entscheidungsgrundlage für die Wohnungswahl waren. Die Differenz zwischen dem dargestellten und dem „realen" Stadtraum zum Zeitpunkt der ersten Besiedelungswelle 2015 wurde von einigen Bewohner:innen als groß wahrgenommen – vor allem was Dichte, Belebtheit und die Ausstattung mit Lokalen und Geschäften anbelangt. Das lag auch daran, dass der erste Abschnitt zum Zeitpunkt des Bezugs noch eine Baustelle war. 2015 war die erste von drei Etappen in der Errichtung, die Seestadt wird erst 2028 vollständig hergestellt sein.

Im folgenden Abschnitt wird nun die Deutung jedes einzelnen Bildsegments aus den Deutungsgruppen erläutert. Die Bildsegmente wurden von mir nach dem Prozess der Wahrnehmung gebildet. Dabei ist das erste Bildsegment jenes, welches als stärkstes Element vom bzw. von der Betrachter:in wahrgenommen wird. Die Deutungen fundieren auf zwei größeren Deutungseinheiten, einer, die im März 2020 mit Kolleg:innen aus der Europäischen Ethnologie stattfand und in etwa mit zwölf Personen durchgeführt wurde, und einer zweiten, die im Jänner 2021 im Rahmen eines interdisziplinären Kollegs an der Universität Wien mit ca. 20 Teilnehmer:innen aus unterschiedlichen Disziplinen wie der Wirtschafts- und Sozialgeschichte, der Kunstgeschichte und Europäischen Ethnologie stattfand. Beide Deutungsgruppen waren in ihrer Zusammensetzung divers angelegt, was Alter und disziplinären Hintergrund anbelangt. Darüber hinaus wurde das Rendering von meinem Sohn und meinem Freund gedeutet, als Kontrollgruppe. Mich interessierte hierbei, wie stark die Deutungen divergieren. In Bezug auf die Handlungsebene und Einordnung der sozialen Situation differierten die Deutungen kaum. Es zeigte sich, dass die Kolleg:innen aus dem Fach Kunstgeschichte mehr auf die kompositorischen Elemente und Darstellungsmittel im Bild Bezug nahmen als andere Teilnehmer:innen.

Ich erläutere an dieser Stelle kurz die Methode der qualitativen Bildsegmentanalyse nach Roswita Breckner. Bilder, wie Sprache, Schrift, Zahlen, Musik oder Kunst, sind Formen der „Symbolisierungstätigkeit" menschlicher Praxis und Sinnbildung ist die Grundannahme von Roswita Breckner (Breckner 2010: 2). Die De- und Rekonstruktion bildlicher Sinnwelten folgt jedoch einer anderen Logik als die Sprache. Während der Sprechakt linear verläuft, wirken visuelle Bildeindrücke simultan, sie bezieht sich bei ihrer Analyse auf die Philosophin Susanne Langer (Langer 1979:

99). Grundlage der Analyse bilden daher Bildsegmente als die kleinste mögliche bildliche Sinneinheit (Breckner 2010: 4).

In einem ersten Schritt wird der Wahrnehmungsprozess der Bildbetrachtung dokumentiert und eine formale Beschreibung vorgenommen, darauf folgt die Segmentbildung durch den oder die Rezipient:in. Das aus ihrer Sicht zentralste Element wird als erstes Segment auswählt. In einem zweiten Schritt wird aufeinanderfolgend Segment für Segment von einer Deutungsgruppe analysiert und beschrieben. Danach werden die Segmente in Relation zueinander gesetzt betrachtet. Der Deutungsprozess erfolgt im Regelfall in einer Deutungsgruppe, die sich möglichst divers nach Alter und Erfahrungshintergrund zusammensetzen sollte. Danach wird im dritten Schritt der Entstehungs- und Verwertungszusammenhang des Bildes aufgearbeitet.

Das Bild wird auf seinen medialen Aspekt hin und die Bildgattung analysiert (analoge oder digitale Fotografie, Grafik, Gemälde, Renderings). Das Gesamtbild analysiert vor dem Hintergrund der Frage „Wie wird etwas im und durch das Bild sichtbar" (Breckner 2008: 4). Bei Bildern die Textelemente enthalten werden diese interpretiert sowie das Bild-Text-Verhältnis rekonstruiert. In einem letzten Schritt wird am Ende der Analyse eine Zusammenführung aller Analyseebenen vorgenommen. Die hier vorgeschlagenen Schritte bilden ein Grundgerüst für meine Analyse. Wie schon an anderer Stelle im Kapitel erläutert, erweite ich den Ansatz von Roswita Breckner für meinen Forschungsgegenstand. Ich verknüpfe die Bildsegmentanalyse mit qualitativen Interviews und Analysen aus Feldforschungstagebüchern und begleite die verschiedenen Verwertungshorizonte eines Renderings über mehrere Jahre. Eine wichtige Bezugsquelle sind für mich die Deutungshorizonte der Bewohner:innen sowie die Analyse der Wirkmächtigkeit des Bildes. Daher wird die Frage, welche Funktion dieses Bild hat, mehrdeutig aufgearbeitet. Aus der Perspektive der Rezipient:innen, Planer:innen und Auftraggeber:innen.

Dem Ansatz Roswita Breckner folgend wird die Analyse jedes Bildsegments im nächsten Abschnitt nacheinander erläutern und abschließend eine Gesamtanalyse des Renderings vornehmen.

Segment 1:

Auf dem ersten Bildsegment ist eine Frau mit roten Haaren, rotem Rock und dunkelroter Tasche mit einem weißen Terrier und schwarzen Ohren zu sehen. Die Frau zieht den Hund an einer Leine in die eine Richtung, der Hund bewegt sich in die andere Richtung. Der Bildausschnitt eröffnet damit eine ins Bild gesetzte Szene, die den Beginn einer visuellen Erzählung bildet und nimmt uns so als Betrachterin in eine Alltagssituation mit. Der Hund sieht die Bildbetrachterin an und zieht uns damit ins Bild. Es wirkt so, als wäre die Frau in Eile. Dass beide in unterschiedliche Richtungen wollen, bringt das Gefühl der Unruhe und Hektik ins

Bild. Stilistisch wirkt die Bildsprache auf beide Deutungsgruppen wie aus den 60er bis 70er Jahren, was mit der Farbgebung begründet wird (starke Farben wie Rot und Orange prägen das Segment). Das Bild wird als gezeichnet und nicht als Foto eingeordnet. Die zweite interdisziplinäre Deutungsgruppe nimmt an, dass links im Bild architektonische Elemente wie Gebäude in den nächsten Segmenten enthalten sind. Diese Deutung fundiert darauf, dass die Fluchtpunkte auf die Betrachterin zukommen.

Segment 2:
Eine Person mit abgewendetem Blick bildet das zweite Segment. Sie wird als vorbereitende Figur im Vordergrund, die in das Bild hineinführt, eingeordnet. Wie im ersten Segment kommt nun eine starke orangene Farbe als Element ins Bild, welches von den Betrachter:innen mit dem Rot der Stadt Wien assoziiert wird. Das Oberteil wird als Teil eines Kleides identifiziert. Die Frau trägt eine Perlenkette. Damit wird die Frage aufgeworfen, ob es sich hier um ein kaufkräftiges Publikum handelt und wer mit dem Bild angesprochen werden soll.

Segment 3:
In diesem Abschnitt ist eine Frau zu sehen, die in einem Straßenkaffee einen Aperol Spritz trinkt. Es ist die dritte weibliche Figur im Bild, die in einen Freizeitkontext gesetzt wird. Das zweite Glas auf dem Tisch wirkt einladend, es eröffnet eine weitere Mikrogeschichte, in der die Person auf jemanden wartet. Die Szene wirkt, als wäre es Feierabend und als hätte man Zeit, auf der Fußgängerzone spazieren zu gehen, und es evoziert ein Urlaubsgefühl. Dieser Ausschnitt vermittelt für die Betrachter:innen Urbanität. Es ist Sommer, man sieht, dass der Bodenbelag der gleiche ist wie beim ersten Segment. Es handelt sich um eine hochwertige Bepflasterung, die auf die Linienführung einer Zentralperspektive hindeutet und die Bildtiefe verstärkt. Man sieht, dass die Sonne scheint und Schatten sind zu erkennen. Es sind bislang drei Frauen im Bild und ein Hund. Die Menschen im Bild werden derselben sozialen Gruppe zugeordnet, diese wird in beiden Deutungsgruppen jenem des gehobenen kaufkräftigeren Milieus zugeordnet.

Segment 4:
Das vierte Segment eröffnet die Perspektive auf weitere Teile der Gastronomie in der Fußgängerzone, auf einen Imbissstand sowie grüne Sonnenschirme. Im Bild wimmelt es nun von Nutzer:innen, sowohl von Gästen, die an den Tischen Platz genommen haben, als auch von Passant:innen, u. a. eine erwachsene Person mit Kind. Alle Personen im Bildvordergrund sind jünger und gehören dem gleichen Milieu an, so die Deutung. Das rote T-Shirt und die rote Hose werden wieder als farbliche Aspekte hervorgehoben. Es ist das erste Segment, in dem Männer ins

Bild gesetzt werden. Die Komposition der Blickrichtungen ist interessant, da alle Blicke von dem bzw. der Betrachter:in wegweisen und die Figuren mittels dieser Blickrichtungen in Bezug zueinander gesetzt werden. Es verstärkt sich der Eindruck eines kommerziell genutzten Teils eines öffentlichen Raums. Links im Hintergrund ist eine Litfaßsäule zu sehen. Die Betrachter:innen ordnen das Bild nun nicht mehr der Vergangenheit (also den oben genannten 60er bis 70er Jahren) zu, sondern nehmen den Stadtraum sowie den Bildausschnitt eines Gebäudes als neu gestaltet wahr, ebenso wie die Bäume, die auf die Betrachter:innen neu gepflanzt wirken. Mit diesem Ausschnitt wird das Thema Tourismus ins Bild gesetzt, mittels des Hotelschilds. Ein Kollege fasst das Segment unter dem Begriff „Wohnen, wo andere Urlaub machen" zusammen und knüpft damit an einen Aspekt der Wahrnehmung der Bewohner:innen über das „Urlaubsgefühl in der Seestadt" an als auch in visuellen Repräsentationen über das Wohngefühl der Bewohner:innen auf Instagram (Reinprecht et al. 2016: 46). Darüber hinaus wird das Segment mit innerstädtischer Urbanität assoziiert. Aspekte, die für diese Assoziation die Basis bilden, sind die dargestellte gastronomische Infrastruktur, der belebte Straßenraum mit der Bepflasterung, die an die Fußgängerzonen der Innenstadt wie die Mariahilfer Straße erinnert. Man könnte hier in der Mittagspause essen gehen und dann wieder ins Büro. Der Ort wird als künstlich angelegt, steril wie funktional wahrgenommen. Ein weiterer Aspekt, der mit dem Segment assoziiert wird, ist das Thema Stadthitze. Das Bild vermittelt für einen Teil der zweiten Deutungsgruppe Stadthitze, wegen des Bodenbelags, der Hitze abstrahlt. Aufgrund des Bildaufbaus und des Bodenbelags, der die Linien der Zentralperspektive ins Zentrum des Bildes führt, wird von einigen Betrachter:innen vermutet, dass das nächste Segment das Element Wasser umfasst und möglicherweise ein Ufer gezeigt wird.

Segment 5:
Mit dem fünften Segment kommt das Element Wasser ins Bild. Ein Kind steht mit Luftballons am Ufer, das Kind wird als „ins Bild gesetzt" wahrgenommen. Es ist das erste Element, das bei allen Betrachter:innen zur Annahme führt, dass es sich hier um ein Rendering handelt und nicht um ein Foto. Es ist ein Stand mit der Aufschrift „Gelati" zu sehen. Dieses Ensemble wirkt wie eine Szene auf der Strandpromenade, die sich entlang eines Hafens verorten könnte, die weißen Säulen könnten Teil eines Schiffs sein. Es ruft Erinnerungen an ein Ufer hervor, das sich entlang der Elbe in Hamburg oder in Venedig befinden könnte. Sowohl das Ensemble als auch die Farben erinnern an Tourismusbroschüren aus Italien und werden mit Orten wie Jesolo assoziiert. Auch alle Personen im Bild sind weiß. Dieser Ausschnitt wird insgesamt als künstlich generiert wahrgenommen, bei der Figur des Mädchens wird der Schatten als „falsch" wahrgenommen und die Proportionen. Es wirkt puppenhaft und statisch auf die Rezipient:innen, Zitat „wie aus einem

Architekturkatalog". Eine Deutungsgruppe nimmt das Kind als bedrohlich wahr, wie aus einem Horrorfilm.

Segment 6:
Dieser Bildausschnitt zeigt ein vertikalbegrüntes Hochhaus mit Terrassen und einen Kondensstreifen am blauen Himmel. Das Gebäude erinnert einige Betrachter:innen an Alt-Erlaa. Das Sujet des Hochhauses rückt das Bild näher in die Gegenwart und wird mit dem Aspekt der Stadt der Zukunft verknüpft. Die Vertikalbegrünung bringt den Aspekt der Smart City und des Konzepts der nachhaltigen Stadt ins Bild. Dabei gibt es in der zweiten Deutungsgruppe divergierende Assoziationen mit der Funktion des Gebäudes. Es wird vorranging als Wohnturm identifiziert, wobei einige Teilnehmer:innen meinen, dass es auch ein öffentliches Gebäude sein könnte, etwa ein Amtsgebäude oder Spital. Eine weitere Assoziation ist die mit einem Kreuz-schiff *"Wie andere Urlaub machen, so können wir wohnen"*, meint ein Teilnehmer. Diese Deutung ist insbesondere im Zusammenhang mit den Studienergebnissen von Christoph Reinprecht und mir (Reinprecht & Dlabaja 2013) zum Wohnen im Hochhaus relevant, da das Lebensgefühl des Wohnens im Hochhaus mit dem Wohnen am Kreuzschiff verglichen wurde. Ein Mitglied der Deutungsgruppe benennt es als „Wohnen in einer Stadt in der Stadt", einem Ort, wo alle Infrastrukturen für Freizeit, Erholung und Nahversorgung vorhanden sind. Diese Deutung ist auch deshalb interessant, weil das HoHo (Holzhochhaus) in der Seestadt eben diese Funktionen verbindet. Die Meinungen gehen auch dahingehend auseinander, ob es sich um einen freifinanzierten Wohnbau im Luxussegment handelt oder um ein Genossenschaftsprojekt. „Alle Urlaubssehnsüchte sind hier verpackt", das Bild referenziert auf den klassischen Urlaub, so die Einordnungen der visuellen Nar-ration. Es ist eine Projektion auf potentielle zukünftige Bewohner:innen, lautet eine weitere Analyse *„wenn ich da hinziehe, gehör ich auch dazu"*. Hinzukommt die Imagination, dass man es sich leisten kann.

Segment 7:
Dieser Ausschnitt wird als stilistischer Bruch wahrgenommen. Das Grün im Bild sieht aus wie ein Acrylbild gemalt und nicht wie von einem Foto. Es sind ein Gebäudeausschnitt sowie Teile einer Baumallee zu sehen und ein Mann im Anzug, der von einer grünen Ampel im Hintergrund, einer Litfaßsäule und einem Autobus umrahmt wird. *„Nun wirkt es deutlich städtischer, das könnte auch die Mariahilfer Straße oder die Kärtner Straße sein."* Das Segment wird als Verbildlichung einer Szene des urbanen und städtischen Lebens eingeordnet. Auch dieser Abschnitt wird als unwirklich und unnatürlich wahrgenommen.

Abb. 14 Der Blick in die Zukunft: Rendering der Seepromenade.
        Quelle: Wien 3420, © schreinerkastler.at

Segment 8:

Die Fahne dominiert diesen Bildausschnitt, mit dem Blick auf die Uferpromenade
und dem Mann, der am Handy telefoniert. Diese Figur setzt geschäftiges Treiben
ins Bild, die dem Kontext der Arbeit zugeschrieben wird. Die Elemente Wasser,
Stein und Holz dominieren. Das Segment richtet den Blick auf das Wasser und eine
Stadtkulisse. Im Hintergrund sind weitere Gebäude und Bäume zu sehen. Es wirkt
wie ein fotorealistisches Bild auf einige Rezipient:innen, auf andere wiederum wie
eine gemalte Utopie.

Analyse des Gesamtbilds:

Das Gesamtbild wird von Teilen der Deutungsgruppen wie ein Wimmelbild wahrgenommen. Es ist sehr viel Leben und sehr viel Bewegung im Bild zu sehen und
der Eindruck der Künstlichkeit verstärkt sich für die Betrachter:innen. Diese Bild-
darstellung wird bewusst generiert. Eine Form der visuellen Bilderzählung in Renderings ist *„illustrativer, graphischer. Eine verregnete Landschaft und eine Frau mit
einem roten Regenschirm können eine Geschichte erzählen"* (Ettemeyer 2016: 355).

Das Zitat verweist darauf, dass die Platzierungen einzelner Figuren in einem Rendering eine Geschichte erzählen können. Sie fungieren als Medium bei dem „visual story telling". Die Frau mit dem Hund an der Leine im Rendering erzählt uns eine Geschichte. Sie zieht uns als Betrachterin ins Bild und damit in ihren Alltag hinein. Es ist ein Erzählstrang von mehreren im Bild. Sei es das Bild der Frau, die am Tisch Platz genommen hat und uns förmlich einlädt, uns zu ihr zu setzen an diesem sonnigen Nachmittag auf der Seepromenade. Oder ob wir mit dem Mädchen mit den Ballons mitkommen auf ein Eis. Es imaginiert eine Stadt der Zukunft mit einer positiven sommerlichen Grundstimmung, in der Urlaubsgefühle aufkommen. Es ist eine Stadt ohne Probleme und Ecken und Kanten. Die Menschen im Bild wirken auf die Betrachter:innen perfekt wie „Barbie und Ken", daher gibt „es keinen typischen Wiener". Weder Menschen mit Bierbauch noch jemanden, der eine Wurstsemmel oder ein Kebab konsumiert, so die Conclusio der Deutungsgruppen. Weder betagte Menschen noch jene mit Beeinträchtigungen oder Diversität werden im Bild dargestellt. Bei der Betrachtung der Gesamtheit des Bildes zeigt sich auch, dass das Thema Arbeit im Bild männlich dominiert ist. Es ist der Mann im Anzug, der ins Bild gesetzt wurde, und der Mann mit dem Mobiltelefon, der entlang der Uferpromenade geht, der dieses Thema repräsentiert. Die weiblichen Figuren im Bild repräsentieren Freizeit, Konsum und Naherholung.

Bezeichnenderweise nannten die Deutungsgruppen Bildelemente benannt werden, die sich im Rendering auf zentrale Konfliktfelder in der Seestadt beziehen. Ein Element ist jenes der „verbauten" Stadt aus Beton. Diese Wahrnehmung wird in der medialen Debatte immer wieder als Kritikpunkt im Kontext des Klimawandels benannt (siehe Kapitel 9). Die Betrachter:innen merken an, dass kein Spielplatz und keine Wiese im Rendering zu finden sind, alles ist versiegelt. Allerdings ist im Hintergrund ein Park zu erkennen. Das Rendering wirkt künstlich, auch weil alles neu und sauber aussieht. Auch das ist eine der kritischen Wahrnehmungen – die Seestadt als Retortenstadt, die künstlich generiert wurde und nicht gewachsen ist, so wie der historische Kern.

Für die Analyse und Deutung des Renderings ist von Relevanz, **was auf dem Bild nicht zu sehen** ist. Auf die Nachfrage von mir dazu werden von beiden Deutungsgruppen Vielfalt, Unregelmäßigkeiten oder Schmutz als jene Aspekte genannt, die nicht gezeigt werden. Man sieht keine spielenden Kinder, Tauben oder Kinderwägen, heißt es weiter. Stadt macht für die Mitglieder der Deutungsgruppen aber eben auch aus, dass nicht alles perfekt und neu ist, sondern dass eine Stadt auch Ecken und Kanten sowie etwas Originäres hat, das nicht austauschbar wirkt. Deshalb wird dieses Rendering als künstlich und basierend auf Algorithmen eingeordnet. Auch dieser Aspekt, nämlich die Austauschbarkeit des Stadtbildes, dass die Architektur in jeder beliebigen Stadt zu finden ist, knüpft an aktuelle Debatten der Architekturkritik an. Es gibt das Gefühl des Verlustes des originären Wiener Stadtbildes, mit seiner baulichen Tradition der Gründerzeit und des Jugendstils.

Darüber hinaus sind keine Arbeitstätigkeiten zu sehen. Obwohl ein Schanigarten Teil des Renderings ist, sieht man keine Kellnerin oder einen Kellner, einen Luftballon- oder Eisverkäufer. Diese Tätigkeiten bleiben im Verborgenen. Ein weiterer Aspekt, der nicht gezeigt wird, ist das Thema der körperlichen Beeinträchtigung, niemand ist im Rollstuhl oder auf einem Rollator zu sehen. *„Es gibt keine Raucher, keine Minderheiten, keine Kopftücher und keine Autos"*, meinen einige Mitglieder der Beratungsgruppe. Ihre Analyse lautet *„das ist eine Utopie für die obere Mittelschicht"*, die andere Gruppen exkludiert und somit zu einem Ort wird, an dem eine tendenziell homogene Gruppe wohnt.

Während der Deutung des Bildes wird immer wieder die Darstellungsform von Personen thematisiert, diese wirken auf die Betrachter:innen unwirklich. Aus der empirischen Forschung zu Renderings geht hervor, dass dies ein Stilmittel der Repräsentation von Personen ist. Dieser Aspekt wurde auch in vorangegangenen Forschungen, wie in jener von Marcus Van Reimersdahl, analysiert:

„Auf die in den Renderings häufig dargestellten unscharfen Personen (..)" geht die Publizistin Andrea Roedig ein. *„Ein wenig spielt das (...) Rendering mit dieser technischen Reminiszenz, indem es auch verwischte Figuren aufnimmt, die aussehen, als seien sie bei langer Belichtungszeit durchs Bild gelaufen. Doch eine klassische Fotografie könnte kaum so viele Menschen scharf, exakt und detailgerecht im Bild einfangen. So entsteht dieser eigenartige, wirklich-unwirkliche Personeneffekt der Renderings. Denn sie zeigen Szenen eher, wie wir sie subjektiv mit den Augen wahrnehmen, aber nicht mit traditioneller Fotografie abbilden könnte"* (van Reimersdahl 2019: 209).

Die imaginierte Stadt aus Bewohner:innenperspektive

Einer der Ausgangspunkte für die Auseinandersetzung mit Renderings über die Seestadt war die Erkenntnis, dass verschiedene Renderings im Prozess der Wohnungsvergabe an Wohnungsinteressent:innen auf der Vergabeplattform des Wiener Wohnservice gezeigt wurden. Daher interessierte ich mich dafür, wie die zukünftigen Bewohner:innen eben diese wahrnahmen. In der Feldforschung zeigte sich, dass diese Renderings unterschiedliche Vorstellungen und damit einhergehende Hoffnungen hervorriefen. Diese divergierten je nach Lebenslage und Wohnsituation. Meine Interviewpartner:innen waren sowohl Bewohner:innen der Baugruppen als auch des geförderten Wohnbaus der ersten Etappe. Die ersten Interviews zu den Renderings fanden 2015 kurz nach der ersten Besiedelungswelle statt, ein weiterer Teil wurde 2017 während der ersten längeren Feldforschungsaufenthalte durchgeführt und ein letzter Teil im Jahr 2019 als das Seeparkquartier errichtet wurde. Die Wahrnehmungen lassen sich in vier größere Erzählungen über den imaginierten Sehnsuchtsort Seestadt zusammenfassen.

Eine Narration, die sich bei meinen Interviewpartner:innen immer wieder fand, war der Wunsch nach einem Neuanfang in der **die Seestadt als gelobtes Land** beschrieben wird, ist die Hoffnung darauf, dass in der Seestadt alles anders werden könnte als im Rest der Stadt. Eine Hoffnung, die bei einigen Bewohner:innen in der ersten Phase der Besiedelung bis 2017 gehegt wurde. Sie basieren, so ließ es sich aus den Erzählungen ablesen, zum einen auf Erfahrungen, die die Bewohner:innen zuvor gemacht hatten. Es waren biografische Erfahrungen der Ausgrenzung und Zurückweisung aufgrund ihrer Herkunft oder Milieuzugehörigkeit. Der Wunsch dieser damaligen Neo-Seestädter:innen war es, dass hier eine Gemeinschaft entstehen würde, die offen ist, auch für sie. Hinzu kam bei vielen die Wohnsituation vor dem Einzug in die Seestadt, die oftmals als beengt wahrgenommen wurde. Daher war der Umzug auch mit der Hoffnung auf eine verbesserte Wohnsituation verknüpft. Die Renderings versprachen aus der Sicht der Bewohner:innen, beide Hoffnungen zu erfüllen. Schön und neu wirkte alles auf den Renderings, weitläufig, einladend und farbenfroh. In der Befragung kurz nach dem Bezug der ersten Wohnbauetappe nannten 51 % *„die Möglichkeit in einen neuen Stadtteil zu ziehen"* als Zuzugsgrund (Reinprecht et al. 2016: 82).

Für viele Bewohner:innen war die Konzeption der **Seestadt als Stadtteil in Randlage mit städtischer Infrastruktur** ein wichtiger Zuzugsgrund. Insbesondere die Nutzungsmischung und das Konzept der Seestadt als *„Stadtteil fürs ganze Leben"*², welches in den Materialien der Öffentlichkeitsarbeit verbreitet wurde, wurde als sehr attraktiv wahrgenommen. Diese Wahrnehmung wurde in den Interviews von den Bewohner:innen immer wieder benannt:

> *„Eigentlich finde ich, ist das ein sehr gutes Konzept dahinter. Also irgendwie mal nicht so eine Satellitenstadt hinzubauen, sondern irgendwie vorher mit Planung und Überlegung irgendwie ein Konzept zu erstellen, wie so was wirklich funktionieren kann, damit es nicht zu einer Schlafstadt kommt, sondern dass dort ein normales Wohnen, Arbeiten und auch mit einem alternativen, ich sage einmal, Verkehrskonzept, hat uns das eigentlich überzeugt, also diese Geschichte, dass da sozusagen die U-Bahn oder jedes öffentliche Verkehrsmittel gleich weit weg ist wie die nächste Sammelgarage"* (Interview Martin Zeile 3–10).

Ein zentraler Zuzugsgrund, der auch im Rahmen unseres Besiedelungsmonitorings als solcher angegeben wurde, ist das „Wohnen im Grünen". 48,9 % der Befragten gaben an, deshalb in die Seestadt ziehen zu wollen (Reinprecht et al. 2016: 82). Dieses Motiv spiegelt sich auch in den Interviews und ist mittlerweile mit der zunehmenden Verbauung mit einem Moment der Nostalgie verknüpft, die an die Geschichte von der wunderschönen Wiese am Anfang des Kapitels anknüpft.

---

2 https://www.aspern-seestadt.at/lebenswelt/wohnen-arbeiten, Zugriff am 27.07.2021.

Bei anderen Teilen der Bewohner:innenschaft evozierten die Visualisierungen der Wohnbauten das Bild vom **Dorf in der Stadt**, mit den Vorteilen der städtischen Infrastruktur und der guten Anbindung und dem Gemeinschaftsgefühl eines Dorfes, wie es Barbara Nothegger in ihrem Buch „Sieben Stock Dorf" zum Teil verklärend beschreibt (Nothegger 2017). Baugruppenmitglieder benannten die Möglichkeit, ihren Wohnraum selbst mitzuplanen, ebenso wie die Gemeinschafts- und Freiräume als ein Konzept, dass sie in die Seestadt zog. Einer der Baugruppen- bewohner, Phillip Nader, antwortet in einem Interview mit dem Falter auf die Frage: *„Was bringt zwei junge urbane Menschen an den äußersten Rand der Donaustadt? Die Baugruppen und die Renderings".*[3]

Selbstbestimmt bezieht sich im Kontext der Bagruppen auf die Möglichkeit der Selbstorganisation und der Gestaltung des eigenen Wohnraums gemeinsam mit einer Gruppe von gleichgesinnten Bewohner:innen und Planer:innen. Das Leben in einer Gruppe von Gleichgesinnten, die sich zum Teil gegenseitig unterstützen, wird dabei auch als Aspekt benannt. Im Verlauf der Zeit wandeln sich allerdings die Perspektiven auf das gemeinschaftliche, weil auch Konflikte auftreten zwischen den Bewohner:innen und nicht alle mit dem „Do-it-yourself"-Ideal, das auch in Notheggers Buch beschrieben wird, übereinstimmen. Beispielsweise verbringen einige Mitglieder viel Zeit in den Gemeinschaftsräumen und investieren viel eh- renamtliche Zeit in ihr Wohnprojekt, während andere bedingt durch ihre Lebens- und Arbeitssituation nicht so intensiv an den Aktivitäten partizipieren können. Das selbstbestimmte Dorf ist auch ein Aspekt, der sich in der Alltagspraxis nicht so integrativ darstellt, wie er in den Konzepten gezeigt wurde, sondern auf andere soziale Gruppen zum Teil exkludierend wirkt, wie in Kapitel 9 beschrieben wird.

Diese und ähnliche Gründe der Wohnungswahl werden im Zuge der Feldfor- schung immer wieder benannt. Für jene, die es aus den zentralen Lagen der Stadt hierherzog und die sich Urbanität erwartet haben, ist es nicht das Lebensgefühl, das sie sich erhofft haben: *„Das Wien-Gefühl fehlt mir hier völlig",* meint Philip Nader im Interview. Die Bewohner:innen sprechen in dem Zusammenhang von dem Gefühl, dass ab 19 Uhr die Gehsteige hochgeklappt werden. Jene Seestädter:innen, die aus dem 22. Bezirk oder vom Stadtrand herzogen sind und die sich bewusst für den Stadtteil mit Randlage entschieden haben, nehmen das ganz anders wahr. Sie haben sich ein Quartier mit guter Infrastruktur und grünem Umfeld gewünscht und schätzen die Überschaubarkeit, den Eindruck, dass sich jeder kennt und die Gemeinschaft.

An dieser Stelle kommt der Blick in die Zukunft ins Spiel, da diese Bevölke- rungsgruppe mit dem Fortschreiten des Ausbaus des Stadtquartiers Angst vor dem

---

3 Birgit Wittstock: Der Aspern-Blues. In: Falter. Stadtleben. 27.09.2016, verfügbar unter: https://www. falter.at/zeitung/20160927/der-aspern-blues.

Verlust der Überschaubarkeit und des Gemeinschaftsgefühls und der zunehmenden Anonymität hat. Im Gegensatz dazu hoffen jene, die aus den zentralen Lagen hergezogen sind, dass es noch urbaner wird. Diese Hoffnung wird mittels der Renderings, welche das 2019 im Entstehen befindliche Seeparkquartier (der aktuelle Bauabschnitt) umranden, visuell unterlegt. *„Teil der Zukunftsversprechen in der Seestadt ist der Verweis auf die nächsten Bauabschnitte, mit denen es im Stadtteil noch urbaner werden soll. Im Alltag begegnen sie einem in Form von Renderings, welche entlang der Baustelle den Heimweg von der U-Bahn zieren. Die Renderings sind wie das nächste Kapitel eines Buches, welches im Stadtteil aufgeschlagen wird und geben eine Vorausschau auf das, was kommen wird"* (Dlabaja 2021b: 264).

Der Blick in die Zukunft

Die Analyse des Renderings zeigt, dass dieses mehrere Funktionen im Prozess der Stadtteilproduktion erfüllt, es adressiert zum einen mittels Imaginationen des Urbanen Sehnsüchte zukünftiger Bewohner:innen, wie die Imagination eines Möglichkeitsraums für einen Neuanfang, aber auch Versprechen auf spezifische Wohnformen und Modi der Vergemeinschaftung. Dabei werden unterschiedliche Konzeptionen von Stadt ins Bild gesetzt. Einerseits wird Urbanität mittels städtischer Infrastrukturen und eines belebten Straßenraumes in Szene gesetzt. Als Akteur:innen sind kaufkräftige jüngere Mittelschichten zu sehen. Das Rendering wurde von der Entwicklungsgesellschaft Wien 3420 in Auftrag gegeben. Der Zweck des Renderings war laut der 3420, potentielle Investor:innen und das interessierte Fachpublikum anzusprechen. Da das Rendering im Prozess der Wohnungsvergabe gezeigt wurde, wurde es auch zu einem Medium der Architekturkommunikation für die zukünftigen Bewohner:innen. Die in dem Rendering transportierten Sinnzusammenhänge und Symbolisierungen evozieren bei den Betrachter:innen unterschiedliche Stadtvorstellungen. Diese reichen vom „Wohnen, wo andere Urlaub machen", bis hin zu Urbanität, sozialer Homogenität und einem neuen Stadtteil bis zu Künstlichkeit. Leerstellen im Bild sind Diversität, intergenerationale Aspekte sowie Originalität und Ecken und Kanten „eines echten Wiener Stadtteils".

Das Bild richtet sich dezidiert an besser situierte, gut ausgebildete jüngere potentielle Bewohner:innen und Investor:innen. Im Zuge einer Präsentation meiner Zwischenergebnisse der Dissertation für die Wien 3420 wurde die Kritik an der Wirkung des Renderings aufgrund der darin gezeigten und transportierten Versprechen der Stadt aufgenommen. Das Ergebnis war, dass die Wien 3420 in ihren zukünftigen Renderings weniger Versprechen transportieren und mehr Diversität ins Bild setzen möchte. Die Analyse der einzelnen Bildsegmente zeigt darüber hinaus jene Themenfelder auf, die im Prozess der Realisierung des Stadtteils umkämpft sind. Nämlich das mit dem Stadtteil verknüpfte Mobilitätskonzept, das

Thema Stadthitze, Stadtgestalt und Stadtbild sowie diese Form eines sozial homogenen Stadtteils und damit verknüpft die Frage der Adressat:innen und danach, wer an diesem Stadtteil teilhaben kann. Der „Blick in die Zukunft" schreibt sich seit Beginn der Realisierung des Stadtteils in Form von Renderings entlang der Baustellen ein. Die Baustellenplakate, welche das Seeparkquartier bis 2019 umspannen, umfassen auch Renderings von Bauprojekten und Visualisierungen der Seestadt. Dieser Blick in die Zukunft im Stadtraum evoziert Erwartungen, Hoffnungen und Ängste bei den Bewohner:innen auf einen urbaneren Stadtteil, bei dem die Überschaubarkeit verloren gehen könnte. Ziel der Renderings ist es, aus Perspektive der Entwicklungsgesellschaft Werbung für die nächsten Bauabschnitte und potentielle Interessent:innen zu machen. Die Renderings entlang der Baustelle lenken den Blick der Bewohner:innen auf die Zukunft des Stadtteils und damit verknüpfte Urbanitätsversprechen.

Ein Spezifikum des Untersuchungsgegenstandes ist der Umgang mit der allgegenwärtigen Kontingenz des Gegenstands, und damit verknüpft der Zukunft, die sich in visuellen Imaginationen und daran geknüpfter Versprechen und Hoffnungen zeigt, sowie der Temporalität von Infrastrukturen, die mit der Errichtung der nächsten Abschnitte wandern. Der Umgang mit dem Wissen darum, dass in ein paar Jahren alles anders sein könnte und der Gegenstand sich bis dahin weiter entwickelt hat, macht das Festschreiben von Entwicklungen zur Herausforderung. Das, was zum Zeitpunkt meiner Analyse als Zukunft imaginiert wird, wird bei der Veröffentlichung der Publikation schon vergangen sein. Dennoch sind Renderings Dokumente und Zeitzeugen, an denen sich gesellschaftliche Entwicklungen und Diskurse ablesen lassen. Das Kapitel steht in sehr engem Bezug zum Kapitel Momente der Stadtwerdung, in dem die in den Renderings imaginierten Vorstellungen nochmals zum Zeitpunkt der Besiedelung der ersten Wohnbauetappe aufgegriffen werden und dem Moment der Fortschreibung der Stadt – während der Fertigstellung des Seeparkquartiers.

Abschließend lässt sich zusammenfassen, dass alle visuellen Repräsentationen und Narrative in städtische Teilöffentlichkeiten eingespeist werden und Teil differenter Diskurse sind. Gleichzeitig schreiben sich diese Vorstellungen von Stadt in die gebaute städtische Infrastruktur ein, das betrifft sowohl wie gebaut wird, etwa wenn es um das Thema Smart City geht, als auch, welche Infrastrukturen angesiedelt werden, wie beispielsweise die Zentrale von Wien Work, einem von der Stadt Wien finanzierten gemeinnützigen Unternehmen der Sozialwirtschaft mit arbeitsmarktpolitischem Auftrag[4], das Menschen über den sogenannten zweiten Arbeitsmarkt reintegriert und Jugendliche in diversen Lehrberufen ausbildet. Diese Infrastruktur steht für das sozialdemokratische Verständnis der Stadt Wien, einer

---

4 https://www.wienwork.at/de/ueber-uns, Zugriff am 10.01.2022.

gerechten Stadt, in der es für jede:n einen Platz gibt, aus der niemand ausgeschlossen wird (mehr dazu siehe Kapitel Narrationen und Infrastrukturen).

6. Planerische Gründungsnarration und Stadtkonzepte

In diesem Kapitel wird nachgezeichnet, wie die Seestadt auf der Steuerungsebene konzipiert und erzählt wird. Es geht der Frage nach, wer und wie die Planung plant, und eröffnet Innenperspektiven in die Welt der Planer:innen. Es gibt Einblicke in das Geflecht aus Planung, Politik und Stadtverwaltung. Dabei wird die Frage aufgegriffen, mit welchem Menschenbild die Planer:innen planen, wen sie als potentielle Bewohner:innen adressieren und welche Stadtkonzepte sie imaginieren und auf das Stadtentwicklungsgebiet projizieren.

Der prominenteste Vertreter, der den Ausgangspunkt für die Frage, wer plant die Planung, bildet, ist Lucius Burckhardt (Burckhardt & Fezer 2004). Er forderte eine Planungskultur ein, die die Perspektive der Bewohner:innen miteinbezieht und sie zum Ausgangspunkt selbiger macht. Seit einiger Zeit hat sich die Debatte um Planung als politische Praxis fortgeschrieben (Lange & Müller 2016), wodurch neue Perspektiven auf die Rolle der Planung und damit verknüpfte Fragen geworfen werden.

„Je nach theoretischer Perspektive werden Planungsprozesse dabei im Kontext der sie prägenden Arrangements aus Akteursallianzen, administrativen und materiellen Rahmenbedingungen, alltagsweltlichen und epistemologischen Orientierungen gesehen, die durch Problemwahrnehmungen, angewandte Technologien und sich entwickelnde Rationalitäten formiert und strukturiert werden. Das politische Moment der Planung beschränkt sich dabei nicht allein auf die Privilegierung einer spezifischen raumbezogenen Lösung und auf einen bestimmten Prozessausschnitt. Vielmehr sind jeder Planungsphase politische Momente eingeschrieben, von der Identifizierung eines ‚Problems‘ über Konflikt- und Konsensbildungsprozesse, die Zielfestlegung des Planentwurfs bis zur Umsetzung und Evaluierung“ (Gribat et al. 2017: 9).

Genau diese Form einer akteurszentrierten Analyse nehme ich am Beispiel der Seestadt vor. Im ersten Abschnitt des Kapitels wird eine der planerischen Gründungsnarrationen über die Seestadt in den Blick genommen, sowie einer der zentralen Akteure der Planung. Im zweiten Schritt werden das imaginierte Menschenbild sowie Stadtvorstellungen der involvierten Planer:innen untersucht. Eine Einführung in die handelnden Akteur:innen der Raumproduktion und Konzeption ist an anderer Stelle zu finden (siehe Kapitel 4. Akteur:innen der Raumproduktion).

Die Seestadt ist ein Ort, an dem Konzepte und Visionen von diversen Akteur:innen ausverhandelt werden, sei es von Planer:innen, Geschäftsleuten, aber auch von der Bewohner:innenschaft, den Baugruppen und lokalen Initiativen. Der Planungsprozess ist wie ein Staffellauf, da er über mehrere Jahrzehnte andauert und kann nur als Ergebnis eines planerischen Kollektivs betrachtet werden und nicht als planerische Einzelleistung. Einer jener Ideengeber für die Seestadt ist Kurt Hofstetter. Unter der Bewohner:innenschaft in der Seestadt ist über weite Teile bekannt, dass Kurt Hofstetter mit der Entwicklung des Gebiets eng verknüpft ist. Einige von ihnen haben einen Fernsehbeitrag in Erinnerung, bei dem zwei Männer auf einem Feld in der Seestadt stehen und von ihrer Vision eines neuen Stadtteils in einer ORF-Sendung erzählen. Es handelt sich dabei nicht um eine *Urban Legend*, sondern wie aus einem Interview mit Kurt Hofstetter hervorgeht, fundiert diese Narration auf einer Wien Heute Sendung aus dem Jahr 2004:

> *„Ich glaube vom Jänner 2004 und das war der Startschuss, wo öffentlich bekannt gemacht wurde, es gibt einen neuen Anlauf für die Entwicklung. Das war an einem Wintertag, wo es kalt und windig war, und der Kurt Höfling von den Wiener Linien und ich sind die Johann-Kutschera-Gasse hinaufgegangen und haben über das leere Feld geblickt, das so ein bisschen mit Schneeverwehung und recht trüb ausgeschaut hat und unendlich weit. Und der Moderator hat im Off gesagt „diese beiden Männer haben eine Vision" und dann hat man den Schwenk gesehen über das nicht bebaute und scheinbar endlos leere Flugfeld."*
> (Interview Hofstetter: Zeile 37–44).

Dieser Teil der Gründungsnarration ist deshalb interessant, da er auf das Bild des Planens auf der grünen Wiese rekurriert. Diese Planungen auf der grünen Wiese stehen sinnbildlich für einen Ort, an dem zuvor nichts war. An dem man nicht in bestehende Strukturen eingebettet baut, im Gegensatz z. B. zum Nordbahnhofviertel, welches von einer bestehenden städtischen Infrastruktur umgeben ist. Diese Vorstellung einer Leerstelle ist eben genau als solche zu benennen, als eine Vorstellung, denn natürlich haben die Felder und Gärtnereibetriebe im Umfeld eine Geschichte (siehe Kapitel 7.). Die Errichtung der Seestadt entsteht an Orten, die mit Bedeutung aufgeladen sind, wie der Geschichte des ehemaligen Flugfelds, das auch in der Zeit des Nationalsozialismus eine Rolle gespielt hat. Die vielfältigen Bedeutungszusammenhänge werden mit der neu entstehenden Stadtentwicklung neu programmiert und mit neuen Geschichten überschieben. Einen Aspekt der Planung auf der grünen Wiese greift Christoph Schwarz auch in seinem preisgekrönten Essayfilm *Die beste Stadt ist keine Stadt*[1] auf. Den Ausgangspunkt bildet darin das Bilderbuch *„Da ist eine wunderschöne Wiese"* (Harranth & Opgenoorth 1972) des österreichischen Bilderbuch-Autors Wolf Harranth und des Illustrators Winfried Opgenoorth. *„Da ist eine wunderschöne Wiese", sagt Herr Timtim, „hier wollen wir bleiben. Und alle Leute aus der Stadt stimmen ihm zu"* (ebenda 3), heißt

---

1 https://www.diagonale.at/filmarchiv/?fid=9562, Zugriff am 28.03.2021.

es da eingangs. Nach kurzer Zeit werden Zäune errichtet und Wege, Häuser und Garagen, später Fabriken und Hotels und mit der Zeit verschwinden die letzten kleinen Flecken der Wiese. Der Kurzfilm beschäftigt sich mit der Transformation einer solchen ruralen Brachfläche, die mit roten Mohnblumen bedeckt ist. Dazu bedient er sich des Moments der Nostalgie. Er hinterfragt den Fortschrittsglauben und greift an verschiedenen Stellen den Verlust eines Erinnerungsorts auf. Der Ort, an dem der Film spielt, ist die Seestadt, wobei der Filmemacher betont, dass es keine Kritik an der Seestadt im Besonderen sei, sondern vielmehr eines prinzipiellen Nachdenkens über den Modus der Stadtentwicklung in dem zunehmend rurale Flächen verbaut werden (siehe Kapitel 7). In diesem Zusammenhang ist interessant, dass das Narrative des Planes auf der grünen Wiese auch in Folge bei weiteren Planungen im Umfeld der Seestadt aufgegriffen wird, u. a. bei der Planung des oberen Hausfeldes (siehe Kapitel 6.). Im Imagevideo der Stadt Wien aus dem Jahr 2020 erzählt Phillip Fleischmann[2], der Leiter der MA21B, von nachhaltiger Stadtentwicklung im oberen Hausfeld, während er auf dem Feld steht, das bis vor kurzem noch von den Nahrungsmittelproduzent:innen aus dem Umfeld bestellt wurde und somit einen Beitrag zur Nahrungsmittelsouveränität der Stadt leistete.

Nicht nur das Wien Heute Video ist Teil eines Gründungsmythos, sondern der Stadtplaner Kurt Hofstetter selbst ist als einer der zentralen Akteure der Seestadt Teil eines kleinen Kreises von Planern[3], die von Beginn an in die Konzeption des Projekts involviert waren. Hofstetter entwickelte 1992 als Mitarbeiter der Wiener Stadtentwicklung gemeinsam mit seinem damaligen Vorgesetzten Manfred Schönfeld und dem Architekten Rüdiger Lainer erste Konzepte für den Stadtteil. Ein Grundgedanke war damals schon, einen modernen multifunktionalen Stadtteil, der über die Funktionalität eines Wohnquartiers hinausgeht, zu schaffen. Wien war zu dieser Zeit eine schrumpfende Stadt. Daher wurde das Vorhaben damals nicht realisiert. Kurt Hofstetter durchlief eine Reihe von Stationen in der Stadtplanung. Lange war er bei der MA21 tätig und dort zuständig für die Donaustadt. 2003 hatten sich die Rahmenbedingungen gewandelt, der damalige Stadtrat Schicker beauftragte die MA21 damit, die Planungen für das Projekt wiederaufzunehmen. Österreich war in der Zwischenzeit der EU beigetreten und Wien war plötzlich im Zentrum der EU positioniert. Die Bevölkerungsprognose der MA23 sagte der Stadt zwei Millionen Einwohner:innen bis 2035 voraus, diese ist die Grundlage für eine weitere prägende Narration – jener der **Wachstumsnarration** seitens der Wiener Stadtplanung. Der Startschuss für das Projekt fiel. 2003 begann Hofstetter als Projektleiter in der MA21, ein Planungsteam für die Seestadt aufzubauen, das sich um die Entwicklung des damals ehemaligen Flugfeldes Aspern kümmerte und

---

2 https://www.youtube.com/watch?v=4rpIDSsI8dI, Zugriff am 20.02.2022.
3 An dieser Stelle wird bewusst kein Binnen I verwendet, da es sich hier um Planer handelte.

die Grundlagen für die Gesamtentwicklung, um den Masterplan, die Ausschreibung und alles, was damit zusammenhing. Dazu wurde eine Reihe von Visionen entwickelt, u. a. das Konzept, **Baugruppen als selbstorganisierte Wohnform** in die Planung des Stadtteils miteinzubeziehen, **die Idee, den öffentlichen Raum als Ausgangspunkt der Planung** zu nehmen, **alternative Mobilitätskonzepte, neue Formen von Arbeiten und Wohnen im Stadtteil zu erproben** sowie innovative Energiekonzepte für den Wohnbau zu entwickeln, um nur einige zu nennen. Das Projekt in dieser Form zu realisieren, nämlich auch leistbaren Wohnraum zu schaffen, war nur möglich, da die Stadt Wien im Besitz des Grundstücks war.

Eine Vision für den neuen Stadtteil war es, einen innovativen **multifunktionalen Stadtteil** zu errichten, der über das *„was die Stadt Wien gut kann"* (Interview H. Zeile 110) – wie Hofstetter meinte – hinaus geht, nämlich qualitätsvollen Wohnbau zu errichten. Für die Konzeption der Seestadt brachte er die Idee ein, Baugruppen in der Seestadt zu realisieren, und damit für das gemeinschaftliche Bauen.

Ansatz der aufsuchenden Stadtplanung

Vor der Ausarbeitung der Ausschreibung des Masterplans verfolgt die MA21 den Ansatz einer „aufsuchenden Stadtplanung" im Umfeld des geplanten Stadtentwicklungsgebiets ähnlich einer aufsuchenden „Sozialarbeit", wie es Kurt Hofstetter nennt, und veranstaltet ab 2004 Infoveranstaltungen mit Anrainer:innen, um auch sie in den Planungsprozess miteinzubeziehen:

„Das war damals wichtig, aber eines dieser Dinge, die nicht zum gelebten Know-how in der Stadt gehört haben. Da habe ich mehr streiten müssen, diese Art der Beteiligung, das war auch nicht eine nach Schulbuch vorgenommene, sondern ich habe das so verstanden, dass wir im Sinne einer aufsuchenden Stadtplanung, fast wie Sozialarbeiter von der Methode her, nicht jetzt sagen, wir machen eine Veranstaltung in Rathausnähe und man ist eingeladen und darf sich dort informieren, sondern wir kommen hin zu den Leuten, weil das einfach die Höflichkeit gebietet, wenn man etwas Großes macht und eingreift ins Umfeld von so vielen Menschen. Und das ist einmal glaube ich sehr gut angekommen und hat dazu geführt, dass man überhaupt die Möglichkeit hatte, auf Augenhöhe Gespräche zu führen. Wir sind dann zu allen Kleingartenvereinen gegangen, zu den Siedlervereinen und zu Bürgerinitiativen, die es hier gibt, haben uns angekündigt, haben gesagt, wir möchten euch besuchen, macht bitte eine Versammlung. Und wir haben dort jeweils präsentiert, dass das Flugfeld Aspern, wie es damals geheißen hat, entwickelt werden soll. Die Leute haben die Entwicklungen aus den 90er Jahren gekannt. Das war nicht ganz neu, dass damals sich was tun wird, aber mir war es wichtig, dass wir hingehen und sagen, wir machen das, wir fragen euch nicht vorrangig um Erlaubnis, das muss klar sein. Ich habe das immer erklärt, das ist so, wie wenn

ihr einen Grillplatz im Garten machen wollt, und der Nachbar redet euch drein, dass gefällt euch nicht, aber ihr könnt vielleicht darüber reden, wie er aufgestellt werden muss, damit der Rauch nicht stört. Und auf dieser Ebene wollen wir sprechen, das heißt, wir werden das entwickeln. Und die Frage ist eben, wie muss es sein, damit ihr damit einverstanden sein könnt, was muss da drinnen sein, wie muss das Umfeld ausschauen. Und das war eine Art der Kommunikation, wo ich das Gefühl gehabt habe, das ist geschätzt worden. Weil wir nicht haben versucht, schön zu reden, wir haben nicht versucht, zu sagen, naja, alles was ihr wollt, wird berücksichtigt und dann wird es nicht gemacht, sondern wir haben ganz klar gesagt, es gibt einen Rahmen und in dem können wir uns bewegen, und da sind wir wirklich offen. Wir haben dann auch eine Fragebogenaktion gemacht in rund 6.000 Haushalten im Umfeld, daran anschließend eine Veranstaltung, die war schwierig, solange wir in der Konfrontation waren, das hat sich aber sofort aufgelöst, als wir in Arbeitsgruppen gegangen sind. Und in den Arbeitsgruppen wurde sehr konstruktiv gearbeitet, und die Leute haben wirklich gesagt, was ihnen am Herzen liegt." (Interview Hofstetter Zeile 98–128).

Das Zitat zeigt zum einen die Bedeutung der lokalen Ebene auf, die im Prozess der Planung mit einbezogen wurde. Es verweist zum anderen auf das zwiespältige Verhältnis der Wiener Stadtplanung zum Thema **Partizipation**[4]. Einerseits gibt es die Tradition in Wien, städtebauliche Entwicklungen mittels eines Masterplans Top-down zu entwickeln und damit grundlegende Entscheidungen und Konzepte von Planer:innen vorzugeben. Andererseits wurde der Versuch unternommen, die Perspektiven der lokalen Bewohner:innenschaft im Rahmen der Veranstaltung einzuholen. In der von der Wiener Stadtplanung und Verwaltung herausgegebenen Publikation „Praxisbuch Partizipation" (Arbter 2012) wird ein mehrstufiges Konzept der Partizipation mit Methoden und Tools für den jeweiligen Grad der Teilhabe entwickelt. Auf dieser „Partizipationsleiter" steht auf der ersten Ebene „informieren" (Arbter 2012: 52), was bedeutet, dass Bürger:innen über Planungsvorhaben informiert werden. Informationsveranstaltungen werden in Wien oftmals im Kontext von Planungsvorhaben durchgeführt, auch um Bürger:innenprotesten entgegenzuwirken und meist medienwirksam diese Veranstaltungen ins Bild zu setzen. Im Falle der von Kurt Hofstetter hier beschriebenen Informationsveranstaltungen 2004 ist man für Wiener Verhältnisse einen Schritt weitergegangen und hat Anrainer:innen gefragt, was für sie als indirekt Betroffene im Umfeld der Wohnenden wichtig ist bei der Realisierung, daher kann man hier von einer Form der Konsultation sprechen, was im Praxishandbuch unter den Begriffen „Informieren und Reaktionen" bzw. „Feedback" (ebenda) einholen eingeordnet wird. Mit Blick

---

4 Eine ausführliche Einführung in die Debatte um den Begriff der Partizipation in der Stadtforschung und Planung befindet sich in der Einleitung auf den Seiten 11 bis 13.

auf die Transformation des städtebaulichen Umfelds und die massiven Auswirkungen des Stadtentwicklungsgebiets auf die Agrar- und Gärtnereibetriebe kann nur von einer selektiven Mit-in-Bezugnahme des Umfelds ausgegangen werden, weil die von der Enteignung und Transformation von Agrarflächen in Wohnbau betroffenen Gärtnereibetriebe nicht in diesen Prozess eingebunden wurden, wie aus den Interviews mit betroffenen Gärtner:innen hervorgeht.

Planungsnarrative: Soziale Durchmischung und gerechte Stadt

Die Seestadt Aspern repräsentiert aus Perspektive der Stadtverwaltung und Planung das *„neue urbane Wien"*. Das imaginierte Menschenbild über die zukünftige Bewohner:innenschaft geht sowohl aus den Renderings und Planungsgrundlagen (siehe Folgeabschnitt) als auch aus den Interviews mit in die Planung involvierter Mitarbeiter:innen der Stadtplanung, der Stadtpolitik und Vorstandsmitgliedern der Verwertungsgesellschaft der Wien 3420, aspern development AG sowie der PSA hervor. In diesem Abschnitt wird empirisch fundiert nachgezeichnet, mit welchem Planungsverständnis und Menschenbild die Planer:innen und Vorstandsmitglieder der Entwicklungsgesellschaft in der Seestadt agieren und wen sie als zukünftige Bewohner:innen dabei adressieren. Zu Beginn der Besiedelung wurden im Sommer 2015 fünf qualitative, Leitfaden gestützte Interviews mit Mitgliedern der PSA und der Wien 3420 durchgeführt. Dabei wurde allen Interviewpartner:innen die Frage gestellt, für welche Zielgruppen die Seestadt aus ihrer Sicht errichtet wird und wen sie als Bewohner:innen adressieren.

Ein prägendes Narrativ, das aus den Interviews hervorgeht, ist jenes der sogenannten „sozialen Durchmischung" und das Bild, dass hier ein Stadtteil für „alle" entstehen soll, die auf der Suche nach einer Wohnung sind. Die Leiterin der PSA Christine Spiess bezeichnet eine möglichst breite Gruppe als Zielgruppe des zukünftigen Quartiers:

> *„Man hat nicht gesagt, also ich will diese Gruppe oder jene Gruppe, sondern gewünscht ist eine Mischung, ja. Also es ist typisch für Wien würde ich sagen, dass man sich nicht eine spezielle Gruppe raussucht, sondern dass man sagt, man möchte ein gemischtes Wohngebiet"* (Interview Spiess Z. 513–518).

Damit bezieht sie sich auf eine Tradition der Stadt Wien, in der die sogenannte *soziale Mischung* in Stadtquartieren als Maxime in der Planungs- und Verwaltungspraxis gilt. Diese repräsentiert die Vorstellung einer gerechten Stadt, in der qualitativ hochwertiger Wohnraum für „alle" zugänglich ist. Diese Tradition geht auf die Zeit des Roten Wien zurück, in der kommunale Wohnbauten gezielt in

Stadtteilen errichtet wurden, in denen besser situierte Bewohner:innen wohnten, um eine soziale Durchmischung zu erzielen. Die jüngste Studie der AK Wien zeigt auf, dass dieses Ideal langsam bröckelt (Molina, Quinz, Reinprecht 2020). Im Rahmen des Projekts wurden aktuelle Sozialstrukturdaten auf Baublockebene analysiert und ausgewertet und zeigen, dass es mittlerweile auch in Wien zur Konzentration von besser situierten und ökonomisch schlechter gestellten Personen nach Bezirk kommt. Wien hat in Relation zu anderen Städten noch immer relativ durchmischte Quartiere, da es nicht zu Prozessen der sozialen Segregation kommt (vgl. Friesenecker, Kazepov 2021).

Die Vorstellung, dass leistbarer Wohnraum für „alle" zugänglich ist, wird seitens der Stadtverwaltung und der zuständigen Stelle, dem sogenannten Wohnservice, allerdings auf jene eingegrenzt, die die formalen Voraussetzungen erfüllen, um Zugang zum geförderten Wohnbau zu erhalten, also mindestens zwei Jahre durchgehend an einer Adresse gemeldet sind. Gefördert meint im weiteren Sinne den geförderten Genossenschaftsbau. Der Zugang zum kommunalen Wohnbau unterliegt nochmals anderen Kriterien. Der kommunale Wohnbau mit einem Gemeindebau mit 76 Wohneinheiten[5] im Quartier am Seebogen repräsentiert. Daher bleibt neu hinzugezogenen Personen und jenen, die nicht dauerhaft an einer Wohnadresse gemeldet waren, der Zugang zum leistbaren Wohnraum verwehrt (siehe Unterkapitel *Die Wohnungsvergabe als Wettbewerbspraxis*). Auf die Frage, wen die Entwicklungsgesellschaft als potentielle Bewohner:innen imaginiert, antwortet einer der Vorstände:

„Ja, also zunächst sprechen wir an den klassischen Wiener Mittelstand. Wie immer man den definiert. Die Wiener Mischung und zusätzlich noch ganz gezielt und verstärkt Studenten und Studentinnen und Vertreter einzelner Interessensbevölkerungsgruppen aus dem Bildungsbürgertum und aus der Kreativwirtschaft, so kleine Selbstständige aus den Bereichen Bildung, Beratung, Technik, Planer und mit den Baugruppenprojekten sind zum Beispiel genau diese Zielgruppen auch angesprochen worden und die sind auch gekommen. Ja. Und das war extrem, aus meiner Sicht extrem erfolgreich. Also 300 Studentenheimplätze in der ersten Phase zu haben und sie auch im ersten Semester schon glaube ich zu etwa ab 75 Prozent vergeben zu haben, ist top. Für den Herbst habe ich gehört, sind sie ausgebucht. Das heißt, bei einem neuen Stadtteil, der an der letzten U-Bahn-Station liegt, ja, ist das super. Fünf Baugruppen haben sich hier etabliert, eine sechste ist jetzt vor dem Baubeginn mit geschätzten 200 Wohneinheiten. Also, wenn ich jetzt die 200 Wohneinheiten nehme und die 300 Studentenheimplätze, dann sind wir bei 500 Wohneinheiten. Das sind nahe an die

---

5 https://www.wienerwohnen.at/gemeindewohnungenneu/seestadt-aspern.html, Zugriff am 09.01.2022.

20 Prozent für ein, ja, ein jugendliches, sehr gut ausgebildetes, auch sozial sehr integrativ wirkendes Bevölkerungsanteil, ist das ausgezeichnet. " (Interview Vorstand1 Zeile 242–258)

Aus dem Ausschnitt des Interviews lassen sich mehrere Aspekte ablesen. Erstens gibt es zwischen den beiden hier zitierten Interviewpartnern einen Konsens darüber, dass der Stadtteil für die Mittelschicht errichtet werden soll. Zweitens wird auf studentisches Wohnen und Baugruppen ein Fokus gelegt. Es werden einer Bewohner:innengruppe bestimmte Attribute zugesprochen und basierend auf der stigmatisierenden Zuschreibung davon ausgegangen, dass sich diese nicht in die Entstehung des Stadtteils einbringen kann:

„Ja, und glaube ich, ist eine ganz gute Basis dafür, dass hier der Anteil der Bevölkerung, die schwieriger integrierbar sind, weil sie halt mit ihren sozialen Problemen, mit ihren finanziellen Problemen, mit ihren vielen familiären Problemen eh ausreichend beschäftigt sind ja, und sich daher in einer Gemeinschaft nicht ganz leicht eingliedern ja, hat man glaube ich einen guten Ausgleich. Also sozusagen glaube ich, dass diese Mischung eine sehr gute werden wird" (Interview Vorstand 1 Zeile 259–262).

Aus den Interviewpassagen lassen sich Hierarchisierungen ablesen, wer sich in die Stadtteilproduktion einbringen kann und wer als „Stadtmacher:in" adressiert wird und wer nicht. Dabei werden einer Gruppe Attribute beigemessen, die stigmatisierend sind. Aus einem Gespräch während der Feldforschungsphase 2017 mit einer Bewohnerin gehen diverse Stigmatisierungserfahrungen im Kontext der Stadtentwicklung und ihrem Alltag in der Seestadt hervor. Sie ist alleinerziehende zweifache Mutter und arbeitet 2017 als Reinigungskraft. Sie erzählt dabei, dass sie sich immer wieder in Prozesse der Stadtgestaltung einbringen wollte und fühlt sich unzureichend informiert über die Entwicklungen im Stadtteil und nicht adressiert bei Planungsprozessen, obwohl sie sich gerne einbringen möchte. Sie beschreibt dieses Gefühl, nicht wahrgenommen oder angesprochen zu werden. Aber nicht nur sie hat diese Empfindung, sondern eine Reihe von Bewohner:innen, die in den geförderten Wohnbauten der ersten Etappe leben, aber auch Baugruppen beschreiben das Gefühl, dass sie nicht ernst genommen werden mit ihrer Meinung, dass man von diversen Akteur:innen der Planung eine Erklärung bekommt, warum etwas in dieser Art und Weise gemacht wird, aber nicht die Möglichkeit hat, sich in die Gestaltung zu involvieren. Dies zeigt sich auch bei den sogenannten Seestadtforen (siehe den Folgeabschnitt dazu), bei denen konfliktbehaftete Themenfelder aufgegriffen werden und Ansätze und Perspektiven der Expert:innen darauf vermittelt werden. Knackpunkte dabei sind im Zeitraum von 2015 bis 2017 vor allem die Parkplatzsituation und die Ausstattung mit Supermärkten. Ein Wiener Stadtforscher beschreibt das Planungsverständnis in der Seestadt in diesem

Kontext als „Stadtplanung als Erziehungsmaßnahme". Das Zitat zeigt auch, mit welchem Menschenbild einige der involvierten Akteur:innen planen, nämlich der Vorstellung eines zivilisierten gebildeten Teils der Bewohner:innenschaft, der dann den Teil, der nicht die gewünschten inkorporierten Normen und Werte in sich trägt, ausgleicht. In einem aktuellen Interview im Standard benennt der Wiener Planungsdirektor Madreiter sein Planungsverständnis so:

> *„Es sollte das, was Architekt Rüdiger Lainer das ‚Demiurgenverständnis' genannt hat, diesen Schöpfergott, der eine Idee hat, die dann genau so umgesetzt wird, in der modernen Stadtplanung nicht geben. Bei Stadtplanung geht es um Strukturen und Prozesse. Städtebau ist ein bisschen wie Kindererziehung. Ich brauche klare Regeln und Rahmenbedingungen, aber muss auch loslassen und vertrauen können."*[6]

Dieses Selbstverständnis der Stadtplanung als Erziehungsmaßname kommt nicht bei allen Bewohner:innen gut an. Ein Teil der Bewohner:innenschaft fühlt sich, insbesondere wenn es um das Thema Beteiligung und Mobilität in der Seestadt geht, nicht ernstgenommen und ausgeschlossen (siehe Abschnitt sozialräumliche Milieus). Einer adressierten Zielgruppe wird von den Akteur:innen der Planung besondere Bedeutung zugemessen, den Baugruppenmitgliedern, wie der nächste Interviewausschnitt mit dem Stadtplaner Kurt Hofstetter zeigt, werden gewisse Erwartungen an diese zukünftigen Bewohner:innen gehegt.

> *„Naja, ich habe mich, zuerst habe ich mich sehr dafür eingesetzt, dass sie stattfinden, weil wir uns immer erwartet haben, dass wir von der Durchmischung speziell am Anfang eine Gruppe von Leuten brauchen, die wenn sie es geschafft haben, ein Haus zu bauen, dann schaffen sie es auch, andere Dinge zu tun und die sich nicht beirren lassen, wenn etwas gleich einmal nicht geht, sondern sich darum kümmern, dass Dinge, die ihnen abgehen, auch da sind."* (Interview H 396–402).

Die Baugruppen werden hier als Pionier:innen des Stadtteils imaginiert, die sich in seine Entwicklung involvieren und Ideengeber:innen für neue Konzepte und Ansätze sind. Sie werden nicht nur als Bewohner:innen adressiert, sondern als sogenannte „Kümmerer" also eine Gruppe, die sich im Prozess der Stadtwerdung aktiv einbringt. Im Masterplan heißt es dazu: *„Um in dichten und kompakten Bauformen auch kleinteilige Strukturen und Nutzungseinheiten mit vielfältiger Gestaltung zu ermöglichen, aber auch um nachbarschaftliche Beziehungen zwischen den Blöcken entstehen zu lassen, sind kooperative Bauträgerschaften und adäquate Planungs-*

---

6 https://www.derstandard.at/story/2000132362639/tu-professorin-schneider-guter-staedtebau-muss-schlechte-architektur-aushalten, Zugriff am 09.01.2022.

und Qualitätssicherungsmechanismen erforderlich." (Schönfeld 2007: 82). In den Materialien der Öffentlichkeitsarbeit der Wien 3420 werden sie als Pionier:innen dargestellt, die Initiativen gründen und Akteur:innen vernetzen.

Aus zahlreichen informellen Gesprächen, die im Zuge der Feldforschung durchgeführt und protokolliert wurden, geht ein weiteres Verständnis, nämlich jenes der involvierten politischen Akteur:innen hervor. Dies zeigt sich insbesondere bei jenen der SPÖ nahestehenden Interviewpartner:innen. Es wird von den Bewohner:innen Dankbarkeit erwartet für die Errichtung des neuen Stadtteils und damit verknüpft auch ein adäquates Verhalten der Bewohner:innenschaft. Darüber hinaus ging aus den Gesprächen im Umfeld einer der Auftraggeber des Besiedelungsmonitorings 2015 immer wieder ein Unverständnis dafür hervor, wie es dazu kommen konnte, dass Teile der Bewohner:innen der Seestadt bei den Wien Wahlen 2015 die FPÖ wählten. Diese Frage beschäftigte nicht nur politische Akteur:innen, sondern wurde kurz nach der Wien Wahl sowohl in den Medien als auch von diversen Gesprächspartner:innen beim Thema Seestadt immer wieder aufgegriffen. Diese Sicht kommt meines Erachtens nach daher, dass Stadtplanung und Wohnbau hochgradig normativ aufgeladen werden von diversen Akteur:innen, die Planung soll diverse gesellschaftliche Problemlagen auffangen. Öffentliche Räume sollen „integrativ" für die Nachbarschaft wirken und soziale Durchmischung im Bereich des Wohnbaus für Sicherheit und hohe Wohnzufriedenheit sorgen. Dabei wird ausgeblendet, dass gerade in der Seestadt sehr unterschiedliche Vorstellungen von Stadt entlang städtischer Infrastrukturen existieren, die wiederum mit politischen Präferenzen verknüpft sind (siehe Abschnitt Infrastrukturen).

Die Stadtgestalt als Gegenstand städtischer Öffentlichkeit

„Ist es nicht in der Tat seltsam, daß sich die Öffentlichkeit nicht als Öffentlichkeit mit dem Stadtbild beschäftigt? Ist doch das Stadtbild die öffentlichste Äußerung unseres Lebens, die sichtbarste Darstellung menschlicher Wirksamkeit. Und wenn man uns in 2000 Jahren einmal ausgräbt, und die Kenntnis unserer Schrift ist verlorengegangen, so wird man uns nach nichts anderem beurteilen können als dem Stadtbild" (Burckhardt 2004: 19).

Kontroverselle Debatten um Architektur und Stadtgestaltung haben in Wien eine lange Tradition, das bekannteste Beispiel ist sicherlich die Diskussion um die Gestaltung des Lo-shaus am Michaelaplatz, die zeitweise zum Baustopp desselben führten (Villgrater 2014: 100). Die Geschichte dazu wird gerne von Fremdenführer:innen erzählt, und besagt, dass der damalige Kaiser Franz Josef sein Schlafzimmer verlegte, um das „Haus ohne Augenbraun" (ebenda) nicht mehr sehen zu müssen. In Wien gibt es eine kontroverse Debatte in städtischen (Teil)Öffentlichkeiten, die sich mit dem Stadtbild befasst. Der mediale Diskurs in Tageszeitungen und den öffentlichen Fernsehanstalten widmet sich diesem Thema kaum.

Wenngleich die Seestadt eine von mehreren Stadtteilen ist, wie das Nordbahnhofviertel, das Sonnwendviertel, das Viertel 2, Montelaa und eine Reihe noch in Planung befindlicher Projekte, die das Stadtbild Wiens nachhaltig transformieren. Diese Stadtentwicklungsprojekte sind sichtbare Zeichen einer städtebaulichen Ära, so wie es Projekte aus anderen Zeiten wie Alterlaa, die Donauplatte oder die Wienerberg City waren (vgl. Seiß 2007; Villgrater 2015). Diese Transformation passiert über einen längeren Zeitraum hinweg und da die Seestadt sich in peripherer Lage verortet, wird sie nicht von allen Stadtbewohner:innen in gleichem Maße bemerkt. Anders als beispielsweise bei den Kontroversen um die Gestaltung des Haashauses am Stefansplatz oder den öffentlichen Debatten um die Gestaltung des Museumsquartiers sowie dem geplanten Leseturm, wie es Dietmar Steiner gemeinsam mit Kolleg:innen in der Publikation Hintergrund 11 zur Errichtung des Museumsquartiers aufarbeitet (vlg. Steiner 2001).

Aber auch bei der Entwicklung der Seestadt wird kontrovers über die Stadtgestalt und das architektonische Erscheinungsbild der Wohnbauten diskutiert. Dabei scheiden sich in der Anfangsphase der Bebauung um 2014 die Geister bei Planer:innen und Anrainer:innen und Personen, die außerhalb des Stadtteils wohnen, wie aus den qualitativen Interviews mit Planer:innen, Architekt:innen und Bewohner:innen hervorgeht. Einige Stimmen äußern sich in den Interviews kritisch, dass hier günstiger Wohnbau von der Stange errichtet wird, andere heben wiederum die Qualität der Vielfalt in der architektonischen Gestaltung der Seestadt hervor, das diese anders als in vorangegangenen Projekten das diverse Erscheinungsbild der Wohnbauten unter Verwendung unterschiedlicher Materialien und Gestaltungsprinzipien (wie etwa der Holzfassaden, oder auch Keramik, sowie unterschiedlicher Farbgebung und Rhythmisierung der Fassaden). Kontroversen über das Stadtbild werden mit dem Baufortschritt ab 2017 vor allem in den sozialen Medien via Facebook geführt, wie die empirische Analyse zeigt (siehe Kapitel 9).

„Sagen Sie nicht in der Öffentlichkeit bestehe kein Interesse für das Stadtbild! Um das Gegenteil zu beweisen, braucht man nur auf die Straße, im Tramwagen seine Ohren aufzumachen: dort wird jeder Neubau, jede Veränderung von einem strengen Richter kommentiert, und alles Kleinliche und geschmacklich Unsaubere wird mit herben Witzworten bedacht. So fehlt nicht die Anteilnahme am Geschehen, sondern es fehlt, daß diese Anteilnahme zum öffentlichen Ausdruck kommt, daß sie eine Form oder ein Forum findet, welche eine öffentliche Wirkung garantieren" (Burckhardt 2004: 19).

Das Zitat von Burckhardt greift einen Aspekt auf, den ich in diesem Abschnitt thematisieren möchte, nämlich das Unbehagen gegenüber Gegenwartsarchitektur, das sich in Architekturkritik kleidet. Dazu verweise ich auf eine Plattform für die kritische Betrachtung aktueller Stadtentwicklungsgebiete sowie auf die Verkehrskonzepte der Stadt, auf den von Georg Scherer 2018 gegründeten Blog WienSchauen. Zahlreiche Beiträge des Blogs werden auf der Facebook-Seite Die Zukunft der Städte gepostet. Beiden Seiten (der eben genannten Facebook-Seite und dem Blog) ist gemein, dass sie die gründerzeitliche Stadt als städtebauliches Ideal betrachten und der aktuelle Städtebau meist als negatives Beispiel in Relation gesetzt wird. Das zeigt die Analyse der Beiträge und ein Screening der Überschriften auf dem Blog, die beispielsweise *„Die Zerstörung des Stadtbilds: Wie Wien immer hässlicher wird"*[7] titeln. Der Großteil der Beiträge befasst sich mit der Erhaltung der Altbausubstanz im Stadtkern oder thematisiert Neubauprojekte aus einer kritischen Perspektive, die meist als Investorenprojekte realisiert werden. Was WienSchauen.at und die Facebook-Gruppe Die Zukunft der Städte (siehe Abschnitt Stadtkonflikt Stadthitze) gemeinsam ist, ist die kritische Analyse einer Planungskultur der autozentrierten Stadt und der Verlust der gründerzeitlichen Baustruktur, aber auch die Abneigung gegen modernen Städtebau und die Präferenz der gründerzeitlichen Stadt als Ideal des Städtebaus. Die Postings in der Facebook-Gruppe finden eine rege Anhängerschaft, welche die Perspektiven der Autor:innen teilt. Die Art der Diskussion erinnert an Debatten und Gegenwartskunst, die oft erst retrospektiv Akzeptanz bei einem breiteren Publikum fand.

> *„Die Materie des Städtebaus ist komplex, sie ist von ästhetischen und zugleich von höchst banalen Aspekten durchzogen. Wie soll man sich da verstehen? Wie sollen zwei Diskutierende, von denen der eine die Proportionen eines Platzes lobt, der andere das Fehlen von Parkplätzen bemängelt – nicht sich einigen, das wäre zu viel verlangt –, sondern auch nur den gemeinsamen Boden finden, auf dem sie miteinander reden können?"* (Burckhardt 2004: 19–20).

Auch hier bringt Burckhardt ein Spezifikum der Debatte über Städtebau auf den Punkt, nämlich, dass es sich hier um einen sehr komplexen Gegenstand handelt, entlang dessen oftmals auch emotional Themenfelder diskutiert werden. Interessant an den kontroversen Debatten in der Facebook-Gruppe Die Zukunft der Städte ist in dem Zusammenhang, dass der Großteil der kritischen Postings von Personen stammt, die nicht in der Seestadt wohnen und dass sich in diese Debatte immer wieder involvierte Planer:innen und Bewohner:innen involvieren, die für den Stadtteil und seine Gestaltung Partei ergreifen.

---

7 https://www.wienschauen.at/die-zerstoerung-des-stadtbilds-wie-wien-immer-haesslicher-wird/, Zugriff am 09.01.2022.

Städtische Infrastrukturen als materialisierte Dispositive

Wie im Akteurskapitel erläutert wird die Herstellung der Seestadt von der Entwicklungsgesellschaft Wien 3420 und der PSA der Stadt Wien koordiniert. Die Projektleitung Seestadt Aspern PSA schreibt in ihrer Funktion als magistratsübergreifende Organisationseinheit der Stadt Wien sozialdemokratische Werte einer Stadt „für alle" in Form von städtischen Infrastrukturen ein. Das zeigt sich zum einen in Form des geförderten Wohnbaus, der in der Seestadt entsteht. Zum anderen zeigt sich das durch Infrastrukturen wie Wien Work einem sozialökomischen Betrieb, der Menschen über den zweiten Arbeitsmarkt in Beschäftigung bringt. In der Seestadt verortet sich sowohl die Zentrale von Wien Work als auch einzelne Betriebsstätten wie eine Druckerei, Wäscherei, ein Restaurant und eine Näherei. Sowohl der geförderte Wohnbau als auch der gemeinnützige Betrieb vertreten die Werte der Stadt, die den Zugang „für alle[8]" zu Wohnraum und Arbeit schafft.

All diese Infrastrukturen demonstrieren den Geist der von der SPÖ regierten Stadt Wien und ihrer Tradition des „Roten Wien", die eine gesellschaftliche Utopie wahr werden ließ. Sie entsteht allerdings eingebettet in differenzierte Rahmenbedingungen, in die der Wettbewerb der globalen Städte und die Erosion der Normarbeit sich in die Stadtgesellschaft auf allen Ebenen eingeschrieben haben. Daher nimmt die Wien 3420 eine wichtige Rolle als Entwicklungsgesellschaft ein. Sie steht für die Prinzipien der unternehmerischen Stadt und führt mit dem Prinzip des Verkaufs bestimmter Baufelder im Falle des Seeparkquartiers auch vereinzelt zu Praktiken der neoliberalen Stadt. Die Wien 3420 vermarktet den Stadtteil und verkauft seine Baufelder an Bauträger und Investor:innen, wobei diese an bestimmte Vergabekriterien gebunden sind. Die 3420 forciert aber auch „Innovation Labs", das sind Forschungsprojekte wie das ASC Aspern Smart City Research Lab, welches sie selbst mit initiiert hat, aber auch die Ansiedelung von Betrieben im Tech-Bereich, als auch Ein-Personen-Unternehmen, die zum Teil in Coworking Spaces der Baugruppen verortet sind oder auch im Bereich der Hotellerie. Diese gewerblichen Infrastrukturen in der Seestadt werden oftmals mit anderen Nutzungen in einem Gebäude realisiert. Daher wird Gewerbe mit Wohnen und Büronutzen in einem Baukörper verknüpft realisiert. Das zeigt sich sowohl in allen Abschnitten in den

---

8 Der Terminus „für alle" bezieht sich im Kontext des Wohnbaus fundierend auf Rechtsgrundlagen auf Menschen mit einem bestimmten Aufenthaltstitel und schränkt sich auf Personen ein, die seit einem bestimmten Zeitraum in der Stadt leben. Daher ist es eine Narration von einem Zugang für alle, die eine Reihe von Personengruppen ausschließt. Im Bereich des Wohnbaus ist die Voraussetzung für den Zutritt zum geförderten Wohnbau, dass man mindestens zwei Jahre an einer Wohnadresse durchgehend hauptgemeldet ist in Wien. Daher werden bestimmte Personengruppen von dieser Form des Wohnbaus ausgeschlossen, wie etwa ehemals wohnungslose Menschen oder jene, die in kürzeren Abständen öfter umziehen mussten.

Sockelzonen als auch im Seeparkquartier in Gebäuden wie dem HoHo, wo Hotellerie, mit Gewerbe, Freizeit, Einzelhandel und temporärem Wohnen realisiert wurde. Insbesondere im Seeparkquartier wurde aber eben auch Infrastrukturen und Modi der neoliberalen Stadt Raum gegeben. Ein Beispiel dafür ist der Investor Kerbler, der vier Baufelder im Seeparkquartier erwarb und drei davon gewinnbringend weiterverkaufte. Von diesem gewinnbringenden Weiterverkauf hat der ehemalige Eigentümer, nämlich die Stadt Wien, nichts, daher ist die Frage, ob es für Entwicklungen wie diese nicht rechtliche Regulative bedarf, um zu vermeiden, dass aus öffentlichem Gemeingut spekulative Geschäfte hervorgehen. Eine weitere neoliberale städtische Infrastruktur, die sich im Seeparkquartier verortet, sind die Eigentumswohnungen, welche von Personen zum Teil als Anlagewohnungen gekauft wurden und nun an Mieter:innen sehr teuer weitervermietet werden. Die hohen Mieten im Seeparkquartier sind im Vergleich zu jenen des geförderten Wohnbaus im Pionierquartier immens (siehe Kapitel Wohnbau). Der öffentliche Raum der Seestadt ist durch kommunale Infrastrukturen gekennzeichnet. Das heißt, im Gegensatz zu privaten Investor:innenprojekten ist der öffentliche Raum im Besitz der Stadt Wien und alle Parkanlagen, die sich außerhalb der Blockrandbebauung der Wohnprojekte befinden, sind kommunale Infrastrukturen, wie etwa der Seepark oder der Hannah-Arendt-Park. Darüber hinaus werden die Sportflächen des Bildungscampus 1 mittels Mehrfachnutzung für Sportvereine zugänglich gemacht und sind so kommunal und öffentlich nutzbar. Die Freiräume in den Innenhöfen der Wohnbauten sind im Besitz der großteils gemeinnützigen Bauträger und im Falle des Seeparkquartiers der Immobilienentwickler. Alle Freiräume sind öffentlich nutzbar und Bauträger übergreifend gestaltet worden. Die Infrastrukturen des Stadtteils differieren nach gefördertem und freifinanzierten Wohnbau, sowie Investor:innenprojekten und kommunalen Infrastrukturen wie Parks, die Gemeingüter für alle Nutzer:innen darstellen. Die städtischen Infrastrukturen in der Seestadt bezeichne ich als materialisierte Dispositive, da sie eine materialisierte Form von Stadtvorstellungen darstellen, die zuerst auf diskursiver Ebene des konzeptionellen Raums generiert wurden und dann als materielle Infrastrukturen Eingang in den Stadtraum fanden.

7. Seestadt-Umland-Relationen: Urbane Landwirtschaft im Wandel

Das Bild vom Planen und Bauen auf der grünen Wiese evoziert die Vorstellung, dass etwas auf einer leeren Fläche entsteht, an der zuvor nichts war. Dabei wird ausgeblendet, dass jedes Stadtentwicklungsgebiet mit einer Geschichte des Verlusts verknüpft ist, in diesem Fall mit dem Verlust einer Kulturlandschaft, die sinnbildlich für eine Jahrhunderte alte Tradition der Nahrungsmittelproduktion in Wien ist. Im Falle der Seestadt bettet sich diese im Sommer von Mohnblumen und Feldern bedeckte Fläche in ein Umfeld ein, das seit Jahrhunderten von Agrarbetrieben und Gärtnereibetrieben geprägt ist. Bei anderen Entwicklungsgebieten sind es urbane Brachen, Erinnerungsorte, städtische Infrastrukturen oder andere Konversionsflächen, die verbaut und damit mit neuer Bedeutung aufgeladen werden. Ziel dieses Kapitels ist es, die Transformation dieser landwirtschaftlichen Betriebe aufzuarbeiten und die Konzeptionen von Stadt, die dabei ausverhandelt werden, in den Blick zu nehmen. Ich widme mich der Transformation des Umfelds der Seestadt, um die Verortung und Einbettung des entstehenden Stadtteils als auch seiner Relationen zum Umland näher zu beleuchten. Es wird die Konversion der landwirtschaftlichen Anbauflächen im Umfeld der Seestadt sowie der städtebaulichen Entwicklungsgebiete, welche den Charakter des Gebiets von einer landwirtschaftlichen ruralen Zone hin zu Wohnquartieren transformieren, beleuchtet. Am Ende des Kapitels wird die Frage aufgeworfen, wie wir, im Kontext der Nahrungsmittelsouveränität, Herausforderungen des Klimawandels in Zukunft und Gegenwart in der Stadt realisieren wollen und welche Strategien es dafür gibt.

Im Kontext der Debatte um die sogenannte nachhaltige Stadtentwicklung ist das Thema Nahrungsraum Stadt hochaktuell, allerdings wird dabei vor allem auf Nahrungsmittelproduktion im wohnungsnahen Umfeld geblickt, wie Nachbarschaftsgärten (vgl. Huber 2013), die Agrarflächen im Umfeld werden meist ausgeblendet (vgl. Kumning 2017). Diese selektive Aufmerksamkeit mag auch mit dem Problem der binären Wahrnehmung von Stadt und Land verknüpft sein (vgl. Schmidt-Lauber 2018: 26). In Wien fand Nahrungsmittelproduktion seit jeher auch innerhalb der Stadtgrenzen statt, betrachten wir beispielsweise die urbane Viehhaltung in der Antike, über das Mittelalter bis hin in die Neuzeit. Was größere Agrarflächen in Wien betrifft, wurden diese vor allem nach der Regulierung der Donau und in Verbindung mit der Eingemeindung der ehemaligen Vorstätte ab den 1850er, 1890er bis in die 1910er Jahre zu einem wichtigen Bestandteil der Versorgung mit frischem Obst und Gemüse in Wien.

Wien hat einen Anteil von 50 % Grünflächen (MA18 2015: 8). 2020 wird ein Siebentel der Fläche Wiens landwirtschaftlich bewirtschaftet (vgl. M58 2014). Aktuell sind 448 Betriebe Mitglied der Wiener Landwirtschaftskammer und circa 3.700 Menschen arbeiten in diesem Bereich[1] laut Landwirtschaftskammer Wien[2]. Eines der bekanntesten historischen Beispiele für Nahrungsmittelproduktion in der Stadt ist das Naherholungsgebiet Steinhof, in dem zur Zeit der Gründung des Otto-Wagner-Spitals bis in die erste Republik hinein das Spital autark mit Lebensmitteln versorgt wurde, die auf den Anbauflächen in den Steinhofgründen produziert und mittels Viehhaltung gewährleistet wurden. Ein aktuelles Leuchtturmprojekt in diesem Gebiet ist der Haschhof[3], an dem eine Gruppe innovativer Landwirt:innen und Gärtner:innen neue Strategien und Ansätze für urbane Agrarwirtschaft mittels Kreislaufwirtschaft erprobt.

Das Thema Nahrungsraum Stadt (vgl. Held 2017) erfährt in den letzten Jahren einen regelrechten Boom, insbesondere im Zusammenhang mit Stadtentwicklungsgebieten. Dabei rücken vor allem Gemeinschaftsgärten (vgl. Huber 2013), DIY-Praktiken (Löffler & Langreiter 2017) und Foodsharing-Initiativen ins Blickfeld des Stadtmarketings, der Stadtplanung und Entwicklung. Sie werden bei neuen Stadtentwicklungsgebieten als Tool zur Gemeinschaftsbildung und als partizipative Praxis der Planung genutzt sowie als Instrument der nachhaltigen Lebensmittelproduktion im direkten Wohnumfeld vermarktet. Die Geschichte der Gemeinschaftsgärten, wie wir sie heute kennen, geht auf die Community und Gorilla Gardens im New York der 1970er zurück, auf soziale Bewegungen, die urbane Brachen und Baulücken für die Gemeinschaft nutzbar machten und damit ihr Recht auf Stadt einforderten. Später wurden diese Gärten zum Katalysator steigender Bodenpreisentwicklungen und damit von Gentrification-Prozessen (Zukin 2009), was der kapitalistischen Akkumulationslogik geschuldet ist, nicht aber das utopische Moment jener Gärten in Frage stellen kann. Gemeinschaftliche Nahrungsmittelproduktion in der Stadt hat aber eine noch viel längere Geschichte, denken wir an die Wiener Siedlerbewegung und die Schrebergärten (vgl. Krasny 2012). Seedbombs- und Gorilla-Gardening-Bewegungen sind Teil sozialer Bewegungen, die sich mittels Aktivismus gegen versiegelte und autofreundliche Städte für nachhaltige Begrünung und Bepflanzung von Städten einsetzen. Aktuell werden diese Praktiken von Stadtentwicklung und Immobilienwirtschaft aufgegriffen und für Marketingzwecke umgedeutet (vgl. Kumnig 2017), dass diese Formen des gemeinschaftlichen Gärtnerns als partizipatives Tool neoliberaler Planungspraktiken vereinnahmt werden,

---

1 https://oe1.orf.at/programm/20210105/622401/Stadt-frisst-Land, Zugriff am 05.01.2021.

2 https://gruenerbericht.at/cm4/jdownload/download/16-gr-bericht-wien/2163-wien-gb-2017, Zugriff am 14.01.2021.

3 https://www.haschahof.at/, Zugriff am 05.01.2021.

wird seitens der kritischen Stadtforschung aktuell kontrovers diskutiert (Kumnig 2017; Held 2017).

Im Hintergrund bleibt dabei die Debatte über die vorhandenen Landwirtschafts- und Gärtnereibetriebe, die den Stadtentwicklungsgebieten zum Opfer fallen und in verbaute Flächen umgewandelt werden. Meist ist es ein stilles Sterben der Gärtnereibetriebe wie im Umfeld der Seestadt, einer nach dem anderen weicht den Wohnbauprojekten, kollektive Widerstände betroffener Landwirt:innen wie im Falle des Donaufelds (vgl. Kumning 2017: 140) bilden dabei die Ausnahme. Im Kontext der Debatte um Ernährungssouveränität in der Stadt und der nachhaltigen lokalen Nahrungsmittelproduktion können die Agrar- und Landwirtschaftsbetriebe als wertvolle Ressource betrachtet werden.

Der Begriff der Ernährungssouveränität kommt aus der kleinbäuerlichen Agrarbewegung *La Via Campesina*, die ihn am Rande des Welternährungsgipfels der UN 1996 als Begriff prägte und der 2007 im Rahmen des Forums für Ernährungssouveränität in Nyéléni wie folgt definiert wurde:

„Ernährungssouveränität ist das Recht der Menschen auf gesunde und kulturell angemessene Lebensmittel, die einer umweltverträglichen und nachhaltigen Herstellung entstammen. Sie ist das Recht der Menschen, ihre Ernährung und Landwirtschaft selbst zu bestimmen. Ernährungssouveränität stellt die Ziele und Bedürfnisse derjenigen ins Zentrum der Nahrungsmittelsysteme und -politiken, die Lebensmittel erzeugen, verteilen und konsumieren, nicht die Interessen der Märkte und transnationalen Konzerne" (orig. 2007, übersetzt von Luig 2019: 58).

Er umfasst die Forderung nach lokal und nachhaltig produzierten Lebensmitteln in kleinteiligen Strukturen. Allerdings liegt diese Ressource der Agrarflächen in Wien gegenwärtig quer zur Stadtentwicklungs- und Wohnbaupolitik, die dem Wachstumsnarrativ folgt und daher der Argumentation unterliegt, dass aufgrund der zunehmenden Bevölkerung mehr leistbarer Wohnraum geschaffen werden muss. Der Verweis auf den Leerstand im Bestand, wie leerstehender Bürogebäude und Gewerbeflächen wird seitens der Planung bislang wenig Beachtung geschenkt.

Dem Thema der schwindenden Agrar- und Gärtnereibetriebe hat sich die Forscher:innengruppe „Green Urban Commons" (vgl. Kumnig, Rosol, Exner 2017) am Institut für internationale Politik der Universität Wien von 2013 bis 2016 gewidmet. Unter der Leitung von Ulrich Brand und dem Forscher:innenteam, das sich aus Stephan Hochleithner, Andreas Exner, Peter Krobath, Sarah Kumnig, Isabelle Schützenberger und Stephanie Arzberger zusammensetzte, ging das Projekt der Frage der Bedeutung gemeinschaftlicher Agrar- und Grünflächen sowie Anbauflächen im Stadtraum, der Instrumentalisierung von Nachbarschaftsgartenprojekten als partizipatives Tool in Top-down-Planungsprozessen nach. Ein Fokus waren

Gemeinschaftsgärten, Gorilla Gardening und gemeinschaftliche Agrarprojekte, der zweite Schwerpunkt war die Umwandlung der Agrarflächen des Donaufelds in ein Stadtentwicklungsgebiet und die damit verknüpften Widerstände lokaler Akteur:innen (Anwohner:innen und Landwirt:innen). Ähnlich wie im Falle des Donaufelds ist das Thema Ernährungsraum Stadt in der Seestadt ein janusköpfiges Zwiegesicht, welches nur relational analysiert und verstanden werden kann.

Diese Entwicklungen werden in den nächsten Jahren noch zunehmen, wie den Plänen der Stadtentwicklung zu entnehmen ist, immer mehr landwirtschaftliche Flächen weichen neuen Stadtentwicklungsgebieten. Nach einem Blick auf gemeinschaftliche Gartenprojekte innerhalb der Seestadt widme ich mich im darauffolgenden Teil des Kapitels der Nahrungsmittelproduktion im Umfeld der Seestadt und damit den schwindenden Gärtnerei- und Agrarbetrieben und im zweiten Teil der Nahrungsmittelproduktion innerhalb der Seestadt, die sich wesentlich sichtbarer in das Image des Stadtteils einschreibt.

Aus der Feldforschung geht hervor, dass die Donaustadt einem rasanten Prozess der Urbanisierung unterworfen ist. Diese Entwicklung ist eng verknüpft mit dem Stadtentwicklungsgebiet Seestadt Aspern und weiteren damit verknüpften Projekten. Den Ausgangspunkt der Analyse der städtebaulichen Entwicklungen des 22. Bezirks bilden Spaziergänge und vertiefende Feldforschungen im Umfeld der Seestadt durch die landwirtschaftlichen Kulturräume und Gärtnereibetriebe, sowie zahlreiche Gespräche mit Betreiber:innen von Gärtnereibetrieben aus dem Umfeld der Aspernstraße im Zeitraum von 2017 bis 2020. An die Erkenntnisse der Feldforschung anknüpfend wurden Planungskonzepte und Grundlagen für Stadterweiterungsgebiete in der Donaustadt analysiert sowie ein Experteninterview mit dem Zielgebietskoordinator der Donaustadt, Philipp Fleischmann, und eine Reihe von Interviews mit Planer:innen der Seestadt und Mitgliedern der Wiener Landwirtschaftskammer durchgeführt.

Diese ersten Beobachtungen 2017 bildeten die Grundlage für weitere Erhebungen, bei denen ich mit Gärtner:innen aus dem Umfeld über die schwindenden Gärtnereibetriebe und Veränderungen in ihren eigenen Betrieben im Kontext der angrenzenden Stadtentwicklungsgebiete sprach. Mich interessieren dabei sowohl die mannigfaltigen Ursachen für den Niedergang der landwirtschaftlichen Betriebe, ebenso, wie die Betriebe mit ihrem Schicksal umgehen, welche Strategien sie entwickeln, ob es kollektive Proteste gegen die Planungsvorhaben gibt und wie die Geschichte der Gärtnereibetriebe aufgearbeitet wird im Prozess der Stadtentwicklung im Sinne einer Erinnerungskultur. Diese Aufarbeitung der Transformation der landwirtschaftlichen Kulturlandschaften soll einen Beitrag dazu leisten, um die lokale Geschichte der Gärtnereibetriebe und Bauern zumindest rudimentär im Kontext der Stadtentwicklungsgeschichte aufzuarbeiten.

Die Geschichte des urbanen Gärtnerns innerhalb des Stadtentwicklungsgebiets beginnt im Jahr 2011 mit dem Seestadtgarten des Vereins Gartenpolylog[4], welcher zuerst am ehemaligen Rollfeld entsteht. Mitglieder des Gemeinschaftsgartens sind Bewohner:innen aus angrenzenden Stadtteilen wie Essling und Aspern und später (nach der Besiedelung) kommen Bewohner:innen des Stadtteils hinzu. Mit dem Beginn der Errichtung der ersten Etappe muss der Seestadtgarten weichen und findet nach einer Zeit ein neues Zuhause in der Nähe der Opelwerke. Gartenpolylog ist einer der Pioniere im Bereich der Wiener Gemeinschaftsgärten (vgl. Huber 2013). Der Verein begleitet seit Beginn eine Reihe von gemeinschaftlichen Gartenprojekten die u. a. als interkulturelle Gärten Raum für integrative Projekte bieten und gleichzeitig das Ziel verfolgen, auf lokaler Ebene Nahrungsmittelproduktion selbstorganisiert zu ermöglichen. Der Seestadtgarten wurde zu Beginn seiner Gründung von Gartenpolylog begleitet und ist mittlerweile ein selbst organisierter Verein. Jedes Mitglied hat eine Fläche von 50 m² zur Verfügung, wobei einige Parzellen geteilt werden. Die Mitglieder sind lediglich dazu verpflichtet, ihr Stück Land zu bestellen, also zu bepflanzen und sich darum zu kümmern. Einmal jährlich wird ein Erntefest organisiert, abseits davon findet eine Reihe gemeinschaftlicher Aktivitäten statt.

Der vom Stadtteilmanagement und der Wien 3420 aspern development AG initiierte und von der MA42 realisierte Madame d'Ora Park eröffnete im April 2015. Mittlerweile ist er als Verein tätig und wird durch seine Gärtner:innen selbst organisiert. Es gilt das Rotationsprinzip (alle drei Jahre wechseln die Gärtner:innen). Die Felder zum Anbau variieren in ihrer Größe von Feldern von 5 bis 15 m². Es gelten strenge Vereinsregeln in Bezug auf die Pflege des Gartens, z. B. muss der Rasen regelmäßig auf eine bestimmte Höhe durch Rasenmähen gekürzt werden. Es finden regelmäßig Gemeinschaftsaktivitäten wie Pflegetage oder Feste statt. Schon kurz nach der Eröffnung des Gartens standen mehr als 150 Personen auf der Warteliste, weshalb man einen zweiten Teil eröffnete. 2020 stehen fast 300 Bewohner:innen auf der Warteliste für einen Platz. Seit Anfang 2020 entsteht am Rande der Seestadt der Gemeinschaftsgarten Kraut und Blüten, der nach dem Bewirtschaftungskonzept „Community made agriculture" funktioniert, das heißt Gärtner:innen bewirtschaften die Fläche gemeinsam und teilen die Ernte untereinander auf.

Seit Beginn der Realisierung der ersten Wohnbauetappe 2014 entsteht eine Reihe nachbarschaftlicher und gemeinschaftlicher Gärten im Stadtteil. Eine Reihe dieser Gärten befindet sich innerhalb der wohnungsbezogenen Freiflächen der Genossenschaftsbauten und wurde von Landschaftsarchitekt:innen als Teil des Freiraumkonzepts generiert. Diese Gärten verorten sich in den Freiräumen der Innenhöfe und auf Dachterrassen. Ähnlich verhält sich dies mit den Baugruppen

---

4 https://gartenpolylog.org/, Zugriff am 20.11.2020.

des Baufeldes D13, im bauträgerübergreifenden Innenhof der Baugruppen befinden sich ein Naschgarten der Baugruppe Jaspern sowie Weinreben von B.R.O.T. Am Dach von Jaspern und B.R.O.T gibt es Gemeinschaftsgärten. Auch die Baugruppe Queerbau auf D22 betreibt einen Gemeinschaftsgarten. Von 2018 bis 2020 begleitet ein interdisziplinäres anwendungsorientiertes Forschungsprojekt „Essbare Seestadt"[5] gemeinschaftliche Nachbarschaftsprojekte rund um das Thema Nahrungsmittelproduktion im Stadtteil.

Ziel des Projektes ist laut Gartenpolylog (welches Teil des Projektkonsortiums ist), Bewohner:innen dabei zu begleiten und unterstützen, zu Nahrungsmittelproduzent:innen im Stadtteil zu werden: *„Das räumliche Potenzial für urbane Nahrungsproduktion wird mit dem sozialen Kapital in Relation gesetzt. Das Projekt untersucht, welche Voraussetzungen und Anreize Betreiber:innen eines ‚essbaren Stadtteils' brauchen. Erforscht wird, welche Beiträge eine ‚essbare Stadt' für einen klimaneutralen, resilienten Stadtteil leistet bzw. leisten kann und wie dieser Beitrag nachhaltig stabilisiert bzw. optimiert werden kann."*[6]

In der Projektbeschreibung wird auf Konzepte wie Nachhaltigkeit und klimaneutrale Nahrungsmittelproduktion Bezug genommen, Termini, die im Zusammenhang nachbarschaftlicher Gartenprojekte oftmals verwendet werden. Seitens des Stadtteilmanagements Seestadt werden Gartenprojekte seit Beginn der Besiedelung als Tool der Gemeinschaftsbildung gefördert.

Das Stadtentwicklungsgebiet Seestadt Aspern steht seit dem Beginn seiner Realisierung im Fokus der Aufmerksamkeit der medialen, politischen und Fachöffentlichkeit, ganz anders verhält sich das mit dem Umland der Seestadt. Spaziert man eine viertel Stunde zu Fuß bis zur U2-Station Aspernstraße, gelangt man in eine fast vergessene Welt der Agrar- und Gärtnereibetriebe, die eng mit der Geschichte der Donaustadt und seiner Marchfelddörfer verknüpft ist. Man findet sich inmitten von landwirtschaftlichen Zonen am Feld wieder, umgeben von Glashäusern. Viele Gärtnereibetriebe haben mittlerweile ihre Pforten für immer geschlossen, aus unterschiedlichen Gründen, die alle mit dem Bau der U2-Linien verwoben sind. Seit Anfang der 2000er Jahre liegt eine sogenannte Bausperre auf dem Gebiet, welches das Areal der U2-Station umschließt. Mit der Planung der Seestadt Aspern war von Anfang an der U-Bahnausbau verknüpft und damit einhergehend wurde eine Reihe von Stadterweiterungsgebieten konzipiert. Das Eingangszitat *„Das ist eine wunderschöne Wiese"* im Kurzfilm[7] von Christoph Schwarz mit Blick auf das Mohnblumenfeld in der Seestadt steht sinnbildlich für den Verlust der Agrar- und

---

5 https://essbareseestadt.at/, Zugriff am 15.01.2021.
6 https://gartenpolylog.org/node/701, Zugriff am 17.01.2021.
7 Der essayistische Kurzfilm „Die beste Stadt ist keine Stadt" von Christoph Schwarz gewann 2020 den Preis der Vienna Shorts und hätte bei der Diagonale 2020 gezeigt werden sollen, welche aufgrund der Covid-19-Pandemie abgesagt werden musste. Schwarz nimmt darin den Wachstumsglauben kritisch

Gärtnereibetriebe der Donaustadt. Von den 130 landwirtschaftlichen Betrieben in der Donaustadt sind 100 Gärtnereibetriebe und 29 Agrarbetriebe. Flächenmäßig umfasst der 22. Bezirk das größte landwirtschaftlich genutzte Gebiet Wiens (MA59 2014: 21).

Marianne Ganger erzählt, dass ihr Betrieb in der fünften Generation seit 120 Jahren geführt wird, ihre Stimme wird belegt, während sie erzählt, dass es 2020 nur noch fünf Betriebe in der näheren Umgebung gibt, die Obst und Gemüse produzieren. Die Wiener Stadtplanung hat in ihren rechtlichen Rahmenbedingungen Bereiche festgelegt, die als Naherholungsgebiete als solche gewidmet sind und nicht bebaut werden dürfen. Durch die sogenannte Schutzzone des Grüngürtels sowie eine Reihe weiterer Regulierungen soll so verhindert werden, dass Grünland in Bauland einfach umgewidmet werden kann (vgl. Step Grünraum 2015: 24). Dieser Voraussicht der Stadtplanung ist es geschuldet, dass Wien über 50 % Grünfläche verfügt. Dem erhöhten Wohnbedarf aufgrund der steigenden Zahl an Stadtbewohner:innen geschuldet steigt jedoch der Druck auf eben dieses Grünland, was seit der im STEP 2005 festgelegten Stadtentwicklungsgebiete zu einer wachsenden Zahl an Umwidmungen von Grünland in Bauland geführt hat. Davon betroffen waren einige der 630 in Wien angesiedelten landwirtschaftlichen Betriebe, die zum Teil Zwangsenteignungen zum Opfer fielen. Bei der Imageproduktion der Seestadt nimmt Nahrungsmittelproduktion in Form von Urban Gardening eine wichtige Rolle ein. Gleichzeitig schrumpfen die landwirtschaftlichen Flächen, welche die Seestadt umgeben dahin und weichen immer neuen Wohnprojekten.

Das städtebauliche Umfeld der Seestadt macht ein Spannungsfeld zwischen suburbaner Agrarwirtschaft und rasanter Verstädterung auf. Im Süden ist die Seestadt umschlossen von Hecken, welche die Seestadt hinter einem dicht wuchernden Baum und Staudenhecken wie eine versteckte Insel wirken lässt. Sie ist umgeben von Kleingartensiedlungen, Doppelhaushälften, Einfamilienhäusern, gefördertem Wohnbau und Feldern. Die urbane Nahrungsmittelproduktion in der direkten Umgebung im nördlichen Bereich ist prägend für das Gebiet. Es gibt eine Reihe agrarwirtschaftlicher Betriebe im Umfeld, sowohl Bauernhöfe als auch Gärtnereien. Der Eindruck, in einer suburbanen Grenzzone gelandet zu sein, das einem massiven Transformationsprozess unterworfen ist, verstärkt sich beim Durchstreifen der Nachbarschaft.

---

in den Blick und richtet vom Kunstprojekt der Notgalerie einen nostalgischen Blick auf die Felder und das rurale Umland. https://www.diagonale.at/filmarchiv/?fid=9562, Zugriff am 19.09.2020.

Die Entwicklung der Donaustadt hin zur Wohnbaumaschine

Im Stadtentwicklungsplan 2005 (STEP 2005) wurde das Zielgebiet U2 Donaustadt/ Flugfeld Aspern als eines von 13 Zielgebieten der Stadt festgelegt. Die Seestadt wurde damals strategisch als Stadtteilzentrum der Donaustadt und als wichtiger Ankerpunkt der sogenannten „Centrope Region" (vgl. STEP 2005: 217) festgelegt. Stadtentwicklungsgebiete, die sich im weiteren städtebaulichen Umfeld der Seestadt verorten, sind die U-Bahn-Stationen Donaustadtbrücke, Stadlau, Hardeggasse und Donauspital, welche zum Teil schon realisiert wurden. Mit der Seestadt verknüpfte Entwicklungsgebiete im direkten Umfeld sind die Berresgasse, die Pfalzgasse, Am Heidjöchl, dass Hausfeld, Erzherzog-Karl-Straße Süd sowie der Ortskern Hirschstetten und die Süßenbrunner Straße. Seit dem Bekanntwerden der Pläne des Ausbaus der U2 zeichnet sich im 22. Bezirk eine Steigerung der Immobilienpreise ab. Innerhalb der letzten 10 Jahre stiegen die Preise für Bauland im Bereich von Einfamilienhäusern von 180 € pro m^2 auf ungefähr 600 € laut der MA68. Im Vorfeld der Errichtung und Planung neuer Stadtentwicklungsgebiete im Umfeld der U2 kam es vermehrt zu Immobilienpreisspekulationen wie aus dem Gespräch mit dem Zielgebietskoordinator der MA21 hervorgeht. Im Gegensatz zum Baugrund der Seestadt war jener der anderen Entwicklungsgebiete in privatem Besitz, aufgrund der sich daraus ergebenden hohen Grundstückspreise sind einige der Wohnprojekte freifinanzierte Eigentumswohnungen (wie das Wohnprojekt Fünf in 22, J&H Immobilien), gleichzeitig schaffen zahlreiche gemeinnützige Bauträger (EWG, Sozialbau, Arwag, EBG) geförderten Wohnbau. Der Baugrund der Seestadt wurde 1992 von der Stadt Wien von Generalmotors (heutige Opelwerke) erworben[8].

Nach und nach weichen die Gärtnereibetriebe der Umgebung, die seit mehreren Generationen als Familienunternehmen betrieben werden, neuen Wohnbauprojekten. Schon zu Beginn der Konzeption der Seestadt war der Plan der Wiener Stadtentwicklung (MA18) eine Reihe von Stadtentwicklungsgebieten, um die U2-Trasse im 22. Bezirk zu entwickeln, auch damit die Investitionskosten der Errichtung der U2 in Relation zur Zahl neuer Wohnungen stehen.

Der Badeteich Hirschstetten und Blumengärten Hirschstetten sind Wahrzeichen des Bezirks und mittlerweile auch beliebte Ausflugsziele für die Seestädter:innen. Die Blumengärten stehen für die Repräsentation der Donaustadt als Ort der Nahrungsmittelproduktion in den zahlreichen Gärtnereibetrieben.

Die Feldforschung und damit verknüpft das Wohnen in der Seestadt hat für mich auf verschiedenen Ebenen zur Reperspektivierung des Stadtteils geführt. Sowohl was seine städtebauliche und stadträumliche Einbettung als auch was die Beziehungen zum Umland anbelangt. Die tägliche Praxis des Spazierengehens mit

---

8 https://www.wien.gv.at/wiki/index.php/Flugfeld_Aspern 10.11.2020.

dem schlafenden Kind im Kinderwagen hat mich in die angrenzenden landwirt-schaftlichen Betriebe und Gärtnereien geführt. Zehn Minuten von der Seestadt entfernt steht man, wenn man in Richtung „alte Schanzen" geht, mitten im Feld. Ein Spaziergang dem Sonnenuntergang entgegen durch eines dieser Felder hat einen nachhaltigen Eindruck hinterlassen, dass die Seestadt direkt an diese Agrarland-schaft angrenzt, ist meines Erachtens eine städtebauliche Qualität. Die Vorstellung, dass das eigene Kind auf dem Feld spielt und so einen selbstverständlichen Um-gang mit Nahrungsmittelproduktion erhält, zieht zumindest mich in den Bann. Es werden dort Karotten, Salat und Mais angebaut. Geht man weiter in Richtung U-Bahn-Station Hausfeldstraße, gelangt man in einen Bereich, der von Gärtnerei-betrieben gekennzeichnet ist.

Die Gärtnereibetriebe am Hausfeld „die Barfüßerten vom 22. Bezirk"

Karl Kaufmann ist einer jener Gärtner, der für die Errichtung der U2-Station As-pernstraße 2007 enteignet wurde mittels eines Servituts, das heißt, sein Grundstück wurde mit der U-Bahntrasse überbaut, blieb aber in seinem Besitz. Seine Familie hat das Grundstück 1930 gekauft. Sein Großvater gründete den Betrieb, später übernahm sein Vater das Unternehmen und schließlich er selbst. Um das Jahr 2000 wurde eine Bausperre auf das Gebiet gelegt. Schon damals wusste man, dass eine U-Bahn gebaut wird. Er erzählt, *„ich bin enteignet worden. Das nennt sich Servitut. Der Grund wird hergegeben für eine Dienstbarkeit. Das kann für einen Weg oder eine öffentliche Straße sein oder eben eine U-Bahntrasse."* (Feldforschungstagebuch 3 2017) Herr Kaufmann erzählt, wie sehr sich die Donaustadt seit seiner Jugend verändert hat. Als er in der HTL war, wurden sie als die *„Barfüßerten"* aus dem 22. bezeichnet. *„Heute will jeder dorthin ziehen."* Stolz schwingt bei ihm in dieser Erzählung mit, und das, obwohl er einen Rechtsstreit mit der Stadt hatte. Dass es jetzt zwei U-Bahnlinien und die vielen Wohnbauten gibt, findet er gut, nur ruhiger könnte es manchmal sein.

Er zweifle auch nicht die Rechtmäßigkeit des Vorgangs an, wenn eine U-Bahn oder eine Straße geplant wird. Nur dass die Wiener Linien ursprünglich einen Euro für das Grundstück zahlen wollten, sei nicht rechtmäßig, weshalb er bis zum OGH vor Gericht gegangen ist. Nach jahrelangem Rechtsstreit hat er 2015 Recht bekommen und eine angemessene Entschädigung. *„Die Gegend war früher sehr ruhig, es gab keine U-Bahn nur Felder, schön war es damals"*, meint er bei meiner Feldforschung 2017. Bei unserem Telefonat 2020 während des Lockdowns im November erzählt er am Telefon, dass sie mittlerweile ihr Haus verkauft haben und nun nach Süßenbrunn gezogen sind, wo es noch Felder und Wiesen gibt, so wie es früher bei ihnen in der Aspernstraße war.

Abb. 15a–d Fotografische Eindrücke aus der Feldforschung bei den alten Schanzen 2017, © C. Dlabaja

Abb. 16 Familienbetrieb mit Gemüsefeld neben der U-Bahn-Station, © C. Dlabaja

Schräg gegenüber von Karl Kaufmanns ehemaligem Grundstück, auf der anderen Straßenseite, gibt es noch einen verbliebenen Gärtnereibetrieb. Die Gärtnerei ist ein Familienbetrieb und wird seit 40 Jahren von Herrn Dollinger (Name geändert) geführt. *„Es rechnet sich nicht. Da bekommen die Arbeiter mehr als ich"*, wie er meint. Das größte Problem aus seiner Sicht sind die EU-Agrarsubventionen für östliche Länder, deshalb sei er nicht mehr konkurrenzfähig, was den Preis betrifft. Er selbst bekommt keine Förderung, *„das braucht man als gesunder Betrieb eigentlich auch nicht".* Den Grund verkaufen will er im Gegensatz zu seinen Nachbar:innen nicht. Bis zur Pension in zwei Jahren wird er den Betrieb noch leiten. Seine Kinder werden das Familienunternehmen nicht übernehmen. Die jüngere Tochter arbeitet in einer Rechtsanwaltskanzlei, die ältere ist Statikerin. Er erzählt von seinem Arbeitsalltag, wie er jeden Tag unter der Woche um 24 Uhr aufsteht und zum Großmarkt Groß-enzersdorf fährt. Danach schläft er für ein paar Stunden und dann geht es weiter mit der Arbeit. *„Früher gab es hier überall Gärtnereien und Bauern, die sind nach und nach alle verschwunden. Nur die Gärtnerei Gangl geht mit der Zeit, die machen Führungen und verkaufen ab Hof."*

Die Gärtnerei Ganger ist 2020 ein florierender Familienbetrieb, der für sich neue Konzepte entwickelt hat, um weiterhin bestehen zu können, denn auch dieser Betrieb kämpfte einige Winter ums Überleben. Marianne Ganger erzählt von den Jahren, in denen es schwierig war, die Kosten für das Saatgut im Vorhinein zu decken und darauf zu hoffen, dass der Verkauf von Obst und Gemüse die Kosten wieder einspielen würde. Sie erzählt von der Verbindung, ihren langjährigen Mitarbeiter:innen und dem Grund und Boden des Betriebs. Mehrfach haben Immobilienentwickler:innen lukrative Angebote für den Grund gemacht, aber sie wollen bleiben. Mittlerweile arbeiten ihre Tochter und der Schwiegersohn im Betrieb mit und auch der achtjährige Enkel bindet schon Weihnachtskränze mit, die Weiterführung des Familienunternehmens sei also gesichert. Im Eingangsbereich gibt es einen Spielbereich mit Wasserfall sowie Sitzgelegenheiten unter einer begrünten Laube. Fotos auf den Wänden des Glashauses zeugen von den Besuchen von Bundespräsident Van der Bellen. Beim 2016 neu gestalteten Gebäude des Ab-Hof-Verkaufs zieren Fotos von der 120-jährigen Geschichte des Familienbetriebs die Wand. Beginnend mit den Urgroßeltern von Marianne Ganger, Josefa und Ludwig Litschau, die den Betrieb gegründet haben. Auf der Wand sieht man Hochzeitsfotos und Bilder von den Kindern aller Generationen, wie sie bei der Ernte mithelfen, und den Gärtner:innen bei der Arbeit. Im Geschäftslokal werden neben frischem Obst und Gemüse auch verschiedene Arten von Eingelegtem in Einmachgläsern verkauft, sowie Sirupe, Honig und andere Produkte von Bauern und Bäuerinnen aus der Gegend.

Die Konzepte, die für den Fortbestand des Unternehmens entwickelt wurden, sind vielfältig, das umfasst einen Ab-Hof-Verkauf von Lebensmitteln sowie das Ausbildungsangebot des Betriebes für Kindergärten und Schulen. Aus der Sicht von Marianne Ganger ist es wichtig, dass Kindern schon von klein auf vermittelt wird, wo die Lebensmittel herkommen und wie sie produziert werden. Das ist auch auf ihrer Homepage in ihrem Beitrag zu den Werten des Betriebs nachzulesen: *„Nachhaltigkeit bedeutet für uns ein schonender Umgang mit den natürlichen Ressourcen im Einklang mit der Natur und ein umweltbewusstes Verhalten zur Gestaltung einer lebenswerten Zukunft. Überschüssiges Gießwasser z. B. wird bei uns aufgefangen und recycelt, um wiederum als Gießwasser verwendet zu werden."*[9] Ebenso wie der Anspruch einer fairen Bezahlung für die Nahrungsmittelproduzent:innen: *„Eine partnerschaftliche und langfristige Zusammenarbeit mit unseren Bauern sowie eine faire Bezahlung für Ihre Arbeit und Produkte, ist uns sehr wichtig. Die Wertschöpfung bleibt in unserer Region."*[10]

Der Betrieb ist Teil der Genussregion Wien und die Senior-Chefin Marianne Ganger ist darüber hinaus Interessenvertreterin in der Wiener Landwirtschaftskammer. Sie stimmt mit Karl Kaufmann überein, wenn es um die Frage nach regional produziertem Obst und Gemüse für die Stadt geht. Ihrer Meinung nach muss man als Kommune etwas dafür tun, wenn man frisches Gemüse, das regional für die

---

9 https://www.gaertnerei-ganger.at/unsere-werte/#, Zugriff am 10.01.2021.
10 Ebenda.

Stadt produziert wird, will. Man hätte die Gärtnerei-Betriebe in der Donaustadt besser schützen müssen und erhalten, so das Credo der beiden. Der pensionierte Gärtner geht davon aus, dass die Stadt weiter das Forcieren wird, was sie in den letzten zwanzig Jahren getan hat, *„nämlich Imagepolitik betreiben. Für die Versorgung der Bevölkerung mit frischem Obst und Gemüse reichen aber diese Vorzeigeprojekte von Ulli Sima wie am Cobenzl nicht, dafür brauche man ausreichend Anbaufläche"* (Feldforschungstagebuch 3 2017) und ein Bekenntnis der Politiker:innen zur Nahrungsmittelproduktion in der Stadt, abseits einzelner Leuchtturmprojekte. Im Verlauf des Jahres 2021 startet die Gärtnerei Ganger eine Petition, mit der sie um den Erhalt des Standorts des Familienbetriebs kämpft. Die Familie erfuhr von einem *„Eigentümerwechsel für unsere beiden Pachtgrundstücke von der Stadt Wien an den Wiener Wohnfonds".*[11] Aufgrund der regen Bautätigkeit im Gebiet um Breitenlee und das obere und untere Hausfeld sieht sich der Familienbetrieb gezwungen, mittels der Petition aktiv zu werden. Insgesamt werden bis November 2021 von 12 282 Unterschriften gesammelt, diese werden bei der Stadt Wien abgegeben und gelangen so in den Petitionsausschuss[12]. Die Folge sind eine Reihe von Stellungnahmen von der Planungsstadträtin Ulli Sima, der Wohnbaustadträtin Kathrin Gaal, dem Bezirksvorsteher der Arbeiterkammer, der Wirtschaftskammer und der Landwirtschaftskammer (die Stellungnahmen sind online über den obenstehenden Link abrufbar).

Der Bezirksvorsteher hält in der Stellungnahme zur Petition fest: *„Die Möglichkeit, biologisch angebaute Produkte in unmittelbarer Nähe zu kaufen, welche auch noch regional produziert werden, ist auch mir ein wichtiges Anliegen. Daher bin ich ebenfalls der Meinung, dass die Gärtnerei erhalten bleiben soll. Ich spreche mich schon länger dafür aus und habe das auch mit der Unterzeichnung der Petition bekräftigt"* (Ernst Nevrivy, Stellungnahme vom 12.10.2021) und befürwortet somit den Erhalt des Betriebs. Aus der Stellungnahme der zuständigen Wohnbaustadträtin Gaal geht hervor, dass die Verpachtung nur als vorrübergehend vereinbart ist und sich die Stadt Wien vorbehält, das Gebiet Aspernstraße/Contiweg, das als gemischtes Baugebiet der Bauklasse II gewidmet ist, zu einem Wohnbaugebiet weiterzuentwickeln. Aus der Stellungnahme der AK geht hervor, dass sie das Vorhaben der an das obere Hausfeld anknüpfenden Wohnbauprojekte zur Deckung des wachsenden Wohnbedarfs unterstützt. In der Stellungnahme der Planungsstatträtin Ulli Sima äußert sich diese sehr klar zum Gegenstand der Petition: *„Die Gärtnerei Ganger liegt in einem Bereich, für welchen im kommenden Jahr ein Stadtentwicklungskonzept erarbeitet werden soll. Bereits im Vorfeld wurde festgehalten, dass ein Schwerpunkt*

---

11 https://www.openpetition.eu/at/petition/online/erhalt-der-gaertnerei-ganger, Zugriff am 09.01.2022.

12 https://www.wien.gv.at/petition/online/PetitionDetail.aspx?PetID= 7c7f1c574af241078c62157efdff9cfd, Zugriff am 09.01.2022.

der weiteren Planung auf Erhalt und Integration bestehender Betriebe in die künftige Entwicklung liegt. Dies gilt natürlich und insbesondere für die Gärtnerei, die ja auch einen wichtigen Beitrag zur lokalen Nahversorgung leistet."[13]

Die Gärtnerei Ganger ist damit der erste Betrieb im Umfeld der Seestadt, der öffentlich wirksam mittels einer Petition und medialer Berichterstattung[14] für seinen Erhalt kämpft. Anders als andere Betriebe wird hier die Praxis einer kollaborativen Form des Protests mittels einer Petition, die von Anrainer:innen und Bewohner:innen unterstützt wird, verfolgt. Der Effekt ist, dass politische Entscheidungsträger:innen und Interessensvertretungen öffentlich Stellung nehmen auf die Petition und in den Medien[15] berichtet wird.

Ich folge der Spur der Bausperren, auf die mich Karl Kaufmann hingewiesen hat. In den Kartengrundlagen der Stadt Wien wird sichtbar, dass im 22. Wiener Gemeindebezirk flächenmäßig die meisten Bausperren in der Stadt verhängt wurden. Dies ist kein Zufall, sondern ist mit dem Stadtentwicklungsgebiet Seestadt Aspern sowie dem Ausbau der U2 verknüpft und damit verbundener weiterer Stadtentwicklungsgebiete wie der Erzherzog-Karl-Straße, dem oberen Hausfeld und Hirschstetten. Darüber hinaus liegen auf großen Bereichen des 22. Bezirks (sowie in anderen Teilen der Stadt) seit 1996 Bausperren, weil die Rechtsgrundlage mittlerweile so veraltet war, dass man innerhalb von zehn Jahren alle Grundstücke, die davon betroffen sind, in Wien basierend auf geltenden Rechtsnormen neu einordnen wollte, was bis dato nicht für alle Grundstücke passiert ist, wie aus einem Gespräch mit einer der Sachbearbeiter:innen der zuständigen Magistratsabteilung hervorgeht.

Es wird sichtbar, dass nicht nur Gebiete im Umfeld der Seestadt eine Bausperre haben, sondern darüber hinaus große Flächen der Donaustadt. Der Bezirk erfährt seit ca. 20 Jahren einen Bauboom. Der Kartenausschnitt des agrarstrukturellen Plans 2014, zeigt, dass ein Großteil der Gebiete mit Bausperre, „Grünräume der Stadtregion gemäß Stadtentwicklungsplan 2005", Teile sind, die als übergeordnete Agrarflächen im Bezirk erhalten bleiben sollen.

---

13 Ebenda (die Stellungnahmen sind als PDF im geteilten Link abrufbar).

14 https://kurier.at/chronik/wien/die-angezaehlten-wiener-stadtlandwirte/401477371, Zugriff am 09.01.2022.

15 https://kurier.at/chronik/wien/12282-unterschriften-fuer-wiener-gaertnerei-ganger-stadtraetin-kontert/401804503, Zugriff am 09.01.2022.

Abb. 17a–b Gärtnerei Ganger, © C. Dlabaja

Der umkämpfe Boden

In diesem Abschnitt werden Akteurslogiken, Prozesse der Raumproduktion und Entscheidungsfindung näher beleuchtet, die mit dem Prozess der Transformation des Umlandes verknüpft sind. Die Logik der involvierten Akteur:innen der Wiener Stadtplanung fundiert auf dem Wachstumsnarrativ, dem steigenden Druck auf den Wohnungsmarkt und der Notwendigkeit der Kommune, Wohnraum zu schaffen, um der Nachfrage nachkommen zu können. Der Prozess der Raumproduktion und Planung ist eng verknüpft mit der Konzeption der Seestadt. Für die Realisierung der Stadtentwicklungsgebiete gibt es keine Rechtsgrundlagen für Enteignungen, dennoch verkaufen die Gärtnereibetriebe Stück für Stück ihren Grund, was oftmals mit dem Gefühl der Ohnmacht gegenüber einer übermächtigen Stadtplanung verknüpft ist, die sich in der Wahrnehmung der Gärtner:innen mit ihrem Vorhaben früher oder später durchsetzen wird. In der Aspernstraße war der Kampf um das fruchtbare Land ein einsamer, jede:r versuchte für sich, sein Recht durchzusetzen. Ganz anders als im Donaufeld, wo es zu kollektiven Protesten kam (vgl. Kumning 2017). Der massive Wandel der agrarischen Kulturlandschaft ist bislang kaum aufgearbeitet.

Die schwindende Agrarlandschaft im Umfeld der Seestadt ist eng mit der Genese des Stadtentwicklungsgebiets verknüpft. Dabei folgt die Errichtung der zahlreichen Stadtentwicklungsgebiete seit den 2010er Jahren dem erwarteten Bevölkerungswachstum. Dieses fundiert auf der Prognose der MA23, welche von einem Bevölkerungswachstum Wiens bis 2030 auf ca. 2 Millionen Einwohner:innen ausgeht (MA23 2014). Daher errichtet die Stadt Wien in Zusammenarbeit mit gemeinnützigen und privaten Bauträgern sowie Investor:innen seit einigen Jahren eine Reihe neuer Stadtentwicklungsgebiete. Das Argument, welches bei der Errichtung neuer Wohngebiete immer ins Feld geführt wird, ist der damit erhöhte Bedarf an Wohnraum, die Logik der Planer:innen ist, dass man dazu neue Wohngebiete erschließen muss, neben der Nutzung urbaner Brachen, die Umnutzung von Leerständen wie Bürogebäuden wurde bislang noch nicht als Strategie in Betracht gezogen.

Auf die Frage, ob die Stadtplanung der Auslöser für die Verdrängung der Gärtnereibetriebe ist, wird seitens der *MA21 (der Magistratsabteilung 21 für Stadtteilplanung und Flächennutzung, der Stadt Wien)* argumentiert, dass die Betriebe sowieso aussterben. Aus der Sicht der Planer:innen der Stadtverwaltung verschwinden die Gärtnereibetriebe im Planungsgebiet aufgrund des Generationenwandels und der fehlenden Nachfolgegeneration. Im Zuge der Errichtung der U2-Strecke wurden Planungsgrundlagen geschaffen, die sich in der Flächenwidmung einschreiben und zur Folge haben, dass basierend auf der Rechtsgrundlage sogenannte Servitute zur Anwendung kamen, so die Eigentümer:innen nicht freiwillig ihren Boden verkauft haben. Mit Bekanntwerden der Pläne rund um die Seestadt und in weiterer Folge des Hausfelds sowie anderer Gebiete boten viele Landwirt:innen und Gärtner:innen ihren Grund zum Verkauf an, bzw. kamen Bauträger auf die Unternehmer:innen zu, so ihre Perspektive. Der Generationenwechsel in Verbindung mit der Höherqualifizierung ist ein Faktor, der auch in den Interviews genannt wurde. Der Wandel der Gärtnereibetriebe stellt sich ähnlich dar wie beispielsweise in einem meiner anderen Forschungsgebiete, dem Wiener Brunnenmarkt. In den 1980er und 1990er Jahren übernahm die nächste Generation nicht die Marktstände der Eltern, da sie oft höher qualifiziert war und der Arbeitsalltag am Markt sehr beschwerlich ist (vgl. Dlabaja 2016: 81). Allerdings ist das nur einer von mehreren Gründen für den Strukturwandel.

Die Sichtweise der *Gärtner:innen* auf das Verschwinden der Agrarbetriebe stellt sich anders dar. Aus ihrer Perspektive fing alles mit dem Bau der U-Bahn und den 20-jährigen Bausperren an, daher wusste man schon, dass da Stadtentwicklungsgebiete entstehen würden und man wusste, dass man nicht bleiben könnte, bzw. dass es keine Möglichkeiten zur Weiterentwicklung der Betriebe gibt. Viele Betriebe fühlten sich allein gelassen von der Politik, von ihren Interessenvertretungen und jede:r kämpfte allein für den Verbleib seines oder ihres Betriebs. Die Folge war eine Reihe von Rechtsstreitigkeiten und Verkäufen von Grundstücken. Aus der Sicht der verbliebenen Betriebe ist der Prozess unumkehrbar, die Kulturlandschaft gehe verloren und es fehle die Wertschätzung der Entscheidungsträger:innen aus Stadtverwaltung und Politik für die Arbeit der Landwirt:innen und Gärtner:innen.

Gleichzeitig werden die Agrar- und Gärtnereibetriebe als wichtiger Ankerpunkt der Vermarktung der Stadt und Imageproduktion nutzbar gemacht:

> *„Die vielfältige und ausgedehnte landwirtschaftlich geprägte Kulturlandschaft der Stadt Wien ist unverwechselbares Markenzeichen und Prädikat der Stadt. Im Ranking der Städte sind es auch die unbebauten und identitätsstiftenden Teile der Wiener Stadt_Land_wirt_schaft mit ihrer typischen Pflanzen- und Tierwelt, die zum positiven Gesamtbild beitragen. Die Leistungen der Landwirtschaft werden von der Stadt Wien wertgeschätzt und anerkannt: Nahversorgung, Flächensicherung, Verbesserung des Stadtklimas, Landschaftsbild, Kulturträger (Brauchtum, Ortskernerhaltung), Naherholung, Beitrag zur Nachhaltigkeit, Sicherung der Bewirtschaftung etc. Um diese Qualitäten zu erhalten, ist die Stadt Wien bemüht, die landwirtschaftlich genutzten Gebiete in der Stadt zu berücksichtigen und zu sichern. Dies spiegelt sich nicht nur in allen übergeordneten Planungen (Leitbild Grünräume der Stadtregion im STEP 05) wieder, sondern wird nun auch durch den beabsichtigten Verweis auf den AgSTEP 2014 im STEP 2025 deutlich unterstrichen.“* (MA58 2014: 21).

Im Umfeld der Planungsgebiete entlang der Aspern Straße vermitteln die zum Teil nicht mehr in Verwendung befindlichen Glashäuser das *Gefühl des Niedergangs* der Gärtnereibetriebe, wie auf Ausschnitten der fotografischen Eindrücke der Feldforschung in diesem Abschnitt zu sehen ist. Jeder der Betriebe kämpfte auf rechtlicher

Basis alleine für sich oder trägt das Schicksal, dass die nächste Generation den Betrieb nicht fortführt auch mit sich selbst aus. Es gab keine Interessensvertretung, die sich um die Belange der Landwirt:innen und Gärtner:innen in diesem Fall annahm. Weder die Landwirtschaftskammer noch der Bauernbund unterstützte die Betriebe in der Phase der Transformation. Selbst die erfolgreiche Betreiberin Marianne Ganger steht unter diesem Eindruck des Niedergangs der Betriebe in ihrer Umgebung. Es ist vergleichbar mit dem Lebensgefühl der Venezianner:innen, die unter dem Eindruck des Massentourismus und schrumpfender Bewohner:innenzahlen, wie Überlebende einer Katastrophe, als letzte Verbliebene übergeblieben sind. Ähnlich verhält es sich hier mit den Gärtnereien in der Donaustadt. Über 130 Betriebe gibt es noch, diese kämpfen mit der Transformation des Bezirks durch die diversen Stadtentwicklungsgebiete zum einen und mit dem Generationenwechsel zum anderen, damit dass viele der jüngeren Generation sich diese Arbeit nicht mehr antun wollen oder können, was wiederum mit den Bedingungen der Markt- und Preisentwicklungen verknüpft ist. Dahinterliegende Phänomene sind zum einen die Höherqualifizierung der jüngeren Generation und zum anderen die städtebauliche Transformation des Bezirks.

Diese Veränderungen führen zum Verschwinden einer lokalen Tradition der urbanen Landwirtschaft, die von *Entscheidungsträger:innen* unbemerkt bleibt. Jene *Bewohner:innen des 22. Bezirks*, die dort aufgewachsen sind, spüren diesen Wandel und wünschen sich *„dass die Donaustadt ihren ländlichen Charme behält"*[16]. Nicht nur sie, sondern auch jene *Seestädter:innen*, die seit der Besiedelung der ersten Welle in dem neuen Stadtteil wohnen, hoffen auf den Erhalt des ruralen Umlands und seines von Landwirtschaft geprägten Charakters. Sie verbindet der Wunsch, dass es beschaulich und ruhig in der Umgebung bleibt. Genau diesem Thema widmet sich auch das KÖR Projekt Notgalerie in der Seestadt, das bis zum Sommer 2020 Platz für eine ehemalige Kirche bot. Es befasst sich bewusst mit der Nostalgie der sich wandelnden landwirtschaftlichen Kulturlandschaft und dem suburbanen Leben am Rande der Stadt.

> *„Die Holzkirche, die, in Einzelteile zerlegt und wieder zusammengesetzt, in das größte Stadterweiterungsgebiet Wiens gezogen ist, gerät zum Symbol. Für etwas Altes, das inmitten von etwas Neuem steht. Aber echte Wertschätzung erfährt das Gebäude in Christoph Schwarz' nachdenklich stimmendem Essayfilm nicht: Denn vielleicht eröffnet dort, wo sich die Kirche heute unter dem Namen Notgalerie als Ausstellungsraum behauptet, bald ein BIPA."*[17]

---

16 https://kurier.at/chronik/wien/donaustadt-die-asperner-und-die-esslinger-freaks/401039138, Zugriff am 20.11.2020.

17 https://www.diagonale.at/filmarchiv/?fid=9562, Zugriff am 18.11.2020.

Der nostalgische Blick auf die wunderschöne grüne Wiese wird auch von Teilen jener Bewohner:innen gehegt, die schon 2015 in die Seestadt zogen. In einem Fokusgruppen-Interview 2019 beschreibt eine der Seestädter:innen das wie folgt:

> *„(W)as ich extrem belastend empfunden hab, (.) ich bin 2015 eingezogen. 2016 komm ich im Herbst vom Urlaub nachhause, da steht schon ein Zaun vor meinem Haus und plötzlich haben sie angefangen zum Bauen, Bohren und Graben. Und vier Jahre lang bis das Haus fertig geworden ist, extreme Lärmbelästigung. Also das haben wir vier Jahre fast mitgemacht. Aber Hauptsache die Wohnungen wurden vermietet mit einer grünen Wiese vor dem Haus. So bin ich eingezogen, das war eine wunderschöne grüne Wiese. Vor meinem Haus. (..) Und jetzt wurde die zugebaut und hab ein riesen Haus vor mir. Fertig. Tschüss."* (Fokusgruppeninterview Zeile 37–40).

Dieses Gefühl des Verlusts wird in den Gesprächen von Bewohner:innen immer wieder beschrieben. Viele sind mit dem Wunsch, im Grünen zu wohnen, in die Seestadt gezogen (Reinprecht et al. 2016: 80), in einen Stadtteil in Randlage mit den Vorteilen städtischer Infrastruktur. Die zunehmende Verbauung und damit das Verschwinden des ruralen Charakters führt zu einer Angst des Verlusts des Charakters der Seestadt. Diese Nostalgie und der Wunsch, das Lebensgefühl zu erhalten, ist es auch, die zu gebrochenen Träumen und Versprechen führt. Der ehemalige Wohnbaustadtrat Ludwig wollte im Kontext der Ergebnispräsentation des Besiedelungsmonitorings wissen, warum Teile der Donaustädter:innen 2015 die FPÖ gewählt haben, sowohl innerhalb und außerhalb der Seestadt. Ein Grund dürfte das Gefühl sein, nicht gehört zu werden, dass die Bedürfnisse nicht sichtbar sind und ihre Lebensweise verloren geht. Diese Phänomene der fehlenden Wertschätzung führen oftmals dazu, dass Wähler:innen sich von rechtspopulistischen Parteien angezogen fühlen.

Dichotomien von Stadt und Land

Das Thema Nahrungsmittelproduktion ist innerhalb des Stadtentwicklungsgebiets omnipräsent. Es wird auf unterschiedlichen Ebenen repräsentiert und in Form von Nachbarschaftsgärten, Gemeinschaftsgärten, Foodcoops sowie einem Forschungsprojekt praktiziert und erprobt und reiht sich in den DIY-Boom der letzten Jahre ein (Löffler & Langreiter 2017). Die diskursive Produktion der Dualität von Stadt und Land wird mindestens so lange betrieben wie Nahrungsmittelproduktion in der Donaustadt. In der Phase der Industrialisierung erfuhr sie ihren Höhepunkt. Das Land wurde als Hort des Guten und beschaulichen Lebens inszeniert, an dem die Frau am Hort des Heimes bei den Kindern verweilt (Frank 2003: 186). Susanne Frank arbeitet in ihrer Habilitationsschrift „*Stadtplanung im Geschlechterkampf*" (2003) detailliert Mechanismen und Grenzziehungen auf, welche die damals bestehende Geschlechterordnung aufrechterhalten sollten. Dieses Bild ist einer Imagination geschuldet, die nichts mit der Arbeitsrealität der Menschen im ländlichen Raum zu tun hatte, da in ländlichen Gebieten zu dieser Zeit Reproduktionsarbeit und Erwerbsarbeit am selben Ort sattfanden. Bäuerliche Betriebe waren meist eine Verknüpfung aus familiärem Verbund, in den größeren Betrieben erweitert durch Knechte und Mägde. Gerade innerhalb des Faches der Europäischen Ethnologie wurde in den letzten zwanzig Jahren der in der Stadtforschung vorherrschende Metrozentrismus (vgl. Schmidt-Lauber 2018; Wolfmayr 2019) aufgebrochen und ein differenziertes Bild von Stadt und Land nachgezeichnet.

> *„Auch nicht-metropolitane Städte beziehungsweise Räume wie Gänserndorf oder Hildesheim sowie Städte wie Davos, die nur temporär eine urbane Erscheinung haben, in unsere Überlegungen einbeziehen. Diese ›anderen‹ Räume und Formen städtischen Lebens haben wir gezielt in ihrer Städtischkeit diskutiert und auf ihre Lebensumstände und Kennzeichen befragt"* (Schmidt-Lauber 2018: 26).

Diesem Ansatz folgend die Vielfältigkeit von Urbanität abseits des Mainstreams der Stadtforschung zu untersuchen, beschäftigt mich im Kontext des landwirtschaftlichen Umfelds der Seestadt, die Frage, wie rural eigentlich das Städtische ist und warum diesen Mischformen aus Stadt-Land-Strukturen innerhalb der administrativen Grenzen von Städten bislang wenig Beachtung in der Debatte der Stadtforschung geschenkt wurde. Mein Augenmerk liegt dabei darauf, dass diese ruralen Zonen in der Stadt als Teil städtischer Strukturen betrachtet werden, die eben keine Randerscheinung sind, sondern Städte schon immer landwirtschaftliche Zonen umfassen. Der Architekt Thomas Sieverts befasst sich in seinem Stadtkonzept der „Zwischenstadt" (1997) mit der Grammatik der Ränder, die er gemeinsam mit seinem Sohn im Band „Urbane Peripherien" (Hannemann et al. 2014) in acht Formen typologisiert, eine davon bezeichnet er als epischen Stadtrand:

> *„Der epische Stadtrand erzählt eine große, Generationen und Kulturen umspannende Geschichte. Häufig ist es die Geschichte des Wandels von der agrarischen zur industriellen Gesellschaft, es kann aber auch die Geschichte von Flucht und Vertreibung, Ankunft und Abfahrt, Existenzverlust und Neuanfang, Familiengründung und Hausbau, Natursehnsucht und anderen großen Menschheitsthemen sein. Orte dieser Geschichte(n) sind z. B. Flughäfen, Friedhöfe, Einfamilienhaussiedlungen (im Bau), Graboeländer, Hochhaussiedlungen, Asylantenheime, Gefängnisse, Reiterhöfe, Mülldeponien, Baggerlöcher und Kasernengelände."* (Sieverts 2014: 10).

Einige der genannten Aspekte treffen sowohl auf die Seestadt als auch auf das städtebauliche Umfeld zu, das betrifft sowohl den Wandel des agrarischen – allerdings in Relation zur wachsenden postindustriellen Stadt im Falle Wiens – als auch die Sehnsucht der Seestadtbewohner:innen nach der Natur und dem Wohnen im Grünen. Diese Sehnsucht nach dem Wohnen im Grünen wird im Besiedelungsmonitoring 2015 von 49 % der Befragten als Grund genannt, in die Seestadt zu ziehen (Reinprecht et al. 2016: 80), und auch in allen qualitativen Interviews mit Bewohner:innen benennen diese die Naherholungsräume in unmittelbarer Nähe als ein wichtiges Kriterium. Relevant ist in diesem Zusammenhang die Wahrnehmung über die Seestadt seitens ihrer Bewohner:innenschaft. Im Rahmen des Besiedelungsmonitorings wurden die Bewohner:innen 2015 und 2019 mittels eines sogenannten Polaritätsprofils[18] dahingehend befragt, wie sie den Stadtteil wahrnehmen. 2015 geben 55 % an, dass sie ihn als ländlich wahrnehmen und 45 % als städtisch, 2019 nehmen ihn 46 % als ländlich und 54 % als städtisch wahr (Reinprecht et al. 2019: 80). Diese zunehmende Einordnung als urban ist sicherlich dem Baufortschritt und der damit verknüpften Verbauung zuzuschreiben, so wie den vielfältiger werdenden Infrastrukturen innerhalb des Stadtteils. Auf die Frage, wie die Bewohner:innen den Stadtteil wahrnehmen geben 59 % an, dass er „weder Stadt noch Land" sei. Die Wahrnehmung der Bewohner:innenschaft kann so gedeutet werden, dass die Seestadt sowohl als städtisch und ländlich hybrid wahrgenommen wird. Genau dieser Aspekt eines Stadtteils in Randlage, der die Qualitäten des Lebens am Land nämlich im Grünen verortet und gleichzeitig städtische Infrastrukturen aufweist, wird als durchwegs positiv von den Bewohner:innen wahrgenommen. Für die Imagepolitik der Stadtentwicklung und die Genese eines Narratives, mit dem sich die Bewohner:innen mit dem Stadtteil identifizieren können, dienen die Gemeinschaftsgärten als Werkzeug für Gemeinschaftsbildung und Identifikation. Sie sind Teil des Prozesses der Patrimonialisierung (vgl. Boltansky 2019: 524), in dem der Stadtteil mit Geschichte angereichert wird, in diesem Fall mit gemeinschaftlicher Geschichte der Nahrungsmittelproduktion, die mit Konzepten der Nachhaltigkeit und partizipativer Praktiken fungiert. Symbolisch angereichert wird der Ort damit, da die historischen Schichten (das ehemalige Flugfeld) und die Geschichte der verschwindenden agrarischen Betriebe, die dem Stadtteil weichen müssen, nicht als Identifikationspunkt funktionieren kann, sondern einen Bruch bedeutet, ebenso wie die kontroverse Geschichte des Flugfelds, das in der Zeit des Nationalsozialismus eine Blüte erlebte. All dies sind Aspekte relationaler Ausverhandlungen und Bedeutungsproduktionen von Stadtvorstellung im Umland. Dem Konzept

---

18 Bei dieser Form der Befragung werden Gegensatzpaare gegenübergestellt, die Befragten ordnen einen Gegenstand einem Begriff zu. Eine umfassende Analyse der Einordnungen der Bewohner:innen der Seestadt befindet sich im Kapitel ausverhandelte Stadtvorstellungen.

der nachhaltigen Stadt wird dabei in Form von Nachbarschaftsgärten besonders große Bedeutung beigemessen. Der Blick ins städtebauliche Umfeld ist aus meiner Perspektive wie ein Kippbild, dem achtsamen Umgang mit Ressourcen und dem Erhalt der regionalen Nahrungsmittelproduktion kommt hier kaum Bedeutung zu. Stattdessen werden die Gärtnereibetriebe ihrem Schicksal überlassen, sie werden nicht bei diesem Prozess begleitet oder unterstützt und ihre Geschichten werden nicht aufgearbeitet. Ihr Wissen findet keinen Raum in der Seestadt, beispielsweise wäre ein möglicher Ansatz, die Gärtner:innen als Beratung für die Gemeinschaftsgärten heranzuziehen und Projekte wie die essbare Seestadt. Betrachtet man das Verschwinden der Gärtnereibetriebe im 21. und 22. Bezirk, stellt sich die Frage, welche Vorstellungen von der guten Stadt und dem guten Leben seitens der Stadtplanung propagiert werden und wie Nahrungsmittel zukünftig produziert werden. Die Covid-19-Pandemie führt zu einem stärkeren Bewusstsein und einer größeren Wertschätzung für lokale Produzent:innen und ihre Produkte. Die aktuelle Stadtpolitik ist in diesem Zusammenhang zwiespältig. Einerseits boomt Urban Gardening als Teil neuer Stadtentwicklungsgebiete, gleichzeitig wird landwirtschaftlichen Betrieben der Boden und damit ihre Grundlage entzogen. Für mich wirft die Transformation des Umlands die Frage auf, was mögliche Wege und Strategien für die Nahrungsmittelproduktion in der Stadt sind.

Unsichtbare Geschichte der Transformation

Bislang ist die Geschichte der landwirtschaftlichen Betriebe im Umfeld der Aspernstraße, die den städtebaulichen Großprojekten weichen mussten, noch nicht aufgearbeitet worden, die Dissertation möchte dazu einen Beitrag zur Aufarbeitung leisten[19]. Der Verlust der Gärtnereibetriebe und Bauern und Bäuerinnen verändert den Charakter des Gebiets nachhaltig. Um im Kontext urbaner Nahrungsmittelproduktion, der Debatten um Nachhaltigkeit und der Ziele der Stadt möglichst klimaneutral Lebensmittel zu produzieren, wäre eine Aufarbeitung und Analyse von Transformationsprozessen wie jenem im Umfeld der Seestadt notwendig. Auch um alternative Strategien für zukünftige Entwicklungsprojekte zu generieren und mit den Nahrungsmittelproduzent:innen frühzeitig in Dialog zu treten. Das Beispiel der Aspernstraße wirft auch die Frage auf, welche Vorstellungen von Nahrungsmittelproduktion und Nachhaltigkeit haben wir für Wien? Dabei geht es auch um die Frage des Anteils an in Wien produzierten Lebensmitteln und damit verknüpft

---

19 In der Phase der Finalisierung tritt die Gärtnerei Ganger Ende 2021 öffentlich mittels einer Petition für den Erhalt ihres Betriebs ein und Urban Innovation realisiert gemeinsam mit der TU Wien im Sommersemester 2022 einige Lehrveranstaltungen rund um das Gebiet von Breitenlee.

die Debatte um Nahrungsmittelsouveränität. Lokale Nahrungsmittelproduktion schafft Arbeitsplätze. Die kurzen Wege der Lebensmittel in die Supermärkte und in den Einzelhandel und damit verknüpft geringe CO_2-Ausstöße und bedeuten in Zeiten wie in der Pandemie die Gewährleistung einer nachhaltigen Nahrungsmittelversorgung für die Stadt. Im Ö1-Journal-Panorama Radiobeitrag „Stadt frisst Land"[20] im Jänner 2021 meint der Wiener Planungsdirektor Thomas Madreiter, dass die Stadt Wien dem enormen Druck aufgrund des Städtewachstums folgend neue Stadtentwicklungsgebiete wie die Seestadt, das Donaufeld und Rothneusiedl errichtet, aber er sich des Zwiespalts bewusst ist, geht es um die Frage nachhaltiger Nahrungsmittel in der Stadt und der fruchtbaren Böden, die es zu erhalten gilt. Man werde daher Gebiete wie Oberlaa und Unterlaa sowie andere Bereiche als Agrar- und Landwirtschaftsflächen belassen. Diese werden auch durch den Agrar STEP Plan, welcher gemeinsam von der Stadt Wien mit der Landwirtschaftskammer entsteht, als Schutzzonen erhalten. Auch hier divergieren die Perspektiven, denn der Wiener Landwirtschaftskammerpräsident Windisch beschreibt es im Ö1-Interview so, dass sie zwar als Interessensvertreter:innen miteinbezogen werden in die Erstellung des Plans, aber am Ende entscheidet die Stadtplanung und ihre politischen Entscheidungsträger.

Aktuell gibt es eine Reihe von Initiativen, die der Verbauung der Wiener Agrarflächen gegenüber kritisch sind, wie der Ernährungsrat Wien[21], eine Initiative von Wissenschaftler:innen und Aktivist:innen, die sich für nachhaltige Lebensmittelproduktion in der Stadt einsetzt und *„Flächenwidmungen für eine essbare Stadt und nachhaltige Infrastrukturen für Landwirt:innen"*[22] fordert, der Ernährungsrat hat sich im Jänner 2020 gegründet. In ihrem Positionspapier fordert der Ernährungsrat, dass Wohnraumbedarf nicht gegen landwirtschaftliche Flächen ausgespielt werden darf:

> *„‚Wien wächst' und Wien baut – vielfach auf seinen landwirtschaftlichen Flächen. Für eine nachhaltige Entwicklung der Stadt dürfen Bedarf nach Wohn- und landwirtschaftlichem Grünraum nicht gegeneinander ausgespielt werden. Um weitere Bodenversiegelung einerseits und Konflikte und Verdrängungsprozesse aufgrund des erhöhten Nutzungsdrucks andererseits zu vermeiden, bedarf es gesamtstädtischer Planungsansätze. Aus Sicht einer nachhaltigen Entwicklung sollte dabei Priorität auf der Nutzung von Bestandsgebäuden und bereits versiegelten Flächenliegen, d. h. z. B. Maßnahmen zur Vermeidung von Leerständen, Regulierung von gewerblichen Vermietungen von Wohnraum und gegen Spekulation und die Finanzialisierung des Wohnsektors zu setzen. Wo Umwidmungen von Ackerland*

---

20 https://oe1.orf.at/programm/20210105/622401/Stadt-frisst-Land, Zugriff am 05.01.2021.
21 https://ernaehrungsrat-wien.at/mitmachen/ak-stadt-landwirtschaft/, Zugriff am 20.12.2020.
22 Ebenda.

in Wohnbaugebiete unumgänglich sind, aber auch bei Nachverdichtungsprojekten sollen entsprechend geeignete Anteile als Grünland mit landwirtschaftlicher Nutzung gewidmet bleiben."[23]

Abseits davon gibt es eine Reihe von Bürger:inneninitiativen wie jene im Donaufeld[24] und auch in Oberlaa[25], in die auch Gärtner:innen und Landwirt:innen involviert sind, die sich für den Erhalt der Agrarflächen in ihrem Gebiet einsetzt.

23 https://gugumuck.com/Positionspapier%20StadtLandwirtschaft%20und%20Raumplanung_ 2020-01.pdf, Zugriff am 20.12.2020.

24 https://donaufeld.wordpress.com/category/stadtentwicklung/, Zugriff am 10.12.2020.

25 https://www.lebensraum-oberlaa.at/, Zugriff am 15.01.2021.

8.   Wohnbauproduktion als gebaute Stadtvorstellung

Wohnbau in der Seestadt kann nur in Relation zur (kommunalen und geförderten) Wohnbaupraxis in Wien verstanden werden, weil er an eine lange Tradition des Wiener Modells des geförderten Wohnbaus anknüpft. Der Wohnbau in der Seestadt kann als in Infrastrukturen realisierte Stadtvorstellungen verstanden werden. Um seine Bedeutung zu verstehen, werde ich die historische Entwicklung des Wiener Modells und seine Transformationen im Kontext der sich global abzeichnenden Finanzialisierung des Wohnens einordnen. Zwei Stadtkonzepte nehmen in der internationalen Debatte um Wohnbaupolitik eine zentrale Rolle ein: zum einen das Konzept der sozialen und gerechten Stadt (Fainstein 2008), zum anderen als Gegenpart das Konzept der neoliberalen Stadt (vgl. Heindl 2020). Wien stellt im internationalen Vergleich dabei aufgrund seines umfassenden Bestands an kommunalen und gemeinnützigen Wohnbau mit über 40 % noch immer ein Sonderbeispiel dar (Schantl 2016: 21). Geht es um die Logiken der Immobilienbranche, die sich als Investmentsegment etabliert hat, sowie Vergabepraktiken und den Umgang mit Wohnungsknappheit, dann nimmt der Begriff des **Wettbewerbs** eine wichtige Rolle ein.

Finanzialisierung des Wohnens

Mit dem Terminus **Finanzialisierung des Wohnens** sind gewinnorientierte Praktiken der Errichtung und Vermietung von Wohnungen gemeint. Beispielsweise wenn diese mit der Praxis der Anlagewohnung verknüpft ist, wenn die als Eigentumswohnung errichtete Wohnung nicht für den Eigenbedarf verwendet wird, sondern gewinnbringend weitervermietet. Diese Praxis steht im Gegensatz zum Verständnis von Wohnen als Gemeingut und Grundbedürfnis, welches abgedeckt werden muss und etwa in Form kommunalen oder gemeinnützig orientierten Genossenschaftswohnbaus als städtische Infrastruktur realisiert wird. Im Projekt Push zu prekärem Wohnen in Europa fassen zwei der Studienautor:innen das Phänomen wie folgt zusammen: *„Dies ist ein allgemeiner Begriff, der die zunehmende Macht und Bedeutung von Akteuren und Unternehmen beschreibt, die durch die Bedienung und den Austausch von Geld und Finanzinstrumenten Gewinne anhäufen. Diese Form der Kommodifizierung wird durch die zunehmend globalisierte Produktion von Wohnraum verstärkt. Wohnimmobilien sind zwar ortsgebunden, werden aber zunehmend von wirtschaftlichen globalen Netzwerken beherrscht. Man denke hier an den Trend, dass wohlhabende Investoren aus der ganzen Welt die Immobilien in europäischen Hauptstädten als Anlageimmobilien kaufen.“* (Bolt & Darling 2021: 10, übersetzt von der Autorin).

Empirische Grundlage des Kapitels bilden qualitative Interviews und Hintergrundgespräche mit Mitarbeiter:innen des Wohnservice Wien, Interviews mit Bewohner:innen, die Analyse des Facebook-Forums „Wohnungsmarkt in der Seestadt" als auch Feldforschungstagebücher aus der eigenen Praxis der Wohnungssuche über das Wohnservice. Darüber hinaus bilden die Studien zum Wohnen im Hochhaus (Reinprecht & Dlabaja 2014) und das Besiedelungsmonitoring (Reinprecht et al. 2016, 2019) Grundlagen dafür. Im Zuge der Studie zum Wohnen im Hochhaus wurden von mir qualitative Interviews mit Vorständen gemeinnütziger Bauträger durchgeführt.

Vom sozialen Wohnbau zur Finanzialisierung des Wohnens

Die Geschichte des kommunalen Wohnbaus ist eng mit der Ära des Roten Wien verknüpft. Sie fundiert auf sozialen Bewegungen, die in die Sozialdemokratie mündeten. Einer der zentralen Proponenten dieser Ära war der Arzt und Sozialdemokrat Viktor Adler. Er schleuste sich verdeckt als Arbeiter in den Wienerberger Ziegelwerken ein und deckte mittels eines Artikels 1888 in der sozialistischen Zeitung „Gleichheit" über die Lage der Ziegelarbeiter die dortigen Missstände der Arbeiterschaft auf (Adler 1888; vgl. Misik 2017: 58). Die Ziegelarbeiter:innen schliefen in Baracken, aber auch in den Räumen der Hochöfen. Frauen gebaren dort zwischen Ruß, Schmutz und Kälte ohne Privatsphäre ihre Kinder. Die Arbeiterschaft wurde unter Sklaverei ähnlichen Verhältnissen ausgebeutet, denn sie wurde für ihre Arbeit nicht mit Geld, sondern mit dem sogenannten Blech bezahlt, damit mussten sie sich zu Wucherpreisen in der Werkkantine Essen kaufen (vgl. Trausmuth 2019: 13). Ihre Geschichte steht sinnbildlich für eine Zeit, in der die Arbeiter:innen unter unmenschlichen Bedingungen arbeiten mussten, um ein minimales Auskommen zu finden. Die Wohnverhältnisse in der Stadt waren für die Arbeiterschaft vor 1918 katastrophal. Sie waren gekennzeichnet von massivem Überbelag, unzumutbaren hygienischen Zuständen und dem sogenannten „Mietzinswucher" (Maderthaner & Musner 2000: 28). Zeitgemäße Lösungen der sogenannten „Wohnungsfrage" wurden Anfang der Ersten Republik durch die Politik des Roten Wien mittels der kommunalen Bautätigkeit geschaffen. Die radikale Besteuerung von Immobilieneigentum sowie die Einführung zahlreicher Genuss- und Luxussteuern finanzierten den Ankauf von Immobilien, den Ankauf von Baulandflächen sowie die Errichtung von kommunalem Wohnbau. Diese Entwicklungen führten innerhalb kurzer Zeit zur Zerschlagung des Mietzinswuchers am privaten Immobilienmarkt. Innerhalb nur eines Jahrzehnts wurden 382 Gemeindebauten errichtet und damit 65.000 Gemeindewohnungen hergestellt. Der Anteil der Miete für eine Gemeindewohnung betrug in der Ära des Roten Wien für eine Arbeiterin ungefähr 4 % des Einkommens (Eigner 2016: 23). Während der NS-Zeit wurden in Wien keine Gemeindebauten errichtet. Nach dem Zweiten Weltkrieg wurden ab den 1960er Jahren in Wien 9.000 neue Wohnungen jährlich entwickelt. Ab den 1970er Jahren wurden neben der kommunalen Wohnbautätigkeit zunehmend Genossenschaftswohnungen errichtet. Ab den 1990er Jahren nahm die Neuerrichtung von Gemeindebau rapide ab und verschwand sukzessive aus dem Wohnbauprogramm, dafür wurde der Bestand nach und nach saniert (vgl. Dlabaja 2017: 436).

Wien galt im Bereich des leistbaren Wohnens lange Zeit im Vergleich zu anderen europäischen Städten als Insel der Seligen. Die Stadt ist, was den Anteil des kommunalen Wohnbaus betrifft, einzigartig. Mit ihren 220.000 Gemeindewohnungen und weiteren 200.000 sozial geförderten Wohnungen verfügen die Stadt und die gemeinnützigen Wohnbaugenossenschaften über ca. 40 % des Wohnbestandes (Schantl 2016: 21). Internationale Delegationen pilgern daher in regelmäßigen Abständen in die Stadt, um sich vom Wiener Modell inspirieren zu lassen. Seit 2008 zeichnet sich europaweit eine Re-Kommodifizierung des Wohnbausektors ab (vgl. Heeg 2015: 4; Kadi & Verlič 2013), welche zum einen mit dem Rückzug des Staats aus der Förderung und Errichtung von sozialem Wohnbau einhergeht (vgl. Häußermann & Siebel 2004: 133) und zum anderen mit der Finanzialisierung des Immobiliensektors nach der Finanzkrise 2008 (vgl. Kadi 2021: 88).

Die Reduktion der Bautätigkeiten im geförderten Wohnbau hatte verschiedene Ursachen, eine davon war, dass Wien bis zur Jahrtausendwende eine schrumpfende Stadt war, daher war die Strategie der Stadt Wien, in die Sanierung des Bestands zu investieren. Eine weitere Rahmenbedingung, die sich wandelte, war, dass im Jahr 2001 die Zweckwidmung der Wohnbausteuer in den Bundesländern fiel (vgl. Zgubic-Engleder 2015: 108), dadurch kam es zu einer massiven Einschränkung der kommunalen Wohnbautätigkeiten in Österreich. Eine Strategieänderung hatten die fiskalischen Rahmenbedingungen zur Ursache, welche die EU vorsah, nämlich auch bei der Bautätigkeit die Schuldengrenze nicht zu überschreiten. Ein weiterer Grund war der Mangel an leistbarem Bauland, wodurch immer mehr Investor:innen und private Immobilienentwickler:innen die Wohnbautätigkeiten vorantrieben und so ab der Jahrtausendwende vermehrt Investorenstädtebau errichtet wurde, wie etwa die Wienerberg City, die Donauplatte (vgl. Seiß 2007) oder das Viertel 2, bzw. in der jüngsten Vergangenheit unter dem PPP-Modell wie in der Seestadt entstehen. Im Bereich des geförderten Wohnbaus wirken sowohl steigende Mietpreise als auch Eigenmittelanteile, die im Neubausegment mittlerweile standardmäßig im Bereich von 450 € bis 500 €[1] pro m^2 liegen, als ökonomische Barrieren, welche ökonomisch schlechter gestellte Gruppen exkludieren (vgl. Kirchwald et al. 2012). Es kommt vermehrt zur Konzentration von Mittelschichten und besser situierten

---

1 https://www.wien.gv.at/wohnen/unterstuetzungen/jungwienerinnen-darlehen.html, Zugriff am 29.10.2021.

Bevölkerungsgruppen in Neubaugebieten im Wiener Stadtraum (vgl. Reinprecht & Dlabaja 2014; vgl. Dlabaja 2017). Ein Effekt davon sind Vertikalisierungen sozialer Ungleichheiten wie sie bei Dachgeschoßausbauten, Wohnhochhäusern und Stadterweiterungsgebieten zu beobachten sind. Es kommt insbesondere in den Stadtentwicklungsprojekten ab den 2000er Jahren vermehrt zu Prozessen sozialer Schließung, Homogenisierung und Vertikalisierung sozialer Ungleichheiten im Wohnungsbau (vgl. Dlabaja 2017). 2004 wurde zwischenzeitlich der bislang letzte Gemeindebau der Stadt errichtet. Ab 2018 wurde die kommunale Bautätigkeit unter dem damaligen Wohnbaustadtrat Ludwig wieder als Wohnbauprogramm „Gemeindebau neu"[2] aufgenommen. Im Jahr 2019 wurde die Widmungskategorie „Gebiete für geförderten Wohnbau" eingeführt, bei welcher zwei Drittel des Wohnbaus gefördert realisiert werden müssen. Diese stellt jedoch keine eigene Widmungskategorie dar, sondern *„kommt innerhalb der bestehenden Baulandwidmungen ‚Wohngebiet' (W) und ‚Gemischtes Baugebiet' (GB) zur Anwendung"*[3]. Daher kommt sie bei allen Neuwidmungen in Bauland zur Anwendung, das betrifft auch den hochverdichteten Wohnbau in Form von Wohnhochhäusern.

Eine Argumentationslinie für die Einführung dieser Widmungskategorie ist die oben beschriebene Finanzialisierung des Wohnbausektors insbesondere seit der Finanzkrise im Jahr 2008, bei gleichzeitig wachsendem Bedarf an leistbarem Wohnbau. *„Insbesondere infolge der Finanzkrise 2008 entdecken die globalen Finanzmärkte Grund und Boden in erfolgreichen Städten als Investment- und Anlageobjekt. Grund und Boden ist jedoch ein besonderes Gut, das nicht vermehrbar ist – mehr Nachfrage führt daher zu massiv steigenden Preisen."*[4]

Wie in der Einleitung erwähnt, kann die Entstehung der Seestadt Aspern nur eingebettet in die aktuellen Rahmenbedingungen des Wohnbaus analysiert und nachvollzogen werden. Dazu ist ein Blick in die Vergangenheit und damit verknüpft in den Wandel eben dieser Rahmenbedingungen notwendig. Die Seestadt entsteht in der Ära nach dem EU-Beitritt Österreichs, in der für den Wiener Wohnbau andere fiskalische Bedingungen gelten als vor der Jahrtausendwende. Daher ist es nicht möglich, den Haushalt für kommunale Wohnbauprojekte in dieser Form zu belasten. Ein Resultat davon ist, dass ab 2004 nur noch geförderter Wohnbau von gemeinnützigen Wohnbauträgern errichtet wird. Ein weiteres ist die Zunahme an privatisiertem Städtebau, wie er in der Wienerberg City oder der Donauplatte realisiert wurde. Die Seestadt Aspern stellt den Versuch dar, einen Zwischenweg zu finden, bei dem sowohl die Prinzipien des leistbaren Wohnbaus und damit der

---

2 https://wohnservice-wien.at/wohnen/kommunaler-wohnbau/gemeindewohnungen-neu, Zugriff am 10.08.2021.

3 Ebenda.

4 https://www.wien.gv.at/stadtentwicklung/flaechenwidmung/pdf/widmung-grundlagen.pdf, Zugriff am 14.10.2021.

sozialen und gerechten Stadt Geltung haben, aber auch jene der unternehmerischen und auf Gewinnmaximierung ausgerichteten Stadt, dass zeigt sich u. a. an der Form der Errichtung des Stadtteils als PPP-Modell.

Diese oben beschriebenen sich wandelnden Rahmenbedingungen sowie die Bodenpreisentwicklungen (Heeg 2015: 5) sind Begleiter der Transformation der gemeinnützigen Bauträger. Sie entwickeln sich immer mehr zu Investoren, die mit gewinnbringenden Projekten ihre gemeinnützigen Wohnbautätigkeiten zu finanzieren versuchen und dadurch immer mehr mit jenen der Gewerblichen verschwimmen (vgl. Bolt & Darling 2021; Dlabaja 2017). Neben gefördertem Wohnbau wird von Genossenschaften zunehmend freifinanzierter Wohnraum errichtet (vgl. Reinprecht & Dlabaja 2014: 22), bzw. zehn Jahre nach der Errichtung zum Mietkauf angeboten. Diese Entwicklung ist deshalb kritisch einzuordnen, weil Gemeingut zum privaten Eigentum wird, das der Kommune danach nicht mehr als Ressource zur Verfügung steht. In diesem Zusammenhang kann von einer Umverteilung nach oben gesprochen werden, hin zu einer vermehrten Förderung der sogenannten bessersituierten Mittelschichten (Heeg 2015: 4; Schmid 2014: 428).

Im Gegensatz zu gewerblichen Bauträgern unterliegen die Gemeinnützigen dem Wohnungsgemeinnützigkeitsgesetz[5] und somit einer Preisbindung (Dlabaja 2017: 437). Wien nimmt hier eine Sonderstellung ein, weil es unter enormem Wachstumsdruck, mit einer Wachstumsprognose bis 2035 von zwei Millionen Einwohner:innen (vgl. MA23 2014), steht und daher jährlich eine Wohnbauleistung von 15.000 Wohneinheiten erbracht werden müsste. Diese Entwicklungen führen vermehrt zum privaten Investorenstädtebau (vgl. Seiß 2007: 95) und einer rasanten Steigerung der Wohnkosten. Neu errichteter Wohnraum wird damit vermehrt für die besser situierte Bewohner:innenschaft der Stadt leistbar. Dadurch kommt es besonders in Neubaugebieten wie der Seestadt und anderen Stadtteilen zu Prozessen der sozialen Schließung (siehe auch Abschnitt Milieus im Sozialraum). Somit entstehen sozial segregierte Stadträume mit homogenisierter Sozialstruktur für Mittelschichten und besser Situierte (vgl. Molina Xaca et al. 2020: 95). Finanziell schlechter gestellte Bevölkerungsgruppen sind aus diesem Bereich des Wohnungsmarkts zu einem Großteil aufgrund der hohen Eigenmittelanteile ausgeschlossen. Gerade an leistbarem Wohnraum gibt es einen wachsenden Bedarf, dies hängt sowohl mit massivem Zuzug, Prozessen der Urbanisierung als auch dem demografischen Wandel zusammen (vgl. Dlabaja 2017). Die Stadt Wien versucht diesem Problem im geförderten Wohnbau u. a. mit dem Smart-Wohnungsprogramm entgegenzuwirken, bei dem mittels Eigenmitteldarlehens der Zugang auch für ökonomisch schlechter gestellte Gruppen ermöglicht werden soll, allerdings sind neben

---

5 https://www.ris.bka.gv.at/GeltendeFassung.wxe?Abfrage=Bundesnormen&Gesetzesnummer= 10011509, Zugriff am 01.09.2021.

den Wohnkosten im geförderten Neubau die Richtlinien für den Zugang die größte Barriere.

Privatisierter Städtebau versus das PPP-Modell in der Seestadt

Kontrovers diskutierte Wiener Beispiele für privatisierten Städtebau sind neue Stadtteile wie die Wienerberg City oder die Donauplatte (vgl. Seiß 2007). Es handelt sich dabei um von Planer:innen am Reißbrett entworfene neue Stadtteile. Im Falle der Wienerberg City verfügen diese über eigene Shopping Malls, welche mit Geschäften zur Abdeckung des Alltagsbedarfs, gastronomischen Betrieben sowie mit Entertainment und Fitness Centern ausgestattet sind. Der Stadtteil ist von Freiräumen gekennzeichnet, die mehr für repräsentative Zwecke, denn zur Aneignung konzipiert wurden. Im Stadtteil Donauplatte werden die Freiräume von privaten Security-Firmen bewacht, nicht erwünschtes Verhalten wird von diesen sanktioniert (vgl. Dlabaja 2017: 441). Die hier beschriebenen Fallbeispiele werden in der Stadtforschung unter dem Begriff des Inselurbanismus zusammengefasst. Damit bezeichnet wird oftmals privater Investorenstädtebau, mit dem die baulich-soziale Abschottung vom städtebaulichen Umfeld sowie die Privatisierung von städtischen Teilräumen einhergeht (vgl. Häußermann & Siebel 1987: 91; Reinprecht & Dlabaja 2014: 84).

Die Seestadt Aspern stellt in ihrer Realisierung als Public-Private-Partnership-Projekt ein alternatives Modell zu diesen privatisierten Stadtentwicklungsmodellen dar. Der Baugrund war im Eigentum der Stadt Wien und ging in Besitz der Wien 3420 AG über, welche die einzelnen Baufelder an Bauträger und Investor:innen verkauft. Der öffentliche Raum bleibt in der Hand der Stadt Wien, daher kommt es nicht zur Privatisierung von öffentlichem Raum, aber es kommt zum Verkauf des Grunds, der zuvor im Besitz der Stadt war. Große Teile dieses Grunds wanderten im Pionierquartier in die Hände gemeinnütziger Bauträger und im Seeparkpark-quartier gingen diese hauptsächlich an Investor:innen, die die Grundstücke zum Teil gewinnbringend weiterverkauften, wie es etwa der Investor Kerbler mit einem Teil der von ihm erworbenen Grundstücke vornahm. Ein Aspekt, den die Entwicklungsgesellschaft Wien 3420 und die PSA aus vorangegangen Projekten wie der Donauplatte gelernt haben, ist die Ausstattung des Stadtteils mit Erdgeschoßlokalen. Um eine Bespielung der Erdgeschoßzonen zu gewährleisten, wurde von Beginn an ein Einkaufsstraßenmanagement initiiert, das Teile der Lokalvergabe managt. Die Form der Realisierung der Stadtteile kann auch als bauliche Materialisierung konkurrierender Stadtvorstellungen verstanden werden. Stadtteile wie die Wienerberg City oder die Donauplatte sind Projekte, die der Logik der neoliberalen Stadtplanung folgen, während Superblocks wie der Karl-Marx-Hof oder der Karl-Seitz-Hof städtische Infrastrukturen darstellen, die der Logik der solidarischen und sozialen Stadt folgen. Die Seestadt ist ein Stadtteil, in dem sich sowohl Aspekte der solidarischen als auch der neoliberalen Stadt manifestieren. Ein weiterer Aspekt, der sich sehr stark einschreibt in der Seestadt, ist in diesem Zusammenhang jener des gemeinschaftlichen Bauens und damit eine neue Form des Kommunalen – im Sinne der Gemeinschaft. Ein weiterer Gesichtspunkt, der ein Novum darstellt, ist, dass die Prozesse der Planung von einer Entwicklungsgesellschaft und der PSA der Stadt Wien koordiniert und gemanagt werden.

Die Wohnungsvergabe als Wettbewerbspraxis

Die Wohnungsvergabe in der Seestadt folgt unterschiedlichen Logiken, jener Teil, der als geförderte Wohnungen über das Wohnservice und die Bauträger vergeben wird, fundiert auf den sozialdemokratischen Prinzipien, die mit der Vorstellung einer gerechten Stadt verknüpft sind, nämlich dass Wohnungen für breite Bevölkerungsschichten verfügbar sein sollen. Die Wohnungen werden nach spezifischen Kriterien wie Einkommen, Überbelag (wenn also die derzeitige Wohnung zu klein ist), dringendem Wohnbedarf und anderen Aspekten vergeben. Der Vergabeprozess selbst folgt allerdings der Logik des Wettbewerbs. Ich werde das am Beispiel des Vergabesystems Wohnservice erläutern. Für jede in Bau befindliche Wohnung können sich zehnmal so viele Bewerber:innen anmelden, als Wohnungen vergeben werden. Aus Sicht des Wohnservice kommt es bedingt durch die Möglichkeit zur Mehrfachvormerkung zu einer gewissen Beliebigkeit bei der Anmeldung zu den Wohnprojekten. Der Erfahrungswert des Wohnservice ist in der Vergabepraxis, dass potentielle Interessent:innen vorrangig auf den Mietpreis achten und sich oftmals aufgrund von Mehrfachvormerkungen nicht so intensiv mit einem Projekt befassen können.

Die fehlende Auseinandersetzung mit einem Wohnprojekt wird von Interviewpartner:innen mit der Logik des „Roulettes" in Zusammenhang gebracht: *„(D)ie Mehrheit der Seestadtbewohner:innen ist über das Wiener Wohnservice reingekommen. Über die Wiener Wohnen Lotterie, man kann sich für diverse Wohnprojekte anmelden. Man bekommt eine Wohnung, ohne dass man sich mit dem Konzept beschäftigt."* (Interview Martin Zeile 37–41).

Im Prozess der Vergabe selbst werden Interessent:innen vom Onlinesystem des Wohnservice nach Kriterien gereiht, wie etwa Überbelag oder dringender Wohnungsbedarf. Hinzu kommt, dass Personen, die schon mindestens fünf Jahre beim Wohnservice für eine Wohnung angemeldet sind, Bonuspunkte bekommen. Je länger eine Person im Wohnservice angemeldet ist, umso mehr Bonuspunkte bekommt sie. Dasselbe gilt für Mitarbeiter:innen der Stadt Wien, die ebenfalls vorgereiht werden. Der Prozess der Wohnungsvergabe kann also im übertragenen Sinn als Spiel betrachtet werden, bei dem die unterschiedlichen Bewerber:innen unterschiedlich gute Karten in der Hand halten. Hinzu kommt dann noch Schnelligkeit. Wer sich schneller für eine bestimmte Wohnung vormerkt, bekommt eine bessere Reihung. Ich erläutere das entlang eines Beispiels. Das System ist so programmiert, dass jene Person, die am schnellsten eine Wohnung auswählt, die Reihung 1 erhält, aber das System reiht die Person weiter nach hinten, so es eine:n Bewerber:in gibt, der oder die mehr „Punkte" hat, wie etwa dringenden Wohnungsbedarf in Kombination mit einer langen Anmeldedauer beim Wohnservice. Für eine Wohnung bewerben darf sich nur, wer durchgehend zwei Jahre Hauptwohnsitz an einer Wohnadresse in Wien gemeldet hat. Daher sind viele Personen, die Bedarf an leistbarem Wohnraum haben, nicht dazu berechtigt. Das betrifft sowohl jene Menschen, die aus der Wohnungslosigkeit in eine Wohnung ziehen möchten, aber auch jene, die neu in die Stadt ziehen. Ein weiteres Ausschlusskriterium für viele bilden im Bereich der neu errichteten geförderten Wohnbauten, wie in der Seestadt, die Eigenmittelanteile, die von 10.000 bis 50.000 € variieren. Diese Eigenmittel führen dazu, dass nur jene, die es sich leisten können, Zugang zum geförderten Wohnbau im Neubaubereich haben. Ein weiterer möglicher Weg zur Wohnung in der Seestadt ist direkt über den Bauträger bzw. Investor:in oder über die Baugruppen. Jene, die sich nicht über das Wohnservice für eine Wohnung anmelden, treten direkt an den Bauträger heran und merken sich für eine Wohnung vor, auch hier gibt es einen online Vergabeprozess, der allerdings niederschwelligen Vergabekriterien folgt, die nach Bauträger variieren.

Darüber hinaus stehen die Eigentümer:innen der einzelnen Baufelder im Wettbewerb um Wohnungsinteressent:innen. Im Pionierquartier waren das vorrangig gemeinnützige Bauträger, im Seeparkquartier sind es vor allem private Investor:innen. Die Konkurrenzsituation zwischen den Bauträgern ergibt sich dadurch, dass etwa im Pionierquartier auf einen Schlag gleichzeitig verschiedene Bauträger Projekte fertiggestellt haben. Aus den Gesprächen und Interviews mit Bewohner:innen geht hervor, dass sich viele von ihnen für mehrere Projekte gleichzeitig bei mehreren Bauträgern angemeldet haben und sich dann je nach sozioökonomischer Lage für den Bauträger entschieden haben, der das attraktivste Angebot im Portfolio hatte. Das ist entweder das Kriterium der Leistbarkeit oder bei Haushalten mit höheren Einkommen das Entscheidungskriterium der Serviceleistungen der Bauträger und der gemeinschaftlichen Infrastrukturen der Wohnbauten, wie die Ausstattung mit Schwimmbädern, einem Dachgarten oder einer Sauna.

Bei den Projektentwickler:innen des Seeparkquartiers, welche temporäres Wohnen im Portfolio haben, ist der Wettbewerb anders gelagert, hier stehen die Anbieter von temporärem Wohnraum im Wettbewerb. In den Interviews mit den Developer:innen des Quartiers wird der Unmut darüber geäußert, dass man im Vorfeld nicht von der Entwicklungsgesellschaft darüber informiert wurde, dass sowohl das HoHo Gästewohnungen vermietet als auch die FeelGood Apartments und das Gästehaus der Universität Wien und man hier in direkter Konkurrenz zueinandersteht.

Die genannten Akteur:innen befürchten, dass man um ähnliche Zielgruppen wirbt und einer den Kürzeren ziehen könnte. Gleichzeitig wird von den Developer:innen betont, dass man sich selbst ja in einem anderen Segment befindet als die Mitbewerber:innen und dadurch von den anderen abhebt. Was wiederum ein Moment der Abgrenzung gegenüber den anderen Mitbewerber:innen zu sein scheint. Interessant in diesem Kontext ist, wer die adressierten und tatsächlichen temporären Bewohner:innen sind. Im Falle der FeelGood Apartments sind es seit der Gründung des Unternehmens vor allem Expats, die an der Realisierung des Stadtteils involviert sind (und auf den Baustellen arbeiten) und nur für einen abgegrenzten Zeitraum in der Seestadt wohnen. In der Zeit der Covid-19-Pandemie waren es vor allem Bauarbeiter:innen, die in den FeelGood Apartments wohnten, erzählt die Servicemanagerin des Apartmenthotels. Die meisten von ihnen sind Mitarbeiter:innen georgischer, polnischer und tschechischer Firmen, die das HoHo errichtet haben und für ihre Arbeit für längere Zeiträume konstant auf der Baustelle arbeiten. Die Firmen zahlen als Firmenpreis für diese 30 m^2 Wohnungen im Schnitt 1.000 € pro Monat.

Der Zugang zu gefördertem und kommunalem Wohnbau ist in Wien wie oben beschrieben durch die Vergabekriterien reguliert. Einen wichtigen Aspekt für den Zugang zu Wohnraum spielt das Wissen darüber, welches ungleichverteilt ist. Insbesondere Menschen mit Migrationshintergrund, die erst seit kurzem in Wien leben, wissen nicht über die verschiedenen Fördersysteme und Zugänge Bescheid. Das betrifft auch jene, die aus anderen Bundesländern nach Wien hinzugezogen sind. Das Wohnungsvergabesystem bedarf eines spezifischen Verwaltungswissens, um Zugang dazu zu finden. Abseits des Wohnservices vergeben die gemeinnützigen Bauträger ihre Wohnungen selbst und haben wiederum eigene Regeln bei der Vergabe.

Wie in den Kapiteln zu *Imaginationen und Narrationen* erläutert, spielen visuelle Repräsentationen der Seestadt in Form von Renderings eine wichtige Rolle im Prozess der Wohnungsvergabe. Daher wird an dieser Stelle erläutert, welche Informationen über das Wohnservice und die Bauträger an potentielle Interessent:innen weitergegeben werden. Dieser Abschnitt fundiert auf Gesprächen mit dem Wohnservice sowie Selbstversuchen als Wohnungssuchende in der Seestadt[6]. Die Projektbeschreibungen, welche von den Bauträgern und Architekt:innen über die Wohnbauprojekte für den städtebaulichen Wettbewerb verfasst werden, dienen als Grundlage der Projektbeschreibungen der Online-Vergabe-Plattform von Wiener Wohnen. Sie werden von den Mitarbeiter:innen so umformuliert, dass sie aus

---

6 Ich wohne in Wien und bin seit Jahren im Wohnservice der Stadt Wien registriert. Aufgrund meiner familiären Situation bin ich in den letzten Jahren immer wieder auf Wohnungssuche und habe eine Reihe von Wohnungen in der Seestadt besichtigt.

Sicht des Wohnservice verständlich für die Wohnungsinteressent:innen sind. Diese Beschreibungen gehen auch an die Bauträger. Darüber hinaus werden die Presse-Infos von der Entwicklungsgesellschaft Wien 3420, ebenso wie die Renderings von der Seestadt, verwendet. Des Weiteren werden diese Informationen auch auf Anfrage an die Fachpresse weitergegeben. Das heißt, das Wohnservice ist nicht nur für die Kommunikation mit den potentiellen Interessent:innen zuständig, sondern auch für die Verbreitung von visuellen Repräsentationen und Informationen an die Presse.

Der Umgang mit Knappheit: Die Wohnungslotterie am freien Markt

Mit dem zunehmenden Baufortschritt kommt die individuelle Weitervergabe mittels Vorschlags- oder Weitergaberechts von gefördertem Wohnraum über Online-Portale wie Willhaben hinzu. Die Facebook-Gruppe Wohnungsmarkt Seestadt hat 2021 mittlerweile über 5.000 Mitglieder. Auf ihr werden regelmäßig Wohnungsangebote für freiwerdende geförderte Wohnungen gepostet, oft sind diese mit Anzeigen auf Willhaben verknüpft. Dabei werden von Vormieter:innen oftmals horrende Ablösen für die Einrichtungen verlangt – 10.000 Euro sind da keine Seltenheit. Es wird meist die gesamte Einrichtung zur Ablöse angeboten. Bei jenen Mieter:innen, die ein Weitergaberecht haben, führt der Weg zur Wohnung ausschließlich über die Bezahlung dieser Ablösen. Daher werden Wohnungen, die eigentlich „leistbar" sind, verteuert. Die Vormieter:innen machen sich die Wohnungsknappheit zu Nutze und schlagen oft ihren persönlichen Profit heraus. Nicht selten kommt es dabei zum Rechtsstreit, weil in den Bestimmungen der Genossenschaften ganz klare Regelungen für die Höhe von Ablösen gelten und kein Ablösewucher betrieben werden darf. Viele Interessent:innen, die oftmals dringend auf der Suche nach einer Wohnung sind, wissen das allerdings nicht oder sind auf das Angebot am freien Markt angewiesen. Simone Egger hat sich in ihren Arbeiten eingehend mit dem Umgang mit Wohnungsknappheit am Münchner Wohnungsmarkt beschäftigt (vgl. Egger 2018). Sie kommt zu dem Schluss, dass die Risiken am Wohnungsmarkt auch auf individueller Ebene externalisiert werden. Daher vermieten Bewohner:innen Wohnraum, den sie besitzen, zu aktuellen Marktpreisen, um ihre eigenen Wohn- und Lebenserhaltungskosten zu bewältigen (vgl. Egger 2018: 193). Ähnliches zeigt sich auch in der Seestadt, wo insbesondere im Seeparkquartier Anlagewohnungen von Personen erworben wurden, die nun im Vergleich zum Wohnungsangebot der Bauträger teuer vermietet werden. Egger beschreibt den individuellen Wettbewerb im Kampf um den Zugang zu leistbarem Wohnraum so: *„Um sich im Stadtraum positionieren und vor allem halten zu können, wird massenhaft individuelle Kreativität eingesetzt. Mieten und Wohnen bedeutet dann, in einen taktischen Wettbewerb einzutreten. Die ‚Schlupflöcher', mit denen es möglich ist, in bestimmten Stadtteilen*

Abb. 18 Private Wohnungssuchannonce im direkten Umfeld der Seestadt, © C. Dlabaja

trotz explodierender Preise noch etwas zu finden" (Egger 2018: 194). Eine dieser individuellen Taktiken ist eine Praxis der Münchner Mittelschicht, in Facebook-Foren Suchanfragen zu stellen, aber auch mittels monetärer Vergütung bei der Unterstützung in der Vermittlung sich einen besseren Platz in der langen Liste der Suchenden zu verschaffen. Ähnlich kann die Taktik im Umfeld der Seestadt Aspern eingeordnet werden. Wie in der Abbildung unten zu sehen ist, hat eine Person ein Wohnungsinserat als Banner ausgedruckt und am Zaun eines Einfamilienhauses anbringen lassen, um ihre Chancen bei der Wohnungssuche zu verbessern. Aber auch die oben beschriebenen Ablösen stellen eine Taktik im Umgang mit knappen bzw. begehrten Wohnraum dar.

Ausdifferenzierte (gemeinschaftliche) Wohnformen

In diesem Abschnitt werden die Spezifika des Wohnens in der Seestadt skizziert. Kennzeichnend für den Stadtteil sind die zentrale Bedeutung des öffentlichen Raums, die engen nachbarschaftlichen Beziehungen, die auf der mikrosozialen Ebene so etwas wie eine milieuspezifisch und nach Lebenslagen fragmentierte Stadt-gemeinschaft in der Seestadt entstehen lassen. Differenzierungen lassen sich auch entlang der Organisation des Bauens ablesen, die zwischen konventionellen und jener des partizipativen und gemeinschaftlichen Planens sichtbar werden. Signifikant für den Stadtteil ist die Bedeutung des öffentlichen Raums und der Parkanlagen so wie die Nutzungsmischung in den Erdgeschoßzonen, aber auch die vielfältigen Angebote der Nahrungsmittelproduktion im Stadtteil in Nachbarschaftsgärten. Spezifisch meint hier im Vergleich zu vorangegangenen Neubaugebieten früherer Generationen, die von Funktionalismus geprägt waren, wie man sie etwa aus der Großfeldsiedlung kennt, aber auch bei Projekten wie der Donauplatte oder der Wienerberg City (vgl. Seiß 2007).

Eine Besonderheit der Seestadt sind die vielfältigen Wohnformen in der Seestadt, die sich nicht nur zwischen gefördertem und freifinanziertem Wohnbau ausdifferenzieren, sondern auch in der Bebauungsform und Möglichkeit der Gestaltung des eigenen Wohnraums. Im Pionierquartier wurde hauptsächlich gestapelter Wohnbau realisiert, in dem sich verschiedenste Grundrisse und Wohntypen zeigen. Von der klassischen Zwei- bis Drei-Zimmer-Wohnung, über die Singlewohnung, Maisonettewohnungen, Studierendenwohnheimen bis zu den Baugruppen mit ihren individuellen und zum Teil wandelbaren Grundrissen wurden unterschiedliche Wohnformen realisiert.

Im Seeparkquartier, welches am dichtesten bebaut wurde und auch eine Reihe von Wohnhochhäusern umfasst, die zum Teil auch Gewerbe und Hotellerie enthalten, werden differente Formen des temporäreren Wohnens realisiert. Darüber hinaus wurde mit dem Wohnprojekt Mischa ein Wohnprojekt umgesetzt, das als Zwischenform des konventionellen geförderten Wohnbaus und Baugruppenprojekten als partizipative Form des geförderten Wohnbaus angesiedelt ist, wie sie etwa in der Studie zu gemeinschaftlichem Wohnen in Wien von Freya Brandl und Ernst Gruber (2014) entlang zahlreicher Fallbeispiele beschrieben werden.

Unter gemeinschaftlichem Wohnen verstehen Brandl und Gruber: *„Es handelt sich um eine Wohnform, bei der Bewohner:innen zusätzlich zu ihren Wohnungen bestimmte Räume gemeinschaftlich nutzen, sich gegenseitig nachbarschaftlich unterstützen und auch bestimmte Einrichtungen und Geräte gemeinsam nutzen wie zum Beispiel Fahrzeuge. Es gibt in diesen Wohnprojekten beispielsweise gemeinschaftlich genutzte Wohn-Ess-Räume, Kinderspielräume oder zusätzliche Arbeitsräume. Die Bewohner:innen leben in ihren Wohnungen unabhängig und selbständig, haben jedoch die Möglichkeit, durch gemeinsame Begegnungen und Aktivitäten in den Gemeinschaftsräumen miteinander in Kontakt zu kommen. Es entsteht eine andere Form des Zusammenlebens“* (Brandl & Gruber 2014: 11).

Es gibt die Möglichkeit der Gestaltung des eigenen Wohnraums und von Elementen der Freiräume. Eine Besonderheit sind die Öffnungen einzelner Baugruppen hin zur Nachbarschaft wie etwa das Nachbarschaftscafe Yella Yella von Queerbau. Eine weitere Differenzierung zeigt sich entlang der technischen Lösungen beim Zugang ins Wohngebäude und zur eigenen Wohnung sowie zu gemeinschaftlichen Einrichtungen. Diese unterscheiden sich zwischen Baugruppen und dem von Immobilienentwicklern und Bauträgern realisierten Massenwohnbau. Für den Zugang zu diversen Gemeinschaftseinrichtungen werden technische Chipschlüssel in der Seestadt verwendet, u. a. von gemeinnützigen Bauträgern wie der Gesiba und der Sozialbau. Sie könnte man als „Wiener Schlüssel" bezeichnen, einer digitalisierten Form des berühmten Berliner Schlüssels (Latour 1996). Der Berliner Doppelschlüssel war eine smarte analoge Lösung, um Zutritt zu Wohnhäusern möglichst reibungslos gewährleisten zu können. Der Wiener Schlüssel der Wohnhausanlagen der Sozialbau ist ein Chipschlüssel, der nicht nur Zugang zum Wohnhaus ermöglicht, sondern auch zu bestimmten gemeinschaftlichen Infrastrukturen wie den Waschküchen und Schwimmbädern in der Seestadt.

Ana Rogojanu hält fest „*gemeinschaftliches Bauen und Wohnen hat Konjunktur*" (Rogojanu 2019: 9). Insbesondere in Wien haben Baugruppen in den letzten fünfzehn Jahren Fahrt aufgenommen und bilden in der Seestadt eine prägende Form des Bauens. Das hat zur Folge, dass es zu einer starken Ausdifferenzierung in der Praxis der Baugruppen kommt. Diese werden aus verschiedenen Gründen realisiert, sei es, um leistbaren Wohnraum zu errichten, den man als Bewohner:in selbst mitgestalten kann, oder um in einer engen Gemeinschaft zu wohnen, wie das Nora Nothegger in „Sieben Stock Dorf" (2017) beschreibt. In Notheggers Roman wird der Aspekt der geschlossenen Gemeinschaft verdichtet herausgearbeitet. Die Journalistin ist selbst Bewohnerin des Wohnprojekts Wien am Wiener Nordbahnhof und beschreibt in ihrer Monografie den Prozess des Planes bis zur Praxis des Wohnens. Der Aspekt der Leistbarkeit muss relativ betrachtet werden und an die Frage geknüpft werden: „Leistbar für wen?" Aufgrund der hohen Eigenmittelanteile sind es tendenziell Bessersituierte oder relativ abgesicherte Angehörige der Mittelschichten, die sich diese Wohnform leisten können.

Mit den Baugruppen „*entsteht eine verhältnismäßig komplexe Form von Commons: Zum einen ist dies ein konkretes Produkt, nämlich ein Gebäude, das sich häufig in kollektivem Besitz befindet und nach bestimmten gemeinsam ausgehandelten Regeln von den Mitgliedern der Gruppe genutzt wird. Der so entstandene Wohn – und Lebensraum ist also eine von Menschen geschaffene und eine nur von einer begrenzten Zahl von Menschen nutzbare Ressource, deren Verwaltung klare Regeln des Zugangs und der Nutzung erfordert*" (Rogojanu 2015: 181). Ich bezeichne daran anknüpfend Baugruppen als gemeinschaftliche Infrastrukturen des Wohnens.

Die Praxis des gemeinschaftlichen Wohnens in den Baugruppen ist in der Seestadt dadurch gekennzeichnet, dass sie nach innen hin offen organisiert sind und nach außen hin geschlossen. Das bedeutet nach innen hin sind die nachbarschaftlichen Beziehungen sehr eng und nach außen hin wirken viele der Baugruppen wie geschlossene Gruppen. Das betrifft die Hausgemeinschaften, die sich nach innen hin in Arbeitsgruppen organisieren und Aufgaben teilen wie bei den Baugruppen Seestern, Queerbau, B.R.O.T. oder LISA.

An dieser Stelle ist festzuhalten, dass diese Praxis des gemeinschaftlichen Wohnens sich nicht bei allen Baugruppen realisiert. Manche dieser Baugruppen haben diese errichtet, um einen leistbaren Wohnraum für sich und ihre Familie zu realisieren, den sie selbst mitgestalten können. Baugruppen wie die Baugruppe B.R.O.T. lassen sich hingegen in das traditionelle, von gemeinsamen Werten dominierte Konzept der Baugruppen einordnen, wie sie Ana Rogojanu analysiert: *„In denen mehrere Personen in der Absicht eines engen nachbarschaftlichen Zusammenlebens, oft unter dem Leitbild einer bestimmten inhaltlichen und weltanschaulichen Idee, gemeinsam ein Gebäude planen, errichten und anschließend verwalten."* (ebenda).

Die Baugruppen bieten allen Mitgliedern die Nutzung der Gemeinschaftsräume. Einige Baugruppen beherbergen Gemeinschaftsräume, die auch für die Nachbarschaft nutzbar sind, wie das Wohnprojekt Seestern, das einen Mehrzweckraum beherbergt, in dem kommerzielle Turnkurse für den Stadtteil angeboten werden, sowie einen Coworking Space für Selbstständige und EPUs im Stadtteil, oder die Baugruppe Queerbau, die das Nachbarschaftscafé Yella Yella betreibt, welches für alle im Stadtteil donnerstags geöffnet ist.

9. Aushandlung von Stadtvorstellungen in städtischen Teilöffentlichkeiten

Die Vorstellung der antiken Polis, dem Stadtplatz, als Ideal der städtischen Öffentlichkeit, als Ort der Freiheit (Meyer 2007: 279), des gesprochenen Worts und des Politischen (vgl. Arendt 1981: 36) bestimmt bis hin in die Gegenwart das Bild von städtischer Öffentlichkeit. Der Begriff der städtischen Öffentlichkeit wird oft mit der antiken Agora, dem Marktplatz, der als Versammlungsplatz fungierte, assoziiert. Die Begrifflichkeit des öffentlichen Raums und städtische Öffentlichkeit sind demnach historisch eng verwoben, aber keinesfalls gleichzusetzen. Ein Platz mit einer Parkbank macht etwa noch keine städtische Öffentlichkeit. Was macht diese nun aus? Öffentlichkeit wird von Habermas sehr abstrakt *„als Netzwerk für Kommunikation von Inhalten und Meinungen"* beschrieben (Habermas 1992: 436). Er streicht damit die Kommunikation und die mikro-soziale Ebene hervor. Städtische Öffentlichkeit dient als Forum der Aushandlung gesellschaftlicher Vorstellungen, die sich gegenwärtig auf digitaler Ebene wie analoger Ebene im Stadtraum bzw. online verorten. Diese Foren haben sich mit der Digitalisierung vermehrt in den diskursiven digitalen Raum und darin verortete soziale Medien wie Facebook, Twitter und Instagram verlagert.

Ich möchte an dieser Stelle auf Hannah Arendts Überlegungen Bezug nehmen, weil sie zwei mit dem Begriff der Öffentlichkeit verknüpfte Aspekte herausarbeitet, die im Kontext städtischer Öffentlichkeit relevant sind. Erstens meint ihr zufolge Öffentlichkeit *„alles, was vor der Allgemeinheit erscheint, für jedermann sichtbar und hörbar ist"* (Arendt 1981: 62). Zweitens bezeichnet der Begriff die der Gemeinschaft zugänglichen Aspekte des Lebens, das was sich davon *„unterscheidet, was uns privat zu eigen ist"* (ebenda 65). Sie bezeichnet dabei sowohl die vom Menschen produzierten Aspekte des öffentlichen Lebens als auch den Austausch zwischen den Menschen. Sie verweist in weiterer Folge sowohl auf die materielle Produktion der gebauten Umwelt als auch auf den dialogischen Aspekt von Öffentlichkeit. Diese *„ist also weder auf die Einrichtungen der griechischen Stadtstaaten beschränkt noch auf spezifisch städtische öffentliche Orte. Polis ist überall dort, wo ein öffentlicher Raum gemeinsamer Debatte und gemeinsamen Handelns unter freien und gleichen Bürgern errichtet wird"* (Arendt 1958: 198, zitiert nach Mayr 2014: 36). Der Begriff muss aber noch weiter eingegrenzt werden. Untersuchungsgegenstand ist die Produktion von Öffentlichkeit im Kontext von urbanen Räumen. Es rücken die Produktion der gebauten Umwelt ins Blickfeld, deren Akteur:innen sowie die lokale und relationale Produktion von Öffentlichkeit. Diese wird auf der Handlungsebene des Stadtraums und der Ebene von Imageproduktion von Stadt untersucht. Es wird aufgearbeitet, welche Bilder von Stadträumen und damit welche mediale Öffentlichkeit über die Untersuchungseinheiten produziert werden. Margit Mayr fokussiert bei dem Begriff der städtischen Öffentlichkeit auf die Handlungsebene und die Entscheidungsprozesse:

> *„Die Assambleas der Indignados (Empörten) auf Spaniens städtischen Plätzen sowie die der Occupy-Bewegung v. a. in den USA beriefen sich auf bürgerschaftliche Rechte im ursprünglichen Sinn von Polis und Agora, zielten also auf die Zurückgewinnung einer Urbanität, wie wir sie mit Aristoteles' Athen assoziieren. In dieser ursprünglichen politischen Definition des Städtischen geht es weniger um politisches Verhalten, wie es aus der Vielfalt, Dichte und Intensität urbaner Interaktionen resultiert, sondern vielmehr um die gemeinsame Entscheidungsfindung der freien Bürger im Austausch der Meinungen, in direkt-demokratischen Strukturen. Bei Arendt (1958) steht die griechische Polis für einen solchen politischen Raum als Handlungssphäre der ‚vita activa', wo auch immer Individuen zusammenkommen, um gemeinsam politisch zu handeln und dieses kollektive Handeln auf eine freie Gestaltung des Gemeinwesens zielt"* (Mayr 2014: 37).

In meiner Analyse richte ich den Blick auf die Aushandlungsprozesse von Akteur:innen in Foren der Städtischen Öffentlichkeit im analogen wie digitalen Raum.

Konfliktbehaftete städtische Öffentlichkeit in der Seestadt

Unter städtischer Öffentlichkeit wird in weiterer Folge ein soziales Netzwerk aus Akteur:innen, das den Gegenstand der Stadt in öffentlichen digitalen wie analogen Foren ausverhandelt, verstanden. Diese Foren verorten sich im Falle der Seestadt auf digitaler Ebene auf Facebook in Bewohner:innenforen, in Onlinemedien (Tageszeitungen wie dem Standard, Kurier, Krone oder Heute) und analog in Formaten wie dem sogenannten Seestadtforum, aber auch Gesprächen im öffentlichen Raum, welche die Seestadt zum Gegenstand haben. Öffentlichkeit wird in Form von diskursiven Praktiken, Imaginationen und Alltagspraktiken über diverse Themenfelder produziert. Die Akteur:innen der Ausverhandlung von Öffentlichkeit sind mit unterschiedlicher Reichweite und Entscheidungsmacht ausgestattet. Imaginationen werden sowohl von den Bewohner:innen einer kritischen Öffentlichkeit als auch von Planer:innen generiert und sind oftmals gegenläufig. Die diskursive Ausverhandlung des Stadtteils findet auf Ebene von Vorstellungen von Stadt und dem „guten", dem „richtigen" Leben in der Stadt statt. Im Fallbeispiel des Stadtteils sind es oftmals Themenfelder wie die offene versus die geschlossene Stadt, aber auch Dispositionen zur Mobilität, Stadtbegrünung, Stadthitze oder dem Zusammenleben im Stadtteil, die zum Gegenstand der Diskussion werden. Auf der Abbildung

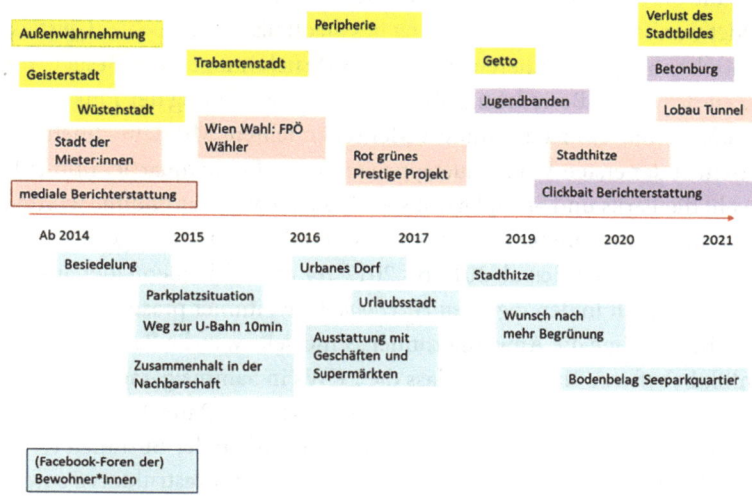

Abb. 19 Themenkonjunkturen ab der Besiedelung, © C. Dlabaja

zu sehen sind jene Teilöffentlichkeiten, welche die Seestadt ausverhandeln. Die mediale Berichterstattung (rosa gekennzeichnet) generiert einen Teil des diversen Images über die Seestadt, welches ab 2019 zunehmend auch in den Boulevard-Medien und mittels Clickbait-Berichterstattung (lila markiert) entsteht. Mit der zunehmenden Realisierung des Stadtteils wird dieses aber auch von einer kritischen Stadtöffentlichkeit als Außenwahrnehmung (gelb eingezeichnet) konstituiert.

In den internen Facebook-Foren wird städtische Öffentlichkeit aus Bewohner:innenperspektive ausverhandelt. Der öffentliche Diskurs ist lange Zeit von Expert:innen, informierten Bürger:innen geprägt und männlich dominiert. In die Debatte um die Seestadt können sich nur jene involvieren, die über das notwendige kulturelle und soziale Kapital verfügen. Relevant ist in diesem Zusammenhang, welche **Funktionen sozialen Medien** bei der Genese von Öffentlichkeiten zukommen. Auf Facebook findet die Ausverhandlung der Stadt entlang ausgewählter Themenfelder statt. Während auf **Instagram** Repräsentationen der Stadt produziert werden, wie das visuell imaginierte Urlaubsgefühl, Partnerschaft oder demonstrativer Konsum, wie gemeinsam essen gehen.

Die Themenfelder, die zum Gegenstand der Ausverhandlung werden, wandeln sich im Verlauf der Zeit und werden von jeweils unterschiedlichen Akteursgruppen ins Feld geführt und in unterschiedlichen Foren städtischer Teilöffentlichkeit ausverhandelt. Waren es am Anfang Außenwahrnehmungen über die Seestadt, wie dass die Seestadt eine „Wüstenstadt" sei, was der Situation mit der Baustelle geschuldet war, sowie die Wahrnehmung des Stadtteils als unbelebte „Geisterstadt". Beide Zuschreibungen fundieren auf Außenwahrnehmungen von Besucher:innen in der Zeit der ersten Besiedelung ab 2014 vor der Eröffnung der Einkaufsstraße, in der anfangs nur ein paar Hundert Menschen lebten. Mit dem zunehmenden Baufortschritt der ersten Wohnbauetappe wurde das Pionierquartier immer belebter, sowohl die Parks und Spielplätze als auch die lokale Gastronomie wurden von den Bewohner:innen immer stärker genutzt und diese oft verbal geäußerte Kritik verschwand. Dafür wurden ab 2015 bis 2017 vor allem Themenfelder aus der Bewohner:innenschaft in den *digitalen Facebook-Foren* immer präsenter. Das Thema Mobilität beschäftigte die Anwohner:innen. Einerseits war die Parkplatz-Situation ein konfliktbehaftetes Thema, also dass die PKWs in Sammelgaragen parken, und andererseits, dass der Weg von der Wohnung bis zur U-Bahn 10 bis 15 Minuten dauerte, so man ihn zu Fuß zurücklegt. Mit dem Ausbau der Buslinien innerhalb der Seestadt und der Implementierung diverser Fahrradinfrastrukturen sowie dem Ausbau weiterer Quartiere im Stadtteil wird auch dieses Thema immer weniger präsent, im Gegensatz zum Parken in der Seestadt, das immer noch die Gemüter einiger Bewohner:innen bewegt. Ein weiteres Thema, welches die Anwohner:innen im Zeitraum von 2015 bis 2019 sehr beschäftigt, ist jenes der Infrastrukturen und Ausstattung mit Lokalen, Supermärkten und Geschäften für den alltäglichen Gebrauch. Bei der Befragung 2019 gaben 34 % teilweise, 17 % wenig bzw. 7 % gar nicht zufrieden mit der Ausstattung mit Restaurants zu sein, an, bei jener mit Geschäften sind 25 % wenig und 21 % gar nicht zufrieden und 30 % nur zum Teil (Reinprecht et al. 2020: 42). Dabei wurde in diversen internen Facebook-Foren immer wieder kontrovers diskutiert, dass es eine bessere Ausstattung mit Supermärkten und Restaurants brauche. Die Kritik basiert auf der Tatsache, dass es bis 2019 nur einen Spar in der Seestadt als Supermarkt gab und anfangs nur drei Restaurants. Mit dem Hitzesommer 2017 wurde auch die Stadthitze in der Seestadt ein Thema, das die Bewohner:innenschaft in ihrem Alltag beschäftigt. Immerhin 25 % gaben 2019 an, teils nicht zufrieden, 19 % weniger zufrieden und 13 % nicht zufrieden mit der Hitzeentwicklung im Stadtteil zu sein (ebenda).

Von außerhalb des Stadtteils wurde immer wieder Kritik an der Gestaltung und an planerischen Aspekten geübt, die ab Ende 2020 insbesondere das Seeparkquartier und den verwendeten Asphaltbelag betrafen. Relevant ist in diesem Zusammenhang, dass die Bewohner:innen immer wieder Partei für ihre „Seestadt" ergreifen, sei es in sozialen Medien, aber auch im „Seestadtfilm", der 2020 von einer Gruppe von Seestädter:innen produziert wurde, die dem Außenbild ihre

Perspektive auf die Seestadt entgegensetzen wollten[1]. Stand Oktober 2021 hat der Film, der via YouTube veröffentlicht wurde, mehr als 17.100 Zugriffe. Ziel des Films war es, der oft negativen Außenperspektive von Besucher:innen, die den Stadtteil nicht gut kennen, eine Innenperspektive von Bewohner:innen und Planer:innen entgegenzusetzen. Mit der Fertigstellung des Seeparkquartiers im Sommer 2021 wird ein Thema in den Stadtteil von Boulevardmedien hineinprojiziert, nämlich die Gestaltung des Stadtteils in Verknüpfung mit dem Thema Stadthitze, wie in einem der nächsten Abschnitte eingehend analysiert wird. Ein weiteres Thema, welches 2021 zum Gegenstand der öffentlichen Debatte wird, ist das Thema Klimawandel, welches mit dem Baustopp des Lobautunnels und der Stadtstraße aufkommt. Die öffentliche Diskussion der Bauvorhaben findet quer über alle Medien statt und der Protest gegen die Errichtung dieser Infrastrukturen mündet in Demonstrationen und der Besetzung der Baustellen.

Die oben genannten Themenfelder wurden nicht nur mittels der *Analyse interner Bewohner:innenforen auf Facebook* untersucht, sondern waren schon im Besiedelungsmonitoring 2015 (Reinprecht et al. 2016) und 2019 Gegenstand der Bewohner:innenbefragung. Das Thema Stadthitze wurde beim Monitoring 2019 erhoben (Reinprecht et al. 2020), da aus meinen Feldforschungsaufenthalten 2017 hervorging, dass Stadthitze für Teile der Bewohner:innen eine massive Belastung darstellt. Bei der Befragung 2019 gaben 57 % der Befragten an, dass sie teils eher nicht zufrieden oder nicht zufrieden mit der Hitzeentwicklung im Stadtteil waren. Basierend auf diesen Befunden wurde ein Fokusgruppeninterview mit sechs Bewohner:innen durchgeführt, um das Thema nochmals qualitativ in den Blick zu nehmen.

Durchwegs hochbewertet wird von den Bewohner:innen das Sicherheitsgefühl im Stadtteil mit 87 % und die Ausstattung mit Grünraum und Erholungsflächen, 69 % geben an, sehr zufrieden oder zufrieden zu sein, wie die Abbildung auf dieser Seite zeigt, ebenso wie mit der sehr engen Form der Nachbarschaft und dem damit verknüpften Wohngefühl.

Diese subsumierende Darstellung der Themenkonjunkturen zeigt, wie wichtig es ist, den analytischen Blick darauf zu lenken, wer zu welchem Zeitpunkt welche Themenfelder setzt und wer die Möglichkeit hat, Öffentlichkeit über bestimmte Themen zu schaffen. Die handelnden Akteur:innen verfügen nicht nur über unterschiedliche Ressourcen, sondern haben auch unterschiedliche Beweggründe, bestimmte Themenfelder öffentlich zu machen. Für die Bewohner:innen sind das die Bewältigung ihres Alltags in der Seestadt sowie spezifische städtische Infrastrukturen, die ihnen diesen erleichtern oder erschweren. Bei den Medien geht es einerseits darum, möglichst viele Zugriffe und Leser:innen für Themenfelder zu

---

1 https://www.youtube.com/watch?v=xSqw7xDVW0U, Zugriff am 22.09.2021.

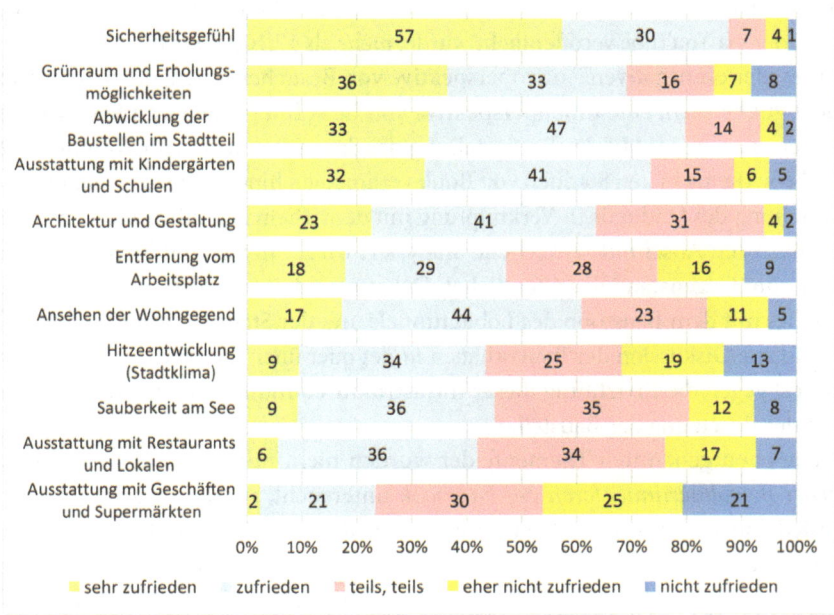

Abb. 20 Beurteilung des Stadtquartiers aus Bewohner:innenperspektive, Quelle: Besiedelungsmonitoring 2019

generieren, weshalb insbesondere 2021 die Boulevardmedien Berichte über die Seestadt verfassen, die sich unter dem Terminus Clickbait subsumieren lassen. Darüber
hinaus dominieren die Themen Klimawandel und Bürger:innenproteste 2021 die
mediale Berichterstattung Seestadt, was mit der Einbettung des Stadtentwicklungsgebiets am Stadtrand zusammenhängt, die von politischen Entscheidungsprozessen
und Infrastrukturprojekten abhängig ist, die vor 30 Jahren geplant wurden. Entlang des Themenfelds Stadthitze werden sowohl Dispositive herausgearbeitet, die
aus Feldforschungstagebüchern und Interviewausschnitten hervorgehen. Als auch
aus Medienberichten, die mittels der Medieninhaltsanalyse nach Heinz Bonfadelli
(2002) und Sarah Pink digital ethnographisch (Pink et al. 2009) untersucht wurden.
Analysiert werden in diesem Zusammenhang themenspezifisch Diskussionen in
den internen Bewohner:innenforen und Medienberichte.

Stadtkonflikt Mobilität

Ein konfliktbehaftetes Thema ist 2015, als die ersten Bewohner:innen einzogen in
den Stadtteil, die Parkplatzsituation. Für viele Bewohner:innen waren die Stellplätze

für ihre Autos in Sammelgaragen ein Novum. Kritisiert wurde einerseits, dass die Autos nicht vor dem eigenen Wohnbau geparkt werden können und anderseits die monatlichen Kosten für die Stellplätze, die im Schnitt bei 85 € lagen. Von den 420 Befragten des Besiedelungsmonitorings 2015 gaben 13,5 % an, eher unzufrieden oder sehr unzufrieden 37,8 % mit der Parkplatzsituation zu sein (Reinprecht et al. 2016: 90). Wie in der Einleitung beschrieben, wurden in der Seestadt 0,7 Stellplätze pro Haushalt großteils in Sammelgaragen realisiert, was einige Bewohner:innen auf den Plan rief, die sich darüber beschwerten, dass es zu wenig Parkplätze in der Seestadt gäbe. Was folgte, war eine Reihe von Medienberichten, Facebook-Postings und eine Bürger:inneninitiative, die sich temporär formierte. Jener Teil der Bewohner:innenschaft, der dem Mobilitätskonzept der Seestadt mit den reduzierten Stellflächen im Stadtraum und der Parkraumbewirtschaftung kritisch gegenübersteht, macht diese Meinung im Diskurs 2015 vor allem mittels Postings in Facebook-Foren (sowohl in internen Bewohner:innenforen als auch öffentlichen) sichtbar. Darauf folgte eine kontroverse Debatte mit den Bewohner:innen, die hinter dem Fußgänger:innen- und Fahrrad-freundlichen Mobilitätskonzept stehen als auch Planer:innen und Anrainer:innen aus dem Umfeld.

Das Stadtteilmanagement wollte den Konflikt proaktiv aufgreifen und entwickelte das sogenannte Seestadtforum. Ein Diskussionsformat, bei dem ca. 80 Bewohner:innen mit unterschiedlichen Expert:innen aus dem Bereich Mobilität zusammentrafen und gemeinsam diskutierten. Ziel des Formats war es, den Bewohner:innen die alternativen Mobilitätskonzepte zu vermitteln und ihnen Raum zu geben, ihre Kritik auszusprechen. Das Seestadtforum wurde in Folge wiederholt realisiert und für mehrere Themen wie Sicherheit, Infrastruktur, Teilhabe und andere Themen ausgeweitet. Aus Interviews und Feldforschungstagebüchern geht hervor, dass von den Bewohner:innen positiv wahrgenommen wurde, dass sie im Rahmen des Formats ihre Anliegen vorbringen und sich mit den Expert:innen austauschen konnten, negativ wahrgenommen wurde, dass sie zwar gehört wurden, aber die Ideen und Meinungen, so sie nicht mit den Entwickler:innen übereinstimmten, nicht aufgegriffen wurden. Folgt man dem Praxisbuch Partizipation verortet sich das Seestadtforum auf der sogenannten Partizipationsleiter der Stadt Wien auf der Stufe „Informieren und Reaktionen einholen" (Arbter 2012: 52). Daher können Bewohner:innen zwar ihre Meinung kundtun, aber sie wird nicht in weitere Planungen miteinbezogen. Dass Expert:innen Bewohner:innen im Rahmen der Foren erklären, warum die Dinge realisiert werden, wie sie realisiert werden, ohne dass die Anmerkungen und Kritikpunkte der Bewohner:innen in die Planungen miteinbezogen werden, führt bei einigen Teilnehmer:innen wiederum zum Gefühl, nicht ernst genommen zu werden. Daher sprechen sowohl Bewohner:innen als auch Wissenschaftler:innen von „Pseudo-Partizipation" in der Seestadt und „Stadtplanung als Erziehungsmaßnahme" (siehe auch Abschnitt Planungsnarrative: Soziale Durchmischung und gerechte Stadt). Gerade was den Individualverkehr betrifft haben einige Bewohner:innen das Gefühl, wie Kinder behandelt zu werden, die man nur richtig erziehen muss. Genau das zeichnet auch das Spannungsfeld in der Seestadt aus. Zwischen jenen, die als Planer:innen die Seestadt gestalten und jenen, die in der Seestadt wohnen und andere Ansichten vertreten und keine Möglichkeit haben, sich in Entscheidungsprozesse zu involvieren, so sie mit den Planungsleitbildern nicht korrespondieren.

Die Bewohner:innen produzieren auf diskursiver Ebene Öffentlichkeit und reagieren mit ihrer Kritik auf die Infrastrukturen im Stadtteil (aus ihrer Sicht fehlende Stellplätze und die Sammelgaragen), weitere Aspekte des Mobilitätsdispositivs im Stadtteil sind das mittels des Mobilitätsfonds geförderte Fahrradverleihsystem der Lastenfahrräder und diverse Projekte wie das Aspern Mobil Lab oder das Fahrradgeschäft United Cycling. Während die Bewohner:innen mittels sozialer Medien eine Form der Gegenöffentlichkeit produzieren, versucht die Stadtplanung mittels des Seestadtforums, die Deutungshoheit auch auf diskursiver Ebene zurückzugewinnen, indem sie mit Rückgriff auf Expert:innen das Mobilitätskonzept des Stadtteils öffentlich wirksam vermittelt. Es handelt sich also um einen Konflikt, der auf verschiedenen Ebenen ausverhandelt wird. Der Geograf Eric Swyngedouw spricht in diesem Zusammenhang von einem technokratischen Verständnis von Bürger:innenbeteiligung (Swyngedouw 2014), das mittels Infotainments „Pseudo-Partizipation" als Instrument der Systemerhaltung dient und nicht wie vom Architekten Miessen (2011: 14) gefordert zur Selbstermächtigung. Miessen kritisiert in seinem Buch „Alptraum Partizipation" (Miessen 2011) Partizipation als Planungsinstrument, welches auf den kleinsten gemeinsamen Nenner nivelliert.

Ein innovativer Aspekt des Seestadt Forums ist es, sich auf den Dissens einzulassen und diesen Moment in einer öffentlichen Veranstaltung auch auszuhalten und es in der Öffentlichkeit nicht so darzustellen, als gebe es keine Konflikte.

Stadtkonflikt Stadthitze

Klimagerechtes Bauen ist im letzten Jahrzehnt zu einem der virulentesten Themenfelder der Stadtplanung geworden. Unter je lokal differenzierten Vorzeichen. In Wien wurde das Thema längere Zeit im Zuge der sogenannten Smart City Rahmenstrategie bearbeitet (MA18 2014). Nachdem das Thema Stadthitze im Kontext der klimaresilienten Stadt von der damaligen grünen Stadträtin für Stadtplanung und Entwicklung Birgit Hebein als zentral identifiziert wurde, entstand eine Reihe von gesonderten Strategien wie der zusätzlichen Begrünung der Stadt Wien mit Bäumen, das Projekt „coole Straßen"[2] 2020 und erste Überlegungen zur Förderung

---

2 https://www.streetlife.wien/coolestrasse/, Zugriff am 06.10.2021.

von Vertikalbegrünung. Grundlage für diese Maßnahmen bildeten diverse Studien und Auswertungen wie die Kartierung der Stadt Wien auf sogenannte „Hitzeinseln", auf deren Grundlagen Strategien gegen die Stadthitze entwickelt wurden. Darüber hinaus gibt es seit November 2019 eine Förderung für Außenjalousien, bei der bis zu 50 % der Kosten von der Stadt Wien übernommen werden, für Wohnungen in Gebäuden, die älter als 20 Jahre alt sind. Seit der neuen rot-pink geführten Stadtregierung hat Ulli Sima im Herbst 2020 das Planungsressort von Birgit Hebein übernommen und es wurde eine Förderung für die Vertikalbegrünung initiiert. Der ehemalige Bildungsstadtrat Czernohorsky hat von Sima das Umweltressort übernommen und entwickelte 2021 weitere Maßnahmen.

In der Seestadt wurde das Thema Klimaresilienz schon bei der Umweltverträglichkeitsprüfung UVP als zentraler Aspekt aufgenommen, der sich bei den Ausschreibungskriterien der städtebaulichen Wettbewerbe eingeschrieben hat. Es gibt verschiedene Planungsparameter, die hierfür festgelegt wurden. Erstens gibt es in der gesamten Seestadt eine verpflichtende extensive Dachbegrünung, die in der ersten Etappe umgesetzt wurde. Extensive Dachbegrünung heißt, dass auf den Dächern ein Granulat oder Moosbewuchs angebracht wird, der mindestens acht Zentimeter Bodenaufbau umfasst und die Hitzeentwicklung am Dach reduziert. Die extensive Dachbegrünung umfasst mindestens 30 Zentimeter Bodenaufbau, auf dem begehbare Wiesen, Sträucher und Bäume gepflanzt sowie Gemüsebeete angelegt werden können[3].

Bei einer Reihe von Wohnprojekten wie insbesondere bei einigen Baugruppen wurde darüber hinaus auch eine sogenannte exzessive Dachbegrünung in Form von Nachbarschaftsgärten am Dach realisiert. Mit Beginn der Ausschreibung des Abschnittes im Norden wurde eine leicht exzessive Dachbegrünung festgelegt, darüber hinaus wurden in diesem Abschnitt zahlreiche Fotovoltaikanlagen an den Dächern realisiert. In der Zeit der Realisierung der ersten Etappen konnte die auf den Dächern erzeugte Energie noch nicht in die dortigen Wohnanlagen zurückgespeist werden, was nun seit der Realisierung der zweiten Etappe möglich ist. Darüber hinaus wurden zahlreiche Gestaltungsparameter von Jan Gehl Architekten für die Freiräume festgelegt, seien es Begrünungs- als auch Gestaltungselemente.

Auf alltagsweltlicher Ebene dominiert das Thema Stadthitze schon seit dem Hitzesommer 2017 den Stadtteil, wie aus den Feldforschungen aber auch der Bewohner:innenbefragung 2019 hervorgeht. Mit der Hitzeentwicklung im Stadtteil sind 25 % der Bewohner:innen teils, teils, 19 % eher nicht zufrieden und 13 % gar nicht zufrieden. Der Blick auf die Bewertung des eigenen Wohnhauses zeigt, dass die Hitzeentwicklung in der eigenen Wohnung noch kritischer eingeordnet wird. Immerhin 24 % geben an, dass sie die Hitzeentwicklung in der eigenen Wohnung

---

3 https://www.wien.gv.at/umweltschutz/raum/gruendaecher.html, Zugriff am 07.01.2022.

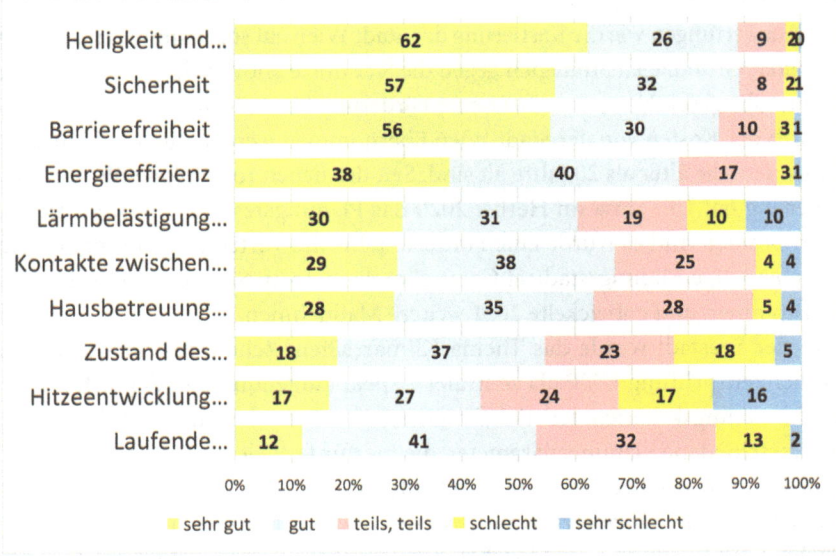

Abb. 21 Beurteilung des eigenen Wohnhauses und der Wohnung, Quelle: Besiedelungsmonitoring 2019

als teils, teils, 17 % schlecht und 16 % sehr schlecht beurteilen (Reinprecht et al. 2020: 42). Das hängt wiederum mit den baulichen Bestimmungen der ersten Etappe zusammen. In dieser war laut der geltenden Ö-Normen die Implementierung von Außenjalousien nicht verpflichtend. Daher kam es insbesondere im geförderten Wohnbau zu Problemen mit Hitzeentwicklung in den Wohnungen.

Im Gegensatz dazu wurden in den Baugruppen unterschiedliche Systeme von Außenjalousien angebracht in Kombination mit einer Gebäudetechnik, die eine kühlende Wirkung hat. Diese differenzierte Ausstattung mit Hitze reduzierenden Infrastrukturen zeigt sich auch anhand der Baufelder Analyse zum Thema Hitze-entwicklung in der eigenen Wohnung (Reinprecht et al. 2019: 61). Während die Baugruppen auf D13 mit der Situation zufrieden sind, stellt sich die Situation im geförderten Wohnbau, wie etwa Sozialbau, anders dar. Ich werde mich nun mittels ausgewählter ethnographischer Vignetten an das Thema aus der alltagsweltlichen praxeologischen Perspektive im Wechselspiel mit städtischen Infrastrukturen annä-hern und so Perspektiven aus dem Stadtteil und der Feldforschung im ersten Schritt aufarbeiten und im zweiten die Ausverhandlung dieses Themas in den (sozialen) Medien nachzeichnen.

Stadthitze in der Feldforschung

Ein einschneidender Moment in der Feldforschung war für mich das temporäre Wohnen im Hitzesommer 2017 gemeinsam mit meinem einjährigen Sohn und meinem Partner. Der Einzug in die Seestadt bei 37 Grad im Schatten ließ mich auf einer alltagspraktischen Ebene spüren, was Stadthitze bedeutet. Ich teile an dieser Stelle Ausschnitte aus meinem Feldforschungstagebuch, weil diese eine typische Alltagswahrnehmung von sommerlicher Stadthitze in der Seestadt darstellen.[4] An die Ausschnitte aus der Feldforschung anknüpfend werden Zitate aus Fokusgruppeninterviews mit Bewohner:innen als vertiefende Alltagsperspektiven zum Thema Stadthitze angeführt.

„Ich steige aus der klimatisierten U-Bahn aus. Eine schier sengende Hitze schlägt mir entgegen. Ich gehe in Richtung Busstation, kein Bus ist in Sichtweite. Also gehe ich zu Fuß die U-Bahnpfeiler im Schatten entlang. Der Wind bläst mir stark entgegen. Ich gehe ums Eck und bin der grellen Sonne ausgeliefert. Ich habe das Gefühl, in der Wüste gelandet zu sein. Es ist unglaublich heiß. Ich kann mir in diesem Moment nicht vorstellen, hier zu wohnen. Ich frage mich, wie ich auf die Idee gekommen bin, im August hierher zuziehen. Das Kind wird im Kinderwagen unruhig, es ist ihm scheinbar zu heiß. (…) Ich frage mich (..) wie die Seestädter mit der Hitze umgehen. Welche Tools gibt es dafür. Gibt es in der Seestadt diesbezüglich welche?" (Feldforschungstagebuch 3 2017: 3).

Die Suche nach Schatten im Neubaugebiet während der Mittagszeit ist ein weiteres Thema, das von Bewohner:innen immer wieder als Herausforderung im Alltag benannt wird. In diesen Erzählungen werden verschiedene Aspekte der städtischen Infrastruktur immer wieder problematisiert. Zum einen werden die Bäume in der Seestadt thematisiert, die noch wachsen müssen und noch zu klein sind, um Schatten zu spenden, wie aus einem der Interviewausschnitte hervorgeht:

„Also ich persönlich finde es gut, dass so viele Bäume gepflanzt wurden. Momentan nutzen sie aber wegen ihrer Winzigkeit gar nichts. Also ich bin oft am See, aber es kommen viel mehr, hoffe ich eben auch. Um der Hitze zu entfliehen, gehen wir abends oft eine Runde im See schwimmen. Aber es ist wirklich schwierig, länger am See zu bleiben, denn man hat einfach keine Möglichkeit im Schatten. Gar nichts, momentan. Weil die Bäume einfach nichts hergeben. Und dasselbe ist natürlich, also in einer Allee wäre es natürlich auch kühler,

---

4 In Gesprächen mit anderen Bewohner:innen im Sommer 2017 gab es zahlreiche Personen, die den Stadtteil als ähnlich heiß wahrnahmen. Meist handelte es sich dabei um Personen mit Betreuungspflichten kleiner Kinder.

aber dadurch, dass die Bäume noch so klein sind, gibt es einfach keinen Schatten" (Interview Fokusgruppeninterview Zeile 33–4).

Zum anderen wird der Verweis auf das Versprechen der Planung, dass noch mehr Bäume gepflanzt werden, hinterfragt. Dieses Versprechen auf eine zukünftige Infrastruktur im Stadtteil, die noch errichtet wird, ist ein typisches Zukunftsversprechen für den Stadtteil. Ähnlich wie das Versprechen darauf, dass noch weitere Supermärkte im Stadtteil errichtet werden oder in weiteren Abschnitten noch mehr Restaurants entstehen werden.

Diese Versprechen auf zukünftige Infrastrukturen werden von den Bewohner:innen als insofern problematisch eingeordnet, weil Probleme wie Stadthitze sie unvermittelt betreffen (vlg. Dlabaja 2021b). Im nächsten Zitat aus dem Forschungstagebuch am Tag des Einzugs in die Seestadt wird sichtbar, wie unterschiedlich dieser Blick auf die Stadthitze ist:

„Beim Einkaufen treffen wir auf eine Studienkollegin von mir und ihre Freundin, die beide in der Seestadt wohnen. Sie fragen mich, wie es uns geht und ich meine, dass ich verrückt bin, bei dem Wetter hierher zu kommen. Sie meinen, ist doch super hier, ob ich schon schwimmen war. Ich verneine. Eine der beiden erzählt, dass sie heute schon einmal schwimmen war und dass sie gleich nochmal im See schwimmen gehen. Am Heimweg geht ein Paar in Badeanzug und Handtüchern gewickelt an uns vorbei. Die Seestadt ist eine Urlaubsstadt, wie es scheint." (Feldforschungstagebuch 3 2017: 4).

Dieser zweite Ausschnitt zeigt eine weitere Alltagswahrnehmung, die mit der Seestadt sehr stark verknüpft wird, nämlich jene der Urlaubsstadt (vgl. Dlabaja 2021b: 263; Reinprecht et al. 2016: 46). Eine der Strategien im Umgang mit Stadthitze ist das Baden im See. Darüber hinaus wird die sommerliche Hitze in Verknüpfung mit dem See von einigen Bewohner:innen positiv konnotiert. Es gibt diese Wahrnehmung der Seestadt als Stadtteil mit mediterranem Flair, das sich in verschiedenen Infrastrukturen wie dem Steinstrand am See und den mittlerweile angesiedelten Strandlokalen widerspiegelt. Aber auch auf der Ebene der Imageproduktion schreibt sich dieses Gefühl u. a. via Instagram-Postings auf Instagram ein (Dlabaja 2021a: 49; Reinprecht et al. 2016: 46).

Im Jahr 2019 wurden von mir Fokusgruppeninterviews mit sechs Bewohner:innen zum Thema Stadthitze durchgeführt. Dabei wurden die Anwohner:innen gebeten, Ihre Perspektiven auf das Thema Stadthitze zu teilen und über ihre Erfahrungen und Strategien zu erzählen und darüber, welche Ansätze es in der Seestadt im Bereich des Wohnbaus ihres Wissens nach gibt. Das erste Themenfeld, das von den Bewohner:innen in diesem Kontext aufgegriffen wurde, ist jenes der Infrastrukturen, die gegen die Stadthitze wirken sollen, wie Außenjalousien:

„Bei uns im Haus wird da nicht wirklich was getan, ja, es ist einfach heiß. Es gibt auch keine Außenjalousien, ich darf auch keine anbringen, glaube ich. Ich wollt eine Klimaanlage anbringen, und das war von der Genossenschaft aus schwierig. Man darf nur eine gewisse Firma auswählen und die war mir zu teuer. Ich habe das dann für heuer einmal ad acta gelegt, vielleicht mach ich das nächstes Jahr, ich weiß noch nicht. Also es ist unglaublich schwer, mit der Hitze umzugehen. Auch für meine Hunde, ich habe Kühlmatten, die überall in der Wohnung liegen, wo sie sich dann drauflegen können, weil bei 28 bis 30 Grad, ist es zu heiß in der Wohnung. Da wird's dann mühsam und ich wohne auf der Sonnenseite."
(Fokusgruppeninterview Zeile 8–18)

Dieser Interviewausschnitt zeigt zum einen, dass die Adaption der Wohnungen mit Infrastrukturen, die wirksam gegen Hitze sind, für die Bewohner:innen eine finanzielle wie organisatorische Belastung darstellt und sie hier wenig Gestaltungsraum haben. Der zweite Aspekt, der hier sichtbar wird, ist jener der Wohnmilieus und unterschiedlicher Betroffenheiten je nach Lebenssituation. Aus den Erhebungen geht hervor, dass insbesondere für Familien mit Kindern und Personen, die mit Haustieren im Stadtteil wohnen, das Thema Stadthitze sehr präsent ist. Eine Strategie, die sich in diesem Zusammenhang zeigt, ist, die Wohnung nicht zu verlassen, bis die Hitze nachlässt: *„Beziehungsweise Mittagshitze meiden. Also man geht dann halt nicht um 12 Uhr einkaufen, wenn's nicht sein muss, sondern um 17 Uhr. Und ich habe sowieso ein bisschen Paranoia, was Sonne betrifft. Also die Kinder dürfen nicht in der Hitze, auf gar keinen Fall. Also ich möchte nicht, dass die irgendwo verbrennen, wir hatten noch nie Sonnenbrand. Also, kann sein, dass es kommt, aber ich meide wirklich die Mittagshitze und es ist ja Ferienzeit. Also wenn wir am Pool oder See oder ans Meer gefahren sind, gehen wir trotzdem nicht von 12 Uhr bis 16 oder 17 Uhr raus. Weil das ist idiotisch bei 40 Grad rausgehen, ich mein"* (ebenda T1 S. 11 Z: 31–37).

Am nächsten Ausschnitt zeigt sich aber auch, dass der Umgang mit Hitze und die Wahrnehmung dieser stark variiert: *„(I)ch bin die Hitze gewohnt. Also ich liebe es heiß und für mich sind 30 Grad okay"* (ebenda T2 Z. 19–23).

Ein Problem, das von allen benannt wird, sind die Kosten einer Adaption wie Außenjalousien und die eingeschränkten Möglichkeiten der Mittbestimmung: *„Ich wohn eben auch in einer Wohnung von Sozialbau, also ist generell auch nichts vorgesehen gegen die Hitze. Also wir haben keine Außenjalousien. Ich habe jetzt beobachtet, dass manche das anscheinend selbst nachgerüstet haben. Also das geht, aber das müssen sie selbst zahlen"* (ebenda T1 27–29).

Es zeigen sich darüber hinaus unterschiedliche Strategien und Adaptionen im Alltag: *„Ich weiß eben nur, also bei uns ist in jedem Fall auch geregelt. Man könnte eben Außenjalousien anbringen, aber auf Eigenkosten und vermutlich dann auch nur bestimmte Farben und Rahmenbedingungen und Firmen. Was es mir jetzt einfach für die Mietwohnung ohne Eigentumsoption nicht wert war. Ich habe Vorhänge in* *der gesamten Wohnung, im Schlafzimmer habe ich jetzt wirklich so dicke, schwere Vorhänge genommen, die die Hitze noch halbwegs draußen halten. Also wie heuer diese Hitzewelle war, haben wir zwei Umluftgeräte für Innen gekauft, dadurch, dass sie zumindest die Luft umwälzen, wird es dann noch um drei bis vier Grad kühler im Wohnzimmer und Schlafzimmer"* (ebenda T1 33–39).

Neben dem Anbringen von Vorhängen sowie dem Ankauf von Umluftgeräten wird von anderen Bewohner:innen vor allem Lüften in der Nacht als eine Strategie genannt. Ganz anders verhält sich die Situation in den Baugruppen. Die Baugruppen haben sich von Anfang an dafür im Kollektiv entschieden, in Außenjalousien zu investieren. Es gibt hier also zwischen den Anwohner:innen des geförderten Wohnbaus, wie Sozialbau, und den Baugruppenbewohner:innen auf D13 ungleich verteilte Möglichkeiten, mitzuentscheiden. Ein weiterer Aspekt, der in diesem Kontext noch benannt wird, dass es sich um keine Wohnung mit Eigentumsoption handelt und man deshalb nicht zu viel Geld investieren möchte. Das wiederum hängt auch damit zusammen, wie sich im weiteren Gesprächsverlauf herausstellt, dass nicht klar ist, ob die Bewohner:innen die Investition nach ihrem Auszug refundiert bekommen, bzw. eine Ablöse dafür verlangen können.

Diskursive Rahmungen von Stadthitze in den (sozialen) Medien

Seit dem Sommer 2017 ist das Thema Stadthitze immer wieder Gegenstand medialer Berichterstattung. Mit dem Sommer 2021 ist es aber nicht mehr eines von vielen Themenfeldern, sondern es rückt ins Zentrum der Zeitungsberichte. Es mag dafür verschiedene Gründe geben, wie etwa das der Klimawandel und seine Folgen in diesem Jahr weltweite Auswirkungen zeigen, in einer Radikalität, wie sie vorher nicht dagewesen ist. Das Thema Stadthitze betrifft die Stadt als Ganzes, aber wie schon oben beschrieben wurde, gibt es bestimmte Bereiche in der Stadt, die in der Hitzekarte als so genannte „Hitzeinseln" kartiert wurden, in der die Seestadt in einem schwarzen Kreis eingekreist wurde. Die Seestadt verortet sich nicht in einer solchen Hitzeinsel, sie ist wie andere Orte auch in etwa gleich betroffen. Dennoch wird sie zur Projektionsfläche für das Thema. Was wiederum mit der Materialität mehrerer Abschnitte in der Seestadt verknüpft wird. Zum einen mit dem Asphaltbelag im Seeparkquartier, der sowohl von den Bewohner:innen als auch Besucher:innen kritisiert wird, als auch einzelne Gestaltungselemente des in der Fertigstellung befindlichen Quartiers am Seebogen. Ich werde dies entlang zweier Zeitungsartikel analysieren, die den Ausgangspunkt für Debatten im internen Bewohner:innenforum der Seestadt bildeten. Zuvor gehe ich auf einen Akteur ein, der die kontroverse Debatte zu Stadthitze mit vorangetrieben hat, bevor es zu Berichterstattung in den Boulevardmedien kam.

Ab 2017 finden die kritischen Außenwahrnehmungen aktueller Stadtentwicklungsprojekte sowie von Verkehrs- und Planungsaspekten der Gegenwart ein digitales Zuhause auf der von Harald Jahn betriebenen Facebook-Seite Die Zukunft der Städte (diese hat mit dem Stand Jänner 2022 über 4.215 Mitglieder). Harald Jahn betreibt seit über einem Jahrzehnt seinen Blog „Tramway.at", in dem es um Themenfelder der Stadtentwicklung und vor allem der Verkehrsplanung geht. Er bezieht sich bei seinen Postings immer wieder auf Paris als Vorbild für innovative Verkehrskonzepte und übt Kritik an der gegenwärtigen Stadtplanung vor allem mit Blick auf das Planungsleitbild der autozentrierten Stadt, aber auch in Bezug auf Traditionen der Stadtgestaltung der Gegenwart, welche er mit der Architektur der Gründerzeit vergleicht. Er ist Architekt und im Bereich der Sanierung von Altbauwohnungen und der Gestaltung von Büros tätig. Hauptkritikpunkt an der Seestadt ist neben der architektonischen Gestaltung ab 2020 die Gestaltung des Seeparkquartiers und damit verknüpft die Kritik an der Versiegelung sowie der negativen Auswirkung auf das Stadtklima und die daraus resultierende Stadthitze.

Am 04.07.2021 titelt die Kronenzeitung: *„‚Krone'-Spaziergang 48 Grad! So glüht die Seestadt Aspern in der Hitze."* Im Header des Beitrags ist zu lesen: *„Wenn Stadtplaner Menschen hassen, kommt so etwas wie die Seestadt Aspern in Wien heraus: ein Haufen Betonburgen in Tetris-Bauweise, die Hitze speichern und abgeben wie Brennstäbe. Lokalaugenschein am Höhepunkt der Hitzewelle dieser Woche. Und es wird bald wieder heiß."* (Michael Pommer 2021a)[5]. Ich werde diesen Abschnitt nun in drei Segmente unterteilen und mittels der Grounded Theory (Glaser & Strauss 1998) auf darin verhandelte Dispositive (in Infrastrukturen, Imaginationen und auf Handlungsebene) untersuchen. Ich beginne mit dem zweiten Segment *„ein Haufen Betonburgen in Tetris-Bauweise, die Hitze speichern und abgeben wie Brennstäbe"*. In diesem Abschnitt wird auf Teile der Materialität der Seestadt Bezug genommen, im ersten Teilsegment wird der Terminus Betonburg verwendet, der später mit dem Begriff des Hitzespeichers verknüpft wird. Interessant ist an dieser Stelle, dass nicht nur auf die Eigenschaft von Beton, nämlich dass er Hitze speichert, verwiesen wird, sondern um den Begriff der Burg und Tetris-Bauweise erweitert wird. Damit wird Kritik an der Art des Städtebaus geübt und damit an der Stadtgestalt, die dem Autor scheinbar missfällt. Nimmt man einen weiteren Ausdruck in die Analyse hinzu nämlich „Brennstäbe" eröffnet sich ein anderer Kontext, nämlich jener eines Atomkraftwerks, in dem Brennstäbe verwendet werden. Damit bekommt der ganze Absatz etwas Bedrohliches. Assoziationen mit einer drohenden Katastrophe wie Černobyl werden damit heraufbeschworen. Der Header appelliert mit dem Terminus Brennstäbe an Ängste jener, die diese Katastrophe miterlebt haben.

---

5 https://www.krone.at/2453180, Zugriff am 28.09.2021.

Die erste Sequenz „*Wenn Stadtplaner Menschen hassen, kommt so etwas wie die Seestadt Aspern in Wien heraus*" ist eine Bewertung des Autors, sie bezieht sich auf die im zweiten Segment beschriebene verwendete Materialität und die Bauweise als auch die Seestadt als Gefahrenzone. Die Aussage imaginiert Stadtplaner:innen als elitäre Gruppe, die ohne Bezug zu den Bewohner:innenbedürfnissen eine Art von Betonsilo errichten. Im Artikel wird nicht auf die Planungsansätze und Konzepte eingegangen, die zur Anwendung kommen, weder darauf, dass die Seestadt als Public-Private-Partnership errichtet wird, noch auf Ansätze der Kühlung, wie Vertikal- oder Dachbegrünung, die Schwammstadt oder die zahllosen Parkanlagen im Stadtteil, welche alle unter anderem zur Verbesserung des Mikroklimas beitragen sollen. Der Abschluss des Headers (Segment 3) „*Lokalaugenschein am Höhepunkt der Hitzewelle dieser Woche. Und es wird bald wieder heiß*" verweist auf die Aktualität der Berichterstattung und nimmt mit dem Begriff „*Hitzewelle*" sowohl auf den Aspekt der Stadthitze als auch jenen des Klimawandels Bezug. Die Aussage „*es wird bald wieder heiß*" verweist darauf, dass es sich um ein längerfristiges Problem handelt, das immer wieder kehrt.

Im Artikel selbst wird dann auf die zu kleinen Bäume in der Seestadt Bezug genommen und eine Messung der Hitze mit einem Messgerät thematisiert. Es kommen eine hochschwangere Bewohnerin so wie ein Paar, das in der Seestadt schwimmen geht, im Artikel zu Wort. Relevant ist in diesem Zusammenhang, dass es keinerlei Bezugnahme zu wissenschaftlichen Befunden, Planungsgrundlagen oder irgendeiner Form von Expert:innen gibt. Diese Form der Berichterstattung über die Seestadt lässt sich immer wieder beobachten.

Das erste Segment des Kronenzeitungsheaders wurde auf Facebook von der in der Seestadt wohnenden Fotojournalistin Luiza Puiu aufgegriffen, die ihn als Bildunterschrift für Fotos des Naschgartens in D13 sowie spielende Kinder am Hannah-Arendt-Platz ins Bild setzt und damit dem Beitrag aus der Krone konterte. Sie erweitert den Header in ihrem Posting vom 05.07.2021: „*(S)chreibt heute die Kronenzeitung. WOW. So eine krasse Aussage: weil man wohl nirgends mehr als in der Seestadt die Stadtplaner:innen und ArchitektInnen alle beim Namen kennt (schätzt, liebt und zu Feste einlädt). Und dann wäre ja da noch ein kühler See da, in dem Menschen aus ganz Wien abkühlen kommen. Leben in der Seestadt .*"[6]

Ich verweise an dieser Stelle auf die Lesart von Luiza Puiu, weil diese Form des Widerspruchs von Bewohner:innen auf negative Berichterstattung über die Seestadt immer wieder zu beobachten ist, sowohl in sozialen Medien als auch mittels anderer medialer Praktiken. Das prominenteste Beispiel ist der von Bewohner:innen produzierte Seestadtfilm aus dem Jahr 2020, die mit dem Film eine Gegenöffentlichkeit zur negativen Berichterstattung schaffen möchten. Im nächsten Abschnitt

---

6 https://www.facebook.com/luiza.puiu Posting vom 05.07.2021, Zugriff am 28.09.2021.

werde ich auf die Reaktionen auf die Berichterstattung in der Kronenzeitung in den sozialen Medien eingehen sowie auf den Widerstreit zwischen Bewohner:innen, Anrainer:innen aus den angrenzenden Nachbarschaften und der städtischen Öffentlichkeit in selbigen.

Ich werde zuerst ihre Umdeutung des Headers analysieren. Sie greift die erste Sequenz aus dem Artikel auf und konterkariert sie, indem sie die Assoziation der Kronenzeitung von elitären Stadtplaner:innen umkehrt, wenn sie schreibt *„weil man wohl nirgends mehr als in der Seestadt die Stadtplaner:innen und ArchitektInnen alle beim Namen kennt (schätzt, liebt und zu Feste einlädt)"*. Sie stellt einen persönlichen Bezug zu eben diesen Planer:innen her, die sie persönlich so gut kennt, dass sie sie zu Festen einlädt. Was wiederum ein Verweis auf das enge soziale Gefüge in der Seestadt und seine Stadtgemeinschaft ist, für spezifische soziale Gruppen wie ich in Kapitel 9 erläutere. Im nächsten Abschnitt ihrer Aussage bezieht sie sich auf den See und seine Nutzung durch die Bewohner:innen der Stadt Wien, die dafür in die Seestadt fahren. Das letzte Segment ist „Leben in der Seestadt" das Luiza Puiu in vielen ihrer Facebook-Postings als eine Art Bildunterschrift nutzt. Die Verwendung des Emoticons Herzchen kann als Zeichen der Identifikation der Bewohnerin mit ihrem Stadtteil gelesen werden. Dieses Emoticon verwendet sie bei anderen Postings nicht.

Sie postet auf ihrem Profil mehrfach wöchentlich Fotos über das Leben in der Seestadt, die Bewohner:innen und bekannte Persönlichkeiten im Stadtteil. Teile dieser Fotos werden von der Entwicklungsgesellschaft Wien 3420 für die Öffentlichkeitsarbeit verwendet, in deren Auftrag sie monatlich ebensolche anfertigt. Wobei der Fotografin so wie vielen anderen Bewohner:innen mehrere Rollen zukommen, sie ist Bewohnerin und Baugruppenmitglied des Seesterns. Sie wohnt als Mutter mit zwei kleinen Kindern im Stadtteil und begleitet den Prozess der Herstellung als Baugruppenmitglied seit 2012. Als Auftragnehmerin der Wien 3420 setzt sie lebensweltliche Aspekte des Stadtteiles ins Bild. Ihre Fotos stellen gleichzeitig eine Form der Dokumentation des Lebens im Stadtteil dar, weil sie diese seit Jahren vornimmt, lange bevor sie den Auftrag der Entwicklungsgesellschaft annahm. Die Fotos und das Statement hat die Fotografin auf ihrem privaten Profil veröffentlicht. Die visuelle Inszenierung der Seestadt könnte nicht unterschiedlicher sein zwischen der im Artikel der Kronenzeitung und jener von Luiza Puiu. Während im Bericht der Kronenzeitung Bilder versiegelter Flächen und von verdichtetem Wohnbau dominieren und Menschen, die auf Parkbänken umherlungern, wirken ihre Bilder idyllisch. Interessant ist, dass auf den Bildern in der Kronenzeitung Grün unterrepräsentiert ist, es scheint so, als ob alle Flächen, die eigentlich grün sind, mittels Bildbearbeitung in Gelb (also vertrocknet) eingefärbt wurden, während saftiges Grün in den Bildern von Luiza Puiu überrepräsentiert ist und die Betrachter:innen quasi anspringt. Es handelt sich bei beiden Darstellungen um bewusste visuelle

Narrationen. Bei beiden visuellen Narrationen spielen Familien mit Kindern eine Rolle.

Die im Kronenzeitungsbeitrag verwendeten Fotos setzen die Stadthitze ins Bild und damit verknüpfte Infrastrukturen wie versiegelte Flächen ohne Schatten, verdorrtes Gras und keinerlei Wasserflächen oder Schattenspender. Ein dominantes Bildelement ist die Zahl 48,4 Grad, die auf einer der Sitzbänke des Wangari-Maathai-Platzes vom Reporter gemessen wurden, dieser wurde ebenfalls mit dem Messgerät in der Hand ins Bild gesetzt. Der Platz war in den sozialen Medien seit seiner Fertigstellung immer wieder Gegenstand der Kritik und wird dafür oftmals als visueller Aufhänger verwendet, da er einen der wenigen Orte im Stadtteil darstellt, an dem es kaum grüne Gestaltelemente gibt.

Beim ersten Foto von Luiza Puiu sieht man eine Mutter mit ihrem Kind im Arm, während sie Beeren vom Naschgarten pflückt. Es wirkt so, als vermittelt die Mutter ihrem Kind Wissen über den Umgang mit Nahrungsmitteln, indem sie ihm etwas zeigt. Sie stellt eine Beziehung mit der Natur her und das mitten in der Stadt. Die Szene wirkt idyllisch und transportiert das Bild eines Paradiesgartens im Innenhof eines Wohnprojekts. Das zweite Bild zeigt Kinder und Erwachsene, die vergnügt am Hannah-Arendt-Platz durch den Sprühnebel im Sonnenschein springen, umrahmt vom Stadtgrün des Parks. Das Grün im zweiten Bild umfasst die Wiese und Bäume und Begrünungen auf den privaten Freiflächen. Die Kinder wie auch die Erwachsenen strecken die Hände dem Sprühnebel entgegen, wodurch es in der Bildbetrachtung so wirkt, als wäre dieser eine Art rettender Ankerpunkt, der Abhilfe von der Hitze schafft und auf den sie gewartet oder gar gehofft haben. In den Gesichtern spiegelt sich Erleichterung über diese Form der Abkühlung wider. Kompositorisch betrachtet bewegen sich die Personen in Richtung Zukunft, nämlich von links nach rechts. Sie verorten sich im Bildmittelgrund.

Diese Quellen sollen aufzeigen, dass das Thema Stadthitze von unterschiedlichen Akteur:innen differenziert ins Feld geführt wird, auch, um es auf diskursiver Ebene unterschiedlich zu rahmen. Ähnliche Mechanismen zeigen sich im Sommer 2021 auf Twitter zum Thema Stadthitze und die in die Kritik geratene Gestaltung mit versiegelten Flächen im Seeparkquartier.

Der Kronenzeitungsartikel zur Stadthitze rief diverse Reaktionen in den internen Bewohner:innenforen auf Facebook hervor, als auch jenen Foren, die sich als Nachbarschaftsforen der Seestadt verstehen und sowohl Bewohner:innen als auch Anrainer:innen als Mitglieder umfassen.

Das Forum Seestadt Aspern, das als internes Bewohner:innenforum seit 2014 existiert, ist ausschließlich auf Bewohner:innen ausgerichtet und gewährt bestimmten Personen, die im Planungs-, Beratungs- oder Forschungsbezug zum Stadtteil stehen, ebenfalls eine Mitgliedschaft. So man Mitglied werden möchte, werden von den Moderator:innen des Forums spezifische Informationen abgefragt. Anders

Abb. 22 Facebook-Posting des Beitrags im
Bewohner:innenforum Seestadt Allerlei

Abb. 23 Facebook-Posting Luiza Puiu

verhält sich das beim Facebook-Forum „Seestadt Allerlei", dem auch Personen, die
im Umfeld wohnen, beitreten können.

Die Bewohner:innen äußerten sich im Facebook-Forum „Seestadt Aspern"
durchwegs empört über den Beitrag. Aus ihrer Sicht wurde er durch mangelnde
journalistische Sorgfalt getragen und sie ordnen die Form der Berichterstattung
als einseitig ein. Einige bezweifelten auch den Wahrheitsgehalt der angegebenen
Temperaturen in den Wohnungen, der im Beitrag von zwei Befragten mit 38 bzw.
30 Grad benannt wurde. Das folgende Zitat aus dem Forum Seestadt Allerlei ist
eine der gängigen Reaktionen der Bewohner:innen auf den Beitrag:

> „Was ist das denn bitte für eine Reportage? Man ist so einiges gewohnt in der österreichischen
> Medienlandschaft, aber dass eine Zeitung so einen tendenziösen Schmarrn abdruckt, ist
> schon erschreckend. Ich bereu schon halb, dass ich eine meiner zerfließenden Wachskerzen
> zum Lesen des Artikels angezündet hab, weil so früh am Morgen die Höllenglut der ‚anderen
> Betonhäuser auf Asphaltfeldern‘ noch nicht genug Helligkeit abwirft."

Dieses Zitat bezieht sich auf eine Stelle im Artikel, in der erzählt wird, dass bei der
Hitze in der Wohnung Wachskerzen schmelzen, sowie den Header des Artikels als
auch den Terminus Höllenhitze, der in Bezug auf eine Stelle im Alten Testament
verwendet wurde.

Im Forum Seestadt Allerlei, in dem auch Personen aus Nachbarschaften wie Essling Mitglied sind, wurde der Artikel abfotografiert, im Forum von jemandem, der im Umfeld des Stadtteils wohnt, geteilt mit den Worten „genau meine Meinung". Darauf entspann sich eine Debatte unter Bewohner:innen des Stadtteils, die das Posting als typisch für eine in der Nachbarschaft wohnende Person, die auch eine der Administrator:innen der Gruppe ist, einordnete:

> *„Wenn hier wer zu nörgeln hat, dann sind es Leute, die hier wohnen. Und es gibt viele hier die in Gesprächen sind um hier mehr grün zu bewirken und ich bin sicher, dass in den nächsten Jahren im Zuge des immer aktuellen Klimawandels, ein Umdenken stattfinden wird. Leute die die Seestadt besuchen, hier aber nicht wohnen wollen, sollen gefälligst zuhause in Simmering oder sonst wo bleiben, anstatt hier rumzulästern. Esslinger Seestadtnörgler nehme ich überhaupt nicht mehr ernst, die werden sich noch wundern, was in Essling alles noch böse verbaut wird (Sequenz 1). Man kann unzählige Fehlplanungen von Neuprojekten in punkto Grünflächen in Wien aufzählen, sei es das Nordbahnhofgelände beim Praterstern, die Verbauung bei der Donauinsel und ganz zu schweigen, die Türme, die sie am ehemaligen Donauzentrumparkplatz hin pflastern. Ich hab auch noch keine Kritik bezüglich der Neubauwohnungen direkt beim Gedenkwald gehört, was meines Erachtens wirklich ein Verbrechen ist. Was Seestadtkritiker nicht sehen sind die Bemühungen der Einwohner und auch unserer Gabriele Plank, die sich sehr für mehr Begrünung einsetzt. Wir haben begrünte Dachgärten, mit Beeten und viele Bewohner nutzen ihre Vorgärten für mehr Begrünung. Eine Frage, die mich nach wie vor beschäftigt ist, was vor der Seestadterrichtung hier für Schatten und Kühlung gespendet hat? Es waren wilde Felder, eine riesengroße Betonfläche noch vom alten Flugplatz und weit und breit kein Baum. Auch heute noch, wenn man vom See nach Aspern Nord durch die Felder geht, könnte man einen Hitzeschlag bekommen. Also was genau hat vor der Bebauung für Kühlung gesorgt?"*

Diese Stelle zeigt auf, dass es Spannungen zwischen Bewohner:innen und der Nachbarschaft gibt, aber auch gewisse negative Einordnungen seitens der Nachbarschaft gegenüber dem Stadtteil. Aus qualitativen Interviews der Feldforschung geht hervor, dass dies vor allem mit der Wahrnehmung zusammenhängt, dass die Seestadt als Symbol für die zunehmende Verbauung des 22. Bezirks betrachtet wird und dass Infrastrukturen, die vorher in Essling und Aspern situiert waren, zum Teil in die Seestadt verlagert werden.

Der Kommentar der Administratorin deutet darauf hin, dass es schon mehrere Diskussionen in dieser Form gegeben hat. In der ersten Sequenz spricht sie der Nachbarschaft aus dem Umfeld das Recht darauf ab, Kritik an der Seestadt zu üben. Sie nimmt das Recht, Kritik zu üben, für Bewohner:innen der Seestadt in Anspruch, und zwar für jene, die sich in Nachbarschaftsgärten oder anderen Initiativen engagieren. Interessant ist in diesem Zusammenhang, dass sie die Bemühungen der

Bewohner:innenschaft und der SPÖ Bezirksrätin Gabi Plank besonders hervorhebt und es sich so liest, dass diese sich insbesondere um die Begrünung des Stadtteils bemüht. Im Nachsatz werden dann Elemente der Planung wie die Dachbegrünung oder die Gestaltung der Parks benannt. Sie geht aber auch auf die Beschaffenheit des ehemaligen Flugfelds ein, das von Feldern überzogen war und es daher damals keine Bäume und damit auch keinen Schatten gab. Die Bewohnerin ist, so wie viele andere auch in der Seestadt, sehr gut vertraut mit der Geschichte des Stadtteils. In der Seestadt hat sich ein großer Teil der Bewohner:innenschaft intensiv mit den Konzepten der Seestadt und der Geschichte des Stadtteils befasst.

Im Forum Seestadt Aspern wurde der Link zum Krone-Artikel von einer Bewohnerin gepostet, die sich über die Form der Berichterstattung beschwert:

> *„Wir können schon über Klimawandel, Asphalt und Grünflächen reden. Fakt ist aber, dass es in diesem Artikel nicht darum geht. Es hier ausschließlich darum auf tiefste und niveauloseste Art auf der Seestadt herumzuhaken, um Stimmung gegen die SPÖ zu machen. Wären 50 % der Seestadt Wald und Wiese würde es heißen ‚Insekten-Alarm im Ökodorf. Das kommt dabei raus, wenn Stadtplaner, Pflanzen und Tiere wichtiger sind als Menschen. Tina S. musste in die Intensivstation, weil sie im eigenen Schlafzimmer 3000 Mückenstiche bekommen hat.‘ Bitte hört auf Krone zu lesen. Das ist reine Volksverblödung. Wenn ich nur daran denke, dass die am meisten Presseförderung und Inserate in Österreich bekommen, "*

Diese Bewohnerin empfindet den Artikel als Angriff auf die Seestadt und gegen die Planungspolitik der SPÖ. Daher kommt hier erstmals der Aspekt der Stadtpolitik ins Spiel. Sie persifliert die Form der Berichterstattung und kritisiert, dass die Krone die höchste Presseförderung und Inserate erhält. Der nächste Kommentar eines Bewohners greift das Thema Stadtpolitik noch detaillierter auf und ordnet den Artikel auch als Angriff gegen das Stadtentwicklungsressort von Ulli Sima ein: *„Eventuell auch eine subtile Message an dem Ressort von Ulli Sima. So wie vor einiger Zeit in einem ähnlichen Medium: https://www.kobuk.at/.../die-raetselhafte-kampagne-von.../“*.

Ein weiterer Kommentar setzt die Stadthitze in der Seestadt in Relation zu anderen Stadtteilen und ordnet diese nicht als Singulärum, sondern als generelles Problem ein, das der Klimawandel mit sich bringt:

> *„Messen zu Mittag eine Betonbank in der Sonne (wäre unter diesen Bedingungen überall so heiß), kritisieren den Pflanzzeitpunkt der Bäume (wenn man die vor dem Hausbau pflanzt, sind sie bis die Häuser stehen tot), reden mit Leuten die entweder erst seit ein paar Tagen hier wohnen oder gar nicht hier wohnen (solche die das Konzept schlecht finden, aber zweimal pro Woche herkommen zum Schwimmen und Urlaub machen, weil es so mies ist), 39 Grad in der Wohnung – sicher! Wenn man bei direkter Sonne fleißig lüftet und so das Aufheizen*

des Innenraumes fördert, kann man das schaffen, aber es zeigt auch, dass bei diesem Fall der Hausverstand verdurstet ist." (FB Seestadt Aspern Thread vom 05.07.2021).

Adaption des Seeparkquartiers

Eine mögliche Adaption des Seeparkquartiers beschäftigt die involvierte Abteilung der Stadtverwaltung schon seit 2019, also bevor es zu einer breiten öffentlichen Debatte über die versiegelten Flächen im Seeparkquartier kam. Es werden ab diesem Zeitpunkt Strategien entwickelt, wie das Seeparkquartier umgestaltet werden kann, um den Ansprüchen des Klimawandels entsprechen zu können. Bei der Ausschreibung der Gestaltung des Seeparkquartiers gewann ein Entwurf, der die Jury aufgrund der Brunnen überzeugte, die umschließenden Freiflächen waren als versiegelte Betonflächen gestaltet, was sich retrospektiv als Fehler erweist, weil diese Form der Versiegelung eine sehr hohe Hitzeentwicklung mit sich bringt. Am 05.02.2022[7] (fünf Tage nachdem die Dissertation an die Betreuerinnen ergangen ist) wird die Adaption des Seeparkquartiers präsentiert und gleich umgesetzt. Das heißt, die Bagger beginnen kurz nach der Präsentation zu arbeiten. Zu diesem Zeitpunkt ist der Textkorpus der Dissertation schon finalisiert, daher wird nun an einem sehr späten Zeitpunkt noch auf die Umgestaltung Bezug genommen, da diese eine Reaktion der Akteur:innen der Herstellung des Stadtteils auf die Kritik am Quartier sowie eine Reflexion über die Notwendigkeit einer Umgestaltung darstellt, um den Ansprüchen als klimaresilientem Stadtteil Genüge zu tun. Die Adaption, die im Februar 2022 präsentiert wird, umfasst die Pflanzung weiterer Bäume, einer Reihe von Beeten und die Gestaltung mit weiteren Wasserelementen. Ich kann an dieser Stelle nur einen Schlusspunkt setzen zur Aufarbeitung der Stadtkonflikte, weil sich die weiteren Debatten und Kontroversen nach Finalisierung meiner Arbeit fortführen werden.

Dispositivanalyse von Stadthitze

Die Ausverhandlung des Themas Stadthitze schreibt sich auf Ebene städtischer Infrastrukturen, in Diskursen und Praktiken ein. Die Ebene städtischer Infrastrukturen umfasst in diesem Fall den Wohnbau im Stadtteil und seine Ausstattung mit Umluft und Hitze regulierenden Systemen (wie etwa Hitzepumpen oder Umluftsysteme), Aspekten wie der Dachbegrünung, aber auch Außen- und Innenjalousien. Diese Infrastrukturen betreffen aber auch die Freiräume und damit verknüpft die Begrünung des Stadtraums, Baumbepflanzungen und die verwendeten Belagssysteme, wie Pflastersteine, Platten, durchlässige Beläge oder eben Asphalt. Diese Infrastruktur wirkt sich auf den Alltag und die Praktiken der Bewohner:innen aus.

---

7 https://www.aspern-seestadt.at/lebenswelt/nachbarschaft/meineseestadtinfo/blog_detail?post_id= 1642366042676, Zugriff am 30.03.2022.

Praktiken, die damit verknüpft sind, etwa Wege im Stadtteil entlangzugehen, die sich im Schatten befinden und an Hitzetagen die eigene Wohnung nur zu bestimmten Tageszeiten zu verlassen,die Wohnung in der Nacht zu lüften und untertags zu verdunkeln. Eine gängige und positiv konnotierte Alltagspraxis ist das Baden im See sowie die Nutzung der Schwimmbäder der geförderten Wohnbauten. Das Thema Stadthitze wird diskursiv auf verschiedenen Ebenen ausverhandelt, sowohl in (sozialen) Medien als auch in Alltagsgesprächen. Diese Form der städtischen Öffentlichkeit ruft wiederum Reaktionen bei politischen Akteur:innen und Planungsinstitutionen hervor, die einerseits in der Adaption von Infrastrukturen wie der Gestaltung des öffentlichen Raums im Seeparkquartier münden, in dem nun zusätzlich Begrünungs- und Beschattungselemente angebracht werden. Zum anderen involvieren sich die oben genannten Personenkreise in den Diskurs und bringen ihre Perspektiven und Strategien in die Debatte in den (sozialen) Medien ein.

Stadtkonflikte im Diskurs städtischer Öffentlichkeit

Städtische Öffentlichkeit wird in der Seestadt im Wechselspiel unterschiedlicher Akteur:innen zu unterschiedlichen Zeitpunkten generiert, die entlang kontrovers diskutierter Themen Stadtkonflikte aushandeln. Im Kapitel wurde der Frage nachgegangen, wie städtische Öffentlichkeit von Akteur:innen auf Ebene des imaginierten, konzipierten und gelebten Raumes am Beispiel der Seestadt Aspern entlang von konfliktbehafteten Themen diskutiert wird. Auf der Steuerungsebene werden Stadtkonzepte in den medialen Diskurs verbreitet wie das Smart City Konzept oder die klimagerechte Stadt. Damit verknüpfte Infrastrukturen, die medial besprochen werden, sind etwa das Thema Dachbegrünung, Vertikalbegrünung, Niedrigenergie, Baumbepflanzung, der See. Beim Bauabschnitt im Norden werden energieautarke Energieversorgung mittels Fotovoltaikanlagen und mäßig exzessive Begrünung im Norden als Themen von der Entwicklungsgesellschaft platziert.

Demgegenüber wird seit 2019 von einzelnen Bewohner:innen in den Facebook-Foren der Wunsch nach mehr Grünelementen im Bereich der versiegelten Flächen in der Seestadt geäußert. Ein Aspekt, der auch im Zuge der Fokusgruppeninterviews genannt wurde, insbesondere von sogenannten „Seestadtpionier:innen", die seit Beginn der Besiedelung 2014 im Stadtteil wohnen und das Gefühl haben, dass das Grün der Verbauung weicht und den Wunsch äußern, selbst Bäume zu pflanzen. Die Themenkonjunkturen lassen sich im Kontext von Stadtkonflikten, die in digitaler städtischer Öffentlichkeit seit der Besiedelung 2014 ausgehandelt werden, ablesen. Sie wurzeln meist in einer kritischen Außenperspektive von Personen, die selbst nicht in der Seestadt wohnen. Das lässt sich aus dem empirischen Material aus der Feldforschung ablesen. Die Kritik, die in dem Forum Die Zukunft der Städte seit 2019 an der Verwendung der Materialien bei der Bodengestaltung geübt wird, ist im Sommer 2021 ein Thema, das vor allem von Boulevard-Medien aufgegriffen wird. Die Form der Berichterstattung ist im Bereich der Clickbait-Berichterstattung einzuordnen, deren Ziel es ist, möglichst viele Zugriffe zu erreichen. Die diskursiven Ausverhandlungen der Seestadt fanden mit Blick auf den zeitlichen Verlauf zuerst aus einer Außenperspektive statt, (1) von Stadtbewohner:innen vorangetrieben, die nicht in der Seestadt wohnen, (2) in der medialen Berichterstattung war die Seestadt von Anfang an Gegenstand selbiger, die später durch Clickbait-Journalismus vermehrt in den Fokus von Kritik kam, allerdings war diese bislang sehr stark Themenkonjunkturen unterlegt, die nach einiger Zeit abgelöst wurden. Sehr kontinuierlich wird die Seestadt auf der digitalen Ebene in internen Bewohner:innenforen der Seestadt (3) entlang von Stadtkonflikten ausverhandelt. Alle drei hier beschriebenen Sphären sind Teilöffentlichkeiten, in denen Stadt ausverhandelt wird, die jeweils unterschiedlich wirkmächtig sind. So ist die Reichweite eines Artikels in der Zeitschrift Heute oder der Krone wesentlich größer als jene in den Facebook-Foren, dennoch sind es eben diese Foren, in denen Aushandlungsprozesse und jene der Meinungsbildung auf mikrosozialer Ebene stattfinden und die den Nährboden für thematische Konjunkturen bilden.

10. Prozesse sozialer Schließung und Distinktion

„Das gute Leben ist an der Schnittstelle von gebautem Setting und sozialen Strukturen, kulturellen Äußerungen und Möglichkeitsräumen, die abhängig von Habitus und Kapital als solche wahrgenommen werden, zu verorten und sowohl als Bedingung als auch als Utopie eines ganzheitlich gedachten Zusammenhangs von Leben und Wohnen in der Stadt zu sehen.“ (Egger 2018: 181)

Wie die eigene Vorstellung vom guten Leben aussieht, ist abhängig von den Wertehaltungen und Einstellungen. Sie divergiert nach Milieuzugehörigkeit der jeweiligen Akteur:innen, die mit unterschiedlich viel Zugang zu den Kapitalsorten wie soziales, kulturelles und ökonomisches Kapital (vgl. Bourdieu 1982, 1983: 183–198) ausgestattet sind. Ein Aspekt, der aus dem Material hervorgeht, ist das ungleiche Ringen um Anerkennung in der Alltagspraxis des Stadtteils und um Deutungshoheit im Kontext der Möglichkeit, den Stadtteil zu gestalten. Während bestimmte Mobilitäts- und Konsumpraktiken als legitim wahrgenommen und bewertet werden, werden andere stigmatisiert, wie aus der Feldforschung hervorgeht. Das ist deshalb relevant, weil reziprokes Handeln in Form von gegenseitiger Unterstützung vor allem unter Gleichen vollzogen wird. Daher ist Gemeinschaft ein exklusives Gut, das durch die Zugehörigkeit zu einer bestimmten sozialen Gruppe differenziert wird. Einigen Bewohner:innen des Stadtteils bleibt der Zutritt zu bestimmten Räumen und Praktiken verwehrt.

Soziale Spaltungslinien und Brüche kristallisieren sich in der Seestadt entlang von Vorstellungen von Stadt sowie dem Umgang mit Geboten und Verboten, Mobilitätspraktiken und lebensweltlichen Nutzungen und Konsumpraktiken. Die Konflikte werden sowohl auf digitaler Ebene in den Bewohner:innenforen ausgetragen als auch medial wirksam, wie im vorigen Kapitel erläutert. Die Seestadt kann als sozialstrukturell relativ homogener Stadtteil bezeichnet werden (vgl. Reinprecht et al. 2016: 129). Da die Einkommensdifferenzen zwischen der Bewohner:innenschaft in der ersten Bauphase nicht so stark differenziert sind. Wobei sich soziale Ungleichheiten bei der finanziellen Belastung durch die Wohnkosten ablesen lassen (ebenda). Differenzen zeigen sich jedoch vorranging entlang der Normen- und Wertestruktur entlang der Milieus und Lebensstile. Es kann in der Seestadt zwischen postmateriellen und konsumorientierten als auch urbanen und suburbanen Milieus unterschieden werden. Vor allem was das Konsumverhalten, die Anforderungen an den Stadtteil und die Mobilitätspraktiken anbelangt. Anhand des konfliktbehafteten Themenfelds Mobilität werde ich exemplarisch alltagsweltliche Konflikte in der Seestadt nachzeichnen.

Wie in der Gegenstandsbeschreibung erläutert ist die Seestadt als Smart-City-Stadtteil konzipiert. Das Mobilitätskonzept der Seestadt sieht daher wenig Individualverkehr vor, dafür die Förderung von öffentlichem und Fahrrad-Verkehr. Entlang der Mobilitätspraktiken und Vorstellungen werden Spaltungslinien zwischen den unterschiedlichen Milieus besonders sichtbar. Seitens der Entwicklungsgesellschaft wird die gut ausgebildete aktive partizipative öffentlich mobile Seestadt „Pionier" als positives Role Model propagiert. Abseits dieser normativ aufgeladenen Wahrnehmungen gibt es ein breites Feld an gelebter Lebens- und Mobilitätsstile in der Seestadt. Aus der Perspektive der sozialdemokratischen Stadtpolitik sollen die Bewohner:innen dankbar für den schönen neuen Stadtteil sein. Es herrscht ein Unverständnis darüber, warum Teile der Bewohner:innenschaft bei den Wien Wahlen 2015 FPÖ wählt. Der Standard titelt etwa *„Rot-grüne Seestadt erlebt ihr blaues Wunder"*[1]. Von den Medien wird das Wahlverhalten der Seestädter:innen im Jahr 2015 auch Jahre später noch thematisiert[2], obwohl die Blauen Sprengel aus dem Stadtteil schon bei der nächsten Wahl verschwunden sind. Dass die FPÖ-Wähler:innen als solche mit ihrem Wahlverhalten in die Seestadt gezogen sind, und dieses mit dem schönsten neuen Stadtteil sich kaum ändern wird, hört man nicht gerne, weder bei Interviews mit Journalist:innen noch der Stadtverwaltung. Dem Seestadtbewohner mit Familie, der mit seinem Auto unterwegs ist und mit dem Cooperated Design nichts anfangen kann, wird Verständnis gegenüber gebracht, aber keine alltagstauglichen Lösungen angeboten. Dieser Sachverhalt ist für einige Bewohner:innen, die familiär gebunden, vollzeiterwerbstätig und durch längere Arbeitswege belastet sind, ein Stein des Anstoßes. Differenzierungen in Bezug auf das Mobilitätsverhalten nach ökonomischen und familiären Lagen sowie unterschiedlichen Wegeketten gehen auch aus den im Zuge des Besiedelungsmonitorings gebildeten Mobilitätstypen hervor (vgl. Reinprecht et al. 2016: 116–121). Partizipation und Bürgernähe bedeutet in der ersten Phase der Realisierung der Seestadt, dass die Bewohner:innenbedürfnisse angehört, aber nicht unbedingt umgesetzt werden. So entsteht bei einigen Bewohner:innen das Gefühl, nicht ernst genommen zu werden. Es wird in diesem Zusammenhang immer wieder von Pseudo-Partizipation gesprochen (siehe Abschnitt Die Seestadt eine partizipative Stadt). Ein Thema, das über Monate die Diskussionen in den internen Bewohner:innenforen auf Facebook dominiert, ist jenes der Sammelgaragen und die Kosten für diese. Auch in der Feldforschung wird das Thema Stellplätze und Parken in der Seestadt emotional diskutiert.

---

1 https://www.derstandard.at/consent/tcf/story/2000024210544/die-rot-gruene-seestadt-und-ihr-blaues-wunder, Zugriff am 22.12.2021.

2 https://taz.de/Wiener-Vorzeigeviertel-waehlt-Rechts/!5302870/, Zugriff am 22.12.2021.

„Also, ich finde es ein bisschen schwierig, weil erstens, beim Autobus, sind mir die Wartezeiten zu lang. Und es ist auch voll. Ich sehe, dass die meisten Frauen, die tun mir auch leid mit den Kindern, weil dann die Kinderwagen und dann kommt noch ein zweiter und ein dritter. Ich finde es ganz schlecht wegen der Autos, dass man hier gezwungen wird, sich eine Garage zu nehmen, wenn der Preis irgendwo, sage ich, mittelmäßig wäre, sagen wir zwischen 20, also 30, 40 Euro, dann würde jeder Garage nehmen. Aber 80 Euro sind mir zu teuer" (Interview Bewohnerin Milla 94–101).

Für einen Teil der Bewohner:innenschaft stellen 80 € zusätzliche Kosten für die Stellplätze eine finanzielle Belastung dar. Im Besiedelungsmonitoring 2019 wurde diese Gruppe als durch die Wohnkosten Belastete identifiziert, diese umfasst 18 % der Befragten 2019 (Reinprecht et al. 2020: 52). Das Stadtteilmanagement reagiert im Frühjahr 2015 auf die Kritik der Bewohner:innenschaft und entwirft ein Format, bei dem der Bewohner:innenschaft eine Plattform für Dialog mit Entscheidungsträger:innen gegeben wird. Das erste Bewohner:innenforum[3] wird dem Thema Mobilität gewidmet und ist darum bemüht, die Wogen in Bezug auf die Stellplatzfrage und des Themas Mobilität insgesamt zu glätten. Es werden die Bewohner:innenmeinungen und Anliegen im Rahmen dieses Forums dokumentiert, aber sie werden nicht für weitere Planungen miteinbezogen. Beim Thema Mobilität scheiden sich die Geister zwischen Planung und Bewohner:innenschaft. Normative Grenzziehungen gibt es auch in der Bewohner:innenschaft in Bezug auf Mobilitätsfragen. Das zeigt sich unter anderem in den qualitativen Interviews mit den Bewohner:innen der Baugruppen: *„Jaja, das sind so die üblichen Hickhacks, also das Auto ist ja heilig. Bei uns im Haus sind dann relativ, also über die Hälfte hat gar kein Auto und macht das irgendwie über Carsharing und so weiter."* (Interview BewohnerIn Nr. 3: S. 1)

Differenzierungen werden aber auch im Monitoring 2015 herausgearbeitet. Acht Mobilitätstypen sind sichtbar, bei denen ein Teil der Bewohner:innenschaft innerhalb der Seestadt zu Fuß oder mit dem Fahrrad unterwegs ist und außerhalb mit den öffentlichen Verkehrsmitteln und ein anderer Typus außerhalb des Stadtteils mit dem Auto (vgl. Reinprecht et al. 2016: 119). Es folgen weitere Seestadtforen, bei denen Themenfelder wie beispielsweise „öffentlicher Raum, Nahversorgung, Mobilität, Sicherheit" diskutiert werden. Die Foren führen zum einen zu einem Austausch zwischen Bewohner:innen und Planer:innen, aber hinterlassen bei der Mobilitätsfrage bei manch einem den Eindruck, dass man als Bewohner:in nicht ernst genommen wird und es hier um reine Informationsarbeit geht (siehe Abschnitt die partizipative Stadt). Soziale Differenzierungen zeigen sich in der Seestadt

---

3 https://www.aspern-seestadt.at/city-news/einladung_zum_forum_seestadt-mobilitaet, Zugriff am 22.12.2021.

auch abseits des Mobilitätsthemas. In die Seestadt zieht es sowohl junge besserverdienende Paare, für die mediale Selbstrepräsentation auf Instagram und Facebook von Bedeutung ist. In den Instagram-Postings dieser Bewohner:innen werden Sport, Essens- und Wohnkultur besonders stark in Szene gesetzt. Eine weitere Gruppe sind Singlehaushalte, die beispielsweise nach der Phase der Kinderbetreuung und Scheidung einen neuen Lebensabschnitt beginnen und die Vorzüge der Barrierefreiheit und Infrastruktur besonders hervorheben. Im Studentenwohnheim Green House und dem temporären Studentenwohnheim der GPA wohnen Studierende, die sich mit dem Mobilitätskonzept identifizieren und vor allem öffentlich und mit dem Fahrrad unterwegs sind.

Milieus im Sozialraum

Die Analyse sozialräumlicher Milieus hat in der deutschsprachigen Stadtforschung eine längere Tradition (vgl. Manderscheid 2004; Frey 2009). Dabei werden diese anders als in der sozialstrukturanalytischen Milieuforschung (vgl. Hradil 1996) basierend auf qualitativen Analysen, wie sozialräumlichen Analysemethoden, teilnehmenden Beobachtungen, Interviews und Feldforschungen, herausgearbeitet (vgl. Manderscheid 2004: 99). Einen wichtigen Bezugspunkt für die Analyse von Wohnmilieus und damit einhergehenden milieuspezifischen Aneignungen von Stadtquartieren bilden die Sinus-Milieus (vgl. Barth 2017). Seit 20 Jahren werden die Sinus-Milieus mittels qualitativer und quantitativer Verfahren generiert. Sie werden für die Analyse sozialer Differenzierungen genutzt, weshalb sie nun an dieser Stelle in aller Kürze erläutert werden.

In Österreich werden sie von Integral erstellt. Bei den Sinus-Milieus[*] werden Zielgruppen fundierend auf einem Modell nach ihren Grundhaltungen und Lebensweisen gruppiert. *„Die Sinus-Milieus betrachten die realen Lebenswelten der Menschen, d. h. grundlegende Wertorientierungen und Einstellungen zu Arbeit und Freizeit, zu Familie und Partnerschaft, Konsum und Politik – und stellen diese in einen Kontext mit demografischen Eigenschaften wie Bildung, Beruf oder Einkommen.“*[4] Die Milieus strukturieren sich entlang zweier Achsen (vgl. Barth 2017: 13). Sie orientieren sich entlang der Grundorientierung, die zwischen traditionellen und als progressiv zugeordneten Wertehaltungen rangieren. Als progressiv werden hier die tendenziell mobilen, hochqualifizierten und an Digitalisierung orientierten Gruppierungen verstanden. Die zweite Achse ist jene der sozialen Lage, welche zwischen Unterschicht, unteren und oberen Mittelschichten und Oberschicht divergiert.

---

4 https://www.integral.co.at/de/sinus/milieus.php, Zugriff am 05.12.2021.

In der Online-Beschreibung der Sinus-Milieus für Österreich wird von Integral nach sozialer Lage und Grundorientierung differenziert. Als traditionelles Leitmilieu werden die Konservativen zugeordnet. Ihnen werden eine hohe Verantwortungsethik sowie christliche Wertevorstellungen als auch ein hoher Stellenwert für Bildung und Kultur beigemessen. Sie stehen aktuellen gesellschaftlichen Entwicklungen kritisch gegenüber. Die Traditionellen messen Aspekten wie Sicherheit und Ordnung sowie Stabilität einen hohen Wert bei. Der Oberschicht zugeordnet werden die Etablierten, die als leistungsorientierte Elite mit Traditionsbewusstsein und Verantwortungsethos skizziert werden. Die Postmaterialist:innen werden als weltoffene Gesellschaftskritiker:innen konzipiert, die hochgebildet und kulturinteressiert sind, kosmopolitisch und sozial engagiert. Ein weiteres Submilieu bilden die Performer:innen, welche als flexible und global orientierte moderne Elite mit hoher Eigenverantwortung, als leistungsorientiert, mit hoher IT-Kompetenz zugeordnet wird. Ein weiteres Submilieu bilden die digitalen Individualist:innen, die geografisch hochmobil und sowohl online wie offline vernetzt sind.[5]

Die bürgerliche Mitte bildet das Leitmilieu der klassischen Mittelschicht und wird als leistungs- und anpassungsorientierte Gruppe beschrieben, die nach beruflicher und sozialer Anerkennung sowie gesicherten Verhältnissen strebt. Die moderne Unterschicht wird als konsumorientierte Basis eingeordnet, die vom Wunsch nach Teilhabe am gesellschaftlichen Leben, wie auch Konsumpraktiken bestrebt ist und von Abstiegsängsten. Die Hedonist:innen werden als auf den Moment bezogene erlebnishungrige untere Mitte konstruiert.[6]

Bei all diesen Zuschreibungen muss aus meiner Sicht ergänzend angemerkt werden, dass die Beschreibung momentbezogen ökonomischen Rahmenbedingungen geschuldet ist. Wenn etwa der Großteil des Haushaltseinkommens genutzt werden muss, um die Lebenserhaltungskosten zu decken, bleibt nichts zum langfristigen Veranlagen. Ebenso kann die Erlebnisorientierung als Strategie im Umgang mit Planungsunsicherheiten gedeutet werden. Alle in den Sinus-Milieus beschriebenen Attribute sind hochgradig normativ aufgeladen mit Zuschreibungen, seien es Attribute wie „erlebnisorientiert". Sie helfen aber bei der Einordnung von grundsätzlichen Werteorientierungen. Ein weiterer Kritikpunkt an den Sinus-Milieus ist, dass es sich hier um ein marktwirtschaftlich orientiertes Unternehmen handelt, das seine wissenschaftlich fundierten Erkenntnisse unter anderem an gewinnorientierte Unternehmen verkauft, wobei es auch Kommunen und politische Organisationen, wie auch Medienunternehmen berät. Die Analysen werden im universitären Kontext als Referenzpunkt herangezogen, da sie auf sehr großen Datenmengen fundieren und seit über 20 Jahren modelliert werden. Abseits dieser kommerziellen Form

---

5 Ebenda.
6 Ebenda.

der milieuspezifischen Analysen wird im universitären Kontext in verschiedenen Bereichen der Ungleichheitsforschung mit ähnlichen Ansätzen gearbeitet (vgl. Dangschat & Hamedinger 2007). An dieser Stelle verweise ich auf eine Reihe von milieuspezifischen Analysen, die im Zuge des Besiedelungsmonitorings Seestadt Aspern 2015 und 2019 erstellt wurden, gehe aber an dieser Stelle nicht näher darauf ein, da sie thematisch anders gelagert sind. Im Monitoring 2015 wurden Mobilitätstypen herausgearbeitet (vgl. Reinprecht et al. 2015: 116ff) sowie die Imagetypen (ebenda 96ff), die an anderer Stelle, nämlich den Kapiteln zur Imageproduktion, aufgegriffen wurden. Im Bericht 2019 wurden Wohnzufriedenheitstypen gebildet, die u. a. an die Wohnkostenbelastung und die Imagetypen geknüpft untersucht wurden (Reinprecht et al. 2020: 52ff). Im nächsten Abschnitt werden die aus der Feldforschung und sozialräumlichen Erhebungen herausgearbeiteten Milieus herausgearbeitet.

Sozialräumliche Milieus in der Seestadt

Die empirischen Befunde, welche aus der Feldforschung und Sozialraumanalyse hervorgehen, bilden die Basis für die Skizzierung sozialräumlicher Milieus in der Seestadt. Einige der herausgearbeiteten Milieus stehen in Bezug zu den oben beschriebenen Sinus-Milieus. Differenzierungen werden entlang des Mobilitätsverhaltens, des Konsumverhaltens, der Bindung an den Stadtraum und der Arbeitsteilung sichtbar, ebenso wie in Bezug auf die Konzeption und Planungskommunikation in der Seestadt. Anders als in der Milieuforschung gängig, fundieren die Analysen auf qualitativen Daten, die mittels der Grounded Theory kodiert wurden und mit Milieukonzepten theoretisch rückgekoppelt wurden.

Diese Milieus verorten sich vorallem innerhalb der Baugruppen, sind aber auch in anderen Baufeldern im Stadtteil zu finden. Themenfelder wie „Stadt selbst machen", „DIY" und „Selbstorganisation" sind für sie wichtige Aspekte des Zusammenlebens im Stadtteil. Themenfelder wie Nachhaltigkeit und Teilhabe sind zentrale Werte dieser Gruppe. Das sich ein großer Teil dieses Milieus in den Baugruppen verortet, kommt nicht von ungefähr, sondern daher, dass der Modus der Baugruppen – nämlich die eigenen vier Wände sowie das eigene Wohnprojekt mit seinen Gemeinschaftsräumen zu gestalten – hier Programm ist. Gemeinschaftliches Planen und Gestalten sind eine Praxis, die sich durch verschiedene, Lebensbereiche durchzieht. Milieuspezifische Praktiken sind einerseits DIY-Mode für Kinder herzustellen, ebenso wie gesunde Gerichte selbst für sie zu kochen. Ein Projekt, welches die Wertehaltung des „Teilens" und der „Urban Commons" einiger Bewohner:innen zeigt, ist das Foodsharing-Projekt der Baugruppen, bei der abgelaufene Ware aus dem Spar im Innenhof positioniert wird und allen zur Verfügung steht. Ein die Baufelder übergreifendes Projekt ist die Foodcoop, welche in Form eines Eiskastens im Stadtteilmanagement steht und von einer kleinen Projektgruppe betreut wird. Die Praxis des Teilens und Tauschens wird besonders sichtbar im Bereich der Kinderbetreuung, Sandspielzeug und Bobby Cars werden geteilt, ebenso wie die Ausstattung des Innenhofs gemeinschaftlich geteilt wird. Diese Praktiken des Teilens innerhalb der Baugruppen wird unter Gleichgesinnten gelebt, soziale Milieus, die andere Wertehaltungen und Konsumpraktiken leben, werden wie oben beschrieben ausgeschlossen.

Ein Milieu, das sich im Stadtteil verortet, kann als „Moderne Performer" bezeichnet werden. Es handelt sich um eine Bewohner:innengruppe mit tertiären Bildungsabschlüssen, besserverdienende „Double Income No Kids" (sogenannte DINKs) Paarhaushalte. Sie sind sowohl im Managementbereich als auch in höheren Funktionen des öffentlichen Dienstes verortet. Diese sind konsumorientiert, nutzen das Umland für Wanderungen, Fahrradtouren, sind aber an den Stadtteil sozialräumlich nicht stark gebunden, wie dieser Auszug aus einem Bewohnerinnengespräch zeigt: *„Ich bin keine typische Seestädterin, ich habe mich hier sozial nicht integriert. Du kennst dich hier sicher besser aus als ich. Vor 10 Jahren hätte ich hier nicht wohnen können, da wollte ich noch viel ausgehen. Wir sind hierhergezogen, weil wir zusammenwohnen wollten und das leistbar. Wir sind hier sehr glücklich und wollen hier nicht mehr wegziehen."* (Feldforschungstagebuch 2 2017: 11).

Sie laden gerne Freund:innen zu sich nachhause ein und sind multimodal unterwegs. Diese Typisierung von Bewohner:innen findet sich auch in anderen Stadtentwicklungsgebieten, wie wir sie etwa in der Wienerberg City, im Rahmen der Studie zum Wohnen im Hochhaus herausgearbeitet haben (vgl. Reinprecht & Dlabaja 2014). Körperliche Fitness und gesunde Ernährung spielen eine wichtige Rolle für diese Bewohner:innengruppe. Sie verbringen die Wochenenden an anderen Orten in der Stadt, bzw. sind beruflich wie privat sehr mobil. Das zeigt sich auch an den Orten, an denen die Freizeitaktivitäten realisiert werden, die hauptsächlich an anderen Orten stattfinden.

„Wir sind beim Mühlwasser und in der Lobau. Mein Freund ist Hobbyfischer, das war bei der Entscheidung für die Wohnung wichtig. Das ist jetzt peinlich, aber wir verbringen viel Zeit im Donauzentrum. Wir gehen ins Kino und essen. Es ist halt praktisch, weil alles so nah beisammen ist" (ebenda).

Durch den Umzug in die Seestadt kommt es bei einigen von ihnen zum Erwerb eines zusätzlichen PKWs, um die bestehenden Sozialkontakte weiter pflegen zu können sowie „unabhängig zu sein" und für die Einkäufe mit dem Auto. Diese Akademiker:innenhaushalte sind sehr gut informiert über die Seestadt, sind aber nicht aktiv in Stadtteilinitiativen und haben auch kein Interesse sich dahingehend zu beteiligen. Einige der ehemaligen DINKs bekommen in der Seestadt Familienzuwachs, wodurch sich die Bindung an den Sozialraum ändert und dieser dann eine wichtige Funktion übernimmt. Dieser Typ von Bewohner:in stellt im Pionierquartier eine kleine Gruppe dar, wird aber mit der Besiedelung des Seeparkquartiers größer, so die These (aufgrund des Zeitpunkts der Finalisierung der Dissertation kann dies nur eine These bleiben, die in weiteren Forschungsarbeiten empirisch fundiert aufgearbeitet werden könnte). Interessant ist, dass diese Gruppe von Bewohner:innen sehr gut ausgebildet ist und im Gegensatz zu den anderen Bewohner:innengruppen sich nicht so stark mit dem Stadtteil identifiziert und auch nicht so intensiv nutzt wie andere Gruppen.

Relevant ist in Hinblick auf Partizipation der fehlende Wunsch, sich bei der Gestaltung des Stadtteils einzubringen: *„Mitgestalten interessiert mich eigentlich nicht. Ich finde alles super in der Seestadt. Die Stadt Wien hat sich viel Mühe gegeben, damit sich die BewohnerInnen wohlfühlen. Sowohl mit Kino unter Sternen, Herrmann Strandbar bei der WM, Christkindl Markt. Die Lokale Ö1, Prodtobello und das Leo sind super"* (ebenda 12).

Die Traditionalisten sind konsumorientierte Paar- bzw. Familienhaushalte. Für sie ist die Wohnung ein Ort der Repräsentation und wird vor allem als Treffpunkt für Familie und Freund:innen genutzt. Das zeigt sich in den visuellen Repräsentationen von Wohnlandschaften und Küchenfotos, die seit Beginn der Besiedelung via Facebook und Instagram gepostet werden. Die Wohnungseinrichtung spielt für sie eine wichtige Rolle im Kontext der Selbstverwirklichung und Repräsentation. Diese Form der Selbstdarstellung findet sich vor allem in den sozialen Medien auf Instagram und Facebook wieder. Es handelt sich hier um eine große Bewohner:innengruppe in der Seestadt, die sich über die eigene Wohnung und die Nachbarschaft mit dem Stadtteil identifiziert. Sie vernetzen sich in den sozialen Medien via Facebook und identifizieren sich über ihre privaten Wohnräume mit dem Stadtteil. In den Postings ab dem Jahr 2015, die unter dem Hashtag #Seestadt gepostet wurden, sind Repräsentationen von Partnerschaft, Wohnen und dem Lebensstil in der Seestadt zu sehen. Zu Beginn der Besiedelung waren Postings mit dem Hashtag #Seestadt von Bewohner:innen dominiert. Mittlerweile gibt es eine Reihe gewerblicher Accounts, wie der Entwicklungsgesellschaft Wien 3420 und lokalen Unternehmer:innen, die via Instagram Postings absetzen.

Was das Mobilitätsverhalten anbelangt, teilt sich die Gruppe in jene, die multimodal unterwegs sind, und die Gruppe der Autofahrer:innen. Ein Teil dieser Gruppe – jener mit Kindern – hat eine starke sozialräumliche Bindung, was mit der Nutzung im Kontext der Kinderbetreuung als auch der Pflege nachbarschaftlicher Beziehungen zusammenhängt. Der Wandel vom Paarhaushalt zum Elternhaushalt wird von Teilen dieser Gruppe akribisch auf Instagram dokumentiert bzw. inszeniert, wobei die visuelle Repräsentation hier einen wichtigen Aspekt darstellt. Auch die Analysen im Rahmen des Besiedelungsmonitorings 2015 zeigen das anhand der Mobilitätsmilieus. Wie eingangs im Kapitel erläutert, stellt die Einstellung zum Individualverkehr einen trennenden Aspekt dar und ist ein permanentes Konfliktfeld im Sozialraum.

Die unteren Mittelschichten verorten sich im Stadtteil in zwei Gruppen. Grundsätzlich handelt es sich hier im Regelfall um Paar- und Familienhaushalte, die als Facharbeiter:innen tätig sind. Oft verdient die Partnerin entweder in Teilzeitarbeit etwas dazu, ist im Einzelhandel tätig oder ist für die Sorgearbeit und Hausarbeit zuständig. Bei den weiblichen Angehörigen dieser Gruppe ist die sozialräumliche Bindung sehr stark ausgeprägt, so sie Kinder mit Betreuungspflichten haben. Das Sozialleben ist im Wohnbau innerhalb der unmittelbaren Nachbarschaft verankert. Dieser Aspekt des „urbanen Dorfes", dass man sich untereinander kennt, gibt dieser Gruppe Rückhalt im Sozialraum und ist für ihre Identifikation mit der Seestadt von zentraler Bedeutung. Hinsichtlich der Konsumpraktiken gibt es bei dieser sozialen Gruppe Überschneidungen mit anderen Gruppen. Sportkleidung mit Markennamen wie Adidas oder Nike sind ein Statussymbol, ebenso wie elektrisch betriebene und selbstfahrende Spielzeugautos, in denen die Kinder durch den Stadtraum fahren. Mikrosoziale Praktiken, die im Sozialraum sichtbar werden, sind der Konsum von Softdrinks (Cola, Fanta, Eigenmarken). Traditionelle (Sorge)Arbeitsteilung ist in dieser Gruppe weit verbreitet.

Für Bewohner:innen mit Stigmatisierungserfahrungen ist die Seestadt ein Ort für einen Neuanfang, an dem die Karten aus ihrer Sicht neu gemischt werden. Insbesondere in der Anfangsphase der Besiedelung herrscht ein enger nachbarschaftlicher Austausch zwischen den Bewohner:innen, die sich beim Einziehen gegenseitig unterstützen. Es entstehen neue soziale Kontakte und später Freundschaften. Dadurch manifestiert sich der Eindruck, dass es „hier anders ist" als im Rest der Stadt, dass die Leute anderen gegenüber offener sind. Der Stadtraum selbst ist ein Ort, an dem man Bekannte und Freund:innen beim täglichen Einkauf trifft. Eine sehr kleine Gruppe in der Seestadt ist Teil der Arbeiterschicht und arbeitet in prekären informellen Beschäftigungsverhältnissen, u. a. als Reinigungskräfte. An formalen Bildungsabschlüssen weist diese Gruppe Pflichtschulabschluss auf. Oftmals handelt es sich um Familien und Alleinerzieher:innen mit Kindern mit Migrationshintergrund. Diese Gruppe kämpft um den Erhalt eines Lebensstandards für ihre Kinder und die Abdeckung der Lebens- und Wohnkosten. Im Stadtraum sichtbare stigmatisierte Genusspraktiken sind der Konsum von Red Bull und Rauchen neben den Kindern. Stigmatisiert werden sie u. a. von jenen Eltern, die Wert auf gesunde Ernährung legen und Soft Drinks wie Coca Cola strikt ablehnen, ebenso wie Eltern, die in Gegenwart ihrer Kinder am Spielplatz rauchen. Die gegenseitige Wertschätzung innerhalb der Nachbarschaft ist ein fragiles Gut, das immer wieder neu eingeordnet wird. Nachbarschaftliche Konflikte im Alltag oder Stigmatisierungserfahrungen in den Parks und Spielplätzen führen zum Gefühl der fehlenden Anerkennung und Ausgrenzung. Eine Bewohnerin erzählt im Gespräch: *„Jetzt fängt es schon an wieder, was es in der Innenstadt gibt, mit ‚Aus-*

ländern. *Am Anfang war das nicht so. Jetzt spüre ich es und sehe das.*" Bei einem der Go-Alongs zeigte sich, dass es nicht die Migrationsgeschichte, sondern eben der Konsum von Zigaretten und Red Bull am Spielplatz der Baugruppen war, der zum Ausschluss aus dem Innenhof führte. Auch in den Baugruppen auf D13 haben zahlreiche Bewohner:innen Migrationsgeschichte, sind aber hochqualifiziert und verfügen über tertiäre Abschlüsse. Im Gespräch mit einem der Mitglieder einer der Baugruppen auf D13 meinte dieses, dass weder Zigaretten noch Softdrinks im Innenhof gängige Konsumpraktiken sind, sondern missbilligt werden. Daher werden soziale Spaltungslinien entlang feiner Unterschiede in Alltagspraktiken sichtbar. Die hier beschriebene Gruppe von Bewohner:innen mit Exklusionserfahrungen ist angewiesen auf den Sozialraum in der Seestadt. Sie arbeitet zum Teil in informellen Arbeitsverhältnissen, als Aushilfen oder Reinigungskräfte in der Seestadt. Es besteht das Gefühl der Exklusion und fehlender Anerkennung durch andere Bewohner:innengruppen. Der Wunsch, sich mit Ideen für das Zusammenleben in der Seestadt einzubringen, ist sehr groß. Was dieser Gruppe fehlt, ist ein Wissen darüber, wie sie sich einbringen kann. Abschließend lässt sich einordnen, dass es milieuspezifische Differenzierungen im Stadtraum gibt, die zu Konflikten und dem Gefühl fehlender Anerkennung führen.

Die partizipative Seestadt?!

In Publikationen der Wiener Stadtverwaltung wird das Thema Partizipation groß geschrieben, wie im „Handbuch Partizipation" (MA18 2014) und dem Band „Do-it-Yourself Stadtanleitung" (MA25 2014). Gleichzeitig nehmen stark formalisierte „Top-down"-Expert:innenverfahren in der Stadtplanung zu (vgl. MA18 2001; Dlabaja 2016), bei denen Bürger:innenbeteiligung oftmals mit „Bürger informieren" (vgl. MA18 2014) gleichgesetzt wird. Partizipation wird in diesem Kontext oftmals als Tool technokratischer Stadtplanung (Swyngedouw 2014) zur Anwendung gebracht, welches weit entfernt vom Recht auf Gestaltung und Mitbestimmung im Kontext des „Right to the City" (vgl. Harvey 2014) Diskurses ist. Die Seestadt selbst wurde im Zuge eines PPP-Modells mittels eines Masterplans erstellt und eines Top-down-Planungsansatzes realisiert.

Eine den Stadtteil prägende Ausnahme bilden im Bereich des Wohnbaus die **Baugruppen**, diese gestalten den Stadtteil seit 2012 mittels partizipativer Wohnbauprojekte mit. In der ersten Etappe im Pionierquartier wurden allein sechs Baugruppen realisiert. In den weiteren Abschnitten wurden von Anbeginn Baufelder für Baugruppenprojekte freigehalten. Einige der Baugruppen des Pionierquartiers sind Nachfolgeprojekte derselbigen oder stehen in Relation zueinander. Aus der Baugruppe Que[e]rbau gingen beispielsweise weitere Baugruppen in anderen Wiener Gemeindebezirken hervor. Umgekehrt gehen viele Baugruppen des

Pionierquartiers auf Vorgängerprojekte zurück (siehe Die Baugruppen als Stadtteilproduzent:innen).

Unter Partizipation und Teilhabe im Stadtteil wird seitens der Entwicklungsgesellschaft 3420 in moderierter Form sich in Prozesse einbringen verknüpft. Anfangs sind es vor allem Projekte, die den Zusammenhalt in der Nachbarschaft stärken sollen. Daher fördert etwa das Stadtteilmanagement Initiativen im Stadtteil, wie etwa den Seestadtchor. Bei der Besiedelung des Pionierquartiers 2015 gibt es allerdings noch keine Beteiligungsformate im Kontext der Gestaltung des Stadtteils, wie von Parks oder im öffentlichen Raum.

In der Zeit der ersten Besiedelungswelle 2015 gab es eine Reihe von Themenfeldern, die in den internen Bewohner:innenforen (mit über 3.500 aktiven Mitgliedern) kontrovers diskutiert und kritisiert wurden. Einerseits wird über die Parkplatzsituation mit 0,7 Stellplätzen pro Person debattiert, andererseits das Monopol von Spar als Nahversorger in der Seestadt kritisiert. Es wird der Wunsch nach einem breiteren Einkaufsangebot geäußert. Das Stadtteilmanagement initiierte daraufhin eine Reihe von Veranstaltungen, die sich Seestadtforum nennt und bei dem Expert:innen und Bewohner:innen sich über strittige Themen austauschten. Die Perspektiven der Bewohner:innen auf diese konfliktbehafteten Themen wurden dokumentiert im Rahmen des Seestadtforums, aber nicht miteinbezogen bei weiteren Planungen. In einer Reihe von Kontexten entstand so bei einigen Bewohner:innen der Eindruck, dass man zwar zur Teilhabe eingeladen werde, das Versprechen, den Stadtraum mitzugestalten, aber oftmals nicht eingelöst werde.

Eine Bewohnerin meinte dazu in einem Gespräch: *„Sie sagen, kommt und gestaltet den Park mit. Die Leute kommen und machen sich Gedanken. Die 3420 sagt ‚Ei, Ei' wir dokumentieren alles, notieren alles und schauen, was davon realisiert werden kann und zu 95 % machen die Planer dann eh ihr Ding. Das erinnert mich an das Seestadtforum zum Thema Einkaufsstraße und Parken. Da wurden ExpertInnen eingeladen, die mit den Seestädter:innen die Alltagsprobleme und Anliegen diskutierten, alles wurde dokumentiert und fotografiert, die Meinungen der BewohnerInnen wurden aber nicht in die weitere Planung miteinbezogen. Viele fühlten sich damals nicht ernst genommen"* (Feldforschungstagebuch 3, S. 17).

Sie spricht in diesem Zusammenhang von „Pseudo-Partizipation" und ist damit nicht alleine, in den Facebook-Foren wird immer wieder kritisiert, dass die Meinung der Bewohner:innen nicht in die Planung miteinbezogen wird. Unter Partizipation wird in den ersten Jahren der Entstehung des Stadtteils von offizieller und institutioneller Seite Top-down-Partizipation verstanden, nämlich jene, die in von Institutionen vorgegebenen Rahmen der lokalen Planungseinrichtung der Stadt Wien, dem Stadtteilmanagement, unterstützt wird. Der Fokus des Programms des Stadtteilmanagements liegt im Bereich des Community Building und soll als Plattform für die Vernetzung von Bewohner:innen-Interessen und -Initiativen fungieren. Das umfasst Initiativen wie den Seestadtchor oder die Initiierung eines

Nachbarschaftsgartens. Das Programm umfasst Angebote, wie an einem Wettbewerb für den Mobilitätsfonds teilzunehmen oder die Einladung, ein Denkmal für die Seestadt zu schaffen. Mit diesem Angebot werden die gut ausgebildeten Segmente der Bewohner:innenschaft, aber auch jene der postmateriellen Milieus angesprochen. Das Stadtteilmanagement benennt bis 2018 selbst, dass es mit ihren Angeboten ein bestimmtes Milieu erreichen will. Es wurde zwar ab 2018 ein Mütter-Café eingerichtet, welches als Plattform für Mütter mit Migrationshintergrund fungieren soll, diese Zielgruppe wurde aber nicht erreicht. Das hängt wiederum mit dem Corporate Design der Folder zusammen und der Planungssprache in den verwendeten Foldern, ebenso wie mit dem Angebot und der Herangehensweise an die Stadtteilarbeit. Menschen, die familiär oder beruflich stark gefordert sind, können oder wollen sich in solche Angebote nicht einbringen. Wenngleich auch sie den Wunsch nach Teilhabe an Entscheidungen, die ihre Alltagswelten betreffen, haben. Ab 2019 ändert sich die Ausrichtung der Arbeit des Stadtteilmanagements, die nun wesentlich stärker auf Quartiersebene aktiv ist und Angebote für die Bewohner:innenschaft bereitstellt. Während der Pandemie und damit verknüpfter Lockdowns werden immer mehr digitale Formate dazu entwickelt.

Die Bürger:innen werden in den ersten Jahren bis 2017 nicht in die Planungs- und Gestaltungsprozesse des Stadtteils einbezogen, welche auf ihre basalen Alltagsnutzungen Einfluss nehmen. Damit gemeint ist, dass sie sich nicht in die Gestaltung des öffentlichen Raums, der Parkanlagen oder die Ausstattung der lokalen Infrastruktur einbringen können. Eine Ausnahme bilden die Baugruppen. Diese waren aktiv an der Gestaltung ihrer Wohnbauten und Wohnungen beteiligt. Die Proteste der Bürger:innen finden weder in kollektiver Form, noch im Stadtraum statt, sondern werden im digitalen Raum innerhalb der internen Bewohner:innenforen sichtbar. Ab 2018 werden alle Gestaltungsprozesse in der Seestadt, die den öffentlichen Raum betreffen, also sowohl Parks als auch Spielplätze, mittels partizipativer Prozesse begleitet und die Perspektiven der Bewohner:innenschaft werden aktiv miteinbezogen. 2021 zeigt sich das bei den Wettbewerben zur Gestaltung der roten und grünen Seite im nördlichen Abschnitt der Seestadt. Mit der fortschreitenden Besiedelung des Stadtteils und nach einer ersten Phase des sich im Stadtteil Einrichtens, entstehen sukzessive immer mehr Nachbarschaftsinitiativen, die sich in verschiede Bereich der Gestaltung der Seestadt einbringen. Sei es im Kontext der Begrünung des Stadtteils, die vom Verein SeeStadtgrün vorangetrieben wird, oder auch dem Sportverein in der Seestadt, der während der Pandemie die Aktivitäten in den Stadtraum verlagert, um ein Sportangebot, insbesondere für Kinder und Jugendliche zu gewährleisten.

Servicierte Bewohnerschaft:
Perspektive der Seestadt als „Servicestadt" in der für die Bewohner:innen dank der PSA, der Wien 3420 & dem STM sowohl der Wohnbau, als auch die Infrastrukturen erstellt wurden

Aktive Bewoherschaft: Bringen sich in Nachbarschaftsinitiativen punktuell ein z.b. in den Nachbarschaftsgarten, den offenen Kühlschrank oder dem Raum für Nachbarschaft

Ideengeber:innen:
Initator:innen von Baugruppen, Seestadtradio, dem Film „Der Seestadtfilm". Sie gehören zur Gruppe der sogenannten "Pionier:innen"

Unentschlossene:
Würden sich gerne einbringen wissen aber nicht wie. Gründe warum sie sich nicht einbringen sind vielfältig: familäre Belastungen, Mehrfachbelastung, Arbeitssituation

Abb. 24 Partizipationstypen, © C. Dlabaja

Servicierte Bewohner:innenschaft versus Ideengeber:innen

Differenzierungen innerhalb der Bewohner:innenschaft zeigen sich auch dahingehend, was den Wunsch betrifft, die Seestadt mitzugestalten und sich in Entscheidungsprozesse zu involvieren, bzw. entlang ungleicher Möglichkeiten, sich einzubringen. Diese lassen sich in vier Partizipationstypen unterteilen, die ich in Folge beschreibe.

Die Gruppe der **Ideengeber:innen** setzt Initiativen oder hält diese mittels oftmals ehrenamtlicher Tätigkeit am Leben. Sie gründet Baugruppen, Foodcoops, Vereine wie die Seestadtpiraten. Unter der Bewohner:innenschaft ist sie vorrangig bei den postmateriellen Milieus zu finden, die sich für Commons einsetzen. Ein Teil der Ideengeber:innen in der Seestadt sind Unternehmer:innen. Einige davon sind sogenannte neue Selbstständige, wie Fotograf:innen, Journalist:innen und wohnen in der Seestadt. Ein weiterer wichtiger Teil sind Unternehmer:innen, die ihre Ideen in der Seestadt realisiert haben, wie etwa die Buchhandlung Seeseiten, der Gemüsehändler, der einen Bio Supermarkt eröffnet, oder einige Zeit lang die Königskinder oder Karl Heinz Slabschi, Gründer der FeelGood Apartments. Johannes von den Seeseiten reinigt etwa regelmäßig mit einer Reihe engagierter Bewohner:innen den Seepark vom Müll und er macht Lesetouren durch die Schulen in der Seestadt und trägt so zur Leseförderung bei.

Die Gruppe der **servicierten Bewohner:innenschaft**, die sich bewusst nicht in Entscheidungsprozesse involviert und die die von der Stadtverwaltung und -planung zur Verfügung gestellten Infrastrukturen und Services schätzt. Dieser Typus findet sich vorrangig im Milieu der modernen Performer:innen und der Traditionalist:innen wieder.

An dieser Stelle wird ein der Aspekt offenbar, der von einem Interviewpartner benannt wird, nämlich eine gewisse Obrigkeitsgläubigkeit der Wiener Stadtverwaltung und ihrer Wohnbaumaschine gegenüber, wie ein Baugruppenmitglied in einem Interview 2021 erläutert:

„Die Wiener sind ja so: oh, der Wohnbau, oh SPÖ, danke. (..) Wohnungssuchende sind sehr gut bedient. Und auch ein Stück weit in die Passivität gedrängt. Oder, es hat sich halt so entwickelt. Man erwartet, dass die Stadt das Wohnungsproblem löst. Man erwartet, dass das eine bestimmte Qualität hat, aber dass man Dinge selbst in die Hand nimmt, dass man sich um das soziale Leben kümmert in der Nachbarschaft, das erwartet Mann und Frau nicht. Und wenn es nicht für sie gemacht wird, dann passiert es nicht. Also, das Leben ist nicht sehr aktiv von Wiener Bewohner:innen. Das meine ich, und das hat, glaub ich, das ist die Kehrseite dieser Medaille, dass alles super organisiert ist. Man muss nichts selbst tun, es ist alles schon da, es ist alles überlegt, es ist alles fertig. Wir wissen eh, wie es geht" (Interview Que[e]rbau 2021).

Die **aktive Bewohner:innenschaft** bringt sich in Nachbarschaftsprojekte wie Gemeinschaftsgärten oder den Raum für Nachbarschaft ein, aber auch via Facebook in die internen Bewohner:innenforen-Diskussionen. Sie partizipieren an Aktivitäten, die schon gesetzt wurden, mit unterschiedlicher Intensität, je nach zeitlichen Ressourcen und Lebenslage. Insbesondere Personen aus der Gruppe der materiellorientierten Milieus und der Gruppe der post-materiellen Bewohner:innenschaft partizipieren an diversen Gemeinschaftsprojekten im Stadtteil.

Eine weitere Gruppe ist jene der **Unentschlossenen**, die sich zwar gerne einbringen möchten bei der Gestaltung des Stadtteils, oder Initiativen setzen möchten, aber entweder fehlende zeitliche Ressourcen aufgrund ihrer Arbeitstätigkeit haben oder aber nicht wissen, wohin sie sich wenden können. Hier spielen soziale Differenzierungen eine Rolle, die mittels Sprache und Layout spezifische soziale Gruppen ausschließen von der Teilhabe, da diese Gruppe die Planungssprache nicht entkodieren kann und so gewisse Angebote nicht angenommen werden. Dieser Aspekt hat sich in verschiedenen Interviews gezeigt. Die Gruppe der Unentschlossenen bezieht ihre Informationen über die nächsten Planungsschritte nicht von der Entwicklungsgesellschaft, sondern von Geschäftsleuten und Gesprächen in der Nachbarschaft.

Soziale Differenzierungen werden durch die Möglichkeit, an Entscheidungsfindungsprozessen zu partizipieren, generiert, durch die differenzierte Ausstattung mit ökonomischen, sozialen, kulturellen Ressourcen (vgl. Bourdieu 1983) sowie in exklusiven Räumen urbaner Eliten, wie jenen der Planer:innen und Entscheidungsträger:innen der Stadtverwaltung (vgl. Lefèbvre 1991).

11. Praktiken der Stadtwerdung

Im folgenden Kapitel werde ich exemplarische Einblicke in meine ethnographischen Forschungen in der Seestadt geben, die Praktiken der Stadtwerdung, der Ausverhandlung und des Wohnens untersuchen. Beginnend mit dem Einzug der ersten Bewohner:innen der ersten Etappe werden das Lebensgefühl, der Alltag und die Aufbruchsstimmung, die diese Phase der Stadtwerdung stark prägen, nachgezeichnet. Darauf folgen ethnographische Vignetten aus der Feldforschungsphase 2017, in der ich mit meinem einjährigen Sohn und meinem Partner in die Seestadt temporär als Bewohnerin in das sogenannte Pionierquartier gezogen bin, sowie jene aus der Zeit ab 2019 bis 2021, in der ich im Seeparkquartier in verschiedene Apartments des FeelGood Hotels gezogen bin, u. a. während der Lockdowns im Jahr 2020 und 2021.

Der Einzug, die Herausbildung von Nachbarschaft, die Entstehung von Initiativen auf Quartiersebene, Stadtkonflikte, die den Stadtteil prägen (differenziert nach Zeitpunkt der Besiedelung), und später das Verselbstständigen von Dynamiken lassen sich auch in anderen Stadtentwicklungsgebieten ablesen, wie etwa in der Solar City in Linz (vgl. Treberspurg 2008) oder auch in Alterlaa, wie aus den qualitativen Interviews mit Planer:innen und einem Vereinsobmann in Alterlaa hervorgeht.

Seestadt-Spezifika und Stadtkonflikte im Alltag

Ein Aspekt, der kennzeichnend für die Seestadt ist, ist die Bedeutung der **Unternehmer:innen für den Stadtteil**. Geschäfte wie die Buchhandlung Seeseiten sind von Anfang an ein wichtiger Treffpunkt und ihre Betreiber:innen bereichern das kulturelle Leben des Stadtteils mit diversen Lesungen und Veranstaltungen für ein breites Segment der Bewohner:innenschaft. Die Seeseiten sind mittlerweile über die Grenzen des Stadtentwicklungsgebiets hinaus bekannt und ihre Buchtipps sind mittlerweile ein fixer Bestandteil des ORF Frühstücksfernsehens. Einige der Kleinunternehmen, die die Seestadt seit der Besiedelung der ersten Etappe geprägt haben, existieren mittlerweile nicht mehr, dennoch sind sie Teil der Mikrogeschichte des Stadtteils. Ab dem Jahr 2015 siedelte sich das Süßwarengeschäft Candyshop an, das ab 2017 seinen Standort wechselte. Ein zentraler Ankerpunkt für Personen, die in Elternkarenz waren, oder Familien mit kleinen Kindern war von 2015 bis 2018 das kommerzielle Eltern-Kind-Zentrum Königskinder.

Dieser Wunsch, sich im Stadtteil **einzubringen**, äußert sich bei den Bewohner:innen vielfältig. Er zeigt sich in den zahllosen Gemeinschaftsgartenprojekten, die teils von der Stadt initiiert sind, wie der Madam D'Ora Park, oder dem von Bewohner:innen und der Nachbarschaft selbst organisierten Seestadtgarten. Die Bewohner:innen begrünen darüber hinaus die von den Bauträgern zur Verfügung gestellten Flächen für Gemeinschaftsgärten. Als der Stadtteil 2015 ins Leben kam, war eine der ersten Aktivitäten der Bewohner:innenschaft die digitale Vernetzung untereinander. Es wurde ein internes Facebook-Bewohner:innenforum gegründet, über welches nicht nur wie oben erwähnt Dinge des Alltags getauscht und verborgt wurden, wie Umzugskartons oder Bohrmaschinen, sondern es war von Anfang an auch eine Plattform zur Vernetzung der Bewohner:innenschaft und ihrer Interessen. Das rasante Wachstum dieser ersten Gruppe führte schließlich zuerst zur Gründung zahlreicher baufeldspezifischer Facebook-Gruppen, die sich bedingt durch unterschiedliche Vorstellungen von Stadt und dem Zusammenleben in weiterer Folge abspalten und zur Neugründung weiterer Gruppen führen. Die intensive Nutzung der internen Facebook-Foren zeigt, wie sehr die Seestadt digitalisiert ist und wie stark der Zusammenhalt zwischen den Bewohner:innen ist. Es macht aber auch die damit verknüpfte soziale Enge sichtbar. Was auch immer in der Seestadt passiert, es ist innerhalb von kürzester Zeit Thema in den Foren und wird meist kontrovers und leidenschaftlich diskutiert, sei es positive oder negative Berichterstattung über den Stadtteil oder ein aktuelles Ereignis.

Ein Aspekt, der sich dabei auf digitaler, wie analoger Ebene von Anbeginn entfaltet, ist der **panoptische Aspekt der Seestadt**. In den Facebook-Foren wird von Anbeginn der Besiedelung jede Regelübertretung von anderen Bewohner:innen gepostet. Sei es das widerrechtliche Baden im See vor der offiziellen Eröffnung des Sees in der Seestadt während einer Hitzeperiode oder auch das unerlaubte Spazieren gehen mit dem Hund im Seepark (abseits der Hundezone). Alles wird minuziös fotografiert, dokumentiert und zum Teil bei der Polizei angezeigt. Diese Aktivitäten reichen vom Falschparken bis hin zum Fotografieren von auf der Straße verlorengegangenen Badehosen. Auf analoger Ebene wird diese gegenseitige Form sozialer Kontrolle von der dichten Bebauung begünstigt und den vielfältigen Sichtachsen in eigentlich allen Bauabschnitten. Egal, ob das das Baufeld D13 ist, der Baugruppen oder der Innenhof der Gesiba oder die Bauten des Seeparkquartiers. Als temporäre Bewohnerin hatte ich in der Zeit des Lockdown zum Teil den Eindruck, in einem lebendig gewordenen Videospiel gelandet zu sein.

Momente der Stadtwerdung

„Eine lebendige, eine überlebensfähige Stadt, das ist in Saskia Sassens strukturellem Universum ein hochkomplexer Organismus, der sich durch seine Diversität und Offenheit auszeichnet. Eine Stadt ist nie vollkommen, nie fertig gebaut, sie ist in ihrer Geschichte immer wieder neu geformt und umgewandelt worden. Und zwar trotz all der stadtplanerischen

Eingriffe! – in erster Linie durch winzig kleine Initiativen von unten. Was einen Stadtpark ausmacht, sind nicht allein die Bäume, Sträucher und Sitzbänke, die sich in ihm befinden, sondern, auch die Menschen, die sich in ihm aufhalten und ihn mit ihrem Tun gestalten. Verschiedene Gruppen, die den öffentlichen Raum für sich selbst umnutzen, halten die Stadt offen für Neues, flexibel. "[1]

Das Spezifikum des Forschungsgegenstands, eines Stadtteils, der gerade entsteht, ist der Umgang mit der allgegenwärtigen Zukunft und Temporalität, so wie das Wissen darum, dass sich der Stadtteil ständig weiterentwickelt und transformiert. Der Umgang mit eben dieser Temporalität und Unfertigkeit eines Neubaugebiets differiert sehr stark nach der Akteursperspektive. Die Verweise der Planer:innen auf zukünftige Infrastrukturen, die da noch kommen mögen, sind für manche Bewohner:innen schale Versprechen, da sie eben jene Infrastrukturen in ihrer Alltagspraxis missen. Sei es der in Bewohner:inneninterviews geäußerte Wunsch nach einer Ausstattung des Stadtteils mit verschiedenen Supermärkten und Lokalen im Jahr 2017 oder die anfängliche, oftmals undefinierte Sehnsucht nach dem „Urbanen". Auch die Befragungsergebnisse aus den Besiedelungsmonitorings 2015 und 2019 machen den Wunsch nach einer besseren Ausstattung mit Supermärkten und Restaurants deutlich. Nur 42 % der Befragten sind mit der Ausstattung mit Restaurants sehr zufrieden oder zufrieden und 23 % mit jener der Supermärkte und Geschäfte (Reinprecht et al. 2019: 47).

Dass die Dinge Zeit brauchen, um sich zu entwickeln in einem Neubaugebiet, ist eine den praktizierenden Stadtplaner:innen inhärente Perspektive, die stark von der Logik der Medienberichterstattung, Bewohner:innenperspektiven oder jener von politischen Akteur:innen, die alle fünf Jahre gewählt wurden, divergiert. Stadtplaner:innen denken und handeln meist in sogenannten „langen Linien", wie ich sie benenne. Die Planungsprozesse nehmen von der Konzeption bis zur Realisierung eben oft mehrere Jahrzehnte in Anspruch. In der Seestadt war das etwa die Verlängerung der U2 bis zur Station Seestadt, die vor Beginn der Realisierung des Stadtteils fertiggestellt wurde, um der zukünftigen Bewohner:innenschaft von Anbeginn an die hochrangigste öffentliche Verkehrsanbindung in der Stadt zu gewährleisten und dem Versprechen der Stadt der kurzen Wege gerecht zu werden. Die Perspektive darauf, wie lange es braucht, bis ein Stadtteil eine gewisse Dynamik entwickelt und ins Leben kommt, wird im Interview mit einem der Stadtentwickler der Solar City, Edward Reinthaler, sichtbar, der an der Realisierung des Stadtteils um die Jahrtausendwende maßgeblich beteiligt war. In einem Interview mit ihm in der Solar City im Jahr 2020 meint er:

---

1 http://www.saskiasassen.com/pdfs/interviews/die-global-city-ist-ein-brutaler-ort.pdf, Zugriff am 20.01.2022.

„Ja, das braucht seine Zeit. Es braucht seine Zeit und die Leute müssen auch ankommen. Die müssen das ja erst annehmen. Jede Pflanze darf wachsen. Wieso darf ein so ein Stadtteil nicht wachsen? Und jede Pflanze, das weiß man doch, dass die nach drei Jahren das erste Mal richtig anschiebt. Vorher wächst sie kaum. Und bitte, das ist eine wesentlich größere Dimension, da müssen Menschen landen, da müssen Menschen aufeinander zugehen lernen, zuerst einmal überhaupt das Einrichten, also von innen nach außen das einmal geregelt zu kriegen. Den neuen Arbeitsweg zu inhalieren, vielleicht sogar mit Kindern herziehen und die versuchen, da zu akklimatisieren, bis sie überhaupt einmal rausgehen und sagen ‚So, wer ist denn mein Nachbar?' Und dann kommt der Nachbar dran und irgendwann einmal kommt dann die Öffentlichkeit dran und irgendwann einmal kommt der Nachbar vom Nachbarn dran. Und irgendwann sind die Wurzeln so stark, dass er sich auf das Wachsen konzentrieren kann, der Baum. Und irgendwann sind die Leute so angekommen, dass sie hier leben können, dass sie es nützen können. Das geht nicht von heute auf morgen." (Interview Reinthaler 2020)

Diese von ihm skizzierten Phasen der Stadtwerdung, bzw. Stadtteilwerdung, ähneln jenen von mir in der Feldforschung wahrgenommenen Prozesse und Momente der Stadtwerdung. Sie sind typisch für Neubaugebiete, wie auch aus Interviews mit Akteur:innen aus älteren Wiener Stadtentwicklungsgebieten hervorgeht, wie etwa Alterlaa. Rheintaler erläutert auch die Konflikthaftigkeit der Perspektive der Planer:innen, die in den oben beschriebenen langen Linien denken und der Logik der Medienmacher:innen, die anfangs nur negativ über den neuen Stadtteil berichteten, weil dieser anfangs für Außenstehende unbelebt wirkte. Mit ähnlichen Problemen hatte auch die Seestadt zu Beginn zu kämpfen, weil der Einzug in die Seestadt während der Besiedelung der ersten Etappe 2015 eben einer in eine Großbaustelle war.

Ein Thema, das die Stadtgemeinschaft besonders in der ersten Phase des Einzugs beschäftigte, war das **Leben mit der Baustelle**, bzw. das **Wohnen in der Baustelle**. Mit dem Einzug der Bewohner:innen in das Pionierquartier waren zwar die Wohnbauten in die sie einzogen fertiggestellt, aber oft waren weder die Freiräume fertiggestellt, noch die Nachbarbauten. Viele Bewohner:innen waren davon überrascht, dass sie in eine Baustelle zogen. Zu Beginn, Ende 2014, gab es noch keinen Supermarkt als Nahversorger, sondern einen kleinen temporären Greißler, dessen Betreiber die spätere Bäckerei Leo war. Die Firma B.L.U.M., die die Baustellen-Koordination in der Seestadt seit Anbeginn inne hat, besprüht deshalb noch während der Besiedelung die noch nicht versiegelten Fahrwege der Baustellen LKWs, damit der Baustellenstaub auf ein Minimum reduziert wird. Nach der Fertigstellung der ersten Etappe weicht das Gefühl, auf einer Baustelle zu leben, bis 2019 das Seeparkquartier errichtet wird. Diese Temporalität der immer neu hinzukommenden Baustellen, die immer wieder aufs Neue als störend empfunden werden, sind bis 2028 zur geplanten Fertigstellung ein Begleitphänomen des Wohnens in einem Neubaugebiet. Ebenso wie das Thema der als zu klein und zu wenig wahrgenommenen Bäume und damit verknüpft des fehlenden Schattens in der Sommerhitze. Auch dieses Thema ist ein klassisches konfliktbehaftetes Thema in Neubaugebieten, das sich nach ca. zehn Jahren legt, wenn diese gewachsen sind.

In den Stadtteil einziehen

In der ersten Zeit der Besiedelung ist die Seestadt bestimmt vom geschäftigen Treiben der einziehenden Bewohner:innen. Während des kollektiven Einzugs in die Wohnprojekte prägen parkende Autos und Umzugskartons das Stadtbild in den ersten Wochen. Das ist deshalb bemerkenswert, weil die Stellplätze in der Seestadt über Sammelgaragen organisiert werden. In den ersten Wochen der Besiedelung wird das Falschparken in der Seestadt aber toleriert. Das Ergebnis der Bemühungen des Einziehens und Auspackens und sich Einrichtens ist nur wenige Wochen später im internen Facebook-Bewohner:innenforum „Wir wohnen in der Seestadt" zu sehen. Eine regelrechte Bildflut von neuen Küchen, Ikea-Einrichtungen und neu möblierten Wohnzimmerlandschaften bestimmt das Forum. Neben Postings mit der Bitte um Hilfe bei diversen Einzugstätigkeiten und der Frage um einen Bohrer oder Hammer für diese Tätigkeiten. Beide Posting-Praktiken münden in weiteren kollektiven nachbarschaftlichen Facebook-Aktivitäten. Die Suche nach einem Bohrer oder Hilfe bei diversen Aktivitäten, die mit dem Einzug in die Wohnung verbunden sind, mündet in einer Excelliste, in der mit Baufeld und Namen vermerkt ist, wer den gefragten Gegenstand verborgen kann oder mit diversen Wissensbefunden unterstützen kann. Die Folge ist ein reger Austausch und gegenseitige nachbarschaftliche Hilfe. Ähnlich wie in der Bezugsphase des von Harry Glück geplanten und von der Gesiba errichteten Wohnparks Alt-Erlaa (von 1973 bis 1985) oder der 1999 errichteten Wohnsiedlung Solar City in Linz ist dieser Moment des kollektiven Einziehens in einen neuen Stadtteil eine Besonderheit. Dieser Moment führt zur Herausbildung einer Stadtgemeinschaft, in der für eine bestimmte Zeit das Wohngefühl verknüpft ist, mit dem Gefühl in einer sehr engen Nachbarschaft zu wohnen. Das Lebensgefühl ist anfangs ähnlich jenem einer Schicksalsgemeinschaft, die im selben Moment mit ähnlichen Herausforderungen konfrontiert ist. Dieses Gefühl der Aufbruchsstimmung beschreiben eine Reihe von Interviewpartner:innen in der Seestadt so:

„Ich mag, dass es sich um ein neues Gebiet handelt. Ich bin einer der ersten Bewohner, was cool ist. Ich habe auch die Entwicklung des Gebietes verfolgt. Vor allem in der U-Bahn: am Anfang war ich fast allein im Zug, jetzt ist es schon fast ein ganzer Zug voll, der hier aussteigt.

Die Entwicklung des Wohnprojekts ist auch spannend, weil es nachhaltig konzipiert und gebaut wurde. Ich studiere Nachhaltigkeit, das interessiert mich" (Interview Anton Zeile 40–42).

Einer der Unternehmer, der die Seestadt von Anfang der Besiedelung an mitverfolgt hat und als einer der ersten sein Geschäft eröffnete, ist Johannes von der Buchhandlung Seeseiten. Er ordnet das Entwicklungsgebiet 2015 so ein:

„Es ist so eine Pionier-Aufbruchsstimmung und die ist schon lässig. Da ist viel Potential da. Ob das wirklich ausgeschöpft wird, weiß ich noch nicht, aber es ist so eine Aufbruchsstimmung, die hat man in Wien nicht in einem Grätzel. (..) Ob das Potential richtig ausgeschöpft wird, hängt von den Leuten ab, die hier einziehen, ob dieses Angebot hier angenommen wird" (Interview Johannes Zeile 55–57).

Der Wunsch, bei etwas Neuem dabei zu sein, war für viele Seestädter:innen ein Grund, um in den Stadtteil zu ziehen, verknüpft mit der Hoffnung, den Stadtteil aktiv mitgestalten zu können. Die Bewohner:innenschaft des neuen Stadtteils ist von Anbeginn an gemischt, tendenziell jünger als der Wiener Durchschnitt und mit einem hohen Anteil an Familien mit Kindern oder jungen Paaren, die im Stadtteil eine Familie gründen. Einer der beiden Betreiber der Buchhandlung Seeseiten nimmt die Zusammensetzung der Bewohner:innenschaft so wahr:

„Die Leute, die hier einziehen, sind sehr bunt durchgemischt. Das ist sehr toll, ich könnte nicht sagen, es sind die oder die. Der Großteil sind junge Familien, weil es für Kinder sehr attraktiv ist. Das haben wir uns schon gedacht und das Sortiment entsprechend angepasst. Es sind auch sehr viele Junge da, weil es das Studentenheim gibt. Die kommen auch relativ regelmäßig. Es gibt nicht so viele alte Leute, obwohl noch ein betreutes Wohnen herkommt." (Interview Johannes Zeile 65–70).

Für manche Bewohner:innen ist der Einzug in den Stadtteil an die Hoffnung auf einen Neuanfang geknüpft. Sei es ein neuer Lebensabschnitt, wie eben die Phase der Familiengründung oder nach einer Trennung auf ein neues Zuhause, oder eben nach einer Reihe von Stigmatisierungserfahrungen der Wunsch darauf, angenommen zu werden und neue Kontakte zu knüpfen in dem Stadtteil. Von allen Interviewpartner:innen wird die enge Nachbarschaft und die damit verknüpften sozialen Kontakte als sehr positiv wahrgenommen.

Diese enge Nachbarschaft wird sehr geschätzt und mit Beginn der Realisierung des Seeparkquartiers entsteht bei manchen Bewohner:innen die Befürchtung vor dem Verlust der Überschaubarkeit und eben dieser sehr engen nachbarschaftlichen Beziehungen.

Nachbarschaft in der Seestadt

Ein Aspekt, der in den qualitativen Interviews mit den Bewohner:innen immer wieder hervorgehoben wurde, ist der hohe Stellenwert der Nachbarschaft in der Seestadt und der von der Bewohner:innenschaft wahrgenommene Dorfcharakter, im Sinne eines als überschaubaren sozialen Gefüges, in dem man sich grüßt und kennt. Wie einer der Bewohner erzählt, der selbst Teil der planenden Akteur:innen im Stadtteil ist:

> *„Man sieht unglaublich viele Leute auf der Straße und sehr viele kennen einander auch und das war genau das Ziel, die Nachbarschaft zu fördern, den Alltag, eine Art dörfliche Struktur zu schaffen und wegzukommen von dieser Anonymität, dass man von der Wohnung in die Garage und ins Büro und zurück und eigentlich mit den Leuten dann auch nichts zu tun haben will. Das ist etwas, wo ganz klar war auch, jetzt aus der Erfahrung als Stadtplaner, das ist ein ureigenes Bedürfnis der Menschen, das ganz selten geäußert wird. So explizit, aber das ist eigentlich, also einfach Leute treffen, sich begegnen und so was wie ein soziales Umfeld zu haben, wo es weniger Angst vor Unbekanntem oder Fremdem gibt. Ich glaube, das hat ganz viele gesellschaftliche Auswirkungen so als normaler dörflicher Umgang"* (Interview H 582–592).

In der Planung wurde daher auf die Nutzung der Erdgeschoßzonen für das Gewerbe gesetzt, zudem gelten die **Prinzipien der Stadt der kurzen Wege**, in der im Radius von 300 Metern alle Infrastrukturen für den Alltag erreichbar sind. Die Planung ist auch das Ergebnis eines Lernprozesses aus vorangegangenen älteren Stadtentwicklungsgebieten wie die Wienerberg City oder die Donauplatte, bei denen die Nutzungsmischung zu Beginn nicht im Fokus stand, wie aus Gesprächen mit involvierten Planer:innen der Seestadt hervorgeht. Das Konzept der Seestadt als multifunktionaler Stadtteil wird auch von jenen, die sich bewusst für die Seestadt entschieden haben, als Zuzugsgrund benannt:

> *„Eigentlich finde ich, ist das ein sehr gutes Konzept dahinter. Also irgendwie mal nicht so eine Satellitenstadt hinzubauen, sondern irgendwie vorher mit Planung und Überlegung irgendwie ein Konzept zu erstellen, wie so was wirklich funktionieren kann, damit es nicht zu einer Schlafstadt kommt, sondern dass dort Wohnen, Arbeiten und auch mit einem alternativen, ich sage einmal, Verkehrskonzept, hat uns das eigentlich überzeugt, also diese Geschichte, dass da sozusagen die U-Bahn oder jedes öffentliche Verkehrsmittel gleich weit weg ist wie die nächste Sammelgarage."* (Interview Martin Zeile 3–9)

Die Baugruppenmitglieder werden von Planer:innen als Motor für die Gemeinschaftsbildung in der Seestadt gesehen.

„Naja, ich habe mich, zuerst habe ich mich sehr dafür eingesetzt, dass sie stattfinden, weil wir uns immer erwartet haben, dass wir von der Durchmischung speziell am Anfang eine Gruppe von Leuten brauchen, die wenn sie es geschafft haben ein Haus zu bauen, dann schaffen sie es auch, andere Dinge zu tun und die sich nicht beirren lassen, wenn etwas gleich einmal nicht geht, sondern sich darum kümmern, dass Dinge, die ihnen abgehen auch da sind. Wir wollten ganz bewusst weg von, also nicht nur Leute, die von der Stange alles erwarten und glauben, es ist immer Weihnachten und immer Jammern, wenn irgendwas nicht funktioniert, weil das gesellschaftlich ein Wahnsinn ist und selbst nicht funktioniert.“ (Interview Hofstetter 396–402).*

Sowohl in den qualitativen Interviews als auch in den Foren zeigt sich, dass innerhalb der Bewohner:innenschaft differenziert wird zwischen jenen, die sich bewusst für den Stadtteil entschieden haben, und jenen, die sich für zahlreiche Wohnungen angemeldet haben und durch Zufall in der Seestadt gelandet sind.

„Die Mehrheit eigentlich von der Seestadt, die ist dann über das Wiener Wohnservice da reingekommen. Das heißt, da wurden, das ist so ein Wiener Wohnen Lotterie, man kann sich da in diese Projekte einklicken, das machen die Leute irrsinnig wahllos, also da wird überall ein geklickt, wo man nur denkt, man kriegt irgendeine Wohnung, ohne dass man sich mit dem Konzept beschäftigt oder was da dahintersteht.“ (Interview Markus Zeile 10–14)

Besonders oft wird dabei hervorgehoben, dass sie von Anfang an in den Planungsprozess eingebunden waren und die Identifikation mit dem Projekt daher besonders hoch ist.

„Und waren halt vornherein, also von ganz am Anfang dabei, auch mit den ganzen Planungsphasen und dann hat man natürlich nachher einen Bezug zu dem Ort, aber das ist, wenn man da von Null anfängt, irgendwie eine Stadt hochzuziehen, das war schon sehr spannend.“ (Interview Martin Zeile 8–11).

Die Baugruppe wird immer wieder als Familie oder familienähnliche Gemeinschaft beschrieben:

„Also wir haben uns bei der Hausgemeinschaft ja über die letzten drei Jahre kennengelernt und es sind auch Freundschaften entstanden und durch das haben wir eine sehr gute Hausgemeinschaft. Aber es war dann wirklich komisch, wenn dann plötzlich die anderen dazu gezogen sind, also es war dann, was machen die da bei uns (lacht), das ist unsere Stadt“ (Interview Martin Zeile 59–63).

Abb. 25a–d Eindrücke aus der Feldforschung 2017 als temporäre Bewohnerin des Stadtteils gemeinsam mit meiner Familie, © C. Dlabaja

Die gegenseitige Unterstützung und Hilfe wird als Aspekt benannt, der im Stadtteil vor allem während der ersten Besiedelungswelle ab 2015 sehr positiv wahrgenommen wird: *„Die Nachbarin braucht oft was, aber das ist schön. Weil, du, kannst du mir deinen Staubsauger borgen? Oder wenn die was hört, dass ich was brauche, dann kommt sie auch rüber. Das ist wirklich ein Miteinander"* (Interview Bewohnerin Milla 159–161).

Eine andere Bewohnerin, Sandra, beschreibt es so:

> *„Die Nachbarinnen sind jetzt auch Freundinnen. Die sind überwiegend älter als ich, also viel älter, 50+, wir treffen uns schon ab und an auf einen Kaffee oder bei irgendjemandem auf dem Balkon, trinken Wein oder tun was füreinander. Ich gehe mit dem Hund spazieren oder so, wenn jemand krank ist und die Foodsharing-Gruppe geht total gut, wenn ich etwas nicht essen möchte, weil ich weiß, das schmeckt nicht oder ich brauche das, dann frage ich in der Foodsharing-Gruppe oder geben das rein, das holt sich dann jemand. Das ist schon praktisch. So lernt man immer wieder Leute kennen. Das ist überhaupt sehr kommunikativ, nicht wie in der Stadt, wenn ich im Stadtpark sitze oder keine Ahnung, in einem Park, wenn ich frage, ob ich mich hinsetzen kann, ob frei ist, dann kommt höchstens ja, nein, man schaut komisch in eine andere Richtung. Hier kommt man in ein Gespräch. Das ist schon sehr nett, sehr ländlich. Man grüßt sich auch auf der Straße"* (Interview Bewohnerin Sandra Zeile 92–102).

Mit dem zunehmenden Baufortschritt und der geplanten Errichtung des Seeparkquartiers wird immer wieder die Sorge vor der Zukunft des Stadtteils geäußert, dass die Überschaubarkeit und das Miteinander verloren gehen könnten und es so wie in anderen Teilen der Stadt anonym werden könnte. Die beiden letzten Interviewausschnitte zeigen, dass in der Seestadt sehr enge nachbarschaftliche Beziehungen bestehen und es hier eine generelle Offenheit gegenüber anderen gibt, die man noch nicht kennt.

Der Blick in die Zukunft im Stadtteil

In den Stadtraum schreibt sich seit Beginn der Realisierung der Seestadt der „Blick in die Zukunft" ein. Dies erfolgt in Form von Renderings und künstlerischen Interventionen. In den Renderings werden die nächsten Bauvorhaben ins Bild gesetzt, unter Bezugnahme des Corporated Designs sowie des Slogans „SICHER. Wächst hier das Seeparkquartier". Der Sicherheitsdiskurs, welcher hier plakatiert wird, fundiert auf Analysen, welche aus dem Ressort des Wohnbaustadtrats stammen. Seit der zweite Bauabschnitt realisiert wird, zieren Portraits von den sogenannten „Seestadt Pionier:innen" die Uferpromenade des Seeparks. Auf den Fotos sind bekannte Unternehmer:innen des Stadtteils zu sehen, wie der Buchhändler der Seeseiten oder Mitarbeiter des Stadtteilmanagements. Ziel der Renderings ist es, aus Perspektive der Entwicklungsgesellschaft Werbung für die nächsten Bauabschnitte und potentielle Interessent:innen zu machen. Eine weitere Leseart ist, den Blick der Bewohner:innen auf die Zukunft des Stadtteils zu lenken und damit verknüpfte Urbanitätsversprechen. Erwartungen, die an den Stadtteil getragen wurden und die mittels der Renderings schon im Prozess der Wohnungsvergabe genährt wurden, konnten zum Zeitpunkt des Einzugs für viele nicht eingelöst werden. Das urbane Treiben, das städtische Flair ähnelt gegenwärtig eher dem Gefühl, in einer Kleinstadt oder einem urbanen Dorf gelandet zu sein. Für einen Teil der Bewohner:innenschaft ist das durchwegs der richtige Ort, das Lebensgefühl, das sie sich erhofft haben. Identifikationspunkte dafür sind die eigene Wohnung, das große Angebot an Naherholungs- und Grünraum sowie die Überschaubarkeit und das enge nachbarschaftliche Gefüge. Für jene, die sich einen urbanen Stadtteil erhofft haben, kommt seitens der Verwertungsgesellschaft unermüdlich der Verweis auf die Zukunft, wie den nächsten Bauabschnitt, das Seeparkquartier, mit welchem weitere Nahversorger, gastronomische Einrichtungen und Einkaufsmöglichkeiten kommen werden. Auch städtebaulich steht der zweite Bauabschnitt für noch nicht eingehaltene Urbanitätsversprechen, etwa mit dem HoHo, dem größten Holzhochhaus der Welt, das bis 2020 errichtet werden soll, oder dem Gästehaus für internationale Forscher:innen der Wiener Universitäten. Das Versprechen auf ein zukünftig größeres Angebot an Supermärkten reicht einigen Bewohner:innen mit Verweis auf ihre aktuellen Alltagsbedürfnisse nicht. In den Erzählungen der Seestädter:innen wird der beschwerliche Weg aus der Seestadt ins Umland für den Wochenendeinkauf beschrieben, welcher oftmals mit dem Auto erfolgt.

Den Zukunftsversprechen gegenüber stehen Bezüge auf die Vergangenheit, die mit der Frage verknüpft sind, wie und ob sich lokale Geschichte in den Stadtraum einschreibt. Diese Bezüge auf die Vergangenheit erfolgen einerseits auf Basis eines Zeitstrahls, welcher auf der Fassade einer Besucher:innenplattform neben der U-Bahn angebracht ist. Darauf vermerkt ist der Verweis auf die Vergangenheit als ehemaliges Flugfeld sowie die Neapolitanischen Kriege und die Schlacht von Aspern, der Großteil der Bezugspunkte steht in einem Planungskontext. In den Stadtraum selbst schreibt sich die Geschichte des Stadtteils kaum ein. Lediglich einige Gestaltelemente des Bodenbelags im Straßenraum verweisen auf die Geschichte des Flugfelds. Eine Besonderheit des Stadtteils ist, dass die Straßennamen des Stadtteils weiblich sind und Bezug zu historischen Persönlichkeiten nehmen. Allerdings sind es so prominente Namen wie Janis Joplin oder Hannah Arendt und ein paar sozialdemokratische Wiener Politikerinnen, die nicht mit dem Stadtteil selbst verknüpft sind.

Die Baustellen in der Seestadt bilden einen alltagsweltlichen Verweis auf die bevorstehende Zukunft eines weiteren realisierten Abschnitts im Stadtteil. Sie bilden die Grundlage für Wünsche und Versprechen auf eine urbanere Zukunft des Stadt-teils. Neuhinzukommende Infrastrukturen wie Wohnbauten oder Abschnitte des Stadtteils sind aber auch Auslöser für Konflikte. Wenn etwa Bewohner:innen den Verlust des Blicks ins Grüne oder der Wiese vor dem Haus beklagen, ist das auch Ausdruck einer Enttäuschung, die mit dem Verlorengehen von etwas verknüpft ist. Einige Bewohner:innen beklagten etwa 2019, dass nun ihre Laufstrecke – das nördliche Seeufer – verbaut wird, andere wiederum beklagen, dass die Wiese vor ihrem Haus nun einem weiteren Wohnbau gewichen ist. All diese gebrochenen Hoffnungen sind auch Ausdruck einer Imagination der Seestadt und der Stadt als Versprechen, das nur temporär erfüllt werden kann, da der Stadtteil irgendwann als solcher in der letzten Ausbaustufe fertiggestellt werden wird.

12. Ausverhandelte Stadtkonzepte und relationale Raumproduktionen

Zu Beginn meiner Forschung über die Seestadt war diese für mich wie eine Schneekugel, in der eine Stadt in der Stadt entsteht, die voller Versprechungen auf eine bessere Zukunft steckt und die verschiedene Erwartungen bei den unterschiedlichen Akteur:innen evoziert. Schon während meinesPraktikums bei der MA 18 für Stadtplanung 2007 schieden sich die Geister, wie die Seestadt sich entwickeln würde und ob und wie so eine "künstlich" angelegte Stadt überhaupt funktionieren könnte. Die Realisierung des Stadtteils schien, als ich 2007 den Masterplan das erste Mal in Händen hielt, in weiter Ferne. Wer hier wohnen und arbeiten würde und wie die Infrastrukturen des Stadtteils und sein Erscheinungsbild in Relation zu dem Masterplan sein würden. Dass ich selbst acht Jahre später Mitglied einer Forschungskooperation werde, welche diesen Stadtteil erforscht und eben diesen Fragen nachgeht (Reinprecht et al. 2016), konnte ich damals nicht erahnen. Mit Beginn des Forschungsprojekts eröffneten sich für mich neue und andere Fragen, die ich im Rahmen der Dissertation bearbeiten wollte, nämliche jene der Ausverhandlung von Stadtvorstellungen in städtischen (Teil)Öffentlichkeiten und welche Akteur:innen sich wie in die Stadtteilproduktion involvieren. Für die Analyse dieser Ausverhandlung ist der Blick auf die Rahmenbedingungen der Raumproduktion und die darin involvierten Akteur:innen relevant. Ich fasse an dieser Stelle nochmals mein raumtheoretisch fundiertes Analyseraster zusammen, bevor ich auf die ausverhandelten Stadtvorstellungen eingehe.

Aufbauend auf der Analyse des Prozesses des *Stadtteils im Werden* arbeite ich unterschiedliche Produktionsmodi städtischer Öffentlichkeit und Stadtteilproduktion seit 2015 auf. Meinem Analyseraster folgend wird Raum als relationale (An)Ordnung von Akteur:innen konstituiert. Diese realisieren den Stadtteil eingebettet in lokale und zeitliche Rahmenbedingungen wie rechtliche Regulative und Politiken. Mit Regulativen sind die geltenden Gesetze und rechtliche Normen wie die Bauordnung gemeint. Unter Politiken (theoretische Konzeption des Begriffs siehe Kapitel 1) sind netzwerkartige Verbindungen gemeint, wie sie von Adam und Vonderau (2014) beschrieben werden, die sich in Formationen des Politischen manifestieren. In diesem Forschungskontext werden parteipolitisch weisungsgebundene Einheiten der Stadtplanung und Verwaltung untersucht, die im Spannungsverhältnis mit wirtschaftlichen Akteur:innen, wie der Entwicklungsgesellschaft Wien 3420, den Stadtteil realisieren. Der Raum wird digital und analog entlang diverser Vorstellungen und planerischer Leitbilder ausgehandelt, auf imaginierter und konzipierter sowie auf Ebene des gebauten und gelebten Alltagsraums konstituiert. Die Akteur:innen der Raumproduktion verfügen über ungleich viele symbolische, ökonomische, kulturelle, soziale Ressourcen (vgl. Bourdieu 1982) und sind mit hierarchisch strukturierten Möglichkeiten, sich in Entscheidungsprozesse zu involvieren, ausgestattet. Figurationen des Raums (vgl. Löw et al. 2021) führen zur Transformation prägender Modi der Raumproduktion. Daher sind Stadtentwicklungsprojekte davon geprägt, in welcher politischen und planerischen Ära sie realisiert werden und welchen planerischen Leitbildern sie folgen (vgl. Suitner 2021).

Raumproduktionen werden mittels differenzierter Modi in städtischen (Teil)Öffentlichkeiten ausverhandelt. Bestimmte Aspekte der Raumproduktion, wie die Realisierung des Stadtteils und die damit verknüpften Schritte der materiellen und imaginierten Raumproduktionen, werden mittels Renderings öffentlich wirksam ins Bild gesetzt und in (sozialen) Medien platziert und sichtbar gemacht. Die Transformation und Produktion des städtebaulichen Umfelds der Seestadt bleibt in dieser Öffentlichkeit hingegen lange im Verborgenen und damit auch das langsame Verschwinden der Nahrungsmittelproduzent:innen im oberen und unteren Hausfeld im Stadtteil Breitenlee (siehe Kapitel 7). Sie stellt die Schattenseite von Stadtteilentwicklungen wie der Seestadt dar. Insbesondere im Diskurs des *Planetery Urbanism* wird von Neil Brenner (Brenner 2014) hinterfragt, welche Folgen urbane Raumproduktionen für die Umwelt und das Umfeld mit sich ziehen und dass diese bei Stadtteilprojekten wie der Seestadt stärker einbezogen werden müssten (vgl. Haderer 2021). Ab Herbst 2021 wird das entlang der „Lobau bleibt"- und Stadtstraßen-Proteste sichtbar.

Bei denen setzt sich eine Gruppe vor allem junger Aktivist:innen für die Erhaltung des Naturschutzgebiets und die ruralen landwirtschaftlichen Flächen ein. Wie umkämpft dieser Aspekt der Umfeld-Produktion ist, zeigt der von der zuständigen Umweltministerin verhängte Baustopp über den Lobautunnel. Der Versuch eines gewaltsamen Endes der Proteste mittels eines Brandanschlags auf das Protestkamp verdeutlicht dies.[1] Es geht in diesem Kontext um die Deutungshoheit zwischen dem Leitbild der wachsenden Stadt (vgl. MA23 2014), die für alle aktuellen Bauvorhaben die Argumentationsgrundlage bildet. Dem gegenüber steht das Konzept der nachhaltigen Stadtentwicklung und der Stadt als Raum der Nahrungsmittelproduktion und Allmende (vgl. Kumning 2017) sowie der umfassenden Analyse der Folgekosten bei der Herstellung von neuen Stadtteilen, die die Transformation des Umlandes sowie den Verlust von Agrarflächen berücksichtigt (vgl. Haderer 2021).

---

1 https://orf.at/stories/3242105/, Zugriff am 31.12.2021.

Akteurskonstellationen

In städtischen Teil-Öffentlichkeiten werden unterschiedliche Vorstellungen von Stadt ausverhandelt. **Akteur:innen** dieser Ausverhandlung sind Entscheidungsträger:innen aus dem Bereich der Stadtplanung und Verwaltung, der Immobilienwirtschaft, der Bauträger sowie lokale Akteur:innen (Bewohner:innen, Geschäftsleute, Bürger:inneninitiativen, Baugruppen und Besucher:innen). Diese agieren basierend auf unterschiedlichen Werte- und Normvorstellungen, die in den vorangegangenen Kapiteln als **Stadtvorstellungen** empirisch fundiert nachgezeichnet wurden. Sie realisieren sich dabei in differenzierten Handlungslogiken und Praktiken der Akteur:innen, eingebettet in die regulativen Rahmenbedingungen (wie Gesetze und Verordnungen). Die Möglichkeiten, sich in den Prozess der Stadtteilproduktion einzubringen, sind in der Phase der Konzeption des Stadtteils Planer:innen und Politiker:innen vorbehalten. Mit dem Beginn der städtebaulichen Wettbewerbe und Ausschreibungen ändert sich dies. Bei der Umsetzung des ersten Abschnitts der Seestadt wird ein Baufeld mit fünf Baugruppen vergeben, bei dem zukünftige Bewohner:innen gemeinsam mit Architekt:innen und Planer:innen die Bauprojekte entwickeln. Nach dem Einzug der ersten Bewohner:innen entstehen erste Stadtkonflikte, die mit dem Thema Mobilität verknüpft sind und vom Stadtteilmanagement und der Entwicklungsgesellschaft im Seestadtforum aufgegriffen werden. Daher sind Stadtkonflikte im Stadtteil von Beginn an präsent und werden in städtischen Teilöffentlichkeiten ausverhandelt. Die Bewohner:innen involvieren sich mit dem fortschreitenden Ausbau des Stadtteils nicht nur in Urban-Gardening-Projekte bei der Stadtgestaltung, sondern es formieren sich Initiativen wie die Gruppe SeeStadtgrün[2], die mehr Begrünung im Stadtteil einfordern. Diese Debatte verortet sich auch in Zusammenhang der Kontroversen zur Stadthitze. Auch diese Themenfelder werden sichtbar als Stadtkonflikt in diversen öffentlichen Foren ausverhandelt.

Öffentlichkeit wird in Form von diskursiven Praktiken, Imaginationen und Alltagspraktiken (re)produziert. Die Akteur:innen der Ausverhandlung von Öffentlichkeit sind mit unterschiedlichen Kapitalsorten und Entscheidungsmacht ausgestattet. Imaginationen werden sowohl von den Bewohnerinnen einer kritischen Öffentlichkeit als auch den Planer:innen generiert und sind oftmals gegenläufig. Die diskursive Ausverhandlung des Stadtteils findet auf Ebene von Vorstellungen von Stadt und dem „guten" und „richtigen" Leben in der Stadt (vgl. Ege & Moser 2018) als normative Setzung (vgl. Moser 2018), die für stigmatisierte Bewohner:innen aufgrund von Klassismus exkludierend wirkt, statt.

Dabei werden gesellschaftliche Entwicklungen wie die Homogenisierung städtischer (Teil)Räume in der Seestadt sichtbar. Diese Homogenisierung ist zum einen

---

2 https://seestadtgruen.at/, Zugriff am 22.01.2022.

auf sozioökonomischer Ebene wirkmächtig, da das Wohnen in der Seestadt nicht für alle leistbar ist. Der Großteil der im Stadtteil errichteten Wohnungen sind geförderte Wohnungen, da sie aber Neubauwohnungen sind, bilden einerseits die Eigenmittelanteile eine finanzielle Barriere und andererseits die relativ hohen Quadratmeterpreise (vgl. Kapitel 7). Relativ heißt hier etwa im Vergleich zum geförderten Bestand der 1960er und 1970er Jahre (vgl. Dlabaja 2017). Trotz dieser relativen sozioökonomischen Homogenität gibt es Differenzierungen unter der Bewohner:innenschaft.

Wie im Besiedelungsmonitoring 2019 herausgearbeitet wurde, gibt es die Gruppe der belasteten Bewohner:innen, diese umfasst 18 % der Befragten, für die die Wohnkosten eine finanzielle Belastung darstellen (Reinprecht et al. 2020: 52). Darüber hinaus gibt es milieuspezifische Unterschiede, die auf unterschiedlichen Stadtvorstellungen und Wertehaltungen fundieren, sei es das Mobilitätsverhalten oder Ernährungs- und Gesundheitsgewohnheiten oder aber die Differenzierung zwischen tendenziell materialistischen versus post-materialistischen Milieus im Stadtteil (siehe Kapitel 9.). Abschließend lässt sich festhalten, dass die unterschiedlichen sozialen Gruppen sich nach innen hin schließen und nach außen hin für andere Bewohner:innengruppen exkludierend agieren. Im Falle der wohnungsbezogenen Freiräume zeigt sich, dass diese an der Schnittstelle zwischen privaten und öffentlichen Freiräumen ein Aushandlungsfeld bieten. Die Entstehung der Seestadt ist geprägt von lokalen Logiken der Stadtverwaltung und sozialdemokratischer (sowie ehemals grüner) Stadtpolitik und wird mittels eines PPP-Projekts realisiert, die sich in europäischen Städten vielerorts abzeichnen. Diese PPP-Projekte folgen dem Prinzip der Inwertsetzung, Werterhaltung und Steigerung. Daher sind diese Projekte so konzipiert, dass sie gewinnbringend sind und den Mechanismen des Marktes standhalten können. Das zeigt sich in der Seestadt entlang des Modus der Baufeldervergabe und damit einer neoliberalen Inwertsetzung, dabei wird kommunales Eigentum (die Baufelder) Stück für Stück an gemeinnützige Bauträger und Investor:innen verkauft. Im Seeparkquartier führt das zu einer Akkumulation durch private Investor:innen wie Kerbler, der vier Baufelder gekauft und gewinnbringend weiterverkauft hat. Die Mechanismen und Modi der Stadtteilproduktion führen zu immer homogener wirkenden Stadtbildern, da die Architektur nicht mehr lokalen Gestaltprinzipien folgt (vgl. Zukin 2010), wie sie aus der Zeit des Jugendstils oder des roten Wiens erkennbar sind. Dennoch zeigen sich lokale „eigenlogische" (vgl. Berking & Löw 2008) Aspekte der Stadtteilproduktion, wie jene des geförderten und kommunalen Wohnbaus, der auf die Tradition des Roten Wien zurückgeht (vgl. Kapitel 7). Diese lokalen Modi der Wohnbauproduktion erodieren im Angesicht der zunehmenden Finanzialisierung des Wohnbaus (vgl. Kadi 2018; Heeg 2014), die sich am Beispiel der Seestadt anhand des Public-Private-Partnership-Modells zeigt. Christoph Reinprecht spricht in diesem Zusammenhang auch von einer postsozialen Stadtplanung, in der es verstärkt zu Prozessen der Fragmentierung kommt

Abb. 26 Wahrgenommene Stadtkonzepte und Verknüpfungen mit der Seestadt, © C. Dlabaja

(vgl. Reinprecht 2021). Jene ausgehandelten Stadtkonzepte und damit verknüpfte Stadtkonflikte werden im Nachfolgenden bilanziert, die prägend für den Stadtteil sind.

Stadtkonflikte

Über normative Setzungen wie die richtige Vorstellung vom guten Leben in der Stadt sowie die Art, wie Städte richtig gebaut werden sollen, lässt sich trefflich streiten. Umso mehr wenn es der Stadtteil ist, in dem man wohnt, den man plant oder aber als Außenstehende:r, der bzw. dem diese Form des Städtebaus ein Dorn im Auge ist.

Die Seestadt ist ein Stadtteil, über den jede:r eine Meinung hat. So kommt es, dass man als Stadtforscherin, die sich mit dem Stadtteil seit vielen Jahren beschäftigt, immer jemanden findet, mit dem man darüber diskutieren kann und der eine Meinung dazu hat. In Zeiten von Facebook und Twitter führt das aber auch zu einer gewissen Überforderung mit schier endlosen Diskussionen und Zuschreibungen, die stetig in den Äther geworfen werden. An dieser Stelle möchte ich den Vergleich mit dem Elefanten bemühen, den jeder von einer anderen Perspektive erkundet und damit auch aus seinem jeweiligen Standpunkt aus begreift. Die Seestadt bedeutet für jede:n etwas Anderes. Zu Beginn der Besiedelung war es für die neu eingezogenen Bewohner:innen eine Pionierstadt, in die man sich einbringen kann

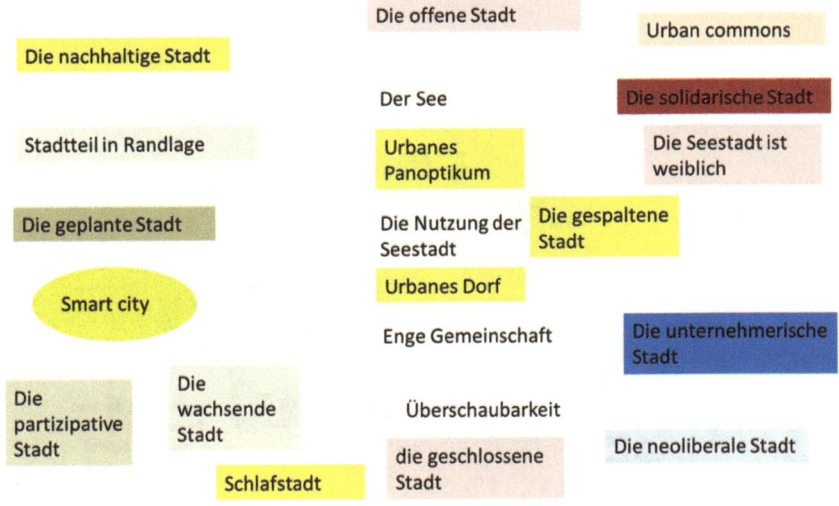

Abb. 27 Ausgehandelte Stadtkonzepte in der Seestadt Aspern, © C. Dlabaja

und ein enger nachbarschaftlicher Zusammenhalt herrscht, der das Wohnen in der Baustelle erleichtert. Für Außenstehende war es zu dieser Zeit um 2014 aufgrund der Baustellensituation eine Wüstenstadt. Manche Journalist:innen pilgerten in der Anfangsphase mit Vorliebe gegen 11:00 Uhr vormittags im Winter bei minus zwei Grad in den Stadtteil, um zu berichten, dass die Seestadt eine Schlafstadt sei, in der sich nichts tut,[3] – überspitzt formuliert. Ab 2017 wandelt sich die Wahrnehmung des Stadtteils nach außen hin und es wird über einen Aspekt berichtet, der sich für die Bewohner:innen schon früh abzeichnet, nämlich das Lebensgefühl, in einer Urlaubsstadt zu wohnen, insbesondere im Sommer, wenn an heißen Tagen viele mit Badetuch und in Badehose zum See spazieren (Detailanalyse zur Ausverhandlung städtischer Öffentlichkeit siehe Kapitel 9). Ein weiterer Aspekt der Ausverhandlung von Stadt ist, für welche Zielgruppen der Stadtteil errichtet wird, sei es für die jungen kreativen Selbstständigen oder für ein möglichst breites Spektrum der Bewohner:innenschaft, der sogenannten „Wiener Mischung" oder aber auch eine Stadt für Jungfamilien, allenfalls sollte die Seestadt ein Stadtteil sein, der möglichst viele anspricht und jenen ein neues Zuhause gibt, die auf der Suche nach einer leistbaren Wohnung sind.

Einen Überblick darüber, welche Stadtvorstellungen im Prozess der Stadtteilproduktion ausverhandelt wurden, gibt die folgende Abbildung 29.

---

3 https://www.faz.net/aktuell/wirtschaft/wohnen/wiener-seestadt-stadt-ohne-leben-15025723.html, Zugriff am 15.01.2022.

Aus der Analyse der ausverhandelten Stadtvorstellungen geht hervor, dass es sich um unterschiedliche Arten von Vorstellungen handelt. Planungsleitbilder, die ausverhandelt werden, sind beispielsweise jenes der nachhaltigen Stadt, welches später auf diskursiver Ebene und in den Materialien der Öffentlichkeitsarbeit vom Konzept der Smart City abgelöst wird (vgl. MA18 2014). Planungsnarrative wie jenes der wachsenden Stadt werden seit über einem Jahrzehnt als Grundlage für städtebauliche Projekte herangezogen. Dabei wird immer auf statistischen Prognosen aufgebaut, die auf eine zukünftig wachsende Stadt verweisen (vgl. MA23 2014; MA18 2014: 21). Von den Akteur:innen der Planung wird der Stadtteil als Labor bezeichnet, in dem die Stadt der Zukunft erprobt wird[4]. Der Aspekt der Zukunft schreibt sich im konzipierten Raum auf verschiedenen Ebenen ein. Die Seestadt fungiert als Labor der Smart City, in dem Probleme *für die Stadt von morgen* gelöst werden sollen, wie etwa die Frage der nachhaltigen Energieproduktion in der Stadt und energieeffiziente Infrastrukturen im Wohnbau. Es handelt sich hier also um ein technokratisches Konzept, bei dem unter anderem mittels technischer Lösungen wie dem Smart Meter individuelle Daten gesammelt werden, um den Energieverbrauch messen zu können.

Stadtvorstellungen werden aber auch auf der Alltagsebene im diskursiven digitalen Raum der sozialen Medien wie Facebook und Instagram sowie auf der analogen praxeologischen Handlungsebene generiert. In der Seestadt ist das etwa die Vorstellung des urbanen Dorfs, das für ein spezifisches Lebensgefühl und eine enge Form der Vergemeinschaftung steht. Oder das Konzept der Urlaubsstadt, das in visuellen Repräsentationen auf Instagram imaginiert wird und der Feldforschung an heißen Sommertagen als Praxis sichtbar wird. Die Herausarbeitung von emischen Konzeptionen in Verknüpfung mit jenen der Planung ist ein Ergebnis meiner Analyse, die differenzierte Perspektivierungen und Wahrnehmungen der Stadt sichtbar macht. Die Seestadt ist nur als relationale Zusammenschau der planerischen, medialen und alltagsweltlichen Konzeptionen des Stadtteils zu verstehen. Allerdings sind die im Stadtteil ausverhandelten Konzepte auf unterschiedlichen Ebenen wirkmächtig. Das Konzept der sozialen und gerechten Stadt realisiert sich auf baulicher Ebene in Wohnbauinfrastrukturen und sozialen Unternehmen der Stadt Wien, wie Wien Work. Das Prinzip der neoliberalen Stadt schreibt sich im Verkauf der einzelnen Baufelder ein. Diese waren ursprünglich im Besitz der Stadt und werden Stück für Stück verkauft – im Falle des Seeparkquartiers von Investor:innen gewinnbringend weiterverkauft. Diese beiden Konzeptionen stehen in Konflikt zueinander, da sie zum einen die Erzählung und das Versprechen der roten Stadtverwaltung der solidarischen Stadt aufbrechen und zum anderen den Anteil an leistbarem Wohnraum

---

4 https://www.aspern-seestadt.at/wirtschaftsstandort/innovation__qualitaet/urban_lab, Zugriff am 22.01.2022.

verknappen und somit das Erodieren des Konzepts der leistbaren Stadt für alle in der neoliberalen Stadt sichtbar machen. Das zeigt sich beispielsweise an den alltagsweltlichen Konzeptionen der **offenen und geschlossenen** Stadt im Stadtteil durch die Bewohner:innen. Dabei geht es um normative Konzeptionen und Vorstellungen vom guten und richtigen Leben und damit verknüpfte Ordnungen (vgl. Reinprecht 2021: 387). Beim Monitoring 2016 wird der Stadtteil von 79,4 % der Befragten als offene Stadt wahrgenommen und von 20,6 % als geschlossene Stadt (Reinprecht et al. 2016: 95). Ein Teil der Bewohner:innenschaft betrachtet den Stadtteil als urbanes Dorf, in dem jede:r sich kennt, und wünscht, dass die Überschaubarkeit des Stadtteils erhalten bleibt. Die gegenseitige Unterstützung im Alltag und das enge soziale Gefüge werden von den Bewohner:innen als Ressource betrachtet. Diese gegenseitige Unterstützung in den Hausgemeinschaften der Seestadt kommt aber nicht jedem zu und differenziert nach Milieuzugehörigkeit und ist mit Exklusions- und Deklassierungsprozessen verknüpft.

Kommt es zu Regelübertretungen werden diese akribisch via Facebook dokumentiert. Es wird immer wieder mit der Vorwurf erhoben, dass Personen von auswärts den Seepark verschmutzen und dass das Ökosystem kippt, wenn zu viele Personen im See schwimmen. Deshalb sei die Nutzung zum Baden und Schwimmen nur den Bewohner:innen vorbehalten, wie aus der Analyse interner Bewohner:innenforen auf Facebook im Zeitraum von 2015 bis 2017 hervorgeht. Dem gegenüber stehen jene Anwohner:innen, die die Seestadt als urbanen Stadtteil in Randlage betrachten und darauf hoffen, dass der Dorfcharakter verloren geht und mit der vorschreitenden Bebauung sich mehr Urbanität einschreibt. Sei es in Form städtischer Infrastrukturen wie Pubs, Lokalen oder Kletterhallen oder mehr Arbeitsstätten im Stadtteil für die Bewohner:innen. Entlang dieser unterschiedlichen Konzeptionen und Wertehaltungen entspinnen sich sowohl auf digitaler Ebene in Facebook-Bewohner:innenforen Stadtkonflikte als auch in der Alltagspraxis des Stadtteils. In der Stadtsoziologie ist der Begriff der offenen Stadt von Richard Sennetts (2018) Überlegungen zu Art und Weise, wie wir in Städten zusammenleben und arbeiten, geprägt. Das Konzept der offenen und vielfältigen Stadt nimmt dabei eine zentrale Rolle ein, die bei ihm als Ethik des Bauens und Bewohnens bezeichnet wird. Im Fach der europäischen Ethnologie befasst sich Johanna Rolshoven (2021) seit vielen Jahren mit dem Konzept der offenen Stadt auf theoretischer Ebene. Sie erprobt das Konzept der offenen Stadt aber auch mittels praxeologischer Formate, die sie als Programmatik für eine diverse und offene Gesellschaft postuliert. Rolshoven entwickelt diese Programmatik vor dem Hintergrund gesellschaftlicher Transformationsprozesse, in denen soziale Milieus sich immer mehr nach innen hin orientieren und abschotten (vgl. Dlabaja 2017). In gesellschaftlichen und politischen Debatten wird die Angst vor den „Anderen" forciert und in digitalen Sphären zeigen Algorithmen uns immer mehr desselben (Frischling 2014: 15). Der Soziologe Christoph Reinprecht schreibt in diesem Zusammenhang von Prozessen der Fragmentierung, in denen Konflikte nicht mehr öffentlich ausgetragen werden (Reinprecht 2021: 389), sondern entkoppelt stattfinden. Ein Aspekt, der in diesem Prozess der Entkoppelung und sozialer Abschottung relevant ist, ist jener der Deklassierung und fehlenden Anerkennung spezifischer sozialer Gruppen (vgl. Hochschild 2017; Honneth 2008). Arlie Russell Hochschild spricht in diesem Kontext von der Tiefengeschichte und dem Gefühl der Menschen, nicht mehr anerkannt zu werden für das, was sie sind, für ihre Arbeit und vor allem für ihre Werte- und Normenhaltungen. In der Seestadt besteht das Gefühl bei einem Teil der Bewohner:innen, von Akteur:innen der Stadtplanung nicht anerkannt zu werden, da man das falsche Verständnis von Mobilität hat und Stadtplanung hier als Erziehungsmaßnahme fungiert. Diese mangelnde Anerkennung findet sich in anderen Lebensbereichen ebenfalls wieder, wie etwa der Offenheit gegenüber Diversität und dem Zurechtkommen in der *Mobile Society* (vgl. Urry 2010), dem Gefühl der mangelnden Anerkennung aufgrund der Milieuzugehörigkeit. Die alltagsweltlichen Differenzierungen zwischen der Stadtvorstellung der offenen versus der geschlossenen Stadt zeigen sich einerseits zwischen der Vorstellung darüber, ob die Seestadt ein Stadtteil für alle ist und damit offen für Menschen aus anderen Stadtteilen, oder ob die Seestadt und ihre Infrastrukturen wie der See nur für die Seestädter:innen sind. Ein weiterer Konfliktpunkt ist der Wunsch und die Orientierung nach Ordnung in Form von Geboten und Verboten, wie dem Verbot, die Kois im See zu füttern, mit Hunden in bestimmten Bereichen des Seeparks spazieren zu gehen oder zu Beginn der Besiedelung 2015 den See zu nutzen. Mechanismen der gegenseitigen Kontrolle werden in der Seestadt sowohl auf analoger wie auch digitaler Ebene in den internen Foren auf Facebook entwickelt. Eine Kontrollpraxis, die sich von Anbeginn etabliert hat, ist jene des Fotografierens von Regelübertretungen mit dem Handy. Die Fotos werden in den Facebook-Foren gepostet und es entspinnt sich dann eine Debatte über den Regelübertritt und die Verletzung der Privatsphäre durch die fotografische Dokumentation. Auch im Alltag des Stadtquartiers ist die gegenseitige Kontrolle bei Regelübertritten ein Thema. Das zeigte sich während meiner Feldforschungsaufenthalte bei Spaziergängen entlang des Sees, wo ich Konflikte in Form von Streitgesprächen darüber beobachten konnte, ob die Kois im See gefüttert werden dürfen und dass an dieser Stelle des Ufers keine Hunde spazieren geführt werden dürfen.

Die Stadt als Panoptikum
Facebook fungiert bei Stadtkonflikten als digitales Panoptikum (Frischling 2014: 10) und wird als Medium sozialer Kontrolle verwendet. Egal, ob das das Abfotografieren von Autos betrifft, die falsch parken oder eine Badehose, die scheinbar jemand am Weg zum Seeufer verloren hat. Adrian Lobe nimmt in einem aktuellen Zeitungsartikel im Spektrum mit dem Titel Die Stadt als Panoptikum Bezug

zu einem der Klassiker der Stadtsoziologie, Georg Simmel, der die Großstadt als Ort der Anonymität beschreibt, doch die oben beschriebenen Kontrollmechanismen brechen diese Vorstellung der europäischen Stadt auf: „*Der Soziologe Georg Simmel beschrieb in seinem Aufsatz »Die Großstädte und das Geistesleben« aus dem Jahr 1903 das Leben in der Großstadt als hektisch, anonym und sozial distanziert. Doch mit der Anonymität in Städten ist es im digitalen Zeitalter nicht mehr allzu weit her. Der urbane Raum ist mit immer mehr Sensoren ausgestattet. An bald jeder Ecke werden Kameras und Gesichtserkennungssysteme installiert.*"[5] Lobe greift in seinem Zitat noch einen weiteren Mechanismus auf, nämlich jenen der Überwachungsarchitektur in der gegenwärtigen Stadt.

Der Aspekt der gegenseitigen Überwachung und Kontrolle als soziale Praxis wird auch von den Bewohner:innen in verschiedenen Gesprächen thematisiert: „*Und ja, es gibt halt Konflikte, es gibt Leute, was ich heutzutage schade finde, ist. Früher gab es ja dieses Internet nicht. Wenn du ein Problem gehabt hast, wenn der Nachbar laut war oder wenn ein Möbelstück abgestellt hat, bist du hingegangen, hast geklopft, gesagt, bitte, schauen Sie, dass das wegkommt, weil dann die Betriebskosten 10-mal so hoch sind. Jetzt finde ich das so furchtbar, entschuldige, dass ich das so sage. Weil erstens wirst du fotografiert, ohne deiner Erlaubnis und ins Internet gestellt. Und das, finde ich, greift meine Privatsphäre an (..), wenn du mich fotografierst z. B. und ich habe Mist gebaut, dann hast du das an die Polizei oder Hausverwaltung zu schicken, aber nicht im Facebook öffentlich zu stellen*" (Interview Bewohnerin Milla 258–268).

Ein weiterer Aspekt bei dieser divergierenden Wahrnehmung der Seestadt ist jener der Angst vor dem Verlust der Überschaubarkeit, dass man sich im Stadtteil kennt und grüßt. Die Sorge darüber, dass der Zusammenhalt in der Bewohner:innenschaft verloren gehen könnte, wie er vor allem in der Phase des Einzugs praktiziert wurde in Form gegenseitiger nachbarschaftlicher Hilfe und Unterstützung.

Ich werde zuletzt basierend auf den empirisch fundierten Analysen eine relationale Typisierung von Leitbildern, Stadtkonzepten und Dispositiven vornehmen, um die ihre jeweils unterschiedliche Funktion in den verschiedenen Zusammenhängen verstehbar zu machen. Im zweiten Schritt werde ich diese exemplarisch entlang ausverhandelter Dispositive im Prozess der Raumproduktion erläutern.

---

5 https://www.spektrum.de/kolumne/die-stadt-wird-zum-panoptikum/1559536 Zugriff 20.12.2021.

Abb. 28a–b Sichtachsen im Seeparkquartier, © C. Dlabaja

Stadtkonzepte, Dispositive und Leitbilder

Am Ende der Dissertation möchte ich eine relationale Begriffsklärung der Termini Stadtkonzept, Dispositiv und Leitbild vornehmen, um ihre Einbettung im Kontext der Stadtforschung, Stadtplanung und Architektur nachzuzeichnen. Mit relational ist hier in Bezug zueinander gemeint.

Stadtkonzepte

Der Terminus **Stadtkonzept** wird in der interdisziplinären Stadtforschung als analytisches Instrument verwendet, mittels dessen Städte theoretisch gerahmt untersucht werden (Rink 2018). Je nach Forschungsinteresse und Fragestellung wird dazu ein anderes Stadtkonzept herangezogen. Eines der diskursmächtigsten Stadtkonzepte der letzten 30 Jahre ist das von Saskia Sassen entwickelte, Konzept der *Global City* (vgl. Sassen 1991), in dem sie in Städten wie New York, Tokio und London die Mechanismen der globalisierten Finanzplätze und ihrer Dynamiken im Zeitalter der digitalen Kommunikation in den Blick nimmt. Sassens Konzept wurde kurze Zeit später für die Erstellung von Worldrankings von Städten, also im Kontext des Städtewettbewerbs, verwendet und somit selbst Teil der globalen Städtewettbewerbspraktiken.

Dominante Stadtkonzepte in der deutschsprachigen Debatte sind das der *europäischen Stadt* (vgl. Siebel 1996) und jenes der *Zwischenstadt* (Sieverts 1997) oder der unternehmerischen Stadt (Becker 2001; Lebuhn 2008), um nur einige zu nennen. Die Konzepte selbst unterliegen Konjunkturen, so war das Konzept der kreativen Stadt (Florida 2005; Heßler 2007) Anfang der 2000er Jahre sehr präsent in der Debatte der Stadtforschung und wird gegenwärtig nicht so intensiv diskutiert wie jenes der neoliberalen Stadt (Heeg 2007, 2015). Konzepte wie die solidarische Stadt, das in den 1990er Jahren bedeutsam war (Alisch & Dangschat 1993), werden nun im Kontext der Neoliberalisierung von Städten wieder stärker diskutiert (Güntner 2015). Andere Forschungen nehmen wiederum den Prozess einer Transformation in den Blick wie etwa die Festivalisierung der Stadt (Baldauf 2008; Häußermann 1993), die Disneyfizierung der Stadt (Roost 2000) oder die Gentrifzierung der Stadt (Holm 2010).

Die Herangehensweise, Städte unter einer theoretischen Brille zu betrachten, birgt den Vorteil, ein Phänomen entlang einer Stadt untersuchen zu können. Der Nachteil davon ist allerdings oftmals eine theoretische Verengung und Zuspitzung der jeweiligen Stadt auf ein Konzept hin. Im Zuge der Dissertation versuche ich darzulegen, dass die Seestadt nicht für ein singuläres Stadtkonzept oder Leitbild steht, sondern eine Vielfalt von Stadtkonzepten und Leitbildern, die relational zueinander bei der Stadtteilproduktion wirkmächtig sind und basierend auf differenzierten

Stadtvorstellungen der involvierten Akteur:innen ausgehandelt wurden. Ich werde die in der Seestadt ausgehandelten Konzepte, Vorstellungen und Leitbilder im nachfolgenden Abschnitt relational zueinander erläutern.

Die neoliberale Stadt

Ein Stadtkonzept, das im Kontext der aktuellen Debatte der kritischen Stadtforschung populär ist und oftmals als Schlagwort verwendet wird (vgl. Heindl 2020), ist das Konzept der **neoliberalen Stadt** (vgl. Mattissek 2008; Schipper 2013). Die neoliberale Stadtentwicklung verortet sich in einer Stadt im globalen Wettbewerb um Sichtbarkeit, Arbeitsplätze und Ressourcen, die verknüpft ist mit der transformierten Logik der Politik, die sich nach den Prinzipien des Markts orientieren muss. Ala Al-Hamarneh kommt in ihrer Analyse der Funktionsweise neoliberaler Stadtentwicklung zum Schluss, dass Neoliberalismus kein einheitlicher Begriff ist, sondern Konjunkturen und Wandlungsprozessen unterliegt.

„Im Gegensatz zur ‚reinen Lehre‘ neoliberaler Theoriebildung wird in der Betrachtung einer Neoliberalisierung als Praxis die Annahme zweier gegenüberstehender Prinzipien Staat und Markt verworfen und durch die Sichtweise eines ‚politically constructed character of all economic relations‘ (Theodore et al. 2011: 18) ersetzt. Märkte sind demnach nicht von staatlichen Eingriffen befreit, sondern im Gegenteil: Aktiv handelnde Akteur:innen steuern Prozesse, die eine Vermarktlichung und Kommodifizierung erst hervorbringen" (Al-Hamarneh et al. 2019: 42).

Das betrifft vor allem Städte, die ihren Bestand an kommunalen Wohnbau verkauft haben, wie in Deutschland, und so keinen leistbaren Wohnraum mehr für die breite Bevölkerung zur Verfügung stellen können (vgl. Heeg 2015). Wien ist da einen anderen Weg gegangen und hat den kommunalen und geförderten Wohnbau erhalten (vgl. Dlabaja 2017), allerdings unterliegt auch Wien wirtschaftlichen Zwängen und fiskalischen Regulativen, die zu einer Transformation der Wohnbaupolitik führten (vgl. Kadi 2021). Was ich im Zuge der Dissertation nachzeichne, ist, dass die Seestadt in einem Spannungsverhältnis verschiedener Stadtkonzepte und Leitbilder ausverhandelt wird, die für differenzierte Gesellschaftsvorstellungen stehen, wie jenes zwischen der solidarischen und gerechten Stadt(planung) (vgl. Fainstein 2009; Güntner 2015) auf der einen und der neoliberalen Stadt auf der anderen Seite. Diese Ausverhandlung findet einerseits in einem Spannungsfeld zwischen kommunalen Interessen und normativen Leitlinien, die für soziale Gerechtigkeit stehen, und andererseits dem Prinzip der Inwertsetzung und Kapitalakkumulation statt. Auf der einen Seite wird Wohnen als Gemeingut betrachtet und auf der anderen als Konsumgut, das Wohnen als Ware betrachtet. Wien ist nicht nur aufgrund seines Bestandes mit 200.000 Gemeindebauten und 220.000 geförderten Wohnbauten (vgl. Schantl 2016) ein Symbol für sozialen und geförderten Wohnbau, sondern auch aufgrund seiner Bautätigkeiten im geförderten und kommunalen Wohnbau in den aktuell entstehenden Stadtentwicklungsgebieten – die allerdings eingebettet in marktliberale Produktionsmodi stattfinden.

Aus meiner Sicht kann die Seestadt nicht als Symbol einer neoliberalen Stadtproduktion betrachtet werden, sondern, wie ich in Folge erläutern werde, als Beispiel einer Stadtteilproduktion, in der das Konzept der sozialen und gerechten Stadt Raum in Form sozialer und kommunaler Infrastrukturen wie dem geförderten Wohnbau realisiert werden.

Gleichzeitig gibt es spezifische Modi der Raumproduktion, die der Logik der neoliberalen Stadt folgen, wie die Inwertsetzung der Baufelder und die Errichtung von Investorenprojekten, die als Anlagewohnungen verkauft werden. Mir ist es wichtig, diesen Aspekt festzuhalten, weil urbane Produktion aktuell oftmals dichotom zugeordnet wird und dabei normative Setzungen vorgenommen werden (vgl. Heindl 2020). Auch wenn ich die Ansicht teile, dass Raumproduktion immer die gesellschaftlichen, wirtschaftlichen und politischen Produktionsmodi kritisch untersuchen muss. Allerdings sollte diese kritische Auseinandersetzung multidimensional und multiperspektivisch und analytisch differenziert und nicht normativ zuschreibend angelegt werden. Daher ist es wichtig, die verschiedenen Akteurslogiken und Modi der Raumproduktion dabei miteinzubeziehen. Setzungen wie Wien ist neoliberal, postpolitisch oder postsozial, die gegenwärtig im Diskurs der kritischen Wohnbauforschung immer wieder benannt werden, sind zu hinterfragen, da diese Termini oftmals als Schlagwörter genutzt werden und nicht als analytische Werkzeuge. Wien hat noch immer seine lokal spezifischen Produktionsmodi des geförderten und kommunalen Wohnbaus (vgl. Friesenecker & Kazeprov 2021), die allerdings gegenwärtig eingebettet in einer spätkapitalistischen Ära produziert werden, in der die neoliberalen Wirkkräfte des Marktes gelten (vgl. Kadi 2013) und daher in aktuelle Regulative eingelagert generiert werden.

Die gerechte Stadt

Mit Bezug zur Analyse von Christoph Reinprecht lässt sich sagen, dass diese Setzungen damit zusammenhängen, was in den Sozial- und Kulturwissenschaften als Vorstellung der guten Stadt verstanden wird, nämlich die gerechte Stadt, in der Entscheidungen in demokratischen Strukturen gefällt werden (Reinprecht 2021: 388; vgl. Fainstein 2010) und Ressourcen gerecht verteilt werden. Dabei geht es in der interdisziplinären Debatte auch um die Frage des Sorgetragens für die Stadt und seine Bewohner:innenschaft, wie sie gegenwärtig in touristifizierten Städten geführt wird (Dlabaja 2021c: 15), aber auch um die Frage des Sorgetragens für die Gesellschaft (Tronto 2013) und den damit verknüpften Ethics of Care (Reinprecht 2021: 388).

Alle Akteur:innen handeln aufgrund divergierender **Stadtvorstellungen**, seien das Bewohner:innen, Politiker:innen oder Planer:innen. Georg Wolfmayr hat solche divergierenden Stadtvorstellungen beispielsweise in seiner Dissertation am Beispiel von Wels empirisch fundiert herausgearbeitet (vgl. Wolfmayr 2017). Diese emischen Innenperspektiven der Konzeption von Stadt wurden bei uns beiden auf Grundlage der Feldforschung empirisch fundiert herausgearbeitet. Diese Vorgehensweise ist eine für die empirische Alltagskulturforschung spezifische Qualität: aus dem Material heraus, mittels Empirie geleiteter Theoriebildung Befunde herauszuarbeiten. Im Falle der Seestadt wird dieser Ansatz verknüpft mit der Rückkoppelung von theoretisch fundierten Stadtkonzepten wie beispielsweise dem Konzept der offenen Stadt, das in der Stadtsoziologie von Richard Sennet (2018) und der kulturwissenschaftlichen Stadtforschung von Johanna Rolshoven (2021) als Programm einer offenen Stadtgesellschaft verfolgt wird. Auf Ebene des Alltags vollziehen sich Praktiken und Konzeptionen der offenen und geschlossenen Stadt in der Seestadt.

Der Stadtkonflikt

An dieser Stelle wird ein Begriff erläutert, der im Kontext der Stadtvorstellungen eine wichtige Rolle einnimmt, nämlich jener des **Stadtkonflikts**. Dieser entsteht, wenn Bewohner:innen unterschiedliche Stadtvorstellungen haben und diese in Konflikten auf digitaler wie analoger Ebene münden, wie ich nachfolgend am Beispiel divergierender Mobilitätsvorstellungen erläutern werde. Stadtkonflikte werden basierend auf divergierenden Vorstellungen entlang städtischer Infrastrukturen, Erzählungen und Praktiken ausverhandelt. Der Konflikt entsteht aus einem Dissens zu einem Thema, das im Kontext des Stadtteils bedeutsam ist, wie die Frage, wie man sich fortbewegt, wie Gemeinschaft organisiert wird und wie gebaut und gewohnt wird. Beate Binder widmet sich in ihrer Habilitationsschrift einem solchen Stadtkonflikt, dem Streitfall Stadtmitte (vgl. Binder 2009), bei dem es um die Neugestaltung des Humboldt Forums im Stadtschloss geht. Der Konflikt entspinnt sich entlang divergierender Vorstellungen um den konzipierten, imaginierten und gebauten zukünftigen Raum des Stadtschlosses und seiner symbolischen Aufladung als Ort der kollektiven Erinnerung und Umbrüche einer ehemals geteilten Metropole.

Das Bestreben Ordnung ins vermeintliche Chaos zu bringen verfolgten Planer:innen der Generation davor auch schon, wie etwa Haußmann in Paris, wenn auch mit anderen Methoden wie dem Prinzip der Achsen, die er mittels Boulevards durch Paris legte (Frank 2003: 187). Dem Leitbild folgend wurden die Infrastrukturen und Verkehrswege der Städte umgebaut. Aufgrund der **Pfadabhängigkeit** städtischer Infrastrukturen sind viele Städte auch heute noch davon dominiert. Das zeigt sich insbesondere anhand der damit verknüpften autozentrierten Verkehrswege. Pfadabhängigkeit bedeutet, dass städtische Versorgungsinfrastrukturen wie Wasserleitungen, Energieversorgung oder Verkehrswege als Weg gewählt wurden, die nachhaltige Auswirkungen auf die Materialität der Stadt haben, da diese nicht kurzfristig modifiziert werden können, sondern es eine Reihe von Adaptionen bedarf, bis diese geändert werden können (vgl. Strupp 2013: 122). Abseits der Planungsleitbilder gibt es noch **Narrative der Planung** (vgl. Kapitel 5) wie jenes der wachsenden Stadt, das auf statistischen Prognosen fundiert und für die Planung als Grundlage herangezogen wird, oder auch Stadtkonzepte wie die sozial gerechte Stadt, die als Narrativ der Planung nutzbar gemacht werden, um planerische Entscheidungen zu begründen. Das Narrativ der wachsenden Stadt ist etwa die Begründung für die Errichtung von neuen Stadtentwicklungsgebieten wie der Seestadt, um dem Wohnraumbedarf nachkommen zu können.

Das planerische Leitbild

Planerische **Leitbilder** kommen aus dem Bereich der Architektur und Raumplanung. Sie werden fundierend auf normativen Vorstellungen von Stadtentwicklung und Städtebau entwickelt (Jessen 2018: 1400). Historischer Vorläufer städtebaulicher Leitbilder ist das Konzept der Idealstadt, das auf die Zeit der Renaissance zurückgeht (Hotzan 1997: 37). Den Beginn des städtebaulichen Leitbilds nimmt das Konzept der funktionalen Stadt ein, das von Le Corbusier geprägt und mit der „*Carta von Athen*" verknüpft ist, die bei der Architekturtagung 1933 in Athen beschlossen wurde (Jessen 2018: 1400). Das Konzept der funktionalen Stadt sieht eine Entmischung der Bereiche der Arbeit, des Wohnens und der Freizeit vor. Ziel der Architekt:innen war es, mit der Carta Ordnung ins Chaos der Städte zu bringen, in der Carta steht:

„Die Mehrzahl der analysierten Städte bietet heutzutage das Bild des Chaos. Diese Städte entsprechen in gar keiner Weise ihrer Bestimmung, die vordringlichen biologischen und psychologischen Bedürfnisse ihrer Einwohner zu befriedigen" (Conrads & Neitzke 2001: 129).

Typisierung von Konzeptionen des Städtischen

Basierend auf den Überlegungen im vorangegangenen Abschnitt gehe ich also davon aus, dass die Ebene des konzeptionellen Raums im Prozess der Stadtteilproduktion basierend auf emischen, also alltagsweltlichen **Stadtvorstellungen**, Leitbildern und Stadtkonzepten relational generiert wird. Stadtkonzepte und Leitbilder sind eng an individuelle Stadtvorstellungen geknüpft. Diese basieren bei den Bewohner:innen, Planer:innen und Forscher:innen auf normativen Konzeptionen und Wertehaltungen. Ich untersuche diese Konzeptionen relational zueinander und werde das nun entlang von drei Dispositiven nachzeichnen, die sich in der Seestadt einschreiben. **Stadtkonzepte** sind wie im vorigen Abschnitt erwähnt analytische Brillen, die in der Stadtforschung meist dazu genutzt werden, aktuelle gesellschaftliche Themenstellungen wie Aspekte sozialer Ungleichheiten oder ökologischer Herausforderungen analytisch zuzuspitzen und so für eine Untersuchung nutzbar zu machen. **Leitbilder** fungieren in der Planung als normative Rahmungen und Vorgaben für Planungsvorhaben und werden ebenfalls geformt von gesellschaftlichen Herausforderungen. Beide Begriffe sind nicht losgelöst voneinander zu betrachten, sondern relational, da sie oftmals eng verknüpft diskursiv zwischen dem Feld der Planung und Forschung ausverhandelt werden. Das zeigt sich insbesondere beim Konzept der Smart City (siehe Das Smart City Konzept), welches als Planungsleitbild fungiert und im Wiener Beispiel von der Stadtverwaltung als Smart City Rahmenstrategie für die Stadtplanung verankert wurde (MA 18 2014) und von der Stadtforschung kritisch reflektiert wird (vgl. Greenfield 2013; Dlabaja 2021a).

Das erste **Dispositiv**, das ich an dieser Stelle aufarbeite, ist jenes der **Stadthitze**, das seit dem Sommer 2021 sehr sichtbar in der medialen Berichterstattung ist. Auf konzeptioneller Ebene der Raumproduktion wird es mittels des Stadtkonzepts der nachhaltigen Stadt (vgl. Jessen 2018) und der klimaresilienten Stadt sowie des Leitbilds der Smart City aufgegriffen und darauf fundierend werden städtische Infrastrukturen wie die Vertikal- und Dachbegrünung, aber auch die Bauweise und Energietechnik implementiert. Diese Infrastrukturen sollen der Stadthitze entgegenwirken. Nachdem die Seestadt aber ein Neubauprojekt ist, sind die gepflanzten Bäume, die auf das Mikroklima Einfluss nehmen sollten, noch zu klein, um in der sommerlichen Hitze ausreichend Schatten zu spenden, diese Infrastruktur wird erst in der Zukunft ein wirksameres Mittel sein. Den Infrastrukturen und Konzeptionen steht die Alltagspraxis im Stadtteil gegenüber. In dieser entwickeln die Bewohner:innen Strategien im Umgang mit der Stadthitze. Sie vermeiden etwa im Sommer Spaziergänge in der prallen Sonne und haben sich Routen überlegt, in denen sie eher im Schatten bleiben können.

Im Prozess der Planung des Stadtentwicklungsgebiets zeichnet sich eine zunehmende Fokussierung auf das Thema Klimawandel und Stadthitze ab. Im ab 2014 besiedelten ersten Abschnitt der Seestadt, dem Pionierquartier, sind einige Wohnbauten, wie die Baugruppen auf dem Baufeld D13 und der geförderte Wohnbau auf D12, aufgrund ihrer Gebäudetechnik gegen Hitzeentwicklung ausgestattet. Darüber hinaus haben sich einige Baugruppen schon im Planungsprozess für die Implementierung von Außenrollos entschieden. Im Gegensatz dazu sind viele geförderte Wohnbauten des Pionierquartiers, wie jene der Sozialbau, ohne Außenjalousien und manche der Wohnungen werden im Sommer als sehr heiß wahrgenommen, wie aus den qualitativen Interviews, aber auch aus der quantitativen Befragung im Zuge des Besiedelungsmonitorings 2019, hervorgeht (vgl. Reinprecht et al. 2020:

23, 59). Ein Aspekt, der Teil des Dispositivs Stadthitze ist, ist der kontrovers diskutierte Bodenbelag im Seeparkquartier, der aus schwarzem Asphalt besteht. Er heizt sich im Sommer stark auf und führt zu einer Reihe negativer Berichterstattungen im Sommer 2021 (vgl. Abschnitt 0.). Die negative Berichterstattung in den Medien und das Umdenken in den Steuerungsgremien der Stadtteilproduktion führen dazu, dass im Frühjahr 2022 die versiegelte Fläche zum Teil entsiegelt wird und begrünt sowie mit zusätzlichen Baumbepflanzungen und Wasserelementen versehen wird. Mit der Realisierung des Quartiers am Seebogen wird das Thema Vertikalbegrünung, Bepflanzung mit Bäumen nach dem Prinzip der Schwammstadt, Energieproduktion in der Planung nun flächendeckend implementiert und auf Grundlage der Erfahrungen aus der Errichtung und Besiedelung der ersten Etappe angepasst[6].

An dieser Stelle fasse ich meine Überlegungen zur Verknüpfung von Alltagspraxis, Leitbild und Dispositiv im Kontext der Stadthitze zusammen. Das Dispositiv Stadthitze wird in der Zusammenwirkung von Praxis, Konzeption und materieller Basis generiert. Dabei wirken auf konzeptioneller Ebene Stadtkonzepte und planerische Leitbilder zusammen, die in der Praxis miteinander verknüpft sind und ineinander übergehen. Die Stadthitze stellt in der Alltagspraxis ein Problem für die Bewohner:innen dar, mit dem sie einen Umgang finden, in dem sie Strategien entwickeln. Diese sind etwa in der Nacht lüften, einen Ventilator in der Wohnung aufstellen oder Vorhänge anbringen, aber auch beim Spazierengehen soweit als möglich im Schatten bleiben. Materielle Infrastrukturen, die von den Bewohner:innen generiert werden, sind die Begrünung des Stadtteils mittels Urban Gardening. Einige Bewohner:innen, wie die Baugruppenmitglieder, haben diese von Beginn an mitgeplant für die Gestaltung ihrer Dächer, während die Bewohner:innen der Genossenschaftsprojekte bereits gestaltete Infrastrukturen wie Gemeinschaftsgärten vorfanden, die sie nutzen und mitbegrünen können. Mit dem Prozess der Besiedelung gründete sich die Initiative SeeStadtgrün, die aus einer Gruppe von Forscher:innen und Bewohner:innen hervorging und weitere Begrünungsmaßnahmen setzte. Aus der konzeptionellen Ebene der Leitbilder ging eine Reihe von Infrastrukturen hervor, wie Bäume, die das Mikroklima der Stadt verbessern sollten, die Vertikalbegrünung einiger Wohnbauten, der See und die Parkanlagen. Ein dominantes Leitbild, das die Seestadt formt und in diesem Kontext auch relevant ist, ist jenes der Smart City, welche mittels Niedrigenergiebauweise, Wärmepumpen und Smart Meter mit auf die Energieversorgung der Gebäude und zum Teil ihre Kühlung wirkt. Die in blau eingezeichneten Felder sind mit dem Begriff des Stadtkonzepts verbunden, jene in rosa mit dem Leitbild und die gelben Formen mit der Alltagspraxis, weiße Flächen sind mit dem Dispositiv verbunden,

---

6 https://rheologic.net/articles/mikroklima-aspern-seestadt/, Zugriff am 22.02.2022.

wobei dieses in Relation der drei oben genannten Felder generiert wird (Praxis, Konzeption, Materialität).

Ein **wirkmächtiges Dispositiv ist jenes der Mobilität.** Die Seestadt wurde von Anfang an unter dem Leitbild der Stadt der kurzen Wege und der multimodalen Stadt mit reduziertem Individualverkehr konzipiert. Ein Kernelement des Masterplans bildet der öffentliche Raum, der als Säule des öffentlichen Lebens im Stadtteil fungieren soll (vgl. Abschnitt 0.). Auch dieses Dispositiv ist mit jenem der Zukunft der Stadt verknüpft, da die Seestadt für bestimmte Themenfelder als Reallabor fungiert, das gilt auch für das Thema Klimaresilienz. Sowohl im Bereich der Mobilität als auch beim Thema klimagerechtes Bauen sollte die Seestadt ein Ort sein, an dem neue Ansätze erprobt werden (vgl. Wien 3420 2011: 18), die in der Bestandsstadt bislang nicht möglich waren, wie aus den Materialien der Öffentlichkeitsarbeit, Planungsgrundlagen und qualitativen Interviews mit involvierten Planer:innen hervorgeht.

Auf der Homepage der Entwicklungsgesellschaft Wien 3420 wird die Seestadt als Urban Lab beschrieben: *„Aspern Die Seestadt Wiens ist ein Vorzeigeprojekt der Smart City Wien. Ein Ort, an dem sich intelligente Ideen, Konzepte und Technologien miteinander kombinieren und unter realen Bedingungen ausprobieren lassen.“*[7]

In der Seestadt zeigt sich das etwa bei der reduzierten Anzahl der Stellplätze, die in Sammelgaragen realisiert werden. Dadurch ist der öffentliche Raum dominiert von Gestaltungselementen, die für Aufenthalt und Bewegung nutzbar sind und nicht von Parkplätzen wie im Rest der Stadt. Ein weiterer Aspekt ist jener der Spielplätze und Parks, die integriert in die öffentlichen Räume realisiert wurden. Das Thema Mobilität ist konfliktbehaftet, weil einige Bewohner:innen in den Stadtteil gezogen sind, in der Annahme, dass sie hier wie in anderen Stadtteilen ihr Auto überall parken können. Der Großteil der Bewohner:innenschaft hat sich mit den Konzepten der Seestadt vor dem Einzug beschäftigt, bei einigen Bewohner:innen stand allerdings das Suchen und Finden einer passenden leistbaren Wohnung im Vordergrund und nicht die konzeptionelle Ebene der Stadt (vgl. Reinprecht et al. 2020: 37). Interessant ist auch, dass die Seestadt als multimodale Stadt der kurzen Wege geplant wurde, die sich in ein Umfeld der autozentrierten Stadt einbettet, wie ich in Folge erläutere. Das heißt, die Stadtplanung hat vorausschauend die U2-Verlängerung vor Realisierung des Stadtteils fertiggestellt, aber es fehlt an Querverbindungen in der Donaustadt abseits des motorisierten Individualverkehrs. So kommt es, dass innerhalb der Seestadt die Fahrradinfrastrukturen vom Mobilitätsfonds der Seestadt ausgebaut sind und auch zahlreiche Projekte von selbigen finanziert werden, aber die Bewohner:innen des 22. Bezirks, die außerhalb der Seestadt wohnen, zum Teil

---

7 https://www.aspern-seestadt.at/wirtschaftsstandort/innovation__qualitaet/urban_lab, Zugriff am 22.02.2022.

angewiesen sind auf ihre PKWs, weil die Querverbindungen zu U2, Straßenbahnen und Bussen fehlen. Hier nimmt der Begriff der Pfadabhängigkeit eine wichtige Rolle ein. In den 1970er bis 1990er Jahren wurde in der Donaustadt eine Reihe von Reihenhausprojekten realisiert, die Bebauung des Bezirks war zu dieser Zeit noch von Ein- bis Zweifamilienhäusern dominiert, abseits einiger Großraumsiedlungen, wie beispielsweise im Umfeld des Blumengartens Hirschstetten. Die Dominanz der Einfamilienhäuser und Reihenhäuser eingebettet in Bereiche der landwirtschaftlichen Produktion im Umfeld der Seestadt ist geprägt von den Prinzipien der autogerechten und nutzungsentmischten Stadt. Diese Verkehrswege umzubauen, ist also ein Aspekt, der hier miteinbezogen werden muss. Sichtbar werden diese Konfliktlinien und differenzierten Planungsleitbilder unter anderem entlang der Debatte um die Stadtstraße und den Lobautunnel. Während die rote Stadtpolitik die Prinzipien der autogerechten Stadt in diesem Konfliktfall weiterverfolgt, fordert eine Gruppe junger Aktivist:innen, die von einem Bündnis an Unterstützer:innen getragen wird, seit 2021 mittels Protesten und der Besetzung des oberen Hausfelds ein Umdenken. Dieses kann nur von einer Verkehrsplanung begleitet werden, in der Straßenbahn- und Busverbindungen im 22. Bezirk ausgebaut werden.

Das für die Seestadt zentrale Dispositiv im Prozess der Raumproduktion bildet jenes der **Zukunft der Stadt**. Im Masterplan werden diese in Konzeptionen des zukünftigen öffentlichen Raums, des Arbeitens und Wohnens beschrieben. Sichtbar wird es vor allem später im adaptierten Masterplan, dort stehen neue Technologien, Vertikalbegrünung, Smart City und neue Ansätze der Stadtentwicklung im Zentrum. Auch bei der Realisierung des Stadtteils wird die Zukunft sowohl in Renderings als auch Leitbildern und Publikationen zum Ankerpunkt der Stadtteilentwicklung. Darüber hinaus wird die Seestadt als Innovationslabor im Bereich Mobilität, Smart Meter und für neue innovative Technologien positioniert. Beworben wird dieser Aspekt mit Infrastrukturen wie dem Aspern IQ, dem HoHo, dem Holzhochhaus, Firmenansiedlungen wie Hörbiger oder Wien Work.

Das Dispositiv der Zukunft der Stadt wird auf Ebene des konzipierten, imaginierten, gebauten Raums generiert, so wie mittels welcher alltagsweltlichen Praktiken des Zukünftigen.

Auf konzeptioneller Ebene wird die zukünftige Stadt mittels Stadtkonzepten von Planer:innen und Akteur:innen aus Verwaltung und Stadtpolitik erdacht, die später in Leitbildern wie der durchmischten Stadt, der Smart City und der sozialen Stadt in Form von Infrastrukturen geplant wird. Im Fall der Seestadt sind das weitläufige Parks und der See sowie Vertikalbegrünung, die in Renderings ins Bild gesetzt werden. Im Prozess der Ausschreibungen und Wettbewerbe findet die Vergabe der Bauplätze statt. Mit diesem Moment der Raumproduktion treten neben Bauträgern und Investor:innen auch die Baugruppen ein. Sie generieren die Wohnprojekte basierend auf ihren Vorstellungen von Stadt mittels Praktiken des Zukünftigen, in dem sie im Planungsprozess ihre zukünftigen Wohnungen und Wohnprojekte konzipieren. Diese Wohnprojekte werden mit der Herstellung des Stadtteils als materielle Infrastrukturen realisiert. Die Stadtvorstellungen der zukünftigen Bewohner:innen spielen eine wichtige Rolle bei der Wohnungswahl und damit ihrer Entscheidung für die Seestadt. Die sie je nach Lebenslage in den Stadtteil führt, weil sie auf der Suche nach leistbarem Wohnraum oder einer Wohnung im Grünen sind oder aber in der Phase der Familienplanung eine größere Wohnung suchen. Abseits davon sind Mobilitätsvorstellungen und jene vom gemeinschaftlichen Wohnen und nachbarschaftlicher Beziehungen relevant bei der Wahl des zukünftigen Wohnquartiers. Das Dispositiv der Zukunft der Stadt schreibt sich im Prozess der Wohnungssuche als Versprechen auf eine bessere Zukunft ein, das mittels Renderings ins Bild gesetzt wird (vgl. Dlabaja 2021a, 2021b), und später vor allem im Alltag in der Seestadt auf analoger Ebene des Stadtraums als auch digitaler Ebene der (sozialen) Medien.

Relationale Raumproduktionen und Akteurskonstellationen

Zusammenfassend lässt sich die Entstehung des Stadtteils und die damit verknüpfte Konstitution von Räumen als Prozess der Aushandlung und Transformation des Stadtraums und seiner Akteur:innen nachvollziehen.

Richten wir zuerst den Blick auf die Akteur:innen der Raumproduktion. Zu Beginn der Entstehung des Stadtteils handelte es sich um ein klassisches Top-down Planungsverfahren, das mittels eines Masterplans von Personen aus der Planung, Stadtverwaltung und Politik konzipiert wurde. Die Entscheidungsprozesse vollzogen sich bis 2012 in diesem elitären Kreis, den Lefèbvre als Repräsentationen des Raums bezeichnet (siehe Kapitel 1). Mit dem Eintritt der Baugruppen in den Prozess der Stadtteilproduktion erweitert sich der geschlossene Kreis der Raumproduzent:innen. 2012 wurde ein zweistufiges Wettbewerbsverfahren ausgelobt, bei dem sich interessierte Baugruppen um ein Baufeld für ihr Wohnprojekt bewerben konnten[8]. Die zukünftigen Bewohner:innen der Baugruppen involvierten sich in den Prozess des Bauens und Planes des Stadtteils. Später wurden sie darüber hinaus zu Akteur:innen des gemeinschaftlichen Wohnens und Planens. Einzelne Bewohner:innen initiierten weitere Baugruppen. Daher können die Mitglieder der Baugruppen als wirkmächtige Akteur:innen der Wohnbauproduktion im Wiener Kontext und der Seestadt eingeordnet werden. Einige Bewohner:innen der ersten Baugruppen beteiligen sich in weiteren Projekte durch Mitgestaltung und Beratung in der Seestadt.

---

8 https://www.wohnfonds.wien.at/media/btw_map/50/2012_22_Aspern_die_Seestadt_Wiens_ Baugruppen.pdf, Zugriff am 22.02.2022.

Eine weitere Akteursgruppe, die im Verlauf der Errichtung des Stadtteils von Bedeutung ist, sind die Unternehmer:innen, das betrifft in der Phase bis 2018 vor allem mittelständische und kleine Unternehmen wie beispielsweise die Buchhandlung Seeseiten und United Cycling, die mit ihren Aktivitäten sowohl auf Ebene der Imageproduktion für den Stadtteil relevant sind als auch für die Nachbarschaft im Stadtteil, da sie regelmäßig Lesungen, Fahrradkurse oder kleinere Feste organisieren. Mit der Errichtung des Seeparkquartiers ab 2019 nehmen aber auch Investor:innen Einfluss auf die Entwicklung des Stadtteils, u. a. die Ideengeber:innen Caroline Palfy, die gemeinsam mit Romana Hoffmann das Konzept für das HoHo Holzhochhaus entwickelte[9], und der Investor Günther Kerbler, der das Projekt zunächst finanzierte. Ab 2018 kam die oberösterreichische Investmentgruppe AVV hinzu.

Die wirkmächtigste Akteursgruppe der Raumproduzent:innen sind seit der Formierung des Stadtteils die Entwicklungsgesellschaft Wien 3420 und die PSA Projektleitung Seestadt Aspern, geht es um die städtebauliche Entwicklung und Vergabe der Baufelder sowie die Gestaltung des Stadtraums. Allerdings transformiert sich mit dem Fortschreiten der Herstellung des Stadtteils die Rolle dieses Personenkreises insofern, als dass sie nicht mehr alle Prozesse steuern können und wollen, da die Prozesse der Raumproduktion vielfältiger und die darin involvierten Gruppen diverser werden. Das hängt zum einen mit der Vielfalt an Akteur:innen zusammen, die nun zum Teil unabhängig voneinander in die Genese des Stadtteils beteiligt sind, aber vor allem auch mit Prozessen, die von außen auf den Stadtteil einwirken. Seit 2019 wirken von außen die mediale Berichterstattung und kritische öffentliche Debatte zum Thema Stadthitze und Klimawandel ein auf Gestaltungs- und Entscheidungsprozesse. Dabei geht es sowohl um städtische Infrastrukturen wie die Gestaltung des Seeparkquartiers und Verkehrsinfrastrukturen wie die Stadtstraße oder den Lobautunnel. Es zeigt sich nun, dass die Seestadt eingebettet in den 22. Bezirk entsteht. Daher wirken verkehrspolitische Entscheidungen, die vor vielen Jahrzehnten getroffen wurden, wie jene, Infrastrukturen für einen Auto zentrierten Stadtteil zu schaffen, auf heutige Planungen nach. Die damaligen Planungen hängen mit der Typologie von Ein- bis Zweifamilienhäusern zusammen, die im 22. Bezirk errichtet wurden. Das ist insofern bemerkenswert, weil die Seestadt als autoreduzierter Stadtteil geplant wird und aktuell der Streit um die Stadtstraße aufgrund der UVP-Richtlinien zur Folge hat, dass die Einkaufsstraße im Norden erst errichtet wird, wenn die Stadtstraße gebaut wird. Die Seestadt wirkt gegenwärtig noch immer wie eine Insel, die ohne Relationen zum Umland als solitärer Stadtteil errichtet wurde. Die gegenwärtigen Konflikte zeigen aber das Gegenteil, nämlich wie abhängig dieser von verkehrspolitischen Maßnahmen ist. Dieses Faktum sollte

---

9 https://www.hoho-wien.at/zu-besuch-bm-koestinger/, Zugriff am 05.05.2022.

bei zukünftigen Planungen miteinbezogen werden. Das Phänomen der Pfadabhängigkeit städtischer Infrastrukturen wurde an anderer Stelle schon beschrieben. Daher führte die Entscheidung, den öffentlichen Verkehr nicht flächendeckend im 22. Bezirk auszubauen, nun zu Folgekonflikten und ist Teil der Wachstumsschmerzen.

Der Prozess der Raumproduktion

Im Zuge der Dissertation habe ich relational die Modi der Raumproduktion untersucht und werde an dieser Stelle raumtheoretisch fundiert diese zusammenfassend erläutern, um gesellschaftliche Dynamiken und Transformationsprozesse aufzeigen zu können. Für die Analyse ist das Konzept des Dispositivs bedeutsam, weil es gesellschaftliche Formationen von Werten aufarbeitbar macht.

Dispositive begreife ich als *Manifestation gesellschaftlicher Entwicklungen und Konfliktfelder im Stadtraum,* die im analytischen Spannungsfeld der Imaginationen, Alltagspraktiken und Infrastrukturen sichtbar werden. In der Dissertation wurden diese am Beispiel der Stadthitze, der Mobilität und der Zukunft der Stadt untersucht. Ich fasse an dieser Stelle nochmal mein nun erweitertes raumtheoretisches Analyseraster urbaner Raumproduktionen zusammen. **Raum** wird als relationale (An)Ordnung (Löw 2001) von Akteur:innen, eingebettet in spezifische gesellschaftliche und ökonomische Rahmenbedingungen, dem Klimawandel unterworfene Transformationen sowie rechtlichen Regulativen, realisiert. Die **Elemente des Raums** setzen sich zusammen aus städtischen **Infrastrukturen** wie Wohnbauten, Bildungseinrichtungen und gewerblichen Bauten, in die sich **Dispositive** in Form von **Stadtkonzepten** wie der gerechten, der nachhaltigen oder der unternehmerischen Stadt einschreiben. Der Stadtteil wird **an Orten** generiert, die mit Bezug zu Lynch (1963) in Bereiche (wie die Wohnbauten) und Merkpunkte wie dem Hannah-Arendt-Platz oder dem Seepark unterteilt werden können. Diese sind für den Alltag der Bewohner:innenschaft bedeutsam, um ihre Praktiken des Wohnens, des Alltags und Arbeitens im Stadtteil zu realisieren.

Der **Konstitutionsprozess** wird auf individueller Ebene im Prozess der Synthese und des Spacing (Löw 2001: 212) generiert, auf kollektiver Ebene als Aushandlungsprozess zwischen Akteur:innen der Raumproduktion, die mit unterschiedlichen Möglichkeiten der Entscheidungsfindung ausgestattet sind. Das sind im Falle der Seestadt im konzeptionellen und gestalterischen Bereich Planer:innen, Baugruppenmitglieder, Politiker:innen, auf Ebene der Alltagspraktiken Bewohner:innen und die Nachbarschaft sowie Menschen, die in der Seestadt arbeiten und der imaginäre Aspekt wird vorrangig durch Medienmacher:innen, eine interessierte kritische Öffentlichkeit, Bewohner:innenschaft, Politiker:innen und Akteur:innen des Wohnbaus generiert. Medien dieser Imageproduktion sind zum einen visuelle

Imaginationen des Raums in Form von Renderings (vgl. Dlabaja 2021a, 2021b), ebenso diskursive Repräsentationen in journalistischen Beiträgen, aber auch Debatten, die über soziale Medien geführt werden. Renderings nehmen im Prozess der Stadtteilproduktion darauf Einfluss, wer in den Stadtteil zieht, weil sie für potentielle Bewohner:innen bei der Wahl des Wohnstandortes entscheidend sind und diese Imaginationen mit Konzepten wie Urbanität, Erholung, Konsum oder dem Wohnen im Grünen verknüpft werden.

Die Zukunft wird zeigen, wie und ob die Seestadt mit dem Umland enger verwoben wird und welche Versprechen neue Bewohner:innen in den Stadtteil ziehen werden.

13. Quellenverzeichnis und Anhang

Verzeichnis der Quellen

Leitfadengestützte Interviews und Hintergrundgespräche mit:

Akteur:innen der Planung
Christine Spiess 2015 (Leiterin der PSA)
Gerhard Schuster 2015 (Wien 3420 Vorstand)
Kurt Hofstetter 2015 (Wien 3420)
Wenke Hertsch 2015 (STM)
Philipp Fleischmann 2017 (MA21 Zielgebietskoordinator)
Lukas Lang 2019 (Wien 3420 Planung)
Firma Blum 2015 (Baustellenkoordination)
Peter Sapp, Büro Querkraft Architekten 2017 (Architekt)
Alfred Berger, Berger Parkkinen Architekten 2017 (Architekt)

Hintergrundgespräche Wohnservice mit zwei Expert:innen (anonymisiert) 2015
Hintergrundgespräche mit dem STM mit dem Team (anonymisiert) 2015, 2017, 2019
Baugruppenmitglieder der Baugruppen Seestern, B.R.O.T., PEGASUS, JASPERN, Queerbau
   (anonymisiert) 2015–2021

23 Bewohner:innen anonymisiert:
2015, 10 Interviews
2017, 7 Interviews
2019, 6 Interviews
2020/21, Interviews mit den schon zuvor interviewten Interviewpartner:innen

8 Unternehmer:innen und Gärtner:innen
Johannes Kößler (Buchhandlung Seeseiten) 2015, 2017, 2019
Karl-Heinz Slabschi (FeelGood Apartments) 2017
Romana Hoffmann (HoHo) 2019
3 Gärtner anonymisiert, 2019
Marianne Ganger (Gärtnerei Ganger) 2019
Karl Kaufmann (Gärtnerei Kaufmann) 2019, 2021

Teilnehmende Beobachtungen
2015
2017
2019
2020
2021

Feldforschungstagebücher
2017
2019
2020
2021

Quantitative Sekundärdaten Bewohner:innenbefragung
Besiedelungsmonitoring 1: 2015: N=485
Besiedelungsmonitoring 2: 2019: N=295

Medienanalysen zu ausgewählten Themenfeldern
In den folgenden Tageszeitungen:
Der Standard
Kurier
Krone
Heute
Die Presse
In der Wochenzeitung Falter

Facebook-Foren (Stand 31.01.2022)
Seestadt Aspern 3395 Mitglieder (ehemals „Wir wohnen in der Seestadt")
Seestadt Allerlei 5023 Mitglieder
Seestadt Uncut 1253 Mitglieder
Wohnungsmarkt Seestadt 7704 Mitglieder
Seestadt Aspern – Die Börse von Seestädtern für Seestädter 2289 Mitglieder

Instagram postings
2015 bis 2017 wurden Postings mit dem Hashtag #Seestadt analysiert

Literaturverzeichnis

Adam, Jens & Vonderau, Asta (Hrsg.) (2014): Formationen des Politischen. Anthropologie politischer Felder. Bielefeld: transcript.

Adler, Viktor (1888): Die Lage der Ziegelarbeiter. In: Gleichheit 48.

Albers, Manuel B. & Rancati, Sara (2008): Feeling Insecure in Large Housing Estates: Tackling Unsicherheit in the Risk Society. In: Urban Studies 45/13, S. 2735–2757.

Al-Hamarneh, Ala; Margraff, Jonas; Scharfenort, Nadine (Hrsg.) (2019): Neoliberale Urbanisierung. Stadtentwicklungsprozesse in der arabischen Welt. Bielefeld: transcript.

Arendt, Hanna (1981): Vita activa oder Vom tätigen Leben. München: Piper.

Bahrdt, Hans P. (1974): Die moderne Grossstadt. Soziologische Überlegungen zum Städtebau. München: Nymphenburger Verlag.

Baldauf, Anette (2008): Entertainment Cities: Unterhaltungskultur und Stadtentwicklung. Wien: Springer.

Barth, Bertram; Flaig, Berthold Bodo; Schäuble, Norbert; Tautscher, Manfred; Tautscher, Manfred; Flaig, Berthold Bodo; Schäuble, Norbert; Barth, Bertram (2017): Praxis der Sinus-Milieus: Gegenwart und Zukunft eines modernen Gesellschafts- und Zielgruppenmodells. Wiesbaden: Springer.

Belina, Bernd; Michel, Boris (Hrsg.) (2007): Raumproduktionen. Beiträge der Radical Geography. Münster: Westfälisches Dampfboot.

Berger, Peter L.; Thomas Luckmann (1972): Die gesellschaftliche Konstruktion der Wirklichkeit: Eine Theorie d. Wissenssoziologie. Conditio humana: Ergebnisse aus den Wissenschaften von Menschen. Frankfurt am Main: S. Fischer.

Bernhardt, Helena; Huberty, Eric; Tischler, Matthias (2020): Protest und partizipative Planung am Beispiel des Otto-Wagner-Spitals. In: Hamedinger, Alexander; Franta, Lukas; Dlabaja, Cornelia (Hrsg.): Protest: Dérive: Zeitschrift für Stadtforschung, Band 79, April–Juni 2020.

Bernhardt, Petra & Liebhart, Karin (2020): Wie Bilder Wahlkampf machen. Wien: Mandelbaum.

Berking, Helmuth & Löw, Martina (Hrsg.) (2008): Die Eigenlogik der Städte: Neue Wege für die Stadtforschung. Frankfurt am Main: Campus.

Binder, Beate (2009): Streitfall Stadtmitte: Der Berliner Schloßplatz. Köln/Weimar/Wien: Böhlau.

Bolt, Gideon & Darling, Jonathan (2021): Precariousness and the Right to Housing in S. Münch and A. Siede (eds.), PusH Working Paper Series, Working Paper 1 (Version 06/2021). PusH Strategic Partnership.

Boltanski, Luc; Esquerre, Arnaud; Pries, Christine (2019): Bereicherung – Eine Kritik der Ware. Berlin: Suhrkamp.

Bonfadelli, Heinz; Blum, Roger; Imhof, Kurt; Jarren, Otfried (2008): Seismographische Funktion von Öffentlichkeit im Wandel. Wiesbaden: VS Verlag für Sozialwissenschaften.

Bourdieu, Pierre (1979): Struktur, Habitus, Praxis. Frankfurt am Main: Suhrkamp.

Bourdieu, Pierre (1982): Die feinen Unterschiede. Frankfurt am Main: Suhrkamp.

Bourdieu, Pierre (1983): Ökonomisches Kapital, kulturelles Kapital, soziales Kapital. In: Reinhard Kreckel (Hrsg.): Soziale Ungleichheiten (Soziale Welt Sonderband 2), Göttingen: S. 183–198.

Bourdieu, Pierre (1991): Physischer, sozialer und angeeigneter physischer Raum. In: Wentz et al. (1991): 25–34.

Brandl, Freya & Gruber, Ernst (2014): Gemeinschaftliches Wohnen in Wien. Bedarf und Ausblick. Forschungsbericht im Auftrag der MA50 Wohnbauforschung: https://www.inigbw.org/sites/default/files/literatur/2014-brandl_gruber-Projektbericht_Gemeinschaftliches_Wohnen_MA50wien_0.pdf, Zugriff am 12.12.2021.

Breckner, Roswita (2008): Bilder in sozialen Welten. Eine sozialwissenschaftliche Methodologie und Methode zur interpretativen Analyse von Bildern. Habilitationsschrift, Universität Wien: Fakultät für Sozialwissenschaften.

Breckner, Roswita (2008): Bildwelten – Soziale Welten. Zur Interpretation von Bildern und Fotografien. Online-Beitrag zu ‚Workshop & Workshow Visuelle Soziologie‘.

Breckner, Roswita (2010): Sozialtheorie des Bildes. Zur interpretativen Analyse von Bildern und Fotografien. Bielefeld: transcript.

Breitfuss, Andrea (2006): Integration im öffentlichen Raum. Wien: MA 18, Werkstattbericht Nr. 82, Stadtentwicklung.

Brenner, Neil (2014): Implosions/explosions: towards a study of planetary urbanization. Berlin: Jovis.

Bührmann, Andrea D. & Schneider, Werner (2008): Vom Diskurs zum Dispositiv. Eine Einführung in die Dispositivanalyse. Bielefeld: transcript.

Burckhardt, Lucius & Fezer, Jesko (2004): Wer plant die Planung? Architektur, Politik und Mensch. Berlin: Schmitz.

Coser, Lewis A. (2009): Theorie sozialer Konflikte. Wiesbaden: VS Verlag für Sozialwissenschaften.

Dangschat, Jens S. (2009): Symbolische Macht und Habitus des Ortes. In: Delitz et al. (2016): 311–342.

Dangschat, Jens S. & Hamedinger, Alexander (Hrsg.) (2007): Lebensstile, soziale Lagen und Siedlungsstrukturen. Hannover: Verlag der ARL.

Dangschat, Jens S. (1991): Gentrification – Indikator und Folge globaler ökonomischer Umgestaltung, des sozialen Wandels, politischer Handlungen und von Verschiebungen auf dem Wohnungsmarkt in innenstadtnahen Wohngebieten. Univ. Hamburg: unveröffentlichte Habilitationsschrift.

Delitz, Heike & Fischer, Joachim (Hrsg.) (2009): Die Architektur der Gesellschaft: Theorien für die Architektursoziologie. Bielefeld: transcript.

Dlabaja, Cornelia; Hofmann, Julia; Fernandes, Karina (2023): Aktuelle Ungleichheitsforschung. Befunde – Theorien – Praxis: Perspektiven aus der ÖGS-Sektion Soziale Ungleichheit. Weinheim: Beltz Verlag.

Dlabaja Cornelia (2021a): Stadt(-Raum) im Bild – Imaginationen des Urbanen in Renderings. In: Wintzer, Jeannine & Kogler, Raphaela (Hrsg.): Raum und Bild – Strategien visueller raumbezogener Forschung. Wiesbaden: Springer, S. 255–266.

Dlabaja, Cornelia (2021b): Imaginationen urbaner Zukünfte und Ausverhandlung von Stadtvorstellungen. Das Stadtentwicklungsgebiet Seestadt Aspern. In: Sutter, Ove (Hrsg.): Die Gegenwart der Zukunft im Alltag. Bonner Beiträge zur Alltagskulturforschung. Münster/New York: Waxmann Verlag, S. 43–58.

Dlabaja, Cornelia (2021c): The Right to the Island – Venetians reclaiming the city in times of overtourism. Contested representations, narrations and infrastructures: SHIMA Journal. Special issue: Living, Narrating and Representing Venice and its Lagoon. 15.

Dlabaja, Cornelia (2020): Stadtplanung von unten: Das Wiener Brunnenviertel. In: Dérive: Zeitschrift für Stadtforschung, Band 79, April – Juni 2020, 15.04.2020, S. 25–31.

Dlabaja, Cornelia (2017): Abschottung von oben – die Hierarchisierung der Stadt. In: Dimmel, Nikolaus; Hofmann, Julia; Schenk, Martin; Schürz, Martin (Hrsg.): Handbuch Reichtum. Innsbruck/Wien/Bozen: Studienverlag, S. 435–447.

Dlabaja, Cornelia (2016): Das Wiener Brunnenviertel. Urbane Raumproduktionen – Eine Analyse des Wandels. Wien: New Academic Press.

Doderer, Yvonne (2003): Urbane Praktiken: Strategien und Raumproduktionen feministischer Frauenöffentlichkeit. Münster: Monsenstein und Vannerdat.

Doderer, Yvonne P. (2017): Glänzende Städte: Geschlechter- und andere Verhältnisse in Stadtentwürfen für das 21. Jahrhundert. München: Edition Metzel.

Dow, James (2001): Das volkskundliche Foto: Südtirol 1940/41. Realität/Wirklichkeit/Poesie. Bericht über eine Ausstellung mit angeschlossener Tagung in Dietenheim bei Bruneck, 28. bis 30. Juni 2001. In: Österreichische Zeitschrift für Volkskunde, ÖZV LV/104. S. 462.

Döring, Jörg (Hrsg.) (2008): Spatial Turn: das Raumparadigma in den Kultur- und Sozialwissenschaften. Bielefeld: transcript.

Eder, Anselm (2008): Was ist Soziologie? Bekenntnisse von einem, der es auch nicht weiß. Wien: Facultas. WUV.

Ege, Moritz; Johannes Moser (2018): Urbane Ethiken: Debatten und Konflikte um das gute und richtige Leben in Städten. Projektvorstellung. In: Österreichische Zeitschrift für Volkskunde LXXI/120, 3/4, S. 75–87.

Egger, Simone (2014): München wird moderner: Stadt und Atmosphäre in den langen 1960er Jahren. Bielefeld: transcript.

Egger, Simone (2018): About Heimat. Leben und Wohnen in der postmodernen Stadt. In: Hasse, Jürgen (Hrsg.): Das Eigene und das Fremde. Heimat in Zeiten der Mobilität. Jahrestagung der Gesellschaft für neue Phänomenologie. Rostock: Verlag Karl Albert, S. 180–214.

Eggmann, Sabine (2013): Diskursanalyse. Möglichkeiten für eine volkskundlich-ethnologische Kulturwissenschaft. In: Hess, Sabine; Moser, Johannes; Schwertl, Maria (Hrsg.): Europäisch-ethnologisches Forschen: Neue Methoden und Konzepte. Berlin: Reimer, S. 55–77.

Eigner, Peter (2016): Wirtschafts- und Sozialhistorische Perspektive In: Dlabaja et al. (2016a).

Elster, Christian (2021): Pop-Musik sammeln: Zehn ethnografische Tracks zwischen Plattenladen und Streamingportal. Bielefeld: transcript.

Engels, Jens Ivo; Janich, Nina; Monstadt, Jochen; Schott, Dieter; Schott, Dieter (2017): Nachhaltige Stadtentwicklung : Infrastrukturen, Akteure, Diskurse. Frankfurt: New York: Campus Verlag.

Espinosa, Cristina; Pregernig, Michael; Fischer, Corinna (2017): Narrative und Diskurse in der Umweltpolitik: Möglichkeiten und Grenzen ihrer strategischen Nutzung. Umweltforschungsplan, Texte 86/2017.

Ettemeyer, Justus (2016): Es gibt nichts Schädlicheres für ein Projekt als unehrliche Bilder. In: Meyer, Friederike: Ungebautes inszenieren – Architektur verkaufen. Bauwelt 33.2016. Berlin: Bauverlag.

Exner, Andrea; Kumnig, Sarah; Krobath, Peter A.; Schützenberger, Isabelle; Brand, Ulrich (2016): Stadtentwicklung, urbane Landwirtschaft und zivilgesellschaftlich gestalteter Grünraum in Wien. In: Fritz, Judith & Tomascheck, Nino (Hrsg.): Gesellschaft im Wandel. Münster/New York: Wachsmannverlag, S. 147–158.

Exner, Andreas; Cepoiu, Livia; Weinzierl, Carla (2018): „Smart City Policies in Wien, Berlin und Barcelona." In: Baureidl, Sybille & Strüver, Anke (Hrsg.): Smart City. Kritische Perspektiven auf die Digitalisierung in Städten. Bielefeld: transcript, S. 333–344.

Fainstein, Susan (2010): The Just City. New York: Cornell University Press.

Färber, Alexa (2008): Urbanes Imagineering in der Postindustriellen Stadt. In: Biskup, Thomas & Schalenberg, Marc (Hrsg.): Selling Berlin: Imagebildung und Stadtmarketing von der preußischen Residenz bis zur Bundeshauptstadt. Stuttgart: Steiner.

Färber, Alexa (2021): Stadt als Versprechen. Gegen UnGleichzeitigkeit? Das Versprechen als alltagskulturelle Vergegenwärtigung von (urbanen) Zukünften. In: Eggel, R. D. et al. (Hrsg.): Planen. Hoffen. Fürchten. Zur Gegenwart der Zukunft im Alltag. Münster: Waxmann, S. 25–41.

Foltin, Robert (2011): Und wir bewegen uns noch: zur jüngeren Geschichte sozialer Bewegungen in Österreich. Mandelbaum Verlag.

Fischer, Jeannine-Madeleine (2020): Urbane Ethiken als Forschungsansatz. Urbane Ethiken und Umweltschutz. Bielefeld: transcript, Vol. 4, S. 43–62.

Flick, Uwe (2010): Qualitative Sozialforschung. Ein Handbuch. Hamburg: Rowohlts Enzyklopädie.

Foucault, Michel (1978): Wahrheit und Macht. Interview mit Michel Foucault von Allessandro Fontana & Pasquale Pasquino, In: ders. (Hrsg.): Dispositive der Macht. Über Sexualität, Wissen und Wahrheit, Berlin: Merve, S. 21–54.

Frank, Sybille; Schwenk, Jochen; Steets, Silke; Weidenhaus, Gunter "Der Aktuelle Perspektivenstreit in Der Stadtsoziologie." Leviathan 41, no. 2 (2013): 197–223. http://www.jstor.org/stable/24205952.

Frank, Susanne (2003): Stadtplanung im Geschlechterkampf. Stadt und Geschlecht in der Großstadtentwicklung des 19. und 20. Jahrhunderts. Opladen: Verlag Leske + Budrich.

Glaser, Barney & Strauss, Anselm (1998): Grounded Theory. Strategien qualitativer Forschung. Bern: Verlag Hans Huber.

Greenfield, Adam (2013): Against the smart city. Online Publication. https://edisciplinas. usp.br/pluginfile.php/5512376/course/section/6012653/Against_the_Smart_City.pdf? time=1597691067775

Gribat, Nina; Kadi, Justin; Lange, Jan; Meubrink, Yuca; Müller, Jonas (2017): Planung als politische Praxis. Zur Einleitung in den Themenschwerpunkt. Zeitschrift: Suburban. Zeitschrift für kritische Stadtforschung: 01. Juni 2017, Vol. 5 (1/2).

Gosztonyi, Alexander (1976): Der Raum: Geschichte seiner Probleme in Philosophie und Wissenschaften. 2 Bände. Freiburg: Alber.

Güntner, Simon (2015): Soziale Stadtpolitik: Institutionen, Netzwerke und Diskurse in der Politikgestaltung. Bielefeld: transcript.

Habermas, Jürgen (1992): Faktizität und Geltung. Beiträge zur Diskurstheorie des Rechts und des demokratischen Rechtsstaates. Frankfurt am Main: Suhrkamp Verlag.

Haderer, Margaret (2021): Urban Environmental Politics meets Urban Theory: Insights from Lefebvre's Right to the City. In: Kogler, Raphaela & Hamedinger Alexander (Hrsg.): Interdisziplinäre Stadtforschung: Themen und Perspektiven. Bielefeld: transcript. S. 189–208.

Hammersley, Martyn & Atkinson, Paul (2007): Ethnography: Principles in Practice. London: Routledge.

Hanley, Lynsey (2008): Estates. An Intimate History. London: Granta.

Hannemann, Christine (2018): Wohnen. In: Akademie für Raumforschung und Landesplanung (Hrsg.): Handwörterbuch der Stadt- und Raumentwicklung. Hannover: ARL, S. 2917–2930.

Hamedinger, Alexander (2020): Ist die kommunikative Planung am Ende? Protest und BürgerInnenbeteiligung in der Stadtentwicklung aus planungstheoretischer und planungspraktischer Sicht. Dérive, H 79; S. 4–10.

Harvey, David (2013): Rebellische Städte: Vom Recht auf Stadt zur urbanen Revolution. Berlin: Suhrkamp.

Häußermann, Hartmut & Siebel, Walter (1996): Soziologie des Wohnens: Eine Einführung in Wandel und Ausdifferenzierung des Wohnens. Weinheim: Juventa.

Häußermann, Hartmut & Siebel, Walter (2008): Stadtsoziologie: Eine Einführung. Frankfurt/ New York: Campus.

Heindl, Gabu (2020): Stadtkonflikte: radikale Demokratie in Architektur und Stadtplanung. Wien, Berlin: mandelbaum verlag.

Heeg, Susanne (2015): Wohnungen als Anlagegut im Zeitalter der urbanen Renaissance? In: Prenner, Peter et al. (2015).

Held, Katharina (2017): Dérive. Nahrungsraum Stadt. Heft 67/7.

Hitzler, Ronald; Klemm, Matthias Peter; Kreher, Simone; Poferl, Angelika; Schröer, Norbert (Hrsg.) (2018): Herumschnüffeln – aufspüren – einfühlen. Ethnographie als ‚hemdsärmelige' und reflexive Praxis. Essen: Oldib.

Hochschild, Arlie Russell (2017): Fremd in ihrem Land: Eine Reise ins Herz der amerikanischen Rechten. New York: Campus.

Honneth, Axel (2008): Arbeit und Anerkennung. Versuch einer Neubestimmung. Deutsche Akademie Verlag: Zeitschrift für Philosophie. 2008-07, Vol. 56/3, S. 327–341.

Hotzan, Jürgen (1997): dtv – Atlas Stadt. Von den ersten Gründungen bis zur modernen Stadtplanung. München: dtv.

Hradil, Stefan (1996): Sozialstruktur und Kultur. Fragen und Antworten zu einem schwierigen Verhältnis. In: Schwenk, Otto G. (Hrsg.): Lebensstil zwischen Sozialstrukturanalyse und Kulturwissenschaft. Opladen: Verlag Leske + Budrich, S. 13–30.

Huber, Veronika (2013): ''Urban Gardening als Beitrag zu einer nachhaltigen Entwicklung der Stadt Wien''. Diplomarbeit, Universität Wien.

Jäger, Margarete & Jäger, Siegfried (2007): Deutungskämpfe Theorie und Praxis Kritischer Diskursanalyse. Wiesbaden: VS Verlag für Sozialwissenschaften.

Jessen, Johann (2018): Leitbilder der Stadtentwicklung. ARL – Akademie für Raumforschung und Landesplanung (Hrsg.): Handwörterbuch der Stadt- und Raumentwicklung, S. 1399–1410.

Jobst, Jeremias (2020): Nachhaltige Mobilitätskonzepte und Nutzungsmischung einer smarten Quartiersentwicklung: Wohnumfeldmobilität in der Seestadt Aspern. Universität Wien: Hochschulschrift – Masterarbeit.

Kadi, Justin & Verlič, Mara (2013): Die neue Wiener Wohnungsfrage? Zur fortschreitenden Neoliberalisierung des Wohnungsmarktes. Wien: Malmö, Ausgabe 64.

Kadi, Justin (2021): Das Wiener Wohnungssystem jenseits des sozialen Wohnbaus – Die Transformation des privaten Mietsektors seit den 1990er-Jahren und die Folgen für die gesamtstädtische Wohnraumversorgung. In: Arch+, Zeitschrift für Architektur und Städtebau, 244, S. 88–91.

Kaltenbrunner, Robert & Jakubowski, Peter (2018): Die Stadt der Zukunft. Wie wir leben wollen. Berlin: Aufbau.

Kaschuba, Wolfgang (2012): Einführung in die Europäische Ethnologie. München: Beck.

Kaschuba, Wolfgang (Hrsg.) (2015): Urbane Aushandlungen: Die Stadt als Aktionsraum. Berlin: Panama.

Kerbler, Doris (2017): Stadt der Zukunft über partizipatives Bauen. Dokumentation einer Gesprächsreihe. Stadt Wien: MA18.

Kreis, Bernadette; Lenart, Christina; Obrist, Michael (2021): Wien: das Ende des Wohnbaus (als Typologie). Berlin: Arch+ Verlag GmbH.

Kirchwald, Gutheil; Getzner, Michael; Grüblinger, Gerald (2012): Analyse der Angebots- und Preisentwicklung von Wohnbauland und Zinshäusern in Wien, Projektbericht. Wien: IFIP.

Kogler, Raphaela & Hamedinger, Alexander (Hrsg.) (2021): Interdisziplinäre Stadtforschung: Themen und Perspektiven. Bielefeld: transcript.

Kokot, Waltraud; Hengartner, Thomas; Wildner, Kathrin (Hrsg.) (2000): Kulturwissenschaftliche Stadtforschung. Berlin: Reimer.

Krasny, Elke (2012): Hands-on Urbanism 1850–2012. Vom Recht auf Grün. Wien: Turia + Kant.

Kretz, Simon (2014): Narration. Die Erzählung als Entwurfswerkzeug. In: Die Stadt als Ressource: Texte und Projekte 2005–2014, Professur Kees Christiaanse. Jovis, S. 103–114.

Kumnig, Sarah (2017): Partizipation und grüne Imagepolitik in Wien. Widersprüche des Stadtentwicklungsprozesses Donaufeld. In: Held, Katharina (2017): Nahrungsraum Stadt. Dérive. Heft 67/2. S. 13–16.

Kumnig, Sarah; Rosol, Marit; Exner, Andrea (Hrsg.) 2017: Umkämpftes Grün. Zwischen neoliberaler Stadtentwicklung und Stadtgestaltung von unten. Bielefeld: transcript.

Kusenbach, Margarethe (2003): Street Phenomenology. The go-along as ethnographic research tool. In: Ethnography 4/3, S. 455–485.

Kuhn, Konrad J. & Larl, Anna (2019): Denkkontinuitäten, Austrifizierung und Modernisierungskritik. Adolf Helbok und die Volkskunde in Österreich nach 1945. In: Österreichische Zeitschrift für Volkskunde, LXXIII/122:2 (2019). S. 241–273.

Lange, Jan & Müller, Jonas (Hrsg.) (2016): Wie plant die Planung?: Kultur- und planungswissenschaftliche Perspektiven auf die Praxis räumlicher Planungen. Berlin: Panama.

Langer, Susanne (1979): Philosophie auf neuem Wege. Das Symbol im Denken, im Ritus und in der Kunst. Mittenwald: Mäander.

Läpple, Dieter (1991): Essay über den Raum. Für ein gesellschaftswissenschaftliches Raumkonzept. In: Häußermann, Hartmut (Hrsg.): Stadt und Raum. Soziologische Analysen. Pfaffenweiler Centaurus-Verlagsgesellschaft: S. 157–207.

Latour, Bruno (1996): Der Berliner Schlüssel: Erkundungen eines Liebhabers der Wissenschaften. Berlin: Akademie.

Lefèbvre, Henri (1974): La production de l'espace, Paris: Gallimard, Collection „Idées" (französische Erstausgabe).

Lefèbvre, Henri (1991): The Production of Space. Oxford: Blackwell.

Lefèbvre, Henri (2008): The Production of Space. Oxford/Malden: Blackwell.

Lička, Lilli; Dlabaja, Cornelia; Grimm-Pretner, Dagmar; Papst, Susanne; Rode, Phillip; Gesa Witthöft; Wück, Roland (2012): Untersuchung der Qualität und Wertigkeit von Freiräumen von innerstädtischen Neubauprojekten und Darstellung innovativer Lösungen. Berichte aus Energie- und Umweltforschung. FreiWERT. (Hrsg.) BMVIT: Wien. http://download.nachhaltigwirtschaften.at/hdz_pdf/berichte/endbericht_1242_freiwert.pdf.

Lindner, Rolf (2012): Serendipity und andere Merkwürdigkeiten in vokus. volkskundlich-kulturwissenschaftliche Schriften (Universität Hamburg), 1/22.

Lindner, Rolf (2008): Textur, imaginaire, Habitus – Schüsselbegriffe der kulturanalytischen Stadtforschung. In: Berking, Helmuth/Löw, Martina (Hrsg.): Die Eigenlogik der Städte. Neue Wege für die Stadtforschung. Frankfurt am Main/New York: Campus. 83–94.

Lindner, Rolf (1990): Die Entdeckung der Stadtkultur: Soziologie aus der Erfahrung der Reportage. Frankfurt am Main: Suhrkamp.

Löw, Martina (2001): Raumsoziologie. Frankfurt am Main: Suhrkamp.

Löw, Martina; Steets, Silke; Stoetzer, Sergej (2008): Einführung in die Stadt- und Raumsoziologie. Opladen: Verlag Barbara Budrich UTB.

Löw, Martina; Sayman, Volkan; Schwerer, Jona; Wolf, Hannah (Hrsg.) (2021): Am Ende der Globalisierung: Über die Refiguration von Räumen. Bielefeld: transcript.

Luig, Benjamin (2019): Ernährungssouveränität. In: Brunner, Jan; Dobelmann, Anna; Kirst, Sarah; Prause, Louisa (Hrsg.): Wörterbuch Land- und Rohstoffkonflikte. Ein kritisches Handbuch. Reihe: Global Studies. Bielefeld: transcript.

Maderthaner, Wolfgang & Musner, Lutz (2000): Die Anarchie der Vorstadt: Das andere Wien um 1900. Frankfurt am Main: Campus.

Maierhofer, Marlene (2020): „Wichtige Frauen, weil die kenne ich nicht so…": Geschlechtskonstruktionen im Alltag der Seestadt Aspern : eine fotobasierte Untersuchung der Wahrnehmung eines mit der Zuschreibung „weiblich" versehenen Stadtteils. Universität Wien: Hochschulschrift – Masterarbeit.

Manderscheid, Katharina (2004): Milieu, Urbanität und Raum. Wiesbaden: VS Verlag für Sozialwissenschaften.

Mattissek, Annika (2008): Die neoliberale Stadt. Diskursive Repräsentationen im Stadtmarketing deutscher Großstädte. Bielefeld: transcript.

Mayer, Margit (2014): Soziale Bewegungen in Städten – städtische soziale Bewegungen. In: Gestring, Norbert; Ruhne, Renate; Wehrheim, Jan (Hrsg.): Stadt und soziale Bewegungen. Wiesbaden: Springer, S. 25–42.

McCann, Eugene (2010): "Best Place": Interurbaner Wettbewerb, Lebensqualität und der massenmediale Diskurs. In: Belina, Bernd & Miggelbrink, Judith (Hrsg.): Hier so, dort anders. Raumbezogene Vergleiche in der Wissenschaft und anderswo. Münster: Westfälisches Dampfboot, S. 132–152.

Meyer, Kurt (2007): Von der Stadt zur urbanen Gesellschaft. Jacob Burckhardt und Henri Lefebvre. München: Wilhelm Fink.

Michel, Boris & Roskamm, Nikolai (2013): Einführung: Die postpolitische Stadt. sub\urban, 2/2013, S. 9–16.

Miessen, Markus (2011): The Nightmare of Participation (Crossbench Praxis as a Mode of Criticality). Berlin: Sternberg Press.

Misik, Robert (2017): Ein seltsamer Held: der grandiose, unbekannte Victor Adler. Wien: Picus.

Molina Xaca, Camilo; Quinz, Hanna; Reinprecht, Christoph (2020): Sozialraum Monitoring: Durchmischung und Polarisierung in Wien. AK. Stadtpunkte Band 34, https://emedien. arbeiterkammer.at/viewer/ppnresolver?id=AC16147518.

Moser, Johannes (2018): "Vom Habitus der Stadt zu ‚Urbanen Ethiken'. Jüngere Tendenzen der europäisch-ethnologischen Stadtforschung". In: Ders. (Hrsg.): Themen und Tendenzen der deutschen und japanischen Volkskunde im Austausch, Münster/New York: Waxmann.

Mouffe, Chantal (2000): The Democratic Paradox, London: Verso.

Nothegger, Barbara (2017): Sieben Stock Dorf: Wohnexperimente für eine bessere Zukunft. Salzburg/Wien: Residenz.

Omahna, Manfred (2012): Methoden der qualitativen Raumanalyse, Graz: SUSTAINICUM.

Pink, Sarah; Horst, Heather A.; Postill, John; Hjorth, Larissa; Lewis, Tania; Tacchi, Jo (2016): Digital ethnography: principles and practice. Los Angeles: Sage.

Pirhofer, Gottfried & Stimmer, Kurt (2007): Pläne für Wien. Theorie und Praxis der Wiener Stadtplanung von 1945 bis 2005. Wien: MA18.

Prenner, Peter (Hrsg.) (2015): AK Stadtpunkte: Wien wächst – Wien wohnt. Gutes Wohnen in einer wachsenden Stadt. Wien: Kammer für Arbeiter und Angestellte Wien.

Purcell, Mark (2009): Resisting Neoliberalization. Communicative Planning or Counter-Hegemonic Movements? Planning Theory 8/2, S. 140–165.

Rau, Susanne (2013): Räume, Konzepte, Wahrnehmungen, Nutzungen. Frankfurt/New York: Campus.

Rechnungshof (2015): Bericht des Rechnungshofes Erschließung Seestadt Aspern 2/2015. Online-Dokument: https://www.rechnungshof.gv.at/rh/home/home/Erschliessung_Seestadt_Aspern.pdf, Zugriff am 14.03.2021.

Reinprecht, Christoph (2021): Post-soziale Urbanität in glokalen Kontexten. In: Kogler, Raphaela & Hamedinger Alexander (Hrsg.): Interdisziplinäre Stadtforschung: Themen und Perspektiven. Bielefeld: transcript, S. 379–402.

Reinprecht, Christoph & Dlabaja, Cornelia (2014): Wohnen im Wohnhochhaus. Eine Studie zu Wohnkultur und Wohnqualität in Wiener Wohnhochhäusern. Forschungsbericht MA 50. Stadt Wien.

Reinprecht, Christoph; Dlabaja, Cornelia; Coufal, Lena; Stoik, Christoph; Habinger, Magta; Kisch-Soriano da Silva, Katharina (2020): Besiedelungsmonitoring Seestadt Aspern II. Eine Studie zu Wohnkultur und Wohnqualität in der Seestadt. Forschungsbericht MA 50. Stadt Wien.

Reinprecht, Christoph; Dlabaja, Cornelia; Stoik, Christoph; Kellner, Johannes; Kisch-Soriano da Silva, Katharina (2016): Besiedelungsmonitoring Seestadt Aspern. Eine Studie zu Wohnkultur und Wohnqualität in der Seestadt. Forschungsbericht MA 50. Stadt Wien.

Riege, Marlo & Schubert, Herbert (Hrsg.) (2002): Sozialraumanalyse: Grundlagen, Methoden, Praxis. Opladen: Leske + Budrich.

Rink, Dieter & Haase, Annegret (Hrsg.) (2018): Handbuch Stadtkonzepte: Analysen, Diagnosen, Kritiken und Visionen. Opladen/Toronto: Verlag Barbara Budrich.

Rogojanu, Ana (2015): Gemeinschaftliches Bauen und Wohnen zwischen Selbstorganisation, Solidarität und stadtpolitischen Interessen. In: Österreichische Zeitschrift für Volkskunde 118/3+4, S. 177–201.

Rogojanu, Ana (2019): Kollektives Bauen und Wohnen in Wien: Eine ethnographische Untersuchung zweier gemeinschaftsorientierter Wohnprojekte. Ethnographie des Alltags, Bd. 7. Köln/Weimar/Wien: Böhlau.

Rolshoven, Johanna & Omahna, Manfred (Hrsg.) (2014): Reziproke Räume. Texte zu Kulturanthropologie und Architektur (Cultural Anthropology meets Architecture, Band 1. Marburg: Jonas.

Rolshoven, Johanna (2012): Zwischen den Dingen: Der Raum. Das dynamische Raumverständnis der empirischen Kulturwissenschaft. In: Schweizerisches Archiv für Volkskunde 108, S. 156–169.

Rolshoven, Johanna (2021): Stadtforschung als Gesellschaftsforschung: Eine Einführung in die Kulturanalyse der Stadt. Bielefeld: transcript.

Rolshoven, Johanna; Omahna, Manfred; Löffler, Klara; Bittner, Regina (2017): Gehen in der Stadt. Ein Lesebuch zur Poetik und Rhetorik des städtischen Gehens. In der Reihe: CULTURAL ANTHROPOLOGY MEETS ARCHITECTURE, Band 2, Justin Winkler (Hrsg.). Weimar: Jonas.

Roost, Frank; Schmidt-Lauber, Brigitta; Hannemann, Christine; Othengrafen, Frank; Pohlan, Jörg (2014): Jahrbuch StadtRegion 2013/2014: Schwerpunkt: Urbane Peripherie. Verlag Barbara Budrich.

Roost, Frank (2000): Die Disneyfizierung der Städte: Großprojekte der Entertainmentindustrie am Beispiel des New Yorker Times Square und der Siedlung Celebration in Florida. Opladen: Leske + Budrich.

Sassen, Saskia (1991): The Global City: New York/London/Tokyo. Princeton: Princeton University Press.

Schadauer, Daniela (2017): Mehr als nur ein Bahnhof. Visuelle Strategien bei der Etablierung eines neuen Stadtteils rund um den Hauptbahnhof Wien. Dissertation, Universität Wien.

Schmidt-Lauber, Brigitta (Hrsg.) (2013): Wiener Urbanitäten. Kulturwissenschaftliche Ansichten einer Stadt. Wien: Böhlau.

Schadauer, Daniela (2021): Architekturrenderings in Stadtplanungsprozessen. In: Jeannine Wintzer & Raphaela Kogler (Hrsg.): Raum und Bild – Strategien visueller raumbezogener Forschung. Wiesbaden: Springer, S. 241–252.

Schadauer, Daniela (2021): Architekturrenderings in Stadtplanungsprozessen: Imagineering und Sichtbarkeitspolitiken des Städtischen. In: Wintzer, Jeannine & Kogler, Raphaela (Hrsg.): Raum und Bild – Strategien visueller raumbezogener Forschung. Wiesbaden: Springer, S. 241–252.

Schantl, Christian (2016): Gemeindebau WIKI. In: Dlabaja, Cornelia (Hrsg.) (2016): Gemeinde Bau Kunst #GBK015. Wien: Verlag Neue Arbeit.

Schipper, Sebastian (2013): Genealogie und Gegenwart der „unternehmerischen Stadt". Neoliberales Regieren in Frankfurt am Main zwischen 1960 und 2010. Münster: Verlag Westfälisches Dampfboot.

Schmid, Christian (2005): Stadt, Raum und Gesellschaft: Henri Lefèbvre und die Theorie der Produktion des Raumes. Stuttgart: Franz Steiner.

Schmid, Josef (2014): Wohlfahrtsstaat im Wandel: In: Hollstein, Bettina (Hrsg.): Soziologische Revue 37/4 (Okt 2014). De Gruyter: Oldenbourg, S. 426–436.

Schmidt-Lauber, Brigitta; Liebig, Manuel (Hrsg.) (2022): Begriffe der Gegenwart. Ein kulturwissenschaftliches Glossar. Köln/Weimar/Wien: Böhlau.

Schmidt-Lauber, Brigitta (2018): Andere Urbanitäten: Zur Pluralität des Städtischen. Ethnographien des Alltags. Bd. 3. Köln/Weimar/Wien: Böhlau.

Schmidt-Lauber, Brigitta (2010): Die Lust des Forschers auf das Feld – und: Wer wird nicht Ethnograf? Ein Plädoyer. In: Binder, Beate; Ege, Moritz; Schwanhäußer, Anja; Wietschorke, Jens (Hrsg.): Orte – Situationen – Atmosphären. Kulturanalytische Skizzen. Frankfurt am Main: Campus, S. 33–43.

Schmidt-Lauber, Brigitta (2007): Feldforschung. Kulturanalyse durch teilnehmende Beobachtung. In: Göttsch, Silke & Lehmann, Albrecht (Hrsg.): Methoden der Volkskunde. Positionen, Quellen, Arbeitsweisen der Europäischen Ethnologie. 2., überarbeitete und erweiterte Auflage, Berlin: Reimer, S. 219–248.

Schmitt, Gisela & Selle, Klaus (2012): IBA-Studie Nr.7: Wohnungsbau und öffentliche Förderung. RWTH Aachen, Lehrstuhl für Planungstheorie und Stadtentwicklung.

Sturm, Gabriele (1999): Wege zum Raum. Methodologische Annäherungen an ein Basiskonzept raumbezogener Wissenschaften. Opladen: Leske + Budrich.

Seeck, Francis & Theißl, Brigitte (Hrsg.) (2020): Solidarisch gegen Klassismus: Organisieren, intervenieren, umverteilen. Münster: Unrast.

Seiß, Reinhard (2007): Wer baut Wien? Hintergründe und Motive der Stadtentwicklung Wiens seit 1989. Salzburg: Pustet.

Selle, Klaus (2013): Über Bürgerbeteiligung hinaus: Stadtentwicklung als Gemeinschaftsaufgabe? Analysen und Konzepte. Detmold: Verlag Dorothea Rohn, Detmold. edition stadt | entwicklung.

Sennett, Richard (1977): The fall of public man. Cambridge: Cambridge Univ. Press.

Sennett, Richard (2008): Verfall und Ende des öffentlichen Lebens: Die Tyrannei der Intimität. Berlin: BVT Verlag.

Sennett, Richard (2018): Die offene Stadt: Eine Ethik des Bauens und Bewohnens. Berlin: Hanser.

Settis, Salvatore (2015): Wenn Venedig stirbt: eine Streitschrift gegen den Ausverkauf der Städte. Berlin. Verlag Klaus Wagenbach.

Shore, Chris; Wright, Susan; Però, Davide (Hrsg.) (2011): Policy Worlds. Anthropology and the Contemporary Analysis of Power. New York: Berghahn.

Shore, Cris & Wright, Susan (Hrsg.) (1997): Anthropology of Policy. Critical Perspectives on Governance and Power. London/New York: Routledge.

Siebel, Walter (2004): Die europäische Stadt. Frankfurt am Main: Suhrkamp, S. 11–49.

Siebel, Walter (2005): Was ist eine europäische Stadt? In: Zeitschrift Europa Kultur Stadt – Ausgabe II, Jan.–Feb. 2005.

Sieverts, Thomas (1997): Zwischenstadt. Zwischen Ort und Welt, Raum und Zeit, Stadt und Land. Vieweg: Braunschweig.

Stadt Wien (2017): Masterplan Partizipation. Magistratsabteilung 21 – Stadtteilplanung und Flächennutzung: Stadt Wien.

Steiner, Dietmar (2001): Hintergrund 11. Von den Hofstallungen zum Museumsquartier – eine Chronik der Ereignisse. Wien: Architekturzentrum Wien.

Strupp, Christoph (2013): Pfadkonzepte in der Stadtgeschichte? In: Informationen zur modernen Stadtgeschichte 2, S. 122–125.

Suitner, Johannes (2015): Imagineering cultural Vienna: on the semiotic regulation of Vienna's culture-led urban transformation. Bielefeld: transcript.

Suitner, Johannes (2021): Vienna's planning history: periodizing stable phases of regulating urban development, 1820–2020, Planning Perspectives, 36/5, S. 881–902.

Swyngedouw, Erik (2013): Die postpolitische Stadt? Suburban. Zeitschrift für kritische Stadtforschung 2.

Swyngedouw, Erik (2014): Insurgent Architects, Radical Cities and the Promise of the Political, in Wilson J. and E. Swyngedouw (Eds.): The Post-Political and its Discontents: Spaces of Depoliticization, Specters of Radical Politics. Edinburgh: Edinburgh University Press.

Treberspurg, Martin (2008): SolarCity Linz Pichling: Nachhaltige Stadtentwicklung. Wien/New York: Springer.

Tauschek, Markus (Hrsg.) (2017): Handlungsmacht, Widerständigkeit und kulturelle Ordnungen: Potenziale kulturwissenschaftlichen Denkens. Festschrift für Silke Göttsch-Elten. Münster/New York: Waxmann.

Temel, Robert (2012): Baugemeinschaften in der Wiener Seestadt Aspern. Wien: Wohnbauforschung Wien. https://www.wohnbauforschung.at/index.php?id=445, Zugriff am 15.01.2022.

Thabe, Sabine (1999): Räume der Identität – Identität der Räume. Dortmund: IRPUD.

Trausmuth, Gernot (2019): "Ich fürchte niemanden": Adelheid Popp und der Kampf für das Frauenwahlrecht. Wien/Berlin: Mandelbaum.

Treberspurg, Martin (Hrsg.) (2008): SolarCity Linz Pichling: Nachhaltige Stadtentwicklung. Wien: Springer.

Tronto, Joan C. (2013): Caring Democracy Markets, Equality, and Justice. New York: New York Univ. Press.

Urry, John (2010): Mobile sociology. The British Journal of Sociology 2010/1. Vol. 61, S. 347–366.

Conrads, Ulrich & Neitzke, Peter (2001): Programme und Manifeste zur Architektur des 20. Jahrhunderts. Basel: Birkhäuser.

Van Reimersdahl, Marcus (2019): Die Ästhetik Der Autopoiesis: Architekturbewertung in Wettbewerben. Wiesbaden: Springer Fachmedien Wiesbaden Imprint: Springer VS.

Villgratter, Stefanie (2014): Architekturführer Wien. Berlin: DOM publishers.

Welz, Gisela (1991): Street life. Alltag in einem New Yorker Slum. Kulturanthropologie Notizen 36. Frankfurt am Main: Institut für Kulturanthropologie und Europäische Ethnologie.

Wentz, Martin (Hrsg.) (1991): Stadt-Räume. Frankfurt am Main/New York: Campus.

Wien 3420 (2015): Die Seestadt ist weiblich. Broschüre. https://www.aspern-seestadt.at/jart/prj3/aspern/data/downloads/Die_Seestadt_ist_weiblich_2017-07-10_1507780.pdf, Zugriff am 13.09.2021.

Wien 3420 (2015): Wie baut man eine Stadt. Wien 3420.

Wien 3420 (2019): Die Seestadt ist weiblich. Broschüre. https://www.aspern-seestadt.at/jart/prj3/aspern/data/downloads/DieSeestadtistWEIBLICH_Juli2019_2019-07-09_1607204.pdf, Zugriff am 13.09.2021.

Wietschorke, Jens (2013): Anthropologie der Stadt: Konzepte und Perspektiven. In: Mieg, Harald A.; Heyl, Christoph: Stadt. Ein interdisziplinäres Handbuch. Stuttgart: Verlag J.B. Metzler.

Willinger, Stepan (2019): Urbane Narrative: Geschichten für Städte im Wandel. Onlinepublikation: https://platzprojekt.de/wp-content/uploads/2019/08/Urbane-Narrative_IzR2019-1.pdf.

Wöhler, Karlheinz (2011): Touristifizierung von Räumen: Kulturwissenschaftliche und soziologische Studien zur Konstruktion von Räumen. Wiesbaden: VS Verlag für Sozialwissenschaften.

Wolfmayr, Georg (2017): Wels. Es hätte schlimmer kommen können. Auf der Suche nach dem guten Lebensort zwischen Stadt und Land in Zeiten der Kulturalisierung. Dissertation, Universität Wien.

Wolfmayr, Georg (2019): Lebensort Wels. Alltägliche Verhandlungen von Ort, Größe und Maßstab in einer symbolisch schrumpfenden Stadt. Ethnographie des Alltags, Bd. 5. Köln/Weimar/Wien: Böhlau.

Wüst, Thomas (2004): Urbanität: Ein Mythos und sein Potential. Wiesbaden: VS Verlag für Sozialwissenschaften.

Zukin, Sharon (1995): The cultures of cities. Oxford: Blackwell.

Zukin, Sharon (2010): Naked city: the death and life of authentic urban places. Oxford: Oxford University Press.

Online-Quellen

http://www.gartenpolylog.org/sites/default/files/2019-01/Seminararbeit_Seestadtgarten_Szabo_Christian_2012.pdf

https://essbareseestadt.at/seestadt-karte/

https://www.wien.gv.at/stadtentwicklung/projekte/landschaft-freiraum/landschaft/landwirtschaft/urban-farming.html

https://www.nextroom.at/data/media/med_binary/original/1265910080.pdf

https://repository.publisso.de/resource/frl:6222899-1/data

https://www.wien.gv.at/stadtentwicklung/projekte/landschaft-freiraum/landschaft/landwirtschaft/

https://smartcities.at/assets/Uploads/Science-Brunch-Broschuere-Ernaehrungsraum-Stadt.pdf

https://ernaehrungsrat-wien.at/mitmachen/ak-stadt-landwirtschaft/

https://gugumuck.com/Positionspapier%20StadtLandwirtschaft%20und%20Raumplanung_2020-01.pdf

Planungsgrundlagen der Stadt Wien

Agrarstruktureller Entwicklungsplan für Wien 2014. Magistratsabteilung 58 –Wasserrecht. 2014. https://www.wien.gv.at/umwelt/wasserrecht/agrarwesen/agstep-2014.html

Fachkonzept Grün- und Freiraum. Kurzfassung. Magistratsabteilung 18 –Stadtentwicklung und Stadtplanung. 2015. https://www.freiraum.wien.at

Fachkonzept Produktive Stadt. Magistratsabteilung 18 –Stadtentwicklung und Stadtplanung. 2017. https://www.wien.gv.at/stadtentwicklung/strategien/step/step2025/fachkonzepte/fachkonzept-produk-tive-stadt.html

Fassaden- und Vertikalbegrünung. Internationale & nationale Best-Practice-Beispiele. Magistratsabteilung 19 –Architektur und Stadtgestaltung. 2019. https://www.wien.gv.at/umweltschutz/raum/gruene-wa-ende.html

Leitfaden Fassadenbegrünung. Magistrat der Stadt Wien, Programm für umweltgerechte Leistungen „ÖkoKauf Wien". 2013. https://www.wien.gv.at/umweltschutz/raum/fassaden-begruenung.html

Masterplan Partizipative Stadtentwicklung. Frühzeitiges Beteiligen der Bevölkerung an städtebaulichen Planungs- und Widmungsprozessen. Magistratsabteilung21 –Stadtteilplanung und Flächennutzung. 2017. https://www.wien.at/stadtentwicklung/partizipation/

Magistratsabteilung 18 –Stadtentwicklung und Stadtplanung. 2014. https://www.step.wien.at

Urban Heat Islands. Strategieplan Wien. Magistratsabteilung 22 –Wiener Umweltschutzabteilung. 2015. https://www.wien.gv.at/umweltschutz/raum/uhi-strategieplan.htm

MA 18 (2014): Smart City Rahmenstrategie. Stadt Wien.

MA 18 (2005): STEP 2005. Stadtentwicklungsplan für Wien 2005. Magistratsabteilung 18 –Stadtentwicklung und Stadtplanung. 2015.

MA 18 (2015): STEP 2025. Fachkonzept Grün- und Freiraum. Magistratsabteilung 18 –Stadtentwicklung und Stadtplanung. 2015.

MA 21B (Hrsg.): Masterplan Flugfeld Aspern. Pläne und Ergebnisbroschüre, Wien 2007.

MA 23 (2014): WIEN WÄCHST. Bevölkerungsentwicklung in Wien und den, 23 Gemeinde- und 250 Zählbezirken WIEN 2014–2044. Wien: Stadt Wien. Verfügbar unter: https://www.wien.gv.at/statistik/pdf/wien-waechst.pdf [02.04.2019].

MA 23 (2018): Statistisches Jahrbuch der Stadt Wien 2018. Teil 3 – Menschen in Wien. Wien: Stadt Wien. Verfügbar unter: https://www.wien.gv.at/statistik/pdf/jb-2018-0512-menschen.pdf [05.04.2019].

MA 23 (2014): WIEN WÄCHST... Bevölkerungsentwicklung in Wien und den 23 Gemeinde- und 250 Zählbezirken. Stadt Wien: MA 23.

Smart City Wien Rahmenstrategie 2019– 2050. Magistrat der Stadt Wien. 2019. https://smart-city.wien.gv.at/site/initiative/rahmenstrategie/STEP 2025. Stadtentwicklungsplan Wien.

Wien 3420 Development AG, Magistratsabteilung 18 (Hrsg.) (2011): Die Instrumente des Städtebaus. Vision + Wirklichkeit. Wien.

Wien 3420 Aspern Development AG (2009): Partitur des öffentlichen Raums: Planungs-
handbuch. Wien: Wien. 3420 Aspern Development AG; Wien: Magistratsabt. 18 – Stadtentwicklung und Stadtplanung.

Abbildungsverzeichnis

Dank

Mein Dank im Kontext der Erstellung der Dissertation geht an meinen Mann Bogdan Stefan, unsere Kinder Constantin und Anna und meine Mama Irene Dlabaja, für das gemeinsame Feldforschen und ihre Perspektiven auf die Seestadt.

Meine beiden Betreuer:innen Brigitta Schmidt-Lauber und Christoph Reinprecht.

Meine Seestädter Freund:innen, die Fotografin Luiza Naderer-Puiu und ihren Mann Philipp Naderer-Puiu, sowie den Stadtplaner Lukas Lang für die zahllosen Diskussionen und den fruchtbaren Austausch. Gedankt sei allen Interviewpartner:innen und der Familie Topfstedt für ihre Gastfreundschaft. Teile der Dissertation wurden während der Pandemie im Cafe Cay am Yppenplatz verschriftlicht. Ich bin Daniela Condric dankbar für die Freundschaft und dass ich in ihrem Café Cay einen Ort zum Schreiben gefunden habe. Ein weiterer Ort an dem Teile der Arbeit verschriftlicht wurden ist der UNESCO SIIMM Chair an der IUAV in Venedig. Ich bin Giovanna Marconi, der Leiterin, sehr verbunden für den Austausch und die Freundschaft, die während meiner Forschungsaufenthalte entstanden ist. Chris Elster und Georg Wolfmayr danke ich für den kollegialen Austausch und die hilfreichen Anregungen. Ana Rogojanu und Simone Egger für die vielfältigen Diskussionen zu Fragen der Stadtforschung über die vergangenen fünf Jahre. Fürs Kapitellesen und Bestärken Sarah Nimführ, Milena Bista, Alexa Färber.

Susanna Azewedo und Raphaela Kohout für ihre kritischen Anmerkungen, die wichtige Denkanstöße bei der Finalisierung der Arbeit gaben.

Die Förderung durch den Theodor Körner Fonds war eine wichtige finanzielle Unterstützung zur Fertigstellung der Arbeit und gab mir Motivation bei der Finalisierung der Dissertation.

Ich möchte mich bei den Gutachter:innen Johanna Rolshoven und Alexander Hamedinger herzlich bedanken. Ihre Hinweise und Rückmeldungen haben mir sehr geholfen, nochmals über die Arbeit zu reflektieren und notwendige Ergänzungen und Umstrukturierungen vorzunehmen.

Den ersten Anstoß zur Beschäftigung mit Stadtkonzepten und Leitbildern gab mir die Zusammenarbeit mit Oliver Frey und Ian Banerjee in unserem Seminar „Stadtkonzepte" im Jahr 2010. Konrad Köstlin und Elsbeth Wallnöfer waren mein erster persönlicher Kontakt zur Wissenschaft, die Gespräche mit ihnen haben mich darin bestärkt, Wissenschaftlerin zu werden, ebenso wie meine Mentorin, die Stadtforscherin Irmtraud Voglmayr.